해방 이후 우리나라 관광산업의 역사

한국현대관광사

한국관광학회

백산출판사

관광학의 정체성 규명 노력

손해식(한국관광학회 고문)

우리나라의 대학에 관광관련 학과가 설치되고, 한국관광학회가 설립된 지도 어느새 반 세기를 헤아리게 되었다. 그동안 우리 관광학계에서는 관광학의 학문적 요체를 주로 서양의 학문체제에 의존하여 발전시켜 왔다. 이제 21C를 넘어 더 먼 미래를 항해하기 위해, 이 시점에서 과거의 한국관광을 뒤돌아보고 미래 한국관광의 정향(正向)을 준비해야 할 때를 맞이하게 되었다. 한국관광의 역사를 정리하고 성찰하는 작업은 한국적 관광이란 무엇인가를 규명하고자 하는 관광학자들의 사회과학적 연구이기도 하고, 여러 학문분야 속에서 한국관광학의 정체성을 정립하고자 하는 관광학계의 역사적 사명이기도 하다.

『한국현대관광사』는 해방 이후 우리나라 관광산업의 역사를 주로 다루고 있다. 개화기와 일제강점기 한국의 관광산업은 근대산업의 체계 속에서 태동기적 모습을 보였고, 1960~70년대부터는 국가발전을 견인하는 중요한 산업적·학문적 분야로 인정받기 시작하였다. 사실, 70년대 초반까지만 하더라도 '관광'이라는 사회적 현상에 대한 각계의 인식이 그다지 좋지 않았다. 관광현상이 사회적으로 보편화되지 않다 보니 관광을 '놀고 즐기는 행위'쯤으로 치부하였던 것이다. 그러나 1962년부터 국가경제개발 5개년계획의 성공적 추진을 위해 수립한 국제관광진흥정책과 1965년의 한일국교정상화, 그리고 72시간 No Visa 입국시책의 영향으로 일본을 비롯한 구미제국의 외래관광객이 해마다 증가 추세를 보임으로써 국민들의 국제관광에 대한 인식에 긍정적인 변화를 가져오게 되었다. 뿐만 아니라, 증가하는 외래관광객을 수용하기 위해 여행사, 호텔, 관광토산품판매점, 관광교통업, 통역안내업, 관광휴양업 등 관광사업체들이 증가하면서 관광관련 학과 졸업생들의 취업기회도 덩달아 확대되었다.

1970·80년대를 관광산업의 발전기라 하면 1990년대와 2000년대는 관광산업의 중흥기라고 볼 수 있겠다. 1989년 1월 1일부터 전 국민 해외여행자유화조치로 인해 관광산업은 새로운 전환기를 맞이하게 되었다. 이 시기에는 문민정부의 출범과 정보통신수단의 발달, 그리고 지속적인 경제발전으로 인해 정치적·사회적·기술적인 제약이 줄어들게 되

었다. 이로 인해 관광의 본질적 특성인 탈일상적인 자유로운 이동을 추구하는 관광객의 물결이 국내외적으로 요동치면서 더 큰 물결을 형성하는 시대를 맞이하게 되었다.

이러한 역사적 흐름 속에서 관광학계는 관광산업을 이론적으로 지원하면서 한국관광의 현상을 분석·해석하고 시사점을 제공하면서 오늘에 이르렀다. 그러자 대학에 관광관련 학과가 증설되고, 교수요원도 대폭적으로 늘어났다. 전공학과의 다양성만큼이나 전공교수들의 전공영역도 다양하였다. 신생 학문영역에 투신한 관련교수들이었기에 관광관련 官界, 産業界, 學界 간의 협력을 비롯해서 학생지도에 따른 조언, 그리고 교수들 간 학술정보교류의 필요성에 공감대가 형성되었다. 1972년 초여름 서울에서 10여 개 대학 30여 명의 회원들이 참여한 가운데 '한국관광학회'를 창립한 이후, 1980·90년대는 관광학계에 있어서 개설대학과 관광관련 학회의 측면에서 눈부실 정도의 양적 성장을 이룩하였다. 불과 30여 년 사이에 관광관련 개설대학 수와 학회회원 수가 각각 20여 배 증가하였으며, 관광관련 학회도 한국관광학회를 비롯하여 20여 개에 도달하였다. 이와 때를 같이하여 정부에서도 학문의 질적 향상과 국제화에 대응하기 위해 학회지의 학진(학술진흥재단) 등재를 권장하였고, 회원교수들도 학진에 등재된 학회지에 논문을 게재해야만 연구실적으로 평가받을 수 있었다. 따라서 한국관광학회가 발행하는 '관광학연구'는 학진 등재지 신청과 동시에 등재지로 인정받아서 학회 회원들의 권익 신장에 크게 기여하였다.

이번에 발간되는 『한국현대관광사』는 관광현상을 구성하는 세 가지 요인(주체, 객체, 매체) 중에서 관광산업에 해당하는 매체의 관점과 호텔업·외식산업·카지노업·관광교통업 등과 같은 개별 관광산업에 대한 각론(各論)사의 관점에서 집필되었다. 본서는 우리의 관광산업이 해방 이후의 격동기를 겪고 오늘날의 모습으로 형성되기까지의 과정을 정치적·경제적·사회적 맥락 속에서 확인하고 이해할 수 있는 훌륭한 관광역사서라고 평가하고 싶다. Daniel Sherman에 의하면 관광학연구는 메타이론(meta-theory)과 미시사(micro-history)라는 두 개의 축으로 지탱되는데, 양쪽의 관점을 동시에 적용하는 것이 보다 중요하다고 주장한다. 본서의 발간으로 한국의 관광학연구는 그동안 미진하였던 관광사연구에 한층 박차를 가할 수 있게 되었을 뿐만 아니라 사회과학적인 차원에서의 접근을 더욱 심도 있게 추진할 수 있게 되었다고 본다. (사)한국관광학회의 정체성과 관광학의 본질을 구명하기 위해 『한국현대관광사』를 기획, 편집하고 집필해 주신 회원 여러분의 열성과 노고에 대해 충심으로 경의를 표한다.

관광발자취: 미래를 향한 우리의 노력

오익근(한국관광학회장)

우리나라 관광의 역사를 한 권의 책으로 묶는 작업이 보통 어려운 게 아니다. 역사적인 사실을 찾는 작업도 그러하거니와 그에 따른 해석의 책임감도 매우 무겁기 때문이다. 그러나 이러한 난관을 무릅쓰고 깊숙한 탄광의 갱도를 파고 들어가 검은 보석 석탄을 채굴하듯 빛이 없는 어둠 속에서 보송보송 땀 흘리며 보석 같은 사실을 하나하나 찾아내어 우리 앞에 내놓은 김남조 교수님과 집필진 여러분에게 감사의 말씀을 드린다.

이번 작업으로 우리는 정리되지 않았던 관광의 총체적인 역사를 한번쯤 되돌아볼 수 있는 기회를 갖게 되었다. 영국 역사학자 토인비는 『역사의 연구』라는 저서에서 '도전과 응전'을 이야기하였다. 거창하게 예를 들자면, 중국의 황하문명도 살인적인 더위, 홍수, 혹한이라는 시련에 맞서 적응하고 극복하는 과정에서 이룩되었다고 한다. 우리 관광의 역사도 결코 순탄한 환경 속에서 자라온 것이 아니었다. 경제적 곤란, 정치적 혼란, 안보위험 등은 관광발전의 걸림돌이 아니라 커다란 장벽으로 다가왔다. 그러나 지속적인 해외홍보, 국가브랜드 구축, 외국인 수용태세 개선 등으로 열악한 환경의 도전을 잘 이겨내어 드디어 작년에 거의 천만 명에 가까운 외국인 방문객 유치실적을 달성하였다. 각 분야의 관광역사를 읽어보노라면 우리의 소리 없는 노력이 근세기 동안 꾸준히 일어났음을 알 수 있다.

우리나라의 관광은 장족의 발전을 하였다. 본서에 소개된 1957년 조선일보의 관광관련 기사는 당시의 우리나라 관광환경을 이렇게 묘사하고 있다.

"통계에 의하면 작년(1956년)에 내한한 외국관광객은 30여 명이며 여기서 거둔 외화가 겨우 일천여 불이라 한다. … 요는 선전도 선전이려니와 이에 대한 관심이 태무(殆無)하여 필요한 최소한도의 숙사나 교통의 시설도 갖추지 못하고 모처럼 빛나는 소재를 다듬지 못하고 방치해두는데 그 원인이 있는 것이 아닌가 한다. 버스 50대의 배치도 없는 것보다는 크게 도움이 되려니와 좀더 근본적으로 관광시설에 대한 전반의 구상과 시책이 있어도 좋을 듯하다."

같은 맥락으로 다양한 관광분야에서도 이러한 획기적인 발전이 이루어졌다. 한반도 관광산업의 태동(한경수), 호텔업(정규엽), 리조트(이태희), 외식산업(정유경), 여행사(박시사), 컨벤션(김철원), 축제(이훈), 카지노(이충기), 관광교통업(김경숙), 관광(단)지(고동완), 관광교육기관(최규환), 관광정보(변우희)를 읽노라면 초창기 시절과 최근 간의 극렬한 대조를 발견하게 된다. 우리나라의 관광발전을 이런 분야의 역사기록을 통해서 실감하게 되는 것이다.

후세에 관광역사를 기록하게 되면 다음과 같은 영역에 대해서도 기록이 필요할 것이다. 이제 시작한 의료관광, 벤처관광, 한류관광, 역사가 좀 되었지만 주목을 덜 받고 있는 농촌관광, 관광학에서 빼놓을 수 없는 야외 레크리에이션, 앞으로 연구가 절실해질 실버관광에 대해서 꼼꼼히 기록해 놓아야 100년사를 탄탄하게 집필할 수 있을 것이다. 이외에도 우리가 현재 생각하지 못하는 전혀 새로운 분야의 관광도 나올 수 있을 것이다.

관광은 분명 우리의, 아니 더 나아가 인류의 문명 발전에 기여해 온 것이 사실이다. 여기에 소개된 여러 관광 분야의 역사를 보면 분명 그렇다. 어떤 사람들은 이런 역사의 구술작업이 완벽하지 않다고 말할 수 있다. 사실이다. 그러나 한 가지 희망적인 사실은 문명은 변화한다는 것이다. 문명이 고정적인 것이라면 사실과 다르게 기술하는 것은 역사에 오점을 남기는 행위이나, 설사 작은 실수가 있더라도 문명발전에는 지장이 없으리라. 토인비의 말처럼 “문명은 운동이지 상태가 아니다. 문명은 또한 항해이지 항구가 아니다.”

관광은 변한다. 앞으로 60년 후 관광역사 100년을 기록하는 밀알의 역할을 우리 한국관광학회가 드디어 해냈다. 한범수 전임회장께서 역사기록의 중요성을 실천에 옮겨서 이러한 역작이 나오게 된 것임을 밝혀두고 싶다. 참여하신 교수님들에게 감사와 축하를 드린다. 관광연구를 할 미래세대에게 정말 값진 기록을 남겨주었기 때문이다.

發刊産苦에 부치는 글

한범수(전 한국관광학회장)

아이 낳는 고통을 산고라 한다. 생명의 씨앗이 달을 채워 세상에 나올 때의 고통을 일컫는 말이다. 이 세상 그 어느 것에 비할 수 없을 정도의 고통이기에 힘든 일을 '산고'에 비유한다. 이번에 발간되는 관광사는 집필진의 땀과 수고가 알알이 맺힌 결정체다. 관광사의 원고는 서가에 반듯한 모습으로 정돈되어 있던 정보를 이리저리 가공해서 만든 것이 아니다. 여기저기 흩어져 있던 희미한 정보들을 이리저리 맞추면서 자칫 사라질 수 있는 관광사의 흔적들을 한곳에 모은 것이다. 집필에 참가한 한 분 한 분의 노고가 얼마나 컸을지 감히 상상조차 하기 힘들다. 글자의 씨앗을 뿌리고 글을 다듬어 탈고하기까지 그 고통이 아이를 낳는 산고 이상이었을 것으로 막연하게 짐작할 뿐이다. 탈고의 산고를 겪은 집필진 여러분께 축하와 감사의 마음을 전한다.

사단법인 한국관광학회는 지난해(2011년) 불혹의 나이에 해당하는 창립 40주년을 맞이했다. 제20대 회장단은 출범하면서, 창립 40주년을 기념하는 사업으로 관광사를 발간하겠다고 천명했다. 이런 사업을 구상하게 된 직접적인 계기는 관광학 인증사업을 추진하던 제19대 조명환 회장께서 인증사업을 거친 타 학문의 경우 공통교과목에 해당 학문의 학사가 포함되어 있다며, 학회차원에서 집필해야 하는 중요성을 강조한 데서 기인한다. 이런 필요성에 대해 고문을 위시한 회장단, 이사진들이 공감하고 이를 추진할 최적의 적임자로 한양대학교 김남조 교수를 학술출판위원장으로 선임하였다.

2년이라는 짧은 기한 내에 집필을 완료해야 한다는 압박감에 집필진의 고통이 매우 컸던 것으로 알고 있다. 부족한 자료들을 모으고, 그 자료가 사료로써 가치가 있는 것인지, 원고작업 결과가 한쪽으로 치우친 것은 아닌지, 관광사로 발간될 수 있을 만큼 중량감 있게 작성된 것인지 등을 검증하는 일련의 과정이 예사 원고 집필과 달랐기 때문이다. 그렇다고 학회에서 집필진에게 풍족한 원고료를 드린 것도 아니다. 오로지 우리나라 관광사의 한 페이지를 연다는 사명감이 집필진의 투혼을 발휘하게 한 것으로 생각한다.

사회과학자들은 5대 사회과학으로 사회학, 경제학, 지리학, 심리학, 문화인류학을 꼽는다. 이들 학문에 비해 관광학은 그 연륜이 일천하지만 어느 학문 못지않게 많은 연구성과를 도출하고 있다. 그럼에도 불구하고 혹자는 특정 사회현상을 연구하는 학문이 학문으로서 제대로 자리매김하려면 연구대상, 연구방법, 연구이론의 3박자를 갖추어야 한다고 주장한다. 여기에 하나 더 보태 그 분야 연구자들의 연구흔적을 담은 연구사(학사)가 있다면 그 학문은 체계를 갖춘 것으로 볼 수 있다고 한다.

관광학은 관광현상 규명이라는 독자적인 연구대상(영역)을 갖고 있는 학문이다. 학문분야별로 그 특성에 맞는 연구방법이 있기는 하지만 융합, 통섭이라는 말이 일반화된 오늘날, 학문별 연구방법은 거의 동일하다고 해도 과언이 아니다. 연구이론의 경우 그동안 누적된 연구성과를 바탕으로 가설을 검증하고 이론화하는 과정이 필요하다. 관광학의 경우 국내외에서 여타 학문분야 못지않게 수많은 연구성과를 도출하고 있지만 아직 이렇다 할 이론적 체계를 갖추지 못하고 있다. 이런 점은 향후 관광학자들이 풀어야 할 숙제이다. 그렇지만 관광사가 세상에 빛을 보게 되었다는 사실 하나만으로도 우리나라 관광학은 불혹의 나이에 걸맞은 학문적 성과를 거둔 것으로 자평할 수 있다.

책 발간을 앞두고 학술출판위원장이 '畵龍點睛'의 글을 써달라고 주문해 왔다. 그러나 화룡점정의 글은 필자의 몫이 아니다. 집필진을 구성하고 오랜 시간 노고를 아끼지 않은 학술출판위원장의 몫이다. 그러면서도 한편으로는, 마지막 점을 찍는 것을 아주 오랫동안 유보해 두는 것도 좋을 것 같다. 온갖 정성을 다해 집필한 원고지만 학회 회원들이 오랜 시간 읽고 의견을 개진하면서 혹이라도 잘못된 오기가 있다면 바로잡고, 부족한 부분을 채우는 과정이 첫 발간 못지않게 중요하기 때문이다. 이런 비바람을 겪으면서 그 타당성이 확보되고 학회 회원들이 공감할 수 있는 견실한 관광사로 자리매김할 수 있기를 기대한다.

다시 한 번 집필과 감수에 열정을 다하신 관계자 여러분께 고개 숙여 진심으로 경의를 표하고, 집필책임자의 무거운 짐을 내려놓는 김남조 교수님과 지원을 아끼지 않으신 21대 오익근 회장님께 축하의 말씀을 전한다. 아무쪼록 이번에 발간되는 관광사가 우리나라 관광학을 한 단계 발전시키는 계기가 되고 더불어 관광산업을 더욱 체계적으로 발전시키는 데 일조할 수 있기를 두 손 모아 간구한다.

사사(謝辭)

김남조(한국관광학회 학술출판위원장)

글을 쓴다는 것은 쉽지 않은 일이다. 과거의 사실을 찾아내서 주옥의 글로 엮는다는 것은 더더욱 쉽지 않다. 『한국현대관광사』는 한국관광학계에서 높은 기상과 깊은 학식을 가진 분들의 천금 같은 노력으로 집필되었을 뿐만 아니라 한국관광학의 학문적 정체성을 정립할 필요성을 감지한 관광학계의 원로교수님들과 관광학을 사랑하는 분들의 지속적인 성원에 힘입어 탄생하게 되었다.

처음 『한국현대관광사』의 집필진을 구성할 때, 지금까지 수행해 본 적이 없고 어려움이 예상되는 작업을 흔쾌히 수락할 분이 있을까 하는 두려움이 앞섰다. 한국관광학계에서는 아직 체계적으로 한국의 현대관광사 연구를 시도하지 않았다. 따라서 이러한 작업을 시도한다는 것은 연목구어(緣木求魚)적인 것으로 간주될 수밖에 없었다. 그러나 고동완, 김경숙, 김철원, 박시사, 변우희, 이충기, 이태희, 이훈, 정규엽, 정유경, 최규환, 한경수 교수가 그 어려운 작업을 마다하지 않고 각 부문의 역사적 사실을 찾아 집필하였다. 이들은 모래밭에서 사금을 채취하듯이 해방 이후부터 최근까지 관광부문의 역사적 사실을 발굴하였고, 고증위원들의 고증작업을 거쳐 원고를 마무리하였다. 고증위원들의 존함을 일일이 거명하지 않겠지만, 고증위원들은 각 관광부문의 역사적 사실을 고증하고 원고의 체계를 세우는 데 큰 기여를 하였다. 이들에게 뜨거운 감사의 박수를 보낸다.

사실, 『한국현대관광사』를 집필하게끔 불을 지핀 것은 한범수 전 한국관광학회장이었고, 오익근 현 한국관광학회장이 이 역사적인 과업을 이어갔고 대미를 장식하게 되었다. 이 두 분이 없었다면 『한국현대관광사』는 지금도 초야에 묻혀 있었을 것이다. 또한 안종윤, 손대현, 신현주, 김사헌, 손해식, 김상무, 김정만, 정의선, 조명환 고문님들의 지지가 없었다면 이 작업은 큰 빛을 발하지 못했을 것이다. 여기에 백산출판사 진욱상 사장님의 관광에 대한 뜨거운 사랑, 특히 한국관광에 있어 역사서 발간의 필요성 언급과 이에 대한 적극적인 성원은 『한국현대관광사』를 완성하는 데 큰 힘이 되었다.

『한국현대관광사』의 기획부터 출판까지 한국관광학회 학술출판위원님들의 적극적인 관심과 참여도 빼놓을 수 없는 부분이다. 이들은 바쁜 학사 일정에도 불구하고 이 책의 발간에 큰 기여를 하였다. 또한, 학술출판위원장과 같은 학교에 있다는 미명으로 발목이 잡혀 책의 구성, 교정, 편집, 연락 등의 업무를 성실하게 수행해 준 민웅기 박사는 본서의 탄생에 절대적인 기여를 하였다. 민웅기 박사는 각 부문별로 역사적 사실을 비교하고 오류를 수정하는 등 아주 꼼꼼하게 출판의 모든 단계에 관여하였다. 마지막으로, 『한국현대관광사』의 출간을 오랫동안 기다려준 한국관광학계의 모든 연구자들에게 깊은 감사를 드린다.

차 례

Contents

서문 한국현대관광사의 의의·구성·과제

김 남 조*

21C에 들어와 관광학의 학문적 정체성이 더욱 요구되고 있다. 그동안 국내외를 막론하고 증가된 여행자수는 이동을 전제로 하는 여행이란 사회현상을 넘어 사회구조 속에서 경제·사회·문화·정치적 의미를 함유하고 개인의 이동에 대한 가치를 내포하며 이를 산업적으로 서비스하는 '관광'이라는 포괄적인 사회현상으로 그 의미가 확대되었다. 특히 정보·통신기술의 발달로 급속하게 진행되고 있는 세계화는 세계 각 도처에 산재되어 있는 금융기관을 하나의 시스템으로 결속시켜 경제적 통합을 도모하고 있을 뿐만 아니라 각 국가의 고유한 문화를 전 세계에 일시에 전파시킴으로써 각 국가의 문화적 일관성을 약화시키고 그 문화의 정체성에 혼동을 초래하고 있다.[1)]

관광은 한 국가, 한 지역의 사회상을 반영하는 문화와 밀접한 관계를 갖고 있다. 전통적으로 인적 교류를 근간으로 하는 관광은 한 국가, 한 지역의 문화를 변용시키는 데 책임이 있을 뿐만 아니라 역설적으로 문화의 관광자원화, 상품화를 통해 잊혀져 가는 전통문화를 보존하고 계승하는 데 기여하기도 한다. 세계화에 대한 반작용으로 세계 각국은 그 국가가 간직하고 있는 고유한 문화를 성찰하게 하고, 그 문화의 정체성을 파악·유지·계승하는 데 더 많은 노력을 하고 있다. 한 국가의 문화적 정체성은 일시적으로 형성되는 것이 아니라 시대의 흐름에 따라 내·외부의 다양한 영향요인에 의해 조탁(彫琢)되고 정립된다. 역사적인 관점에서 관광을 살펴보는 것은 한 국가, 한 사회를 방문하는 관광자의 행동과 관광목적지의 모습 및 특성을 정치·사회·문화·산업적인 맥락에서 이해하는 데 도움을 준다.

* 한양대학교 관광학부 교수(현 한국관광학회 부회장 겸 학술출판위원장)
e-mail: njkim@hanyang.ac.kr

관광산업의 규모가 세계경제 및 국가경제에 큰 비중으로 나타나고, 관광목적지를 방문하는 관광자의 수가 계속 증가하고, 이들이 그 지역의 사회와 문화에 미치는 영향이 지대함에 따라 역사적인 측면에서 관광을 기술하려는 시도가 일어나고 있다. 2002년의 국제역사과학위원회(the International Commission for the Historical Sciences)에서 인증한 국제여행관광사위원회(the International Commission for the History of Travel and Tourism), 나폴리(Naples)에서 발행된 『관광역사저널(Storia del Turismo)』의 등장, 오래전에 인정받은 『교통역사저널(Journal of Transport History)』에서 여행과 관광에 대한 관심이 증가하고 있음이 이러한 점을 증명하고 있다.[2] 국내에서는 김진섭 교수가 서양문화와 환경의 체계에서 관광사를 다룬 『고대관광사(1999)[3]』와 『중세관광사(1999)[4]』를 집필하였다. 그는 라이오넬 카슨의 『고대세계의 여행』, 루드비히 프리드렌더의 『교통체계』, 『관광자의 여행』, 『로마풍속사』를 참고하여 『고대관광사』를 집필하였고, 오러의 『중세의 여행』과 뉴톤의 『중세의 여행과 여행자』, 펜로스의 『르네상스의 여행과 발견』, 라이오넬 카슨의 『고대세계의 여행』을 참고하여 『중세관광사』를 집필하였다고 밝히고 있다. 우리나라의 관광사를 다룬 서적은 김봉 교수의 『관광사(2010)[5]』와 한경수 교수의 『삼국시대-일제강점기 韓國觀光史(2011)[6]』라고 볼 수 있다. 김봉 교수의 『관광사』는 관광의 이해, 세계관광사, 고대-정부수립 이전의 한국관광사, 정부수립 이후의 현대 한국관광사를 기술한 포괄적인 내용을 담고 있는 역사서라 볼 수 있다. 그는 『관광사』의 머리말에서, "저자의 독창적인 연구나 지식으로 쓰인 것이 아니고 기존의 연구・저서・간행물 등을 참고하여 나름대로 정리한 결과물"이라고 밝히고 있지만, 이 또한 쉽지 않은 작업을 수행하였다고 평할 수 있다. 한경수 교수의 『삼국시대-일제강점기 韓國觀光史』는 오랜 기간 동안의 그의 연구 결과를 토대로 고대 및 근대 초까지 한국의 관광사를 본격적으로 다루었다는 점에서 큰 의의가 있다. 그는 관광현상을 파악하려는 탐색적・시원적 연구과정과 방법으로 삼국시대・고려시대・조선시대・개화기・일제강점기에서의 많은 관광관련 증거자료를 제시하면서 한국관광의 본질을 논하고 있다.

우리나라에서도 관광산업이 국가경제에 미치는 영향이 나날이 증가하고 있고, 관광이란 사회현상이 국민의 삶과 더욱 밀접한 관계로 나타나고 있다. 그렇다 보니 관광을 전공하려는 학생과 연구자들이 매우 증가하였고, 그동안 서양의 학문체제를 도입하여 적용하였던 연구자들도 우리나라의 관광현상과 역사에 대해 반추하고 성찰하는 단계에 이르게 되었다. 이를 위해서는 역사적인 관점에서 먼저, 우리의 관광현상에 관한 사실을 수집, 정리하고 이를 토대로 다양한 역사관으로 우리나라 관광의 역사를 해석할 필요성이 제기되었다.

우리나라 관광학의 역사는 반세기에 불과하지만 한국의 관광사는—관광의 의미를 확대한다면 그 사회적 현상은—멀리 삼국시대 이전으로 거슬러 올라간다. 한경수[7]는 관광의 어원을 관국지광(觀國之光), 관광(觀光), 유(遊), 유람(遊覽), 여(旅), 여행(旅行), 관유(觀遊) 등으로 보고 삼국시대부터 일제강점기까지 증거자료를 제시하면서 한국관광의 본질을 논의하고 있다.

서구 사회상의 변화를 보는 관점처럼 산업혁명 이후의 시대를 근대사회(modern society)로 본다면 우리나라의 개화기와 일제강점기의 관광, 그리고 이후의 관광을 근대관광으로 지칭할 수 있다. 우리나라에서 근대관광의 태동이라고 불릴 수 있는 역사적 사실은 1883년 인천항의 개항으로 1888년에 개관한 대불호텔, 1902년의 손탁호텔, 1912년 철도호텔로 세워진 조선호텔, 1938년 최초의 상용호텔로 개관한 반도호텔을 꼽을 수 있다. 당시의 여관과 호텔들은 대체로 외국인에 의해 세워졌으며, 한국에 입국한 일본인과 외국인을 주 대상으로 영업을 하였다.[8] 여행업은 한반도를 여행하는 일본인의 편의제공과 이민업무, 식민화를 위해 필요한 업무를 제공하기 위해 1912년 10월 일본교통공사의 조선지부가 경성(서울)에 설치 · 운영되면서 시작되었다.[9] 1945년 해방과 더불어 재단법인 대한여행사로 창립되었으며, 1947년에는 (주)천우사가 항공여행부를 발족하였다. 동년 외래단체여행객으로 RAS(Royal Asiatic Society)가 방문하여 외국인 단체관광객으로서는 처음으로 국내여행을 하였으며, 1948년에는 서울-온양 간 전세버스의 면허가 발급되어 국내여행업도 영업을 하였다. 1950년에는 서울교통공사가 설립되었으나 6.25전쟁으로 한국의 여행업은 사실상 업무를 중단하였다.[10]

1954년 2월 17일 한국 최초의 중앙관광행정기관이라 할 수 있는 교통부 육운국에 관광과가 설치되고, 국무회의에서 민간호텔에 대한 융자 개시, 모범관광지에 대한 개발 촉진 등과 같은 관광사업진흥책이 의결되었다. 1958년 3월 18일 대통령령 제1850호에 의해 교통부장관의 자문기관으로 중앙관광위원회와 도지사의 자문기관으로 지방관광위원회가 설치되었고, 같은 해에 온양, 해운대, 불국사 등에 철도호텔을 건립하여 정부가 직접 운영하였다. 1957년 4월 4일자 조선일보의 "일사일언(一事一言)" 칼럼은 당시 우리나라의 어려웠던 관광형편을 잘 기술하고 있다.[11]

"… 국내외 관광객의 교통편의를 돕기 위해 교통부에서 약 50대의 관광전용버스를 부산, 대구, 대전, 서울 등지에 배치하여 운행케 되리라 한다. 관광사업은 국내적으로는 국민대중의 레크리에이션 혹은 학습의 목적에 크게 도움이 될 뿐 아니라 특히 외국상대로 이 사업이 확충, 정비된다면 외자획득의 수단으로도 상당한 비중을 갖게 되는 것은 서구나 일본 같은 예를 보더라도 쉽사리 짐작할 수 있다. 그러나 지금까지의 형편으로는 전란을 전후하여 미처 관광에까지 손이 돌지 못한 이유도 있겠지만 너무나 그 시설과 관심이 빈약하여서 모처럼 외국인관광단이 내한해도 불과 몇 시간의 상륙으로 돌아가버린 전례도 있었던 것이니 이번에 비록 소규모로나마 이 방면에 손을 미치기 시작하게 되었다는 것은 좋은 착안이라고 하겠다. 통계에 의하면 작년(1956년)에 내한한 외국관광객은 30여 명이며 여기서 거둔 외화가 겨우 일천여 불이라 한다. … 요는 선전도 선전이려니와 이에 대한 관심이 태무(殆無)하여 필요한 최소한도의 숙사나 교통의 시설도 갖추지 못하고 모처럼 빛나는 소재를 다듬지 못하고 방치해두는데 그 원인이 있는 것이 아닌가 한다. 버스 50대의 배치도 없는 것보다는 크게 도움이 되려니와 좀 더 근본적으로 관광시설에 대한 전반의 구상과 시책이 있어도 좋을 듯하다."

우리나라의 관광산업이 산발적인 관광정책으로 지원을 받던 시기에서 체계적으로 지원을 받기 시작한 시기는 1960년대부터이다. 1961년 8월 「관광사업진흥법」을 제정・공포(법률 제689호)하고 이어 동법시행령(1962년 7월 9일, 각령 제874호)과 동법시행규칙(1962년 11월 23일, 교통부령 제141호)을 제정하여 관광산업발전을 위한 제도적 장치를 마련하였다. 1962년에는 「국제관광공사법」(1962년 4월 24일, 법률 제1060호)이 제정되어 현 한국관광공사의 전신인 국제관광공사(1962년 6월 26일)를 설립하게 되었고 1963년 3월에는 특수법인 대한관광협회중앙회가 설립되었다.[12)]

1970년대는 관광산업진흥을 경제개발계획에 포함시켜 관광산업을 국가의 주요전략사업의 하나로 적극 육성한 시기였다. 관광산업진흥을 위한 국가시책의 기본방향을 설정하는 「관광기본법」(1975년 12월 31일, 법률 제2877호)이 제정되었고 체계적인 관광지개발을 위하여 「관광단지개발촉진법」(1975년 12월 31일, 법률 제2879호)이 제정되었다.

1980년대에는 국제관광진흥 위주의 정책에서 탈피하여 국제관광과 국민관광의 진흥을 동시에 추진하였다. 1980년에는 50세 이상 국민에 대해 부분적으로 해외여행자유화를 실시한 이후 점진적인 해외여행에 대한 문호를 넓혀 나가다가 1989년부터는 완전한 해외여행자유화를 실시하였다.

1990년대는 관광선진국으로 발돋움하기 위해 하드웨어와 소프트웨어적인 시책을 동시에 추구하려는 정책방향으로 전환한 시기였다. 1994년에는 우리의 전통문화를 세계에 알리고 한국관광의 재도약과 세계화의 계기로 삼기 위한 「'94 한국방문의 해」 사업을 추진하였으며, 정부조직개편('94년 12월 23일)에 따라 교통부에 속해 있던 관광정책기능이 문화체육부로 이관되었다. 1999년에는 국정지표에 최초로 '문화관광의 진흥'이 포함되어 관광에 대한 정부의 강력한 정책적 의지를 엿볼 수 있는 시기였다.

2000년대는 21세기 관광선진국으로의 도약을 위해 다양한 관광정책을 시행한 시기라고 할 수 있다. 남해안 관광벨트 개발, 경북북부 유교문화권 관광개발, 제주 국제자유도시 관광개발, 안동 전통유교문화 관광거점 육성, 부산 동남권 해양관광중심도시 육성, 광주 아시아 문화중심도시계획을 더욱 확대하여 서해안 관광벨트개발, 지리산권 관광개발, 강원 산악 · 환동해권 관광개발, 비무장지대 평화관광벨트 조성, 인천 동북아 국제관광관문도시 개발, 관광레저형 기업도시 개발 등과 같은 지역 중심의 관광개발이 이 시기에 이루어졌다. 특히, 2000년에는 제1회 APEC 관광장관회의를 개최하였고, 6.15 남북공동선언을 계기로 남측의 백두산 · 평양 · 묘향산 방문 등 남북관광교류의 확대를 위해 토대를 마련하기도 하였다. 2002년에는 전 세계인의 잔치인 '한 · 일 월드컵대회'와, '부산 아시안게임'의 성공적 개최로 우리나라의 관광 이미지가 크게 상승하였으며 특히 관광안내체계, 관광산업의 경쟁력 기반강화, 관광축제 분야에 많은 투자가 이루어졌다.

모든 정책이 그렇듯이 관광정책도 그 시대의 상황을 반영하여 수립되고, 최고의사결정자의 의지에 따라 관광정책의 방향이 크게 달라지며 결과적으로 당시 그 사회에 큰 영향을 미친다. 따라서 관광부문에 대한 대통령의 발언은 관광정책의 수립과 집행, 그리고 성과를 이해하는 데 있어 매우 중요하다. 특히 우리나라와 같이 대통령중심제의 국가에서는 모든 권한이 대통령에게 집중되기 때문에 대통령이 원하기만 하면 거의 모든 정책을 시도할 수 있다. 국가의 중요한 정책의 쇄신이나 방향전환도 대통령이 주도하여 시행할 수 있고, APEC과 같은 국제회의에서도 대통령이 관광산업의 활성화에 대한 의제를 발표하여 국가 간 교류를 촉진하는 역할을 할 수 있다. 대통령이 관광정책의 입안 · 집행 · 성과 등에 어느 정도 관심을 갖고 관여하고 지휘권을 발동하느냐에 따라 관광산업 자체뿐만 아니라 우리 국민의 정치 · 경제 · 사회 · 문화 · 환경에 미치는 영향이 다르게 나타난다.

관광분야에 대한 역대 대통령의 관광정책관은 시대의 흐름을 반영하고 있다.[13] 이승만 대통령은 비록 4.19혁명으로 뜻을 이루지 못했지만 관광청의 설립을 지시하였고, 그 당시 어려웠던 국가경제를 살리기 위해 절실하게 관광산업을 외화획득의 수단으로 삼았다. 이승만 대통령은 관광을 절대적으로 지지하는 옹호주의적 관점[14]을 가졌다고 볼 수 있다. 박정희 대통령은 18년의 집권기간 동안 여전히 어려운 국가경제를 중흥시키기 위해 관광을 외화획득과 경제발전의 중요한 수단으로 삼았다. 이 시기에 관광산업은 국가의 기간산업으로 인정받아 다양한 정책들이 수립・집행되었다. 전두환 대통령의 집권기간 동안 아세안게임의 개최, 서울올림픽의 유치 등과 같은 메가이벤트가 정치적인 의도로 계획・추진되었지만 결과적으로 관광산업이 기존의 틀을 변경하는 전기를 맡게 되었다. 노태우대통령의 집권기간 동안 전 국민 해외여행자유화 조치(1989년 1월 1일)가 내려져 관광산업은 큰 발전을 도모할 수 있는 초석이 마련되었다. 김영삼 대통령의 집권기간 동안 아웃바운드 관광은 해외여행자유화 조치 이후 폭발적으로 급증하였다. 이 시기의 관광은 시장의 수요와 공급의 조류에 따라 평범하게 진행되었지만 1997년 외환위기로 관광산업은 다소 위기를 맞기도 하였다. 김대중 대통령은 국민의 정부 출범과 동시에 외환위기의 극복이라는 중대한 과제를 떠안고 시작하였다. 김대중 대통령은 통치기간 동안 경제위기를 해결하고 실업인구를 줄이기 위해 문화를 바탕으로 하는 다양한 기초적인 관광정책사업을 집행하였다. 또한 여전히 정치적 측면에서 논란이 되고 있지만 남북관광(예: 금강산관광)도 시행하였다. 노무현 대통령의 집권기간 동안 관광은 윤리적인 측면이 반영된 정책(예: 「성매매특별법」)과 남북관광을 확대(예: 개성관광의 허용, 백두산관광계획 허용)하였지만 막대한 규모의 관광개발로 인해 시대에 역행하는 사고라는 비판을 받기도 하였다. 이명박 대통령의 통치기간 동안의 관광정책은 저탄소 녹색관광과 4대강 살리기 사업(관광부문은 4대강변의 자전거길, 탐방로사업 등과 같은 주변사업)으로 대변된다. 저탄소 녹색관광은 전 지구적인 지구온난화와 이로 인한 이상기후로 인해 국제사회에서 초미의 관심사로 부상하고 있는 탄소저감대책과 그 궤를 같이한다. 반면 4대강 살리기 사업은 대규모의 예산이 수반되는 사업으로 그 사업의 본질에 대해 혹자는 비판적으로, 혹자는 우호적으로 평가한다. 이 사업에 대한 성과와 공과(功過)는 훗날 역사가 말해줄 것이다.

현재의 시점에서 위의 관광과 관련된 기록은 모두 과거의 사실(fact)이다. 위의 사실은 직간접으로 기록된 문서를 바탕으로 당시 위 사실을 기록한 사람들에 의해 기술되었다.

위의 대부분의 사실은 당시 큰 의미가 있다고 여겨지는 사건 위주로 기술되었을 뿐 당시의 관광과 관련된 세세한 사회상까지 찾아내거나 기술하지 못하고 있다. Carr[15]는 "역사의 기능은 과거로부터 현재를 이해하는 열쇠로서 과거를 정복하여 이행하는 것이다"라고 주장하고 있다. 위의 관광과 관련된 사실은 현재의 시점에서 우리 사회가 안고 있는 경제 · 사회 · 문화 · 환경적인 구조 속에서 집필자의 사고가 내재되어 있다고 볼 수 있겠다.

그렇다면 미래 한국관광의 모습은 어떻게 그려질 것인가? Heath & Wall(1992: 32-39)의 거시적 환경분석을 통해 관광산업과 지역사회가 직면한 기회와 위협요인을 파악하고 있다. 거시적 환경분석은 주로 경제, 사회문화, 정치, 기술, 생태적인 관점에서 관광목적지가 관광환경에 영향을 미치는 요인들을 분석한다. 현재의 시점에서 지금까지 논의된 거시적 환경분석을 통해 미래 한국관광의 모습을 각 부문별로 살펴보면 다음과 같다.

경제적인 측면에서는 세계경제의 어려움 속에서도 개인의 자유재량소득이 증가하고 주 5일 근무제의 본격적인 시행으로 노동시간이 감소함과 동시에 상대적인 여가시간이 증가하게 될 것으로 보인다. 도시와 농촌이 구별 없이 구매력이 증가하고 지역 간 교통기반시설이 확충되고 저가항공기와 고속열차, 모노레일과 같은 새로운 교통수단이 도입되고 자가용의 소유비율이 더욱 높아짐에 따라 지역 간 국민관광총량이 크게 증가할 것으로 보인다. 자유무역협정(FTA: Free Trade Agreement)과 같은 세계경제의 블록화가 더욱 진행됨에 따라 국내에 다국적 기업이 출현하여 자본력이 영세한 지역 관광산업이 위축될 수도 있지만 반면 다양한 기준과 부대시설을 갖춘 숙박시설이 증가하거나 독특한 외양과 테마를 갖춘 중소규모의 숙박 및 외식시설들이 등장하거나 증가할 것으로 보인다.

사회 · 문화 · 환경적인 측면에서는 출생률 감소, 만혼현상, 독신가정의 증가, 평균가구규모의 축소, 핵가족화의 확대 등으로 사회 전반에 걸쳐 가족구성원의 규모가 소규모로 변화되고 있다. 특히 실버계층의 증가와 더불어 베이비붐세대(1956~1963년까지의 출생자)의 은퇴는 관광시장에 새로운 판도를 형성할 것으로 보인다. 우리나라는 이미 고령화사회(65세 이상의 인구가 전 인구의 7%를 넘을 때)에 진입하였으며 2019년 무렵이면 고령사회(65세 이상의 인구가 전 인구의 14%를 넘을 때)가 될 것으로 전망하고 있다. 베이붐세대는 현대사회를 이끈 중추세대로 경제적으로 여유가 있는 세대이다. 이제 '인생 100세 시대'라고 불리는 현대사회에서 여가 및 관광의 역할은 더욱 지대해질 것으로 보인다.

정치적 측면에서는 남북관광이 중심적인 이슈로 나타날 것이다. 베를린장벽의 철거,

구소련의 붕괴, 동유럽의 개방 등과 같은 새로운 정치적 환경의 변화는 새로운 관광수요와 공급을 창출하게 만든다. 우리나라의 경우 금강산관광, 개성시범관광과 같은 남북관광이 여기에 속하는데, 국내여행도 아니고 국제여행도 아닌 한반도 내의 관광, 소위 인트라바운드관광은 우리나라의 관광이 해결해야 할 핵심적인 과제로 지속적으로 논의의 대상이 될 것이다. 남북관광에 대해서는 남북한 공동관광자원조사, 남북한 관광종사원 교육 및 훈련 등과 같은 우선적인 과제뿐만 아니라 향후 한반도의 통일과 관련된 다양한 과제들이 논의될 것으로 보인다.

기술의 발달은 관광산업에 매우 큰 영향을 미친다. 정보통신기술의 발달은 특히 관광산업부문에 혁신적인 변화를 일으켜 관광자와 관광사업체 모두 새로운 관광정보환경에 직면하게 되었다. 관광자의 경우 스마트폰이나 스마트패드와 같은 컴퓨터의 성능을 갖춘 휴대용 통신기기로 관광정보의 획득 및 예약을 손쉽게 하게 되었는데, 관광사업자의 경우 더욱 흥미롭고 정교한 기법(예: 가상현실기법이나 3차원/4차원기법)을 이용하여 관광정보를 제공하는 데 관심을 둘 것으로 보인다. 자동차의 내비게이션이 자동차관광수요를 증가시켰듯이 스마트폰의 보급은 개인의 관광활동영역을 더욱 넓힐 것으로 기대된다.

최근 들어 생태적 환경에 대한 관심은 더욱 높아지고 있다. 1980년대 중반 세계적으로 지구의 지속가능성에 대한 논의가 부단히 진행되어 오면서, 관광부문도 지속가능한 관광이란 새로운 개념의 관광으로 지구의 환경을 고려하면서 관광활동에 참여하고 관광사업을 진행하는 방향으로 전개되었다. 지구의 환경에 대한 이러한 논의는 21C에 들어와 전지구적으로 모든 영역에 걸쳐 기후변화에 대한 지구적 위기와 이의 대처에 대한 논의로 전개되고 있다. 현재 관광부문도 '기후변화와 관광'에 대해 다양한 논의가 집중적으로 진행되고 있다. 그동안 생태적 환경에 대한 관심은 초기 자연환경의 보호에서 출발하여 사회 · 문화자원의 보존으로 확대되어 갔는데, 기후변화에 대한 세계 각국의 관심이 구체적인 기후협약으로 진행되고 강제적으로 온실가스저감을 요구함에 따라 관광의 전 부문에 걸쳐 온실가스를 저감할 수 있는 방향으로 정책적 · 관리적 노력이 경주될 것으로 보인다.

관광부문은 정치 · 경제 · 사회 · 문화적으로 매우 중요한 역할을 한다. 관광부문은 평화의 첨병 역할을 하기도 하고, 국민경제를 이끄는 중요한 수단이 되기도 한다. 더욱이 제조업이 더 이상의 고용을 창출하지 못하면서 성장을 지속하는 오늘날의 현실에서 관광산업에 대한 정책적 기대는 매우 높다. 관광부문은 우리 국민이 최소한으로 삶의 질을 영위할 수 있는 사회복지와도 관계가 깊으며 국내문화의 계승을 위해 중요한 역할을 담당하기도 한다. 관광은 이제 우리 국민의 생활에서 필수적인 요소로 자리를 잡았다.

현대사회에서 관광에 대한 정치 · 경제 · 사회 · 문화적 측면에서의 요구가 점점 증대해 감에 따라 관광을 역사적인 맥락에서 그 흔적을 찾아보고 그 본질을 살펴보려는 노력 또한 증대해 감을 타 분야의 학문적 궤적에서 쉽게 찾아볼 수 있다. 그러나 본서는 관광에 대한 역사적인 사실을 찾아 관광의 본질적 의미를 해석하려고 시도하지는 않는다. 본서는 일차적인 단계로 후기근대사회 또는 현대사회에서 그동안 간과되어 왔던 관광의 역사적 사실을 부문별로 수집 · 정리하고자 하는 목적을 갖는다. 이러한 목적을 바탕으로 본 서는 다음과 같은 체계로 구성되었다.

제1장은 한반도 관광산업의 태동을 다루고 있다. 이 장은 크게 개화기 이전의 관광, 개화기의 관광산업, 일제강점기의 관광산업으로 구성되어 있는데, 이 장의 저자인 한경수는 이미 삼국시대부터 일제강점기까지의 관광의 역사를 그의 저서인 『한국관광사』에서 상술하고 있다. 즉, 제1장은 삼국시대부터 일제강점기까지 서술한 한경수의 『한국관광사』와 그 이후의 관광의 산업사를 서술한 본서를 연결하는 가교역할을 하는 장으로 편성되었다고 하겠다. 개화기 이전의 관광사는 삼국시대의 관광, 고려시대의 관광, 조선시대의 관광으로 구성되어 있다. 여기에서는 국제여행과 국내여행에서의 관광유형과 관광사상을 관광의 주체, 역할, 특징 등을 기준으로 그 시대의 관광상(觀光狀)을 개략적으로 살펴보고 있다. 개화기의 관광산업에 대해서는 내국인의 국내외 관광, 서구인 조선여행, 선박 및 철도 · 숙박시설과 같은 그 시대의 관광현상과 관광기반에 대해 기술하고 있다. 일제강점기 관광에 대해서는 국내외 관광객의 이동 증대(외국인의 조선 방문, 내국인의 국외여행, 내국인의 국내여행), 관광교통 · 관광숙박과 같은 관광여건의 획기적 발달, 여행업 및 여행상품 모객활동 · 관광안내 및 관광안내 책자 발행 · 관광홍보 및 여행정보와 같은 관광사업과 같은 관광안내 및 홍보사업을 기술하고 있다.

제2장은 관광산업의 가장 근본적인 부문이라고 볼 수 있는 호텔업의 역사로 구성되어 있다. 이 장은 호텔업의 개요, 해방 이전 한국의 호텔, 해방 이후 한국의 호텔, 호텔업의 현황에 대해 기술하고 있고 마지막으로 호텔업의 역사와 미래에 대한 대응을 다루고 있다.

제3장은 현 시대의 관광에서 숙박기능과 레저스포츠, 엔터테인먼트기능을 갖춘 리조트의 역사로 구성되어 있다. 이 장은 리조트의 출현과 의미, 국내 리조트 개발의 변천과 특징, 한국의 미래형 리조트의 전망을 다루고 있다. 국내 리조트는 스키리조트 → 숙박형 리조트(콘도미니엄) → 테마리조트 → 복합리조트 → 부티크리조트로 변천되고 있으며 리조트산업은 생태형 리조트, 건강리조트, 문화리조트, 모험 · 레포츠형 리조트로 전

망되고 있음을 다루고 있다.

제4장은 현대사회에 들어와 급격하게 발전하고 있는 외식산업의 역사로 구성되어 있다. 이 장은 외식산업의 용어와 시대구분에 대한 개요, 외식산업의 태동과 도입(해방 이후~1985), 외식산업의 고도성장(1986~1995), 외식산업의 침체(1996~1999), 외식산업의 저성장(2000~2008), 외식산업의 미래를 위한 대응(2009~2011)으로 구성되어 있다. 외식산업은 스포츠 이벤트, 해외 외식브랜드의 도입과 시스템을 갖춘 외식기업 등장, 기업형 외식업체와 프랜차이즈 사업의 확대로 고도성장기를 맞게 되는데, 결국 대기업과 타 산업 기업의 지속적인 외식업 진출과 외환위기로 침체기를 맞게 된다. 이후 식재료관련 사건과 외식업계의 양극화, 스포츠 이벤트에 의한 외식업 성장 촉구, 웰빙에 따른 새로운 콘셉트와 외식업의 시장 확대 등으로 저성장시대를 맞게 되고, 한식의 세계화와 국내 외식기업의 해외진출에 대한 관심이 미래 외식산업의 전망으로 부각되고 있음을 밝히고 있다.

제5장은 철도교통의 등장과 직접적으로 관계가 있는 여행사의 역사로 구성되어 있다. 이 장은 여행업 태동과 여명기(1905~1960), 정부 주도의 여행업・관광산업 육성기(1961~1966), 여행알선업의 시대(1967~1988), 여행업의 시대(1989~)로 구분하여 단계별로 여행사의 역사를 다루고 있다. 또한 경부선 철도의 개통, 한일회담과 동경올림픽, 중동건설 붐, 해외여행자유화 조치, 외환위기, 중국의 여행시장 개방, 인터넷과 IT혁명시대, 여행기업의 상장 등과 같은 역사적 사건을 토대로 여행업의 변천을 기술하고 있다.

제6장은 '관광산업의 꽃'이라고 불리는 컨벤션산업의 역사로 구성되어 있다. 이 장은 컨벤션산업화와 역사적 기원, 1996년 이전의 발전사와 1996년 이후의 발전사, 국내 컨벤션 시장의 발전과 국제적 위상, 컨벤션산업의 인프라 증대와 협력적 발전, 컨벤션 전문인력 양성과 교육 인프라의 구축을 기술하고 있다. 세부적으로는 국내 컨벤션 개최시설(convention venue)의 발전사, 컨벤션 전담기구(CVB)의 발전사, 컨벤션 기획업의 발전사, 컨벤션 협의체의 발전사를 다루고 있다. 또한 국내 컨벤션 시장의 발전을 우리나라에서 개최된 최초의 현대적 컨벤션이라 볼 수 있는 1965년의 제12차 PATA총회에서부터 2010년 G20까지, 세계지식포럼의 성공과 MICE 스타브랜드의 육성, 세계 10대 컨벤션 개최국으로의 성장 등으로 구분하여 다루고 있다.

제7장은 지역문화의 정체성을 기반으로 관광의 콘텐츠를 더욱 풍부하게 하여 관광자로 하여금 다양한 관광경험에 참여하게 하는 축제의 역사로 구성되어 있다. 이 장은 축제를 바라보는 시각, 한국축제의 역사, 축제의 미래상으로 크게 구분하여 기술하고 있다. 우리나라의 축제사는 멀리 고대 부여의 영고(1월), 고구려의 동맹(10월), 예의 무천(10월),

마한의 5월제와 10월제로 시작되어 고려, 조선을 거쳐 전통축제가 명맥을 유지해 가지만 일제강점기와 6.25전쟁으로 전통축제는 쇠퇴되었다. 이후 전통문화보존과 민속축제 형성(1960~1970년대 초반), 지방문화 중흥과 향토축제의 형성(1970년대 후반~1980년대), 지방자치제 실시와 지역축제 성장(1990~2000년대 중반), 축제의 질적 성장에 대한 고민(2000년대 후반) 등의 단계를 거치면서 축제가 변화되어 감을 다루고 있다.

제8장은 1960년대 국가기반산업이 제대로 구축되어 있지 않은 상황에서 경제발전의 종잣돈(seed money)인 달러를 획득하기 이해 정부가 전략적으로 육성한 카지노의 역사로 구성되어 있다. 이 장은 우리나라 카지노산업의 발전사, 외국인전용 카지노의 출현 및 발전과정, 내국인출입 카지노의 출현, 최근 카지노업체 현황, 카지노산업의 미래와 대응으로 구분하여 기술하고 있다. 이 장은 카지노산업의 발전사를 법적인 측면과 업체의 측면으로 구분하여 기술하고 있을 뿐만 아니라 벼랑 끝 경제에 대한 지역주민 시위, 폐광지역 개발지원에 관한 특별법 제정, 사회적 부작용에 대한 우려와 저감방안, 강원랜드 출자기관 및 지분, 강원랜드 시설 등과 같이 내국인출입 카지노의 출현에 대해서도 상술하고 있다.

제9장은 산업사회의 진입을 있게 하고 여행업 및 기타 관광산업의 발전을 이끈 관광교통업의 역사로 구성되어 있다. 이 장은 자동차교통, 철도교통, 해상교통, 항공교통으로 구분하여 관광교통업의 발전사를 다루고 있다. 우리나라에서 자동차는 1903년 최초로 등장하였고, 최초의 택시회사로는 1919년 12월에 설립된 '경성택시'이다. 최초의 철도는 1899년 9월 제물포와 노량진 간의 경인선이며, 근대항만의 시작은 1876년 일본과의 강화도조약(江華島條約)에 의한 1876년 부산항, 1880년 원산항, 1883년 인천항 개항으로 이어지는 삼포개항부터이다. 이 장은 이러한 역사적 사건을 필두로 관광교통은 향후 더 많은 고속국도의 건설, 고품질의 고속철도망 구축, 남북 철도망의 연결에 대한 기대와 중국횡단철도(TCR)와 시베리아횡단철도(TSR)를 통해 '철의 실크로드'의 구축에 대한 기대, 21세기 가장 유망한 성장산업의 하나라고 지칭되는 크루즈 관광교통 등을 다루고 있다.

제10장은 자연적 · 문화적 관광매력물이 풍부하고 관광객의 접근이 용이하며 개발제한요소가 적어 관광자들에게 서비스할 수 있는 시설의 개발이 가능한 관광지와 관광단지에 대한 역사로 구성되어 있다. 관광지와 관광단지는 의미, 구성요소, 규모의 측면에서 차이가 있는데 이 장은 이러한 점을 염두에 두고 관광(단)지의 정의, 배경 및 목적, 관광(단)지 제도 및 개발의 변천, 관광(단)지 조성 및 개발, 관광(단)지의 문제점과 미래 대응으로 구분하여 기술하고 있다.

제11장은 1960년대부터 정부의 강력한 관광입국의 의지에 힘입어 관광분야를 이끌어 갈 전문인력의 양성을 위한 관광교육기관의 역사로 구성되어 있다. 굴뚝 없는 산업인 관광산업은 우수한 인적 서비스의 제공을 가장 기본적인 요건으로 꼽는다. 이 장은 관광교육기관의 개요, 관광교육기관의 등장배경 및 현황, 관광교육기관의 전개 및 변천 과정, 관광교육기관의 과제와 전망으로 구분하여 기술하고 있다.

제12장은 관광매력물에 대한 이미지 구축, 관광시기와 관광지의 방문에 대한 의사결정에 도움을 주는 관광정보의 역사로 구성되어 있다. 이 장은 관광정보의 이해와 관광정보시스템의 활용을 소개한 후 관광정보의 태동(컴퓨터 출현과 1950년대), 관광정보의 도입기(1960~1970년대), 관광정보의 성장기(1980~1990년대 중반), 관광정보의 성숙기(1990년대 말: 1995~1999년)로 구분하여 관광정보의 역사적 전개과정을 기술하고 있다. 이 장은 오늘날과 같은 스마트폰이 일반화되어 가고 있는 현실에서 관광정보의 유비쿼터스 컴퓨팅, 디지털 컨버전스(Digital Convergence), 디지털 콘텐츠산업으로 진화하여 가고 있는데, 향후에는 어떤 방향으로 발전해 갈지 현재의 시점에서 미래를 짚어보는 혜안을 제공한다.

역사의 3요소는 시간・공간・인간이다.[16] 이러한 요소를 관광사에 적용시켜 보면, 관광사는 관광매력물이 존재하는 공간에서 관광의 동기를 가진 인간들의 관광경험을 시간의 흐름에 따라 나타낸 사실적・해석적 흔적이라고 규정할 수 있다. 서구 역사의 아버지 Herodotos는 역사 집필의 이유를 '지난 과거의 일을 기억하여 소통할 목적'이라고 기술했다.[17] 반면, Thukydides는 과거 인간들이 범한 과오로부터 교훈을 얻기 위해 역사를 썼다.[18] Thukydides는 "인간성은 변하지 않기 때문에 동일한 일이 반복적으로 일어난다. 그래서 역사를 매개로 해서 과거와 소통하지 못하는 인간은 똑같은 잘못을 범하므로 미래세대를 위한 유산"으로 역사를 썼다. Carr(1961)는 "역사의 기능은 과거를 사랑하는 일도 아니며 자기를 과거로부터 해방시키는 일도 아니며 현재를 이해하는 열쇠로써 과거를 정복하여 이행하는 것이며, 역사를 연구하는 학자는 사실(fact)을 정확하게 확인하는 의무를 갖는 것뿐만 아니라 연구하고 있는 테마나 계획하고 있는 해석과 관계가 있는 모든 사실을 그려내는 노력을 해야 한다"라고 주장하였다.

역사의 생명은 해석이다. 19세기 근대사학의 확립자 Ranke[19]는 "역사가가 역사를 서술할 때 그 자신이 지니고 있는 일체의 선입감, 편견, 가치판단에 있어서의 주관, 호불호의 감정을 완전히 배제시켜야 한다"고 주장하면서도 "역사는 수집하고 발견하고 탐구한다는 점에서는 과학이지만, 발견된 것, 인식된 것을 다시 짜맞추고 서술한다는 점에서는 예술이다. 역사는 재창작능력을 갖추고 있어야 한다"라고 주장한다. 역사란 사실의 확인과 해석이 함께 이루어지는 인간의 산물임을 랑케 역시 인정하고 있다. 그러나 역사상의 사실의 확인과 이의 해석은 아주 어려운 일이다. 역사를 사실의 객관적 편찬이라고 생각하고 해석보다 사실이 우월하다는 견해와 역사란 역사상의 사실을 밝히고 이것을 해석의 과정을 통해서 이루는 역사가의 주관적인 산물이라는 견해는 논란의 대상이 되지만, Carr는 실상 사실과 해석은 평등한 관계라고 주장하였다. 즉, 역사란 역사가와 사실 간의 상호작용의 부단한 과정이며 현재와 과거 사이의 그칠 줄 모르는 대화라고 규정하고 있다.

해방 이후 우리나라의 관광사를 다룬 본서는 일차적으로 관광산업의 각 부문별로 사실(fact)을 수집하고 정리하는 데 그 의의를 두고 있다. 한국관광학회 40주년 기념행사를 겨냥하여 시작된 본서의 집필은 흩어진 사실을 수집하고 정리하는 데 각 부문의 저자들이 많은 어려움을 겪었다. 저자들은 가능한 편견 없이 역사적 사실을 기술하려고 노력하였지만, 이 또한 각 부문별 저자들의 한정된 견해일 수밖에 없다. 역설적으로 본서는 일차적으로 관광산업의 부문별로 역사적 사실들을 정리하고 기술하였지만 아직도 저자들의 눈에 띄지 않아 수집 · 정리되지 못한 역사적 사실들이 여전히 남겨져 있다고 볼 수 있다. 역사는 분실한 부분이 많은 거대한 조각그림맞추기(jigsaw puzzle)라고 한다. 본서가 굳이 '일차적으로 역사적 사실들을 정리하고 기술하였다'란 표현을 사용한 것은 본서가 출간된 이후에 이차 · 삼차적인 작업이 이어질 것으로 기대하기 때문이다. 특히 본서에서 다루지 못했던 관광자의 여행행태에 대한 역사적 변천에 대한 사실의 수집과 정리, 관련연구가 뒤따랐으면 하는 바람이다. 이 부문에 대한 역사서의 집필과 연구는 한국관광학의 학문적 정체성을 더욱 두드러지게 하고 관광이론의 연구에 더욱 기여할 것으로 사료된다. 더 나아간다면 향후에는 부족한 역사적 사실을 모으고 정리하여 본서에서 본격적으로 시도하지 못했던 역사적 사실에 대한 해석까지 보충하여 발전해 나가기를 기대해 본다.

대한민국 관광의 역사는 이 땅에 관광현상이 발생하는 한 현재를 넘어 미래에도 영원히 지속될 것이다.

참고문헌

1) 최석호(2003). 세계화와 여가의 사회적 의미: 2002년 한·일 월드컵을 중심으로. 『관광학연구』. 26(4): 27-42.
2) Walton, J.K.(2005). *Histories of Tourism: Representation, Identity and Conflict*. NY: Channel View Publication.
3) 김진섭(1999). 『고대관광사』. 서울: 대왕사.
4) 김진섭(1999). 『중세관광사』. 서울: 대왕사.
5) 김 봉(2010). 『관광사』. 서울: 대왕사.
6) 한경수(2011). 『삼국시대-일제강점기 韓國觀光史』. 대구: 도서출판 정림사.
7) 한경수(2011). 『삼국시대-일제강점기 韓國觀光史』. 대구: 도서출판 정림사.
8) 정규엽(2011). 호텔업의 역사. 『관광학연구』. 35(10): 385-401.
9) 박시사(2011). 『여행사의 역사』. 서울: 대왕사.
10) 김성혁(1999). 『여행사경영관리론』. 서울: 형설출판사.
11) 김남조 (2011). 신문기사에 나타난 역대대통령의 관광정책관: 조선일보와 동아일보를 중심으로. 『관광학연구』. 35(6): 159-181.
12) 문화관광부(2006). 2005 관광연차보고서.
13) 김남조(2011). 신문기사에 나타난 역대대통령의 관광정책관: 조선일보와 동아일보를 중심으로. 『관광학연구』. 35(6): 159-181.
14) Jafari, J.(2001). The scientification of tourism. In *Hosts and Guests Revisited: Tourism Issues of the 21st Century* (V.L. Smith, and M. Brent, eds.). Cognizant, pp. 28-41.
15) Carr, E.H.(1961). *What Is History?* London: Penguin.
16) 김기봉(2011). 환경사란 무엇인가: 환경과 인간의 상호작용의 역사. 『서양사론』. 100: 5-37.
17) Herodotos(2009). 『역사』(천병희 역). 도서출판 숲; 김기봉(2010). 우리시대 역사주의란 무엇인가. 『한국사학사학보』. 23: 371에서 재인용.
18) 오흥식(1996). 『그리스인의 역사서술』; 김진경 외. 『서양 고대사 강의』. 서울: 한울; 김기봉(2010). 우리시대 역사주의란 무엇인가. 『한국사학사학보』. 23: 372에서 재인용.
19) 노영란(2010). 서평. 허승일 저. 『다시 역사란 무엇인가』. 역사와 역사교육, 21: 153-168.

■ 저자약력

김남조(金南鏪) 한양대학교 관광학부 교수

미국 펜실베이니아주립대학교에서 박사학위를 취득했다. 현재 한국관광학회에서 부회장 겸 학술출판위원장과 본서의 총괄책임을 맡고 있다. 『관광학총론』(공저, 2009), 『글로벌리더로서 관광을 말하라』(공저, 2008), 『지속가능한 관광』(공저, 2001) 등의 저서와 「신문기사에 나타난 역대대통령의 관광정책관」, 「기후변화에 대응하는 녹색관광의 연구과제 모색」, 「에믹(emic)과 에틱(etic)방법을 이용한 관광레저형 기업도시 개발과정에서 나타나는 갈등구조 분석」, 「지리정보시스템(GIS)을 이용한 관광지 수용력 적용모형 개발」 등의 논문을 통해 활발한 학술적 성과를 발표하고 있다. 2007년 7월 최우수관광학술상(한국관광학회), 2007년 10월 지도교수상(한국관광공사 공로상), 2008년 2월, 2009년 7월, 2012년 2월에 각각 EZpmp Conference Paper 최우수논문상(한국관광학회)을 수상하였다.

제1장 한반도 관광산업의 태동(개화기 및 일제강점기)

한 경 수*

제1절 서 론

어느 학문이나 관련 현상 또는 연구에 대한 역사가 있기 마련이다. 흔히 전자는 현상사(現象史) 후자는 학사(學史)라고 부른다. 관광학은 양자에 대한 연구가 모두 부족한 실정이다. 논자는 관광현상사에 대해 오랫동안 관심을 가지고 삼국시대부터 일제강점기까지 연구를 진행해 왔다. 역사연구는 기준에 따라 분류할 수 있는데 특정 시대 전체의 현상을 조명하는 일반사와 특정 분야만을 대상으로 하는 분야사가 있을 수 있다.[1)]

본 연구는 분야사로서 우리나라 개화기 및 일제강점기의 관광산업에 대한 역사를 다루기 위한 것이다.

관광산업의 개념을 규정하는 것은 다소 진부하지만 본 연구를 진행하기 위해, 국내 또는 국외의 관광객을 흡수하기 위해 숙박・교통・오락・관람 등의 설비를 갖추어 영리를 꾀하는 일로서 국가산업의 한 분야라고 정의해 둔다.

우리나라에서 관광산업은 언제부터 생기기 시작하였는가? 필자의 오랜 관심은 전통관광현상에 관한 것이므로 이 문제를 심도 있게 다루어보지는 않았다. 논자의 연구를 훑어보니 산업이라는 형태로 관광이 존재하게 된 것은 개화기부터라고 판단된다. 개화기에 이르러 교통수단의 발달로 국내외 관광객의 이동이 전에 없이 늘어나고 이에 따라 근대

* 계명문화대학 호텔항공외식관광학부 교수(현)
e-mail: hks518@kmcu.ac.kr

호텔 등 숙박업이 등장하였기 때문이다. 일제강점기에는 일본의 관광산업이 여과 없이 우리나라에 들어와 준비단계를 거치지 않고 바로 국민들을 상대하기 시작하였다. 관광산업의 강제적 이식(移植)이라고 부를 만하다. 이 시기에 관광교통업, 관광숙박업, 여행업 등이 초보적인 활동을 시작하였다. 본 연구는 한국관광산업사 중 초기단계인 개화기와 일제강점기의 우리나라 관광산업에 대한 역사적 접근을 시도하고자 한다. 본 주제에 대한 선행연구가 거의 전무하므로 논자의 기존 관광현상사 연구에 기초하여 관광산업에 대한 부분을 정리하고자 한다.[2] 또한 개화기 등 시대에 대한 개념규정은 지면관계상 제외하였다.[3]

본서는 우리나라 관광산업의 역사에 관한 것이므로 근대적인 관광산업이 태동한 개화기부터 다루는 것이 적절하다고 본다. 그러나 개화기 이전의 관광에 대한 이해를 돕기 위해 제2절에서 개화기 이전의 우리나라 관광에 대해 약술하고자 한다.

제2절 개화기 이전의 관광

1. 삼국시대의 관광

삼국시대의 관광배경은 국제적 배경과 국내적 배경으로 나눌 수 있겠다. 전자는 불교적 배경, 대외관계 배경, 학문적 배경으로 모두 삼국시대 국제여행의 축을 이루었다. 국내적 배경에는 불교행사 관람, 왕의 순행 및 유람, 화랑도의 유람, 온천여행 등이 있었다. 삼국시대에는 제한적이긴 하지만 국제여행이 다소 활발하였고 그 범위도 중국을 넘어 인도까지 뻗었다는 것을 알 수 있다. 이 시대의 관광유형은 이후 우리나라 관광유형의 전형이 되었다고 하겠다.

1) 국제여행

첫째, 불승들의 서학(西學) 내지는 서유(西遊)라는 큰 여행의 흐름을 찾을 수 있다. 불승들이 삼국에서 인도와 중국을 오가면서 견문을 넓히고 돌아와 자국의 불교발전에 이바지하였다. 특히 당나라를 경유하여 인도까지 유방(遊方)을 한 불승들의 여행은 당시의 여건으로 보아 상상하기 어려운 고난을 겪었을 것이다. 이것은 당시 국제관광의 한 지주로 볼 수 있다.

둘째, 사행(使行) 즉, 공무여행이었다. 삼국은 발전과정에서 모두 중국의 왕조들과 긴밀한 관계를 유지하였다. 조공을 바치고, 유학생을 보내고, 왕의 책봉을 받고, 군사적 동맹을 맺는 등 여러 가지 이유로 외교관계를 맺게 되었다. 이 과정에서 국외 공무여행은 필수적이었다.

셋째, 유학(遊學)이다. 삼국은 모두 중국의 선진학문을 배우고 문물제도를 도입하려 하였다. 따라서 유학생을 파견하여 국자감과 같은 교육기관에서 학습하기를 원하였다. 최치원은 이러한 목적의 여행을 관광(觀光)이라고 하였다. 이러한 유학은 고려시대에도 계속되었고 조선시대에는 북학(北學)으로 이어졌다. 즉 삼국시대 후반 및 통일신라시대 귀족 자제들의 가장 큰 희망은 중국에 유학하는 것이었으며 이것은 또한 중요한 국제관광의 한 지주가 되었다.

2) 국내여행

첫째, 왕의 여행이다. 그 형태는 순행(巡幸), 사냥, 뱃놀이 등이다. 순행은 왕이 궁을 벗어나 여행할 수 있는 좋은 기회였다. 순행의 원래 목적은 어려운 사람을 보살피는 것이지만, 동시에 명승지를 유람하는 좋은 기회가 된 것이다. 사냥은 왕의 도리에 어긋난다는 신하의 제지(김후직의 예)가 있었지만 초기에는 많이 이루어졌다. 또한 인근 강에서 뱃놀이를 하는 경우도 있었다.

둘째, 불교행사를 관람 또는 참여하는 것이다. 불교는 연등회와 팔관회라는 의식을 통하여 많은 백성들을 한곳에 모아 온갖 유희와 놀이를 제공함으로써 백성들의 욕구를 충족시켜 주었다. 즉 불교의식에 참여하기 위해 많은 사람들이 이동하게 되어 일종의 유람여행이 이루어졌다. 이러한 불교적 여행은 고려시대에 더욱 번성하였고 불교가 탄압받던 조선시대에도 명맥을 유지하여 오늘날에 이르게 되었다. 이러한 여행은 조선시대까지 일반 백성들에게 중요한 여행기회를 제공하였다.

셋째, 화랑들의 여행도 특기할 만하다. 화랑은 여러 곳을 유람하면서 심신을 단련하였는데 경주 일원은 물론 금강산까지도 여행하였다. 당시의 교통형편으로 보아 대단히 먼 거리였을 것이다. 여행 중의 행동을 참고하여 화랑으로 임명되었으므로 여행이 인재선발의 중요한 수단이 된 셈이다.

넷째, 사절유택(四節遊宅)은 무엇을 의미하는 것일까. 신라의 귀족들이 계절에 따라 유람하는 곳이 따로 있었다는 것이다. 여기서 택(宅)은 실제 집이 아니며 명승지를 가리키는 것으로 보인다. 이를 통해 신라시대 귀족여행의 단면을 엿볼 수 있다.

다섯째, 온천여행이다. 온천여행 기록은 삼국 전반기부터 기록에 나타나는데 귀족, 승려 및 왕의 온천행이 있었다. 동시에 온천에서 잡희(雜戱)를 관람하기도 하였다.

그러나 일반 백성들의 여행기록은 거의 보이지 않는다. 불교행사의 하나로 복회(福會)라는 탑돌이 행사가 있었으나 그 외에는 여행기록을 찾을 수 없다.

2. 고려시대의 관광

1) 관광유형

고려시대에는 10여 가지의 관광유형을 찾을 수 있다. 이를 관광의 주체, 역할, 특징 등을 기준으로 나누어 보았다.

첫째, 누각관광의 주체는 임금부터 나그네에 이르기까지 매우 다양하였다. 누각의 주 목적은 유관(遊觀)에 있었는데 경치 좋은 곳에 비교적 높이 위치하여 주변 경관을 즐기기에 적합하였다. 또한 누각은 사신의 접대 및 임금의 놀이장소 등 국가적 행사장소로도 이용되었다. 그리고 선비나 관료들이 일상생활에서 벗어나 답답한 마음을 풀고 풍류를 즐기는 장소로 쉽게 이용되었다. 결국 누각관광은 교통이 발달하지 못했던 시기에 주변 승지(勝地)에 위치하여 많은 사람들에게 유관(遊觀)의 즐거움을 제공하였다.

둘째, 온천관광의 주체는 임금이나 호종(扈從)하는 신하, 그리고 동반 유람하는 공경대부들이 주류를 이루었다. 온천은 비교적 먼 거리에 위치하였으므로 임금이나 왕족들에게는 궁을 벗어나 자연을 접하면서 동시에 질병도 치유할 수 있는 다목적 관광이었다고 하겠다. 동시에 임금이 온천에 행차하면 반드시 유희가 따랐는데 광대(영관(伶官) 혹은 창우(倡優)), 변장을 잘하는 사람(변전인(變轉人))들의 재주와 희마(戱馬)놀이, 폭화(爆火)놀이 등으로 구성되어 즐거움을 더하였다.

셋째, 명산을 등반하는 것은 좀처럼 하기 어려웠던 것 같다. 주로 전현직 고관, 일부 자유로운 선비 및 승려들이 주제가 되었다. 명산 등반은 인생에서 한번 혹은 몇 번밖에는 기회가 없기 때문에 기관과 절승을 구경하면서 속세에 찌든 마음을 던져버리고 반성하는 좋은 기회로 삼았다. 특기할 것은 금강산 등에는 많은 관광객, 불자(佛者), 그리고 정부의 관리들로 인해 주변 주민들이 큰 어려움을 겪었으니, "이 산은 어찌해서 다른 지경에 있지 아니했는가"라고 할 정도였다. 이러한 문제 즉 현지주민들의 관광객에 대한 적대감은 현대관광에서도 심각하게 제기되고 있는데 이미 700~800년 전에도 동일한 문제가 발생했다는 것은 새겨볼 일이다.

넷째, 사냥구경은 별난 놀이 중의 하나였다. 사냥구경의 주체는 임금, 사신, 공경대부로 한정되었다. 특히 임금의 순수(巡狩)의 수(狩)는 사냥을 의미하기도 하여 사냥이 순수 중에 많이 이루어졌음을 알 수 있고, 중국의 사신들이 오면 접대용으로 사냥구경을 시켰던 것으로 보아 이것을 매우 귀중히 여겼음을 알 수 있다. 사냥은 매우 활동적이나 고관의 신분으로 직접 참여하기 곤란하므로 동물을 사냥하는 쾌감과 흥분된 느낌을 다른 사람을 통해 간접적으로 감지하는 것이다. 일종의 간접경험이다.

다섯째, 원유(遠遊)와 장유(壯遊)이다. 이것은 관광의 한 유형이지만 어떤 구체적인 사실을 말하기도 하고 동시에 그 속에 포함되어 있는 사상을 의미하기도 한다. 관광이나 유람이 주변지역에 한정되기보다는 멀리 특히 중국이나 명승지와 같이 장쾌한 느낌을 받을 수 있는 먼 곳에서 이루어짐으로써 사나이로서의 호연지기(浩然之氣)와 큰 포부를 키울 수 있다는 것이다. 주체는 주로 사신으로 중국에 가는 관료나 퇴임하여 조용한 생활을 하는 선비, 그리고 유방(遊方)하는 스님 등에 한정되었다.

여섯째, 구도여행(求道旅行)은 스님들이 수행을 위해 각지를 돌아다니며 고행을 통해 도를 닦고 좋은 경치를 대하여 심신을 맑게 하기 위한 여행이다. 유방(遊方)이라고도 하며 어떤 의미에서는 가장 순수한 여행이라고 하겠다. 모든 욕심을 버린 채 자연 속에서 인간의 본질과 자연의 섭리를 탐구하면서 심신을 수양하는 것은 오늘날 퇴폐적이고, 소비지향적인 관광을 고려할 때 우리에게 시사하는 바가 많다.

2) 관광사상

고려시대의 문헌을 통해 몇 가지 관광관련 사상을 찾을 수가 있다. 관광사상은 관광행위 속에서 그것을 움직이는 본체이기 때문이다.

첫째, 모든 사람이 자연이나 유희를 대할 때 우선 그것을 사랑하고 또한 마음이 편안해야 즐거움이 있는 법인데 이를 인이후락(仁而後樂)이라고 한다. 관광을 할 때는 우선 자연을 사랑하고 그 속에서 무엇을 찾으려는 마음자세가 있을 때 그 본래의 목적을 달성한다는 것을 말해주고 있다. 이것은 관광의 시발점에서 현대인이 생각해 보아야 할 사상이다.

둘째, 음풍(淫風)에 대한 경계는 여색을 따르고 사냥과 놀이만을 일삼는 것을 금하는 것인데 이것은 작게는 집안을 망치고 크게는 국가를 망친다고 하였다. 오늘날 관광이나 유람이 향락과 퇴폐적 경향을 보이고 있는 것은 바로 이러한 범위와 절제된 행동의식이 없기 때문이 아닌가 한다.

셋째, 자연을 유람하고 그 속에서 무엇인가를 배우는 것이 일생의 고칠 수 없는 병이 될 정도로 산수에 대한 우리 선조들의 애착은 유별났다. 이를 산수고황(山水膏肓)이라고 한다. 유람의 원초적 대상은 자연이 아니겠는가. 오늘날 인위적인 놀이시설들이 우리를 즐겁게 하지만 그것을 즐기고 난 후에 갖는 무엇인가 허전하다는 느낌은 바로 원초적 대상 즉 자연을 잊고 있기 때문이다.

넷째, 크고 넓은 마음을 키우고 큰 포부를 품으려면 좁은 지경에서 벗어나 명산대천을 두루 구경하고 천하의 기문(奇聞)과 장관(壯觀)을 보아야 하는데 그것이 원유(遠遊)와 장유(壯遊)이다. 일상생활과 좁은 산천에 갇히어 살면 생각과 행동이 좁아지게 되어 큰 뜻을 가질 수가 없다. 관광의 근본목적 중 하나는 바로 이러한 것이 아니겠는가? 오늘날 쾌락을 중시하고 자연과 거리가 먼 활동 중에 치중하는 현대관광은 이러한 점을 바로 알고 바람직한 방향정립이 필요하다고 하겠다.

다섯째, 인자요산 지자요수(仁者樂山 知者樂水)는 자연을 유람하면서 인간이 배우게 되는 또 다른 중요한 측면을 말해주고 있다. 산은 우리에게 고요하나 깊은 무엇을 가르쳐주고 물은 움직임을 통하여 지혜와 침체함이 없음을 가르쳐준다. 이 두 가지는 상반된 것처럼 보이나 어느 한쪽으로 치우치지 아니하면서 정(靜)과 동(動)을 모두 갖춘 인간을 형성하는 데 기여한다.

여섯째, 사냥은 활동적이고 낚시는 비교적 정적(靜的)이다. 사냥을 통해 심신을 단련할 수 있지만 분명한 목적과 적당한 시기 및 올바른 방법을 통해 이루어져야 한다. 사냥은 인간의 공격본능을 자극하여 흥분시키고 온화한 인격형성에 방해가 되기 때문이다. 낚시 역시 고기를 많이 잡는 데만 치중하지 않으며 도를 닦듯이 바르고 곧게 하여 한곳에 정신을 집중하여 마음을 고요히 하며 넓고 맑은 물의 흐름을 통해 천리를 느끼고자 하였다.

일곱째, 유방(遊方)은 모든 욕심을 버리고 명산대천을 유람하면서 영원한 도를 얻으려는 것으로 분명히 관광여행은 아니다. 이것은 가장 순수한 형태의 유람으로 기약 없는 여행 속에서 인간과 자연과 종교의 의미를 새기고 또한 돌아와 그것을 바탕으로 삶과 마음을 새로이 하는 여행의 영원한 이상형이라고 하겠다.

결국 관광을 포함한 유람 등은 그 자체가 삶을 영위하는 데 중요한 요소이며, 동시에 깊은 사상이 담겨 있다고 하겠다. 오늘날 서구화된 관광여행의 형태와 추세를 볼 때 우리 고유의 전통적인 유람의 형태가 다시 살아나야 한다는 것을 새삼 느끼게 한다.

3. 조선시대의 관광

1) 관유(觀遊)여행

조선시대의 관유여행은 대자연을 두루 살펴 인격을 수양하고 호연지기를 키우며 낙토를 찾고자 하는 유교적 유람관(遊覽觀)에 근거하고 있다. 이는 여행자들에게 많은 것을 가르쳐주었고 느끼게 하였다.

첫째, 조선시대의 여행을 살펴보면 그 동기에 있어서 호연지기(浩然之氣)를 키우고 인생에 있어서의 패배와 울분을 씻고 재기의 기회를 얻고자 하였으니 곧 자아실현(自我實現)이다. 당시의 유교사회는 어릴 때부터 책과 가까이 하면서 가능한 빠른 나이에 과거에 급제하는 것이 가장 큰 명제였다. 따라서 갑갑한 일상에서 벗어나 남아로서 웅지를 키우고 심신을 단련할 기회가 거의 없었다. 이에 여행은 이들을 자연과 접하게 함으로써 호연지기를 키울 수 있게 하였다.

『봉래청기』에서, "남아 하올 일이 하고도 많건만은 명산대천 유람하여 거문 장관 심방(尋訪)함은 지기도 쾌활하고 문력(文力)도 웅건하니"라고 하여 여행의 목적이 지기(志氣)를 쾌활하게 함이라고 하였다.

둘째, 애국충절이다. 관유여행은 자연과 국토에 대한 사랑, 그리고 임금에 대한 충절을 느끼게 한다. 여행을 하면서 우리 자연과 국토의 아름다움을 알고 자연의 섭리를 배우면서 나아가 속세에서 잘못한 자신의 행위를 반성하고 임금에게 충성하지 못한 것을 후회하게 된다.

『속관동별곡』에서, "고금 천하에 기국영신(欺國佞臣) 오국권간(誤國權姦)이 화탕(火湯)지옥에 며치나 드런ᄂᆞᆫ고"라고 하여 임금을 속이고 아첨하며 나라를 오도한 간신배 등을 질타하며 스스로를 반성하고 있다.

셋째, 명승지 여행욕구의 충족이다. 조선시대의 관유여행자들은 자연을 경원(敬遠)하며 거기에서 무엇인가를 배우려고 하였으므로 순수하게 인간본능적인 향락만을 위하여 여행하는 것은 그리 많지 않았다. 그러나 어떠한 목적으로 여행하든지 여행하면서 즐거움을 갖지 않는 경우는 드물 것이다.

이러한 유흥욕구에 대해서 언급한 여행기록은 『금강산유산록』으로, "세상사 생각하니 창해지일엽(滄海之一葉)이라 인생가련ᄒᆞ야 하루 같은지라 아니 놀고 무엇ᄒᆞ리만 영웅호걸사(英雄豪傑士)도 북망산 띠끌 되고 역대왕후부귀공명세상사(歷代王侯富貴功名世上事) 후리치고 행장(行裝)수습ᄒᆞ야 금강산 구경가세"라고 하였다.

넷째, 친목 및 교육적 효과이다. 조선시대의 관유여행은 그것을 통하여 스스로와 이웃 그리고 후손에 대한 교육·교훈적 의미와 친목을 강조하고 있다. 『화전가』에서, "본가(本家)로 도라가서 부모님에 효부하고 남편에게 공성하고 자손에게 애중하며 동기우애 지친화목 가정화기 융융트라"고 하는 교훈적 내용이 들어 있다.

2) 국외 공무여행

어느 시대나 공무여행은 관리들에게 국외여행의 좋은 기회를 제공하였다.

이는 단순 여행만이 아니라 여러 가지 역할을 동시에 수행하게 되었기에 그 역할과 특징을 다음과 같이 정리하였다.

첫째, 국가의 안전보장과 관계개선이다. 대중국행을 볼 때 거의 모든 공무여행이 사행(使行)의 형식을 취하였고 그 주목적은 명(明)이나 청(淸)의 호의를 얻음으로써 여진족 등 오랑캐와 일본의 침략을 견제토록 하기 위함이었다. 또한 대일본행을 볼 때 임난 전에는 왜구(주로 대마도)의 노략질을 예방하고 그들의 문물도입 요청에 응한 것이며 임난 후에는 그들의 재침을 막기 위해, 그리고 관사무역(官私貿易)을 진흥시키기 위함이었다. 일종의 유화정책(宥和政策)이었다.

둘째, 국외여행의 좋은 기회이다. 사신들은 관련 문서나 공물을 직접 주고받는 일 외에 나머지 많은 시간을(실제는 불필요한) 이국의 풍물을 구경하는 데 보냈다. 대중국·대일본 공무여행의 내용을 분석해 보면 80~90%가 이러한 것으로 구성되어 있다. 또한 사행 시 불필요한 많은 인원을 동행함으로써 통솔에 문제가 많았으며, 이를 기화로 사행을 이용한 국외여행이 관료와 선비계층에 상당히 널리 퍼졌으리라 생각된다. 실제로 『북학의(北學議)』의 박제가(朴齊家)와 『서유견문(西遊見聞)』의 유길준(兪吉濬) 등이 그 예로써 이들은 공식 사행원이 아니었다.

셋째, 공무여행경로는 중국은 육로와 해로로, 일본은 해로를 이용하였다. 육로는 한성→평양→의주→요동(遼東)→성경(盛京)→광녕(廣寧)→산해관(山海關)→북경이 가장 일반적이었다. 해로의 경우는, 세종 3년(1421년)까지는 명나라의 수도가 남경(南京)이었으므로 뱃길로 다녔으며 임난 후 명이 쇠퇴하고 청국이 일어나 상기 육로를 점령하였으므로 황해를 건너 명과 이어졌다.

그리고 일본행 공무여행경로의 국외구간으로는 한성→충주→마령(馬嶺: 문경새재)→문경→함창→상주→성주→밀양→양산→부산이었으며, 부산→대마도→일기도(壹岐島)→적문관(赤間關)→대판(大板: 오사카)→명고옥(名護屋: 나고야)→삼도(三島)→강호(江戶:

동경)로 이어졌다.

넷째, 여행방법 및 기간이다. 중국행의 경우, 그 규모는 보통 250여 명에 이르렀다. 주요 교통수단은 말이었으며 때로는 선박을 이용하기도 하였다. 숙식은 숙소참(宿所站)·역(驛)·행정소재지에서 해결하였다. 사행목적에 따라 다르겠지만 통상 4~8개월 걸린 것으로 판단된다. 구체적인 내용으로는 『열하일기(熱河日記)』로써, 압록강에서 요양까지 15일 소요되었다.

한편 일본행 공무여행의 일반적인 여행방법은 대중국과 같다. 다만 군막생활과 같은 어려움은 지형상 없었다. 특히 선박을 이용한 구간이 많았으며 거의가 관선(官船)을 사용하였다. 공무기간은 『해유록(海遊錄)』의 경우 261일(1719.4.11~1720.1.24), 『일동장유가(日東壯遊歌)』의 경우 총 321일(1764.8.3~1765.7.7)이 소요되었다.

다섯째, 조선시대의 관사무역(官私貿易)이다. 조선시대의 공무여행에 따른 무역은 중국과 일본을 중심으로 이루어졌으며 그 내용은 공식적인 관무역(官貿易)과 비공식적인 사무역(私貿易)으로 구성되어 있다. 중국과의 관계에서 보면, 조선의 건국이 명국과의 상하관계를 기반으로 이루어진 것이기 때문에 명에 대해서는 사대교린원칙(事大交隣原則)에 의해 명절 및 길흉사에 사신을 파견하였으며, 이때 공물(貢物)을 바치고 그에 대한 회답으로 중국의 새로운 문물을 받아 왔었다. 이러한 과정이 반복되면서 그것은 조공무역(朝貢貿易)으로 발전하게 되었다. 한편 대일본 관계에서는 明과는 반대현상이 일어나, 일본의 간청으로 사신을 파견하였으며 그에 수반하는 조공무역이 이루어졌다. 일본은 사송선(使送船)을 파견할 때 일본상인의 흥리선(興利船)도 함께 보내 경제적 실리를 추구하였다. 일본의 입장에서는 중국의 문물을 한국을 통하여 입수하였고 특히 식량 등을 조달하기 위해서는 무역이 필수적이었다. 조선의 입장에서는 왜구의 근절을 위하여 유화책(柔和策)을 쓰지 않을 수 없었으므로 일본의 요청을 받아들였다. 이상에서 본 바와 같이 조선시대의 공무여행은 원래의 목적 이외에 국가적으로 큰 이익이 되는 조공무역을 생성케 하였으니 당시 공무여행을 외형적으로 보아온 시각을 탈피하여야 하며 공무여행의 중요성이 다시 인식되어야 할 것이다.

여섯째, 실학사상이다. 실학사상은 중국을 다녀온 사신과 이에 동행한 일부 학자들이 서양의 문물과 사상을 받아들이면서 크게 발전하기 시작하였다. 특히 당시 북학론자(北學論者)들은 박지원(朴趾原: 1737~1805), 이덕무(李德懋: 1741~1793), 유득공(柳得恭: 1749~1807), 이서구(李書九: 1754~1825), 서상수(徐常修: 1735~1793: 화가) 등을 중심으로 나라를 부흥시키기 위해서는 실생활에 이익을 주는 실학을 연구해야 한다고 여기고 과학적인 기술을 매우 중시하는 태도를 가지게 되었다. 그중에서 『북학의』의 저자 박제가(朴齊家)는 연경(燕京)을 3번(1778, 1790, 1790)이나 다녀오면서 경국제민(經國濟民)하는 경제의 발전을 주장하였다. 결국 실학은 민족중시와 국학발달로 이어졌지만 민본(民本)과 평등의 사상을 심어주고 국가가 근대를 지향할 수 있는 기반을 마련하였다는 데에 그 역사적 의미가 있다.

이와 같이 조선시대의 외국공무여행은 공무수행은 물론 실학과 같은 새로운 사상을 도입하여 국가의 발전에 이바지하였을 뿐 아니라 많은 사람들에게 새로운 자각을 일깨워주었다.

일곱째, 천주교의 전래이다. 공무여행은 원래의 목적을 수행하면서 동시에 다른 분야에 대해서도 큰 영향을 끼쳤으니 그것은 무역과 종교에 관한 것이었다. 한편 북경에 해마다 파견되는 조선 사신과 수행원들은 그곳에서 서양인 선교사들과 접촉할 수 있어서 그들을 통하여 서양의 문물과 학술, 그리고 종교의 한역서를 전래받게 되었다. 허균(許筠: 1569~1618)은 1610년 진주부사(陳奏副使)로 명나라에 가서 한국 최초의 천주교 신도가 되었고, 천주교 12단(端)을 얻어왔다. 1644년 청에 볼모로 잡혀갔던 소현세자(昭顯世子: 1612~1645)가 연경의 천주당을 방문하여 독일인 신부 Adam Schall(湯若望)과 교유하고 많은 신서적을 입수하였다. 이러한 과정을 통하여 서양문물의 전래와 동시에 천주교 사상이 국내에 들어오기 시작하였다.

3) 조선시대의 관광사상

(1) 조선 전기의 관광사상

첫째, 유학자의 관광사상이다.

양성지(梁誠之: 1415~1482)의 유학적(遊學的) 유람관(遊覽觀)은 유학(遊學)의 필요성을 조리있게 설명하고 있다. 유학은 단순히 구경만 하는 것이 아니라 중국의 인심과 풍속을 알고, 문헌과 예악문물을 습득하고, 서적을 구입하고, 나아가 중국의 어음(語音)을 배워 통역상의 와전을 바로잡기 위함이었다.

서경덕(徐敬德: 1489~1546)의 소요유적(逍遙遊的)·상외유적(象外遊的) 유람관(遊覽觀)은 그가 도학자적 생활을 영위하였기 때문에 유람은 바로 생활 그 자체였다고 할 수 있다. 즉 신선적 유람(神仙的 遊覽)을 통해서 완전한 자유인으로서의 정신적 여행을 추구하였다. 그것을 소요유(逍遙遊) 혹은 상외유(象外遊)라고 부른다.

이황(李滉: 1501~1570)의 산야질적 유람관(山野質的 遊覽觀)은 스스로를 산야질(山野質)이라고 하면서 유람에 대한 소망을 본성적인 차원으로 피력하였다. 즉 자연을 즐기는 것(樂山水)은 그가 평생 갈구하던 일 중에서 매우 중요한 것이었다. 이는 근본적으로 보면 자연에 대한 고황(膏肓)이다.

이이(李珥: 1536~1584)의 도학적 유람관(道學的 遊覽觀)은 작게는 수신에 있어서 범인이나 임금의 잡희를 금하였고, 크게는 도를 닦는 방편으로서 무방향적 유람을 하였으며 나아가 자연 속에 살면서 궁극적으로 자연과의 합일을 원하였다.

둘째, 불승의 유방(遊方)사상이다. 휴정(서산대사)과 유정(사명당대사)은 승려로서 단순한 자연 감상만이 아니라 구도여행의 차원에서 자연을 접했던 것 같다. 이것을 유방(遊方)이라고도 한다. 선(禪)은 고요함 속에서 사물의 이치를 스스로 깨우치는 것이므로 명승지를 고요히 유람하는 것이 선을 실행하는 좋은 방법이 되었던 것이다. 즉 유방이 곧 선의 실천방법이 된 것이다.

(2) 조선 후기의 관광사상

임난 이후 조선은 사상적으로 실학에 물들었다 해도 과언이 아닐 것이다. 관광사상도 이러한 시대적 흐름과 함께한 흔적이 보인다. 조선 전기와 같은 정적이고 형이상학적인 것에서 현실적이고 동적인 측면이 강하게 나타난 것을 볼 수 있다. 그러나 사상의 변화는 서서히 일어나는 것이 특징이므로 조선 전기의 유학적 사상은 저변에서 그대로 유지되고 있음을 확인할 수 있다.

첫째, 성리학적 유람관이 초반부에는 많이 남아 있음을 볼 수 있다. 자제와 절제를 강조하며 물아(物我)가 합일하는 가운데 유람이 이루어지는 것으로 송시열이 말한 임금의 유예(遊豫)가 대표적인 예이다. 양명학의 거두 정제두는 자연 속에서 소요하는 정적이고 사색적인 유람을 말하고 있다. 실학자인 이익(李瀷: 1681~1763)도 삼유(三遊)를 말하면서 방탕에 가까운 유(遊)를 경계하고 있다. 이러한 성리학적 유람관은 조선 말기까지 이어지고 있는데, 성리학자로서 절제된 풍류와 유람을 주장한 이항로(李恒老: 1792~1868)가 그 예이다.

둘째, 조선 후기의 관광사상을 대표하는 것은 실학적 유람관이다. 보다 현실적으로 관광을 통해 선진국의 문물제도를 배우려는 자세를 취하는 것이다. 관국지광(觀國之光)에서 보듯이 앞선 나라의 문물제도, 예악형정(禮樂刑政) 등을 보고 우리 것과 비교하면서 교훈을 얻고자 한다.

박지원은 중국을 배우는 장유(壯遊)를 주장하면서, 중국을 관광하는 조선사람들의 망령된 행동 5가지를 꼬집고 이를 바로잡아 관광의례(觀光義例)로 삼기를 원했다. 즉 중국을 배우는 데 있어서 올바른 마음자세를 제대로 배울 수 있다는 것이다.

제3절 개화기의 관광산업

1. 관광사적 개관

개화기(開化期)는 흔히 1870년부터 일제강점기까지의 시기를 이르는데 관광에 있어서도 개화기라 할 만하다. 대한제국(1897~1910) 이전부터 선교사를 비롯한 상당수의 외국인들이 조선에 들어와 조선의 실상을 처음으로 자세히 서구사회에 알리게 되었다. 그들은 조선 각지를 다니면서 수천 년 동안 숨겨져 있던 조선의 자연과 조선인의 문화를 경험하였고 그들이 겪은 생생한 여행담을 기록으로 남겨 당시 조선의 모습을 우리들에게 전해주고 있다.

당시는 산업혁명 이후 증기선과 증기기차의 급진적인 발달로 미지의 세계로의 여행이 가능해졌다. 지중해에서 수에즈운하를 거쳐 인도양을 항해하여 상해와 제물포에 들어온 이가 바로 묄렌도르프였다. 일본을 경유하여 인도양과 태평양을 횡단하는 사상 초유의 대양 선박항해가 이루어져 유럽과 아메리카가 우리 앞에 성큼 다가서게 되었다. 한중일 삼국 간의 국제운송도 정기화되었다. 러시아횡단철도를 통해 유럽인들이 한반도를 포함한 아시아에 보다 쉽게 올 수 있었다. 국내에서는 서울에서 제물포 사이에 기차가 들어서고, 또한 주요 항구 간에 정기여객선이 운항되면서 이전시대에는 생각할 수 없었던 속도의 국내여행도 가능해졌다. 물론 오늘날의 그것과는 비교할 수 없는 정도의 초보적 수준이었다. 숙박시설은 제물포에 서구식 호텔이 들어서고, 서울에도 일본식 여관이 생기는 등 전통 숙박시설에서 벗어나 새로운 시대를 맞이하게 되었다.

그러나 이 시기는 변화의 시발점으로 변화의 혜택이 일부에게만 주어졌다. 아직 대부분의 조선인들은 수천 년 이어온 생활양식을 그대로 유지하고 있었다. 이러한 모습은 당시 서구인에게 신비로움과 놀라움 또는 천박함을 느끼게 하기에 충분하였다.

개화기는 그 기간이 짧고 외국인의 방문규모도 일제강점기에 비하면 비교할 수 없을 정도로 작지만, 일제강점기가 여러 가지 면에서 개화기의 연장선상에 있다고 볼 수 있으므로 개화기 관광은 한국관광사에서 관광산업의 출발점이라고 해도 좋을 것이다. 이 시대의 관련 자료는 한성순보(1883~84), 한성주보(1886~88), 독립신문(1886~99), 황성신문(1898~1910), 대한매일신보(1904~10) 등 초창기 신문과 잡지로서 소년(1908~1911), 그리고 십수 편의 외국인 조선기행문이 있다.

2. 관광객 이동의 증가

1) 내국인의 국내외 여행

첫째, 내국인의 국내여행에 관한 것으로, 개화기의 내국인 관광을 다룬 내국인 자료가 매우 부족하다. 당시 조선을 여행한 외국인의 기록에서 관련 내용을 다수 찾을 수 있다. 이들이 소개한 조선인의 여행유형은 조선인의 여행관, 왕의 행차구경, 나들이・소풍, 과거구경, 유람・종교행사 관람, 누각관광, 석전 등 오락, 매음 등이다. 이 중 왕의 행차구경과 과거구경 등은 외국인의 눈에 신기하게 비추어져 관련 기록이 많이 남아 있다. 또한 상화가패(賞花家牌) 및 매음녀(賣淫女)의 별호 등 매음관련 기사도 있다(황성신문, 1904.6.8).

둘째, 내국인의 국외여행에 관한 것으로, 외국유학 및 왕족과 고위직의 공무여행에 한정되었다. 유학은 삼국시대 이래 외국여행의 중요한 형태였다. 개화기에 들어오면서 그 대상이 중국을 벗어나 일본과 미국 등 서구로 바뀌게 되었다. 조선 최초의 신사들인 김옥균(金玉均)과 서광범(徐光範)은 중국 이외의 바깥세계를 여행하기 위해 1875년 일본을 다녀와 왕에게 서구문물의 채택을 주장했다.[4] 1880년대에 조선정부는 대일 유학을 실시하였다.[5] 또한 1897년 일본에 유학하고 있는 조선정부 학원(學員)이 77명이며(독립신문, 1897.8.17). 1899년 일본에 체류하는 조선인은 196명이었다(황성신문, 1899.6.7).

"영국 논돈(런던) 신문을 보니 조선 학도들이 논돈에 왔는데 돈이 업서 신문에 광고하고 누구든지 하인을 두고스푼 이는 이 두사람을 알게 하야달라고 하였더라."(독립신문 원문, 1896.12.10)에서 1896년 조선인이 런던에 유학하고 있음을 알 수 있다. 미국 유학생 박치수(朴致秀) 관련 기사가 있고(황성신문, 1900.7.14), 1902년 미국에 유학하는 학생이 뉴욕(紐育)에 5명, 샌프란시스코에 8명, 기타 지역에 10명, 오하요대학에 부인 1명이 있었다(황성신문, 1902.10.25).

한편, 개화기 해외여행의 선구자 유길준(兪吉濬: 1856~1914)을 빼놓을 수 없다. 그는 1881년 신사유람단(紳士遊覽團)의 일행으로 3개월간 일본을 여행하고, 게이오대학(慶應義塾) 설립자인 후쿠자와 유키치(福澤諭吉) 집에 기거하며 일본의 발전상을 보았다. 1883년 민영익의 보빙사(報聘使)에 합류하여 미국체류 후 민영익의 알선으로 계속 공부하였다(1883.9~1884.12). 그는 최초의 유학생이라 할 수 있으며, 갑신정변으로 귀국하는 도중 약 1년간 유럽을 경유하여 1885년 12월 귀국하였다. 귀국 후 지은 『서유견문』은 총 20편으로 관광과 관련된 것은 제16편의 「유락하는 경상」, 19편과 20편의 유럽 각 도시에 대한 견문기이다. 이 책은 북학에서 서학으로 우리의 관광대상이 바뀐 것을 나타내고 있다.[6)]

관심을 끄는 것은 16편의 「유락(遊樂)하는 경상(景像)」에서 유락의 중요성이다. 여기서 현대적인 여가의 개념을 말하고 있다. "흔히 사람들이 부지런히 일하는 것을 당연한 도리라고 하고 한가하고 안일하게 지내는 것은 못된 습관이라고 말한다. 그러나 부지런히 일하는 것과 한가하고 안일한 것도 각각 그 도리가 있는 것이다. -중략- 따라서 매일매일 시간을 작성하여 부지런히 힘쓸 때에는 이에 극진하지만 휴식할 때는 충분히 쉬어야 하는 것이다." 또한 유락의 현대적 의미를 강조하고 있다. "여기서 한가하다고 하는 것은 사람의 평생을 두고 안일하다고 말하는 것이 아니고, 그날의 일을 힘써 끝낸 뒤에 휴식하는 여가를 이용하여 한가하게 즐기는 일을 가리키는 것이다."

그는 설야유(雪夜遊) 등 서양유락을 소개하였다.[7)] 또한 1910년 4월 나고야박람회 견문기인 『관광약기(觀光略記)』를 저술하였다.

〈표 1-1〉 개화기 내국인의 국외여행

성 명	직위/동행자	내 용
민영익(閔泳翊) (1860~1914)	11명의 보빙사 (報聘使)	1883년 9월 2일 샌프란시스코에 도착. 뉴욕 Fifth Avenue Hotel 응접실에서 아서 대통령 면담 조선 외교관의 미국 최초 방문
민영환(閔泳煥) (1861~1905)	윤치호 · 김득련 · 김도일	1896년 러시아 황제 대관식에 특명전권공사로 참석 해외파견사절 중 최초의 세계일주[8)]
민영찬(閔泳瓚) (1873~?)	학부협판	1900년 1월 파리박람회에 참석
의화군(義和君) (1877~1955)	왕족	1898년 일본, 미국 여행(매일신문, 1898.5.31)
이재순(李載純) (1851~1904)	궁내대신	일본여행(황성신문, 1898.10.10)
유길준(兪吉濬) (1856~1914)	신사유람단, 보빙사	1881년 신사유람단(紳士遊覽團)으로 일본여행 1883년 보빙사(報聘使)로 미국행. 1885년 12월 귀국 귀국길에 유럽을 여행함

2) 서구인의 조선여행

개화기 서구인들의 조선여행은 마치 오늘날 아프리카 밀림이나 중국의 오지를 여행하는 것이나 진배없었던 것으로 판단된다. 이러한 여건 속에서도 그들은 탐험가적 정신으로 조선의 곳곳을 여행하였다.

이들은 선교사, 의사, 지리학자, 외교관 등의 신분으로, 조선여행 동기는 순수관광은 아니었으나 운송수단 및 숙박시설의 열악한 조건을 감수하고서도 주요 지역은 물론 평안도와 황해도까지 수개월에 걸친 여행(전도여행 등)을 하기도 하였다.[9] 이들은 플록(Stanley Plog)이 말한 것처럼 사이코센트릭(psychocentric)에 속하는 사람들로 모험가적 여행관을 가진 사람들이었던 것 같다. 어떤 이들은 조선을 여러 차례 방문하기도 하였다(헐버트 4회,[10] 매켄지 2회, 그리피스 2회, 오페르트 3회, 비숍 4회 등). 또한 이들이 진솔하게 기록한 여행기가 없었다면 오늘날 당시의 여행여건 등을 제대로 알 수 없었을 것이다. (이들 외국인들의 여행기록 등은 한경수(2005) 참조)

이러한 한말외국인들의 조선여행은 한국관광사의 측면에서 여러 가지 의미를 가진다. 첫째, 근대 한국관광 모습의 일단을 사실적으로 표현하여 한국관광사의 한 부분을 채워주었다는 것이다. 이들의 여행과 기록이 없었다면 한국관광사의 완성도가 떨어질 것이 분명해 보인다. 둘째, 이들의 여행기록을 통해 당시 조선인의 여행관과 여행유형은 물론 관광사 연구의 주요 대상인 여행경로, 기간, 운송수단, 숙박여건 등을 파악할 수 있었다. 내국인의 기록이 이 점을 비교적 소홀히 한다는 점을 고려하면 매우 큰 의미가 있다고 하겠다. 셋째, 상당수의 사진, 그림, 지도 등을 싣고 있어서 여행과 관련된 내용을 이해하는 데 큰 도움이 되었다. 일부 사진이나 그림이 왜곡된 것도 있기는 하지만 대부분은 저자가 직접 찍거나 조선인을 시켜 그린 것이어서 사실성이 상당히 보장되어 있는 것으로 판단된다. 넷째, 일부 여행기록에는 수출입물량, 국제기선의 출입항 등 매우 가치 있는 통계자료가 있다. 조선까지의 한국관광사 연구에 있어서 수리적 통계자료는 거의 전무한 것을 고려한다면 매우 중요한 자료이다.

이외에도 미국국회의원(버슷테 부부, 1897), 프랑스우체(郵遞) 교수(클레망쇠티, 1898), 독일 친왕(顯理 또는 亨利) 등이 개인적으로 조선을 방문한 기록이 18건 발견되었다(독립신문, 황성신문에 실린 인명).

3. 관광산업기반의 기초 형성

이 시기에는 근대적인 교통수단과 숙박시설(호텔)이 활용되기 시작하였으므로 관광산업기반의 기초가 만들어졌다고 할 수 있겠다.

1) 선박업 및 철도업

국내운송의 경우 관련 기록이 매우 미약하다. 묄렌도르프가 일본 미쓰비시상선(三菱商船)으로 동래에 가서 부산 형세를 살피고 귀경하였고(한성순보, 1883.11.10), 한강화륜선(인천-용산)이 1896년 운항하였다는 기록이 있다(독립신문, 1896.10.27). 1897년에 세창양행(世昌洋行: 제물포 소재)이란 회사가 화륜선(火輪船: 기선) 운항광고를 한 것이 여러 차례 신문에 나와 있다. 이에 의하면 창룡호와 현익호라는 선박이름이 보이는데 창룡호는 국내선에, 현익호는 일본행 선박임(때론 국내)을 알 수 있다(독립신문, 1897.4.~10). 이외에 이화양행, 이운사(利運社) 등이 있었으나 활동이 미미했거나 자세한 기록이 남아 있지 않다.

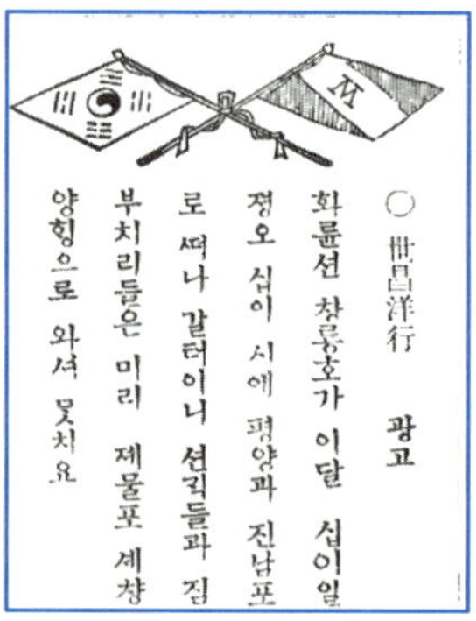

〈그림 1-1〉 세창양행(世昌洋行)의 창룡호 운항광고
(독립신문, 1897.5.8)

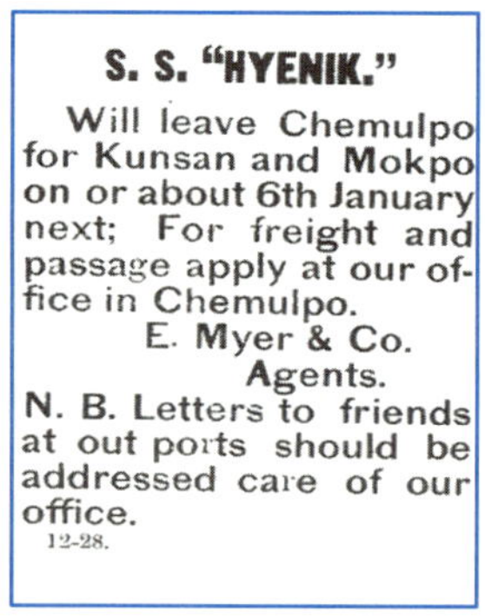

〈그림 1-2〉 현익호 영문 광고
(독립신문, 1896.12.31)

국제운송의 경우, 발견된 첫 기록은 묄렌도르프 부부가 1882년에 유럽-수에즈운하-싱가포르-홍콩-상해-제물포 구간을 선박을 이용하여 조선에 입국한 것이다. 그가 1869년 처음 중국으로 올 때 알렉산드리아-갈(Gall: 스리랑카) 구간에는 수라트호(The Surat)를, 갈-페낭 구간에는 살세트호(the Salsette)를 이용하였다.[11]

일본-조선 간 선박운송은 1896년 당시 「제물포 輪船(火輪船) 시간표」를 보면 朝・日/

中間 선박운항이 있었음을 알 수 있다(독립신문, 1896.4.7). 당시 한중일 사이에 정기여객선이 운항하고 있었다는 것은 서구인의 조선여행기록에서 알 수 있다. 상해-나가사키-제물포(1884, 남경), 부산-상해, 제물포-대련(大連)(일본유선회사, 25시간, 승객 13명, 메뉴/쇠고기 볶음, 칠면조요리, 연한 과자, 승무원들이 매우 친절),[12] 제물포-지부(芝罘: 옌타이)/여순(旅順)/대련[13] 등이 그것이다.

미국행 선박은 모두 요코하마나 고베에서 출발하였으므로 일본까지만 가면 미국으로 갈 수 있었다.

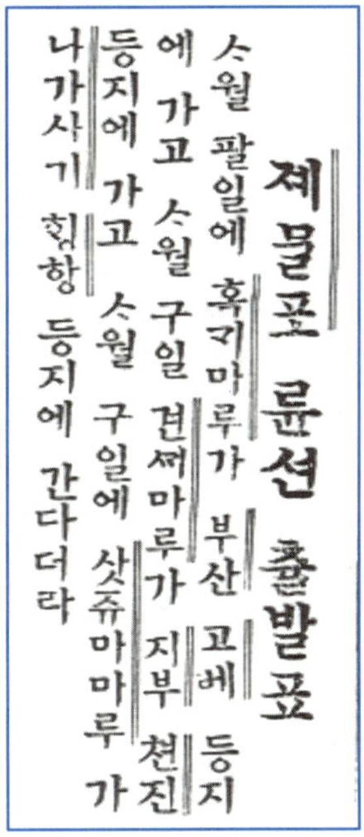
제물포 륜선 출발표

ᄉ월 팔일에 홋기마루가 부산 고베 등지에 가고 ᄉ월 구일 런써마루가 지부 쳔진 등지에 가고 ᄉ월 구일에 샷쥬마마루 가 나가사기 힝항 등지에 간다더라

〈그림 1-3〉 제물포 (화)륜선 시간표(독립신문 창간호, 1896.4.7)

일본우선회사 소속의 Ohio호가 보이는데(선장: Gundersen) 1,010톤으로 제물포-고베 구간에 목포·부산·모지(Moji: 규슈)를 경유하였다. 광고문에 의하면 이 배에는 1, 2, 3등실에 모두 전기시설이 되어 있었다(대한매일신보 영문판, 1904.9.9). 일본우선주식회사(日本郵船株式会社: Nippon Yusen Kabushiki Kaisha : NYK Line)는 세계 최대의 운수회사로 미쓰비시 기업의 핵심이다. 1870년 창설되어 1885년 현재 이름을 가지게 되었다. 58척의 기선으로 출발하여 아시아 지역을 운항하다가 봄베이(1893), 유럽·시애틀·호주(1896), 영국(1899)에 취항하였다(土佐丸: 횡빈-영국, 일본 최초의 원양정기항로).

소속된 주요 선박 중 칸린마루(咸臨丸)는 1860년 3월 17일 일본 대표단이 96명의 일본 선원과 함께 샌프란시스코에 도착하여 미국 땅에 도착한 최초의 공식 일본선박이다(300톤, 길이 50m, 폭 7.3m, 속도 11km, 돛대 3개, 1871년 태풍으로 침몰).

〈그림 1-4〉
아메리카 마루(America Maru): http://www.interq.or.jp/white/ishiyama/column43-10-6.htm

1898년에 진수한 일본환(Nippon Maru, 557명 수용), 아메리카 마루(America Maru, 502명), 홍콩마루(Hongkong Maru, 399명)가 있었다. 1899년에 진수한 아와마루(Awa Maru, 阿波丸: 16,309톤, 길이 135.6m, 선폭 15.1m, 속도 20노트. 일본-영국 운항)는 1914년까지 요코하마와 시애틀 구간을 정기 운항하였다. 이 배의 특기할 사항은 1912년 2월 14일 3,020그루의 일본 벚나무를 시애틀로 수송하였다는 것이다. 이 나무는 다시 워싱턴으로 옮겨 심어져 오늘날 북미 벚나무의 시조가 되고 또한 오늘날 벚꽃축제가 열리게 되었다.

〈표 1-2〉 19세기 태평양 횡단 선박(회사)

회사명칭	국적, 창립연도	내용
The Pacific Mail Steamship Company(미국)	미국 (1848)	SS(steam ship) California, SS Oregon, SS Panama(steam ship) 샌프란시스코-요코하마/홍콩/상하이(1867)
China Trans-Pacific SS Co.	영국 (1873)	Hong Kong-Yokohama-San Francisco: 1874년(1년 운항). 주로 화물운송
RMS Empress of India	영국, 캐나다 (1891)	RMS Empress of India/China/Japan, 그중 RMS Empress of India호는 1891년 4월 28일 처음으로 밴쿠버에 도착하였다(1919년 해체)

〈그림 1-5〉
모노카시호(USS Monocacy: 1902): 1883년 5월 13일 조선주차 미국공사 푸트(Lucius H. Foote: 재임기간 1883~1885)가 제물포에 타고 온 배(1864년 진수. 길이 8m. 시속 11.2노트/20.7km. www.theshipslist.com)

유럽-아시아 간 해운은 1904년 E. Meyer & Co 소속의 Hamburg Amerika Linie가 있었다. 제물포에서 상해로 가는 배로 신문광고를 하였다(대한매일신보 영문판, 1904.9.6). 이 해운사는 1898년부터 유럽에서 '함부르크, 브레멘, 엔터워프, 로테르담'과 중국·일본·조선을 왕래하였으며, 6,500톤급의 선박으로 호화객실과 편의시설을 자랑하였다(대한매일신보 영문판, 1905.2.14). 1885년 초반 일본우선(郵船)회사는 5주마다 블라디보스토크와 부산

을 왕래하는 기선 1대와 한 달에 한번씩 제물포와 부산을 왕래하는 작은 배를 운항하였다.[14)]

한편 1898년 경성전기철로가 개통되어 경성시내 교통의 편리함을 더하였다(독립신문, 1898.9.12). 국내철도는 1899년 제물포-노량진 구간에 철도가 개통되고 1905년 경부선 완공, 경의선(1906), 마산선(1905), 경원선(1914), 호남선(1914) 등이 건설되어 조선은 주요 간선철도망을 일단 갖추게 되었다. 그러나 당시 국내선 철도 이용률은 매우 미미하였는데 1899년 당시 경인선에는 일일 승객 수가 300여 명, 화물은 14~15톤 정도이며, 하루 4차례 왕복하였다(황성신문, 1899.12.23).

시베리아 횡단열차는 모스크바-블라디보스토크 구간의 거의 중간지점인 이르쿠츠크까지는 이미 1898년에 개통되었으며, 1916년에 전 구간이 완성되었다.[15)]

2) 숙박업

전통 숙박시설은 주막집, 민가, 여관, 여인숙 등이었다. 여관에 대해서는 1898년 한성 수표교 다리 부근의 '한성여관' 광고가 처음으로 보이는데, 객주들이 농상공부의 관허를 받아 숙박업과 동시에 주로 객상들의 거래를 중개하는 역할을 맡았다(독립신문, 1898.2.10). 인천항에는 어상치계란(魚商雉鷄卵)이라는 여각이 있다는 보도가 보인다(독립신문, 1898.9.2).

언더우드는 지방을 여러 차례 여행하면서 조선의 전통여관을 경험하고 구조, 가구, 식사 등에 대해 자세히 기술하였다.[16)] 이외에도 칼스,[17)] 비숍(124-125, 155, 287) 등의 글에서도 숙박의 어려움을 여실히 확인할 수 있다.[18)]

근대적 호텔이 제물포에서 생겨나기 시작했다. 1890년 새비지 랜도어는 제물포에 들어와 당시 제물포의 호텔에 대해 기록하였다. 그에 의하면 제물포에 3곳의 유럽형 호텔이 있었다.

〈표 1-3〉 1890년대 제물포 소재 호텔

호텔명	소유경영자	특징
스튜어드호텔 (Steward's Hotel)	Steward & Co.	소유주가 한때 미국 배의 웨이터였음
한국호텔 (Hotel de Coree)	헝가리인 소유	군함승선자에게 인기 있음. 다양한 주류가 비치된 살롱. 세련된 바텐더
대불호텔 (大佛: Giant)	1888년 일본인 호리(堀力太郞)가 건설	한국 최초의 호텔(?). 가장 인기 있던 곳. 종업원의 현대적 말씨. 고상한 맨션형 건물

자료: 새비지 랜도어(1999) 및 대한매일신보(1904.8.9) 등.

그는 1890년 대불호텔에 투숙하고 시설과 서비스에 대해 언급하였다. "침대는 매우 깨끗했다. 벨은 없었고, 손바닥을 쳤다. 냉수욕을 위해 물과 대야를 방에 배달해 주었다." 또한 "정체 모를 고기 조각은 불행하게도 너무 질겨서 사람의 치아나 턱이 아무리 날카롭고 강할지라도 그 고기를 씹어 먹을 수가 없었다."고 하였다.[19] 끌라라 보티에도 대불호텔에 투숙하였다. "호텔지붕은 비가 줄줄 샐 정도였다. 침대는 훌륭했으나, 요리에 대해서는 차마 여기에 기록할 수 없을 지경이었다"라고 하였다.[20]

한편 서울에는 1904년 두 개의 호텔이 있었음을 신문광고를 통해 확인할 수 있었는데, Grand Hotel과 Hotel Palais가 그것이다. Grand Hotel은 이전의 Station Hotel로서 다음과 같이 광고하였다.

> Grand Hotel (formerly the station hotel)
>
> Near the Railway Terminus, West Gate, Seoul
>
> The Best Hotel in Korea, Handsome new Building, Fine airy Rooms, Excellent Cuisine, Terms Moderate, Special terms to Missionaries and permanent boarders. Electric cars within 2 minutes' walk
>
> W. H. EMBERLEY (proprietor)

자료: 대한매일신보 영문판: The Korea Daily News, 1904.8.4.

제 4 절 일제강점기의 관광산업

이 시기에는 철도와 기선 같은 관광교통수단이 획기적으로 발전하고, 외국인의 조선방문이 본격화되고 국내관광도 단체화·포괄화되어 이전 시대와는 양상이 크게 다르다는 점에서 이 시기는 한국관광사에서 하나의 큰 전환점이라고 부를 수 있겠다. 일제강점기의 관광관련 주 자료는 조선일보 및 동아일보의 2개 신문과 태서문예신보, 조선지광(朝鮮之光), 조선문단, 신여성, 조선농민, 신동아, 조광(朝光), 여성, 신가정 등 9개 잡지이다.[21]

1. 국내외 관광객의 이동 증대

1) 외국인의 조선방문 본격화

이 시기에 미국 및 캐나다인의 조선 단체관광이 시작되어 조선이 유럽의 관광시장에 데뷔하게 되었다. 양 신문은 이를 대서특필하였다. 주로 호화 대양유람선을 타고 제물포에 입항하여 경인선 열차를 이용하여 서울에 들어왔다. 장사진을 이룬 인력거를 타고 고궁 등을 구경한 후, 당일 돌아가거나 조선호텔 등에서 1박하기도 하였다. 관광객 수는 수십 명에서 수백 명에 이르렀다(한경수, 2005).[22] 그러나 유럽 및 남미 관광객은 소수에 불과했다. 아시아인의 조선방문은 중국인의 경우 1920년대에 부분적으로 있었다. 일본인의 조선관광은 1920년대부터 언론에 보도되기 시작하는데, 한일합방 이후 일본은 내선일치(內鮮一治)를 내세워 조선을 일본의 일부라고 여겼고 언론들도 이러한 입장에서 특별히 기사화될 만한 것만 보도하고 있다.

2) 내국인의 국외여행 시작

일제강점기에 들어서는 내국인도 다양한 목적의 국외여행이 시작되었다. 19세기 말에 개통된 시베리아 횡단열차, 성능이 날로 개선되는 기선 등의 발달, 지식층 인사들의 국외여행 욕구증대, 외교관계의 확장, 국제회의의 증가 등으로 내국인들의 국외여행이 큰 폭으로 늘어나게 되었다. 이러한 내국인들의 국외여행은 일반인의 부러움을 샀고 동시에 잡지와 신문 등 언론에 기사화되었다. 초기 조선인의 해외여행기록이 몇 편 있어 일부나마 당시 상황을 알 수 있다.

〈표 1-4〉 일제강점기 조선인의 해외여행기록

저서명	저자	출판연도	출판사	기 타
포왜유람기 (布哇遊覽記)	현순(玄楯)	1909년 (융희 3년)	경성, 日韓인쇄주식회사	하와이(포왜(布哇)) 여행기. 가격 20전
관광약기 (觀光略記)	유길준	1910년 (융희 4년)	경성, 일호서림(一乎書林)	1910년 일본 나고야박람회 견문기
내지관광약기 (內地觀光略記)	박영철 (朴榮喆)	1913년	경성, 신문관(新文館)	70쪽. 내용 미상

잡지의 경우 조광, 신동아 등에서 49건이 발견되었으며, “미국에 와서”(조선농민, 1926.6)의 기사 등이 그 예이다.

조선인의 구미 등 여행은 1920년대 중반부터 신문에 보도되기 시작했다. 모두 개인 또는 소수인원의 여행이었다. 직업은 주로 의사 · 교수 등 학자 · 사업가 · 예술가 · 종교인 · 체육인 등으로 구성되어 있다. 여행목적은 세계일주여행, 종교집회참가, 대학 · 교육시찰, 체육대회참가(LA 10회 올림픽), 사업, 청소년대회 등으로 기독교 종교집회 참가 및 지역시찰이 가장 많았다.

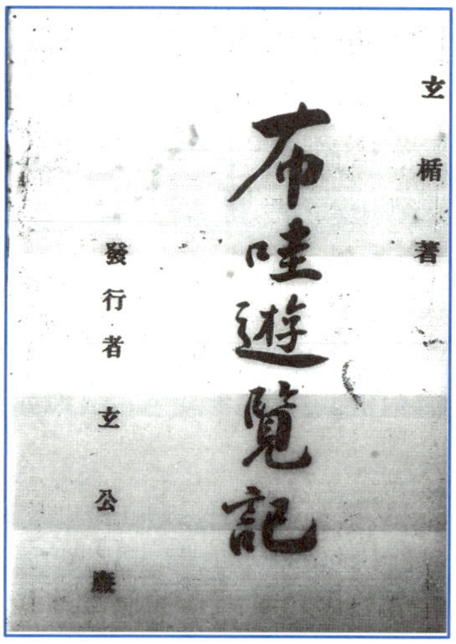

〈그림 1-6〉 포왜유람기(布哇遊覽記)

〈그림 1-7〉 관광약기 표지(국립중앙도서관 소장)

방문국가별로 보면 미국 · 캐나다 13건, 세계일주 2건, 덴마크 2건, 스위스 1건, 프랑스 1건, 유럽순회 5건, 구미 1건 등이다. “낙원(樂園)의 정말(丁抹) 구라파 갔든 길에”(조선일보, 1926.12.4~1927.2.18)는 방대영(方台榮)이 덴마크(丁抹)의 번영된 실상을 자세하게 소개한 것이다. 또한 특기할 것은 옐로우스톤 국립공원(황석공원)에 관한 기사로 이 공원에 대한 우리나라 최초의 글도 보인다(조선일보 1927.11.15~11.18, “黃石公園에서”, 조선일보 북미통신원 윤성순(尹城淳)).

조선인의 아시아 여행 중 개인여행으로는 주로 중국(상해, 홍콩, 북경, 남경, 만주 등), 소련(블라디보스토크, 모스크바, 레닌그라드), 호주 등으로 총 9건의 신문기사가 보인다. 그중의 하나인 박춘우(朴春雨)의 “북국순례기(北國巡禮記)”(조선일보, 1929.3.30~4.16)는 러시아를 여행한 것으로 여정은 하얼빈-블라디보스토크(海蔘威)-모스크바-레닌그라드 구간이었다.

조선인의 일본여행은 1920년대의 경우 개인여행에 대해서는 기사가 거의 없다. 일본 단체관광은 공진회(共進會) 참가 관광단과 박람회 참가가 주류를 이루었다. 1922년 동경평화박람회(1922.4~6, 동경 개최) 관광단은 92개 단체, 4,168명에 이르렀다(동아일보, 1922.3.28). 이러한 일본관광 열기에 대해 언론들은 상당한 비판을 가하였다. "저주하라! 평화박람회, 평화박람회와 조선인의 격렬한 공분, 추악한 조선관과 눈물 나는 관광단원, 동포여! 관광을 단연중지" 등이 그것이다(동아일보, 1922.5.4).

3) 내국인의 국내여행 확산

조선의 간선철도망이 형성되어 국내관광객 수송에 획기적인 발전을 이루게 되었다.[23] 이는 1938년도 열차 이용객(45,053,752명)이 1911년(2,429,687명) 대비 약 18배 증가한 것만 보아도 짐작할 수 있다(경부선 약 7배, 경의선 약 14배).[24]

신문 등 언론에서도 관광을 유도하는 사설을 싣기도 하였고 잡지에서는 권두언으로 "산으로 가라, 바다로 가라" 등이 있었다(신민, 1927.8). 신문 및 잡지류를 분석하여 개인여행과 단체여행(관광단)으로 구분하여 정리하였다.

첫째, 개인관광은 지역 순례, 특정 산과 강 또는 계절별 탐승, 유적지 탐승, 수학여행, 온천여행 및 도시・장소 등 탐방으로 나눌 수 있다. 지역 순례는 공무, 고향 방문 등으로 특정지역을 여행하고 그 내용과 감상을 적은 글로서 18건을 발견하였으며, 이 중에는 최남선(崔南善)의 "조선유람가"(동아일보, 1928.6.1~10)가 들어 있다. 특정 산과 강 또는 계절별 탐승은 조선일보에서 4건, 신동아 등 잡지에서 52건을 발견하였으며, 이은상(李殷相)의 "만상답청기(灣上踏靑記)"(조선일보, 1935.5.22~6.10) 등이 들어 있다. 유적지 탐승은 신문과 잡지에서 9건이 발견되었으며, "약산동대(藥山東臺)에서"(조선일보, 1923.8.6~9.4) 등이 대표적이다. 수학여행은 신문잡지에 6건이 보도되었다. 그중 "모춘(暮春)의하루; 석왕사행(釋王寺行)"(조선일보, 1923.5.28~5.31)이 대표적인데 1923년 5월 4일 진성여고와 배성학교 학생 및 교사가 석왕사에 다녀온 기록이다. 온천여행은 온천순례(신동아, 1934.9)가 유일하며, 도시장소 탐방은 신문기사로는 평양 단오 탐승단의 여행기인 "민중적 명절, 평양의 단오"(조선일보, 1925.6.14) 등이 있으며, 잡지에는 개성, 경주 등 16건이 있다.

둘째, 단체관광이다. 1921~1931년의 기간 중 43건의 관련기사를 검색하였으며, 내용상 9가지로 분류할 수 있겠다. 도시(순회)관광단, 고적관광단, 동굴관광단, 앵화(櫻花)관광단, 조선부업품공진회 관광단, 경마대회관광단, 물산공진회(共進會) 관광단, 금강산관광단, 조선박람회 관광단 등이 그것이다. 산업시찰 등은 제외하였다. 주최자별로 보면, 행정기관주최 13건, 조선부업품공진회 참가 7건, 면장협의회 2건, 언론기관주최 7건, 과수재배인 1건, 은행단 1건 등이다.

관광단규모는 일반관광단의 경우 10～40명 정도이며, 조선부업품공진회 100~200명, 물산공진회 500명 이상, 조선박람회는 최고 2,000여 명까지로 구성되어 있다. 행사참가자는 30~60명으로 나누어 참관하였다. 금강산부인탐승단(동아일보, 1934.4.30, 1936.5.21) 등 부인들의 단체관광도 시작되었다. 그러나 공진회나 박람회 참가와 관련한 부작용도 적지 않았다. 이는 "차장의 호령에는 위자금(慰藉金)바더야 할 일 정거장에 내리자 끌려다닐 뿐, 양식 한 접시에 山이 이십평이라고, 카풰구경하고 놀래는 손님네. 야간에 가는 곳, 신정(新町) 인육시장(人肉市場)에 병이나 올마가지 안엇는가"(시골 觀光團尾行記, 조선일보, 1935.5.2~5.4: 원문 인용) 등의 기사에서 알 수 있다.

2. 관광산업 여건의 획기적 발달

교통수단 및 숙박시설의 발달은 관광의 틀을 바꾸어 놓았다. 이용객의 급격한 증가는 물론 중국 및 러시아 철도와 연결되어 국제관광이 가능하게 되었다. 이전에는 생각조차 할 수 없는 것이었다. 또한 국제 증기여객선은 서양인들의 조선방문을 가능하게 하였다. 국제선 비행기도 여객운송을 시작하였다. 교통수단이 발달하면 이에 따라 숙박시설이 함께 발전하는 것은 역사적 사실이다. 조선호텔 등 현대식 호텔의 등장은 외국인의 조선방문에 유리한 환경을 제공하였다.

1) 관광교통업의 정립

첫째, 열차이다. 1930년대에 이르러 철도수송시설 및 기관차의 성능이 개선되어 운행속도가 크게 빨라졌다. 부산-서울은 아까스까호로 6시간 45분, 1939년 부산-북경은 직통급행열차로 38시간 45분이 소요되었다.[25)]

관광열차는 1921년 5월 1일 "개성(便成)의 도화세계(桃花世界)"에 만철(滿鐵) 주최 경성-개성 간 관화열차(觀花列車)라는 이름으로 운행되었다(동아일보, 1921.5.1). 또한 같은 해 남만주철도주식회사 경성관리국은 늦은 가을 유람객을 위하여 평양유람 임시열차를 운행하였다(10월 15일 출발, 1박 2일, 2·3등석, 점심식사 40전짜리 밤밥: 동아일보, 1921.10.14).

둘째, 선박이다. 국내선박에 관한 기록이 매우 미약하다. 국내선박여행 기록을 보면 비행환(飛行丸)(조선기선: 국내→남해)이 유일하다(조선일보, 1929.7.23~7.29).

국제선박의 경우 한일국제노선은 신문기사에 의하면 1920년부터 나타난다. 즉 신의주/진남포/인천/군산/목포/부산 각 항으로부터 고베/오사카를 경유하여 횡빈에 이르는 노선이며 조선우선회사(朝鮮郵船會社)가 명령항로로 운항하였다(동아일보, 1920.9.24). 한중간 노선은 1924년 6월 1일부터 조선우선회사가 인천-군산-목포-부산-상해-청도-인천 노선에 운항을 시작하였고, 왕복 약 20일이 소요되었다(동아일보, 1924.3.21).

관부연락선은 부산과 일본의 시모노세키 사이에 운항하였으며, 금강환(金剛丸, 곤고마루: 1936.11.16. 7천 톤급), 흥안환(興安丸, 고안마루: 1937.1.31. 7천 톤급)이 투입되어, 1922년 4월 1일 현재 1일 왕복횟수가 여객 2회, 화물 1회에서 1939년 7월에는 여객 3회, 화물 2회로 증가하였고 소요시간도 8시간에서 7시간 30분으로 단축되었다.

1920년대부터 미국 및 유럽에서 단체 관광객이 들어오기 시작했다. 이들이 타고 온 주유선(周遊船)의 명칭은 후랑고니아(Franconia), 프레시덴트 후버(다라社 소속), 레조루트(Resolute) 등이다(기사 총 7건). 명칭이 한글로 되어 있어 일부 선박만 확인되었다. '후랑고니아(Franconia)'호는 Cunard Line 소속의 유람선이며 20,158톤으로 1923년 건조되었다(http://oceanlinersofthepast.com). 레조루트(Resolute)호는 독일의 함부르크 아메리카라인 소속으로 조선에 자주 입항하였다. 관련 기사는 다음과 같다. "금수강산 봄을 찾아 황금국 진객래방(珍客來訪), 미국인으로 조직된 관광단 백오십명명일입경, 함부룩 아메리칸 라인의 '레소류트호'는 세계관광유람단 150명을 태우고 예년과 같이 인천에 도착, 당일 오전 10시 54분 경성착 임시열차로, 구경하고 조선호텔에서 점심 먹고 일시열차로 오후 4시 경성출발"(동아일보, 1933.4.6).

〈그림 1-8〉
레조루트(Resolute)호(함부르크 아메리카라인 소속: Resolute, Hamburg America Line steamship)(http://www.norwayheritage.com/)

일본의 요코하마(橫濱)와 고베(神戶)는 미국 등지로 가는 주요 항구였으며, 여기서 일본선박으로 갈아타고 미국 및 유럽으로 갈 수 있었다. 조선인이 탑승한 미국행 선박의 기록을 보면 일본기선은 우선대양환(郵船大洋丸, 1932), 질부환(昳父丸, 1937), 전질부환(煎昳父丸, 1939), 빙천환(氷川丸, 1930), 평안환(平安丸, 1931), 용전환(龍田丸, 1938), 취방환(諏訪丸, 1940), 열하환(熱河丸, 1939) 등이며, 동남아-수에즈-유럽 노선은 녹도환(鹿島丸) 및 국적불명의 선박으로 논엡희데 웻샤丸(神戶→자나타(인도))이 기록되어 있다(동아일보, 1929.8.26).

〈그림 1-9〉
질부환(秩父丸: Chichibu Maru)
자료: http://homepage3.nifty.com/jpnships

〈표 1-5〉 질부환(秩父丸: Chichibu Maru)의 제원

질부환(秩父丸: Chichibu Maru)		
진수연도: 1930년	길이/폭: 178m/22.6m	속도/톤 수: 19노트/17,498
여객 수: 817명	운항구간: 요코하마-샌프란시스코	
소속: Nippon Yusen Kaisha(NYK). 1942년 일본 해군의 수송선 및 병원선. 1943.4.28 전쟁 중 미 잠수함에 의해 침몰		
자매선: 천간환(浅間丸: Asama Maru), 용전환(龍田丸: Tatsuta Maru)		

셋째, 자동차이다. 1920년 만철주식회사에서 예년과 같이 금강산유람객의 편의를 위해 7월 1일부터 원산역-온정리 간 자동차를 4대 운영한 것으로 보아 그 이전부터 자동차운행이 있었던 같다(동아일보, 1920.6.28). 유람자동차(遊覽自動車)가 이용되었는데, 경성자동차 조합에서는 조선박람회 참가자들의 편의를 위하여 유람자동차 할인을 실시하였다(동아일보, 1929.9.13: 시내 명승고적 및 남대문 외 23개소, 4시간 반 소요, 요금은 1인 3원

50전, 단체・소아 할인). 경성에 유람자동차가 공식적으로 운행한 것은 1931년 6월 22일로 공식 명칭은 경성명소유람자동차(京城名所遊覽自動車)이다. "오전 8시, 오후 1시 등 2회 운항하며, 시내 장곡원정 경성택시 앞에서 승차, 조선신궁, 창경원, 경복궁, 기타 14개소를 하차하야 구경한다. 소요시간은 4시간 반이요, 부인안내자가 동승하야 일일이 안내하는 바 승차임은 2원 20전이오 정원은 16명이라 한다"(동아일보, 1931.6.21: 기사원문). 이 기록에서 당시 유람자동차에 여성 안내원이 탑승했음을 알 수 있다.

넷째, 비행기이다. 1920년대에 항공로 개척차원에서 서구비행기들이 조선에 들어온 기록이 6건 있다. 조선일보는 조선일주대비행(여의도-대전-진주)을 주최하여 항공에 대한 관심을 불러일으켰다(동아일보, 1925.4.15). 1928년 신용욱이 설립한 조선비행학교는 1936년 10월 조선항공사업사로 바뀌면서 서울-이리-광주 구간에 정기운항을 시작하였으나 1941년 서울~해남도 간 부정기 운항을 중지시키고 한국인 징용자(徵用者)의 수송만을 전담시켰다.[26]

일본항공회사(日鮮滿항공회사)가 동경-대련 구간에 대한 조선 내의 영업허가를 얻어 울산-대구-경성-평양-신의주노선에 취항하여 1929년에는 1주 3회 왕복, 1930년에는 6회 왕복하였으며, 6~10인승 여객기로 요금은 선박 일등침대 값과 동일하다(동아일보, 1928.12.12). 경성-울산 구간 여객기 시승기가 보도되었다(조선일보, 1929.9.4~6). 평양 명기(名妓)들이 명창대회 참석에 이 비행기를 이용하였고, 평양 갑부들이 비행기로 기생을 싣고 다니며 하룻밤에 수천금을 산재(散財)하였다고 한다(조선일보, 1930.9.22).

유람비행도 있었다. 일본항공수송주식회사는 1930년 10월 19일 울산비행장에서 유람비행을 행하여 큰 호응을 얻었고(일요일마다 오전 9시, 오후 2시, 10분에 5원)(동아일보, 1930.10.27), 동아일보 지국들은 1931년 경주비행유람 시승단원을 모집하였다. 서울에서도 유람비행이 있었다(1931.3.3: 여의도비행장 출발. 경성상공 일주 10분 5원, 경성-인천 일주 10원: 동아일보, 1931.3.2).

2) 관광숙박업의 확산

일제강점기에는 현대적인 숙박시설이 본격적으로 들어서기 시작했다. 그러나 이는 대도시에만 가능하였고 지방이나 중소도시는 매우 낙후되어 있었다. 서울의 숙박시설은 조선호텔이 가장 선호되었다. 제물포를 통해 들어오는 단체관광객들이 서울에 오면 거의 대부분이 조선호텔에 투숙하였고 일부는 반도호텔에 투숙하였다는 것은 관련 신문기사에서 확인할 수 있었다. 조선호텔은 1914년 10월 3일부터 영업을 개시하였으며, 처음에는 일본 국책회사인 만철회사(滿鐵會社)가 건설하였으나 1920년대부터는 조선철도국이 직영하였다(객실 69실, 수용능력 106명).

당시 양대 신문을 검색한 결과 서울에는 남대문통의 원파밀(元巴密)호텔(1922), 경성역전의 동양호텔(1923), 경성호텔(서울호텔: 1920년 창립), 반도호텔(1930) 등이 있었다. 금강산에는 만철경성관리국이 경영하는 장안사호텔(1924년 낙성: 6.1~10.15 기간 운영)이 있었다. 정차장호텔로 철도호텔이 평양, 부산, 신의주 등지에 있었다. 지방에는 인천의 월미도호텔(1929년 계획), 부산의 동래호텔, 사리원의 장수산호텔(1923년 건축), 신천온천호텔(1925년 준공)이 있었다.

지방의 숙박시설에 대해서는 신문기사에서 일부 확인할 수 있으며, 다다미방이 있는 일본여관과 조선여관, 온천장여관 또는 청루(青樓)라 불리는 기생집으로 구분되어 있었다. 서울의 남대문통 어성(御成)여관(동아, 1925.5.1), 대성(大成)여관(동아, 1923.10.13) 등의 숙박시설 명칭이 확인되었다. 조선일보에 실린 서해잡기(海西雜記: 1930.7.17~7.22)와 신동아의 지방여행인상기(1934.8, pp. 122-125)는 지방여관의 낙후성에 대해 신랄하게 비판하여 놓았다.[27)]

3) 관광안내 · 홍보사업의 시작

교통수단 및 숙박시설의 발전과 함께 관광안내사업(포괄여행단의 모집, 여행안내원의 등장, 관광안내책자 발간 등)과 관광홍보사업(관광광고 게재, 관광홍보영화 제작, 관광홍보사진전시회 개최 등)이 역사상 처음으로 등장하여 관광산업 전반의 기틀이 마련되었다.

(1) 관광안내업 및 관광안내원

첫째, 서구여행업체가 관광단을 인솔하여 처음으로 한국에 상륙하여 한국이 관광시장에 알려지게 되었다. 1920~30년대 우리나라에 관광단을 이끌고 온 여행사는 뉴욕 프랭크관광국, 북경토마스쿡, 아메리칸엑스프레스, 아메리칸 스프링, 프랭크구크사, 유나이티드아메리카라인, 함부르크 어메리카라인, 어메리카 규-나드 기선회사, 프랑크 리디 등이었다(동아일보, 조선일보, 1920~1940). 국내에서는 일본여행협회(JTB) 등이 단체관광객의 모집과 안내업을 시작하였고, 그 실적이 급증하고 있음을 언론이 보도하고 있다.

〈표 1-6〉 1920~1930년대 여행업 및 여행상품

주최	기사 제목	출처
경성여행안내사(京城旅行案內社)	본사 및 경성여행안내사 주최로 端午探勝團을 계획	조선일보 1925.6.14
청진상업회의소	해삼위(海蔘威)해항관광단(海港觀光團) 모집	동아일보 1928.4.12
동아일보	신라의 천년도읍 경주 고적관광(동래지국)	동아일보 1931.4.18
철도국	남중국과 대만시찰단 모집 '철도국에서'	동아일보 1931.7.19
	철도국 원족부(遠足部) 여행	동아일보 1932.12.18
일본여행협회	대만시찰단모집 "째팬 투리스트 뷰-로"	동아일보 1932.12.23
천일약방(天一藥房)	상해시찰초대 천일약방에서	동아일보 1936.5.13

둘째, 관광안내원이 활동하고 관광안내 책자가 발행되었다. 당시 관광안내원의 활동에 대한 기록은 금강산 안내원에서 찾을 수 있다. 이광수는 1921년 금강산 유람 시 안내원의 안내를 받은 적이 있다.[28] 1931년 경성유람자동차에 '부인안내원'이 탑승하였고, 당시 잡지(『여성』, 1938년 3월호)에 여성들의 사직업으로 "까이드걸, 버스걸, 틱켙걸"을 소개하여 여성안내원의 존재를 알려주고 있다.[29] 철도국에서 주최하는 단체여행의 경우 철도국원이 안내한 것으로 보인다.

월간지 『조광(朝光)』에서 금강산 안내자 좌담회를 열어 안내자의 실명과 그들의 활동상 등을 자세하게 기록하였다(1937년 9월호, pp. 68-77). 중요한 내용은 다음과 같다.

① 1937년 당시 금강산 안내자는 회원이 14명이며 최소한 1921년 이전부터 안내자가 있었다. 첫 안내자: 승려 한성안(韓聖安). 안내자: 엄필영, 조준구, 김귀남, 노무정(2대째), 정학도, 황칠성, 백덕명 등

② 외국인 및 일본인 관광객도 상당히 많았으며, 영어 안내자가 있었으며, 안내원은 파출소(派出所)에서 양성하고, 안내하려면 도청의 허가가 필요함

③ 정식 안내원이 있기 이전에는 승려들이 안내역할을 했다. 이 점은 조선시대에 명산 안내는 승려들이 했다는 사실을 뒷받침해 주고 있음

④ 수입은 연간 300원 정도이며 안내료는 거리에 따라 2~4원 정도

이외에 1930년대에는 경성관광협회에서 경성방문관광객에게 식도원(食道園)에서 조선 기생의 춤을 보여주고, 단체관광안내는 철도국에서 무료로 제공하고, 개인관광객에게는 협회에서 2원을 받고 충분히 안내하기로 하였다(동아일보, 1934.3.25). 부산관광협회에서 부산역 구내 제1잔교통에 관광안내소를 신설하였다(동아일보, 1937.7.22).

셋째, 여행안내서 및 유람권(遊覽券) 발행이다. 일제강점기에는 몇 종류의 여행안내서가 발간되었다. 조선명승실기(朝鮮名勝實記)는 우리나라의 명승지를 사진과 함께 설명하고 있고, 대한십삼도유람은 배재학당 영어중학교(한성 정동) 학생인 18세의 정은모가 편집한 것이다.

또한 각 역에서 경주고적 탐승단에게 유람권(遊覽券)을 판매하였다. 1936년 5월 25일~7월 31일 기간 중 실시하였고 불국사유람에는 자동차회사와 연합하였으며, 15일간 유효하며 성인은 1원이었다.

〈표 1-7〉 일제강점기에 발행된 여행안내서

명 칭	발행처/저(著)	발행연도	기타
대한십삼도유람(상, 하권)	한성, 옥호서림/정은모(한성정동 배재학당 영어중학교 학생)	1909(융희 3년)	대한민국의 13도 소개
조선명승실기(朝鮮名勝實記)	경성 대동사(大東社)/서광전(徐光前)	1914	168쪽(명승지 사진과 설명문)
이정(李町) 여행안내	경성, 廣文書市/조선역사지리연구회	1926(大正 15년)	424쪽(내용 미상)
여행안내(旅行案內)	경성여행안내사(京城旅行案內社)	1923년 5월(5월호)	가격 20전
전선철도여행안내(全鮮鐵道旅行案內)	전선철도여행안내사(全鮮鐵道旅行案內社)	1928년 3월	
국제관광(國際觀光)	재단법인 국제관광협회(동경철도성국제관광국)	1933년 2월(창간호)	정가 30전. 연 4회 발행
여행(旅行)	동경일본여행구락부(東京日本旅行俱樂部)	1935년 7월(7월호)	내용 미상
금강산(金剛山)	금강산사(金剛山社)	1936년 2월(제6호)	경성부 根下洞 77-4, 30전
"단체여행에 관한 상식문제"	철도국	1938년 3월	2만 부 발행
관광조선(觀光朝鮮)	일본여행협회 조선지부	1939년 5월(창간)	격월 발행

주: 『한국도서해제(韓國圖書解題)』, 고려대학교 민족문제연구소, 1971, pp. 48-49.

(2) 관광홍보사업

첫째, 관광홍보영화 제작이다. 국제관광국(國際觀光局)에서 제작한 "풍광조선(風光朝鮮)"(조선일보, 1938.9.4), 경성부의 관광영화 촬영계획(조선일보, 1939.3.14), JTB의 관광영화 "四季의 朝鮮"의 춘하추卷 시나리오 의뢰(조선일보, 1939.6.9) 등이 신문기사에서 보인다.

둘째, 관광풍물사진전 개최이다. 경성부총무부 내무과 서무계에서 관서사진연맹 조선지부 후원 경성의 관광풍물 현상사진을 모집하였다(조선일보, 1939.10.1).

셋째, 관광광고이다. 조선총독부 철도국이 조선지광 등에 광고하였다. 신문지면의 관광광고는 금강산, 동룡굴 등 유명관광지 관광단 모집이 주를 이루었다.

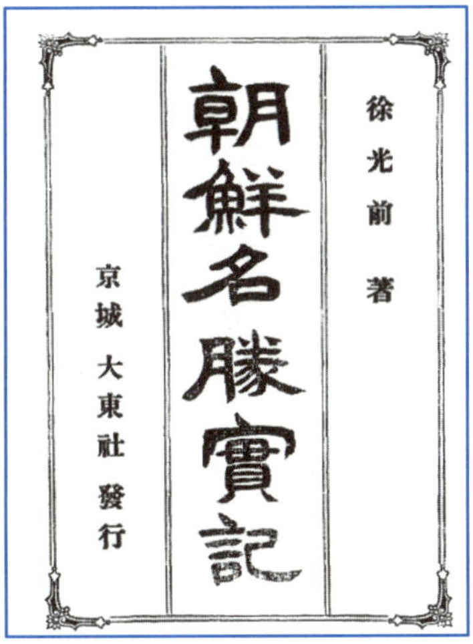

자료: 국립중앙도서관, http://cafe.naver.com/sansin

〈그림 1-10〉 조선명승실기 표지

자료: 국립중앙도서관, http://cafe.naver.com/sansin

〈그림 1-11〉 대한십삼도유람 표지

넷째, 여행정보 등이다. 여행이 다소 대중화되면서 건강과 의상에 대해서도 관심을 갖게 되었다. "체질에 따라서 피서지를 선택하라, 건강한 이는 바다로, 정양할 이는 산으로"(조선일보, 1926.8.7~8.9) 등의 건강관련 기사가 있다.

이외에도 관광사업체 조직이 형성되었다. 관광사업체 간의 조합을 구성하여 지역관광산업을 활성화하려고 하였는데, 강서(江西) 약수(藥水) 지역의 여관, 음식점, 요리점으로 삼업조합(三業組合)을 구성하고, 16개 여관업에서 이천명을 수용하였다(조선일보, 1929.7.25~7.27: 강서약수 탐방기).

〈그림 1-12〉 조선총독부 철도국의 관광광고(신동아, 1931년 11월호)

제5절 관광사적 시사점

개화기와 일제강점기는 한국역사 전체에서 볼 때 하나의 도약대라고 할 수 있다. 그 이전 시대에서 이와 같은 격동기가 거의 없었기 때문이다. 이 때문에 관광 또한 전에 없던 큰 변화를 겪었다고 하겠다. 개화기에는 산업혁명의 여파로 증기선과 기차가 출현하여 이동수단의 획기적 발전을 이루었고, 이에 따라 기존의 공무목적(사행 등)이 아닌 여행, 유람, 전도 등 목적의 외국인 조선입국이 역사상 최초로 이루어졌다. 외국인의 조선입국은 선박의 정기운항을 전제로 하였고, 또한 제물포와 같은 항구도시에 근대적인 호텔이 처음으로 들어서게 하였다. 즉 개화기에는 세창양행과 같은 선박운송업과 대불호텔 등과 같은 호텔업이 시작되어 우리나라에서 관광관련 사업의 출발점이 되었다고 할 수 있다.

일제강점기는 우리보다 먼저 서구의 사회문화를 받아들인 일본을 통해 근대적인 관광사업의 원형들이 여과 없이 그대로 이식되었다. 철도국, JTB 등이 주도하는 초기형태의 국내외 포괄여행상품이 등장하여 여행업이 시작되었다. 여행업의 등장과 함께 금강산 안내 및 경성유람자동차에 안내원이 생겨났다.

선박과 철도는 국가에서 운영하였지만 관광객의 수송에 절대적인 존재였으므로 관광교통산업의 역할을 담당하였다. 철도와 선박은 연결되어 철도는 중국으로, 선박은 일본을 거쳐 미국 및 유럽으로 여행할 수 있는 장거리 이동수단을 제공하였다. 이는 국내외 관광산업발전의 토대를 형성하였다. 동시에 조선호텔, 반도호텔 및 고급여관들이 주요 도시에서 문을 열어 국내외 관광객에게 고급시설의 안락한 숙소를 제공함으로써 관광의 질을 높여주었고, 이를 통해 관광숙박업의 틀을 갖추게 되었다. 이러한 여러 분야의 관광사업이 조금씩 형태를 갖추게 됨에 따라 이를 국내외에 알리기 위한 홍보활동을 하게 되었다. 조선명승실기, 국제관광 등 관광안내서가 발행되었고, 국제관광국은 관광영화를 제작하고, 철도국은 잡지에 관광광고(철도여행)를 실시하였다.

이처럼 일제강점기에는 비록 일본에 의해 이루어지긴 하였지만 각 분야의 관광사업이 역사상 처음으로 나타나거나 또는 기반을 다지게 되었다. 결국 개화기는 우리나라 관광산업의 탄생기요, 일제강점기는 유아기라고 말할 수 있겠다. 비록 그 규모와 조직이 매우 미약하지만 현대관광의 기초를 형성하였다고 할 수 있겠다.

참고문헌

1) 박성수(2000). 『역사학개론』. 삼영사.
2) 한경수(2002). 개화기 서구인의 조선여행. 『관광학연구』. 26(3): 233-253.
3) 이광린(1999). 『한국개화사연구』. 일조각.
4) 그리피스, W.E.(1992). 『은자의 나라 한국』. 집문당, p. 580.
5) 단국대동양학연구소(2004). 『개화기한국과 세계의 상호교류』. 국학자료원, p. 79.
6) 유길준. 채훈 역(1988). 『서유견문』. 양우당, p. 31.
7) 유길준. 채훈 역(1988). 『서유견문』. 양우당, pp. 163-174.
8) 민영환(1996). 『해천추범(海天秋帆)』. 을유문화사.
9) 류대영(2004). 『개화기 조선과 미국선교사』. 한국기독교역사연구소.
10) 헐버트, H.B.(1999). 『대한제국멸망사』. 한말외국인기록 1, 집문당.
11) 묄렌도르프, P.G.(1999). 『묄렌도르프 自傳(외)』. 집문당, pp. 21-37.
12) 켐프, E.G.(1999). 『조선의 모습』. 한말외국인기록 13, 집문당, p. 88.
13) 알렌, H.N.(1999). 『조선 견문록』. 집문당, p. 50.
14) 비숍, I.B.(1999). 신복룡 역주. 『조선과 그 이웃나라들』. 집문당, pp. 33-34.
15) 볼프강 쉬벨부쉬. 박진희 역(1999). 『철도여행의 역사』. 궁리.
스티븐 암브로스. 손원재 역(2003). 『대륙횡단철도』. 서울대출판부.
16) 언더우드, L.H.(1999). 『상투의 나라』. 한말외국인기록 15, 집문당.
17) 칼스, W.R.(1999). 『조선풍물지』. 한말외국인기록 16, 집문당, pp. 51, 65.
18) 게일, S.(1999). 『전환기의 조선』. 한말외국인 기록 5, 집문당.
길모어, G.W.(1999). 『서울풍물지』. 한말외국인기록 17, 집문당.
19) 새비지 랜도어. A.H.(1999). 『고요한 아침의 나라 조선』. 집문당, pp. 28-30.
20) 끌라라 보티에 외(2002). 『프랑스외교관이 본 개화기조선』. 태학사, pp. 19-20.
21) 소년(1908-1911), 태서문예신보(1918-1919), 조선지광(1922-1930), 신여성(1924), 조선문단(1924-1935), 조선농민(1925-1930), 신동아(1931-1936), 조광(1935-1940), 신가정(1933).
22) 한경수(2005). 한국의 근대 전환기 관광. 『관광학연구』. 29(2): 443-464.
23) 조선총독부(1985). 『조선총독부 조사월보』. 고려서림.
24) 정재성(1999). 『일제침략과 한국철도』. 서울대출판부, p. 409.
25) 조선경제잡지(1994). 『경성상공회의소(1922, 1924)』. 경인문화사.
26) http://kr.koreanair.com

27) 한경수(2011). 『한국관광사』. 정림사, pp. 606-607.
28) 이광수(1998). 『금강산유기』. 실천문학사.
29) 이배웅 외(2003). 『우리나라 여성들은 어떻게 살았을까(개화기-1945)』. 청년사, p. 26.

〈본문의 내용은 다음 논문에 기초하여 서술되었음: 『관광학연구』 제35권 제10호(통권 96호), 한경수(2011)/ 한반도 관광산업의 태동-개화기 및 일제 강점기-, pp. 349-369〉

■ 저자약력

한경수(韓京洙) 계명문화대학 호텔항공외식관광학부 교수

경북대학교 정치학사・석사를 거쳐, 경기대학교 관광경영학과 석・박사 과정을 이수하였다. 1982~86년 대한항공에서 현장 경험을 쌓았으며, 1987년부터 상기 대학에 재직하고 있다. 1988년부터 "한국전통여행연구"라는 주제로 관련논문 13편을 통해 삼국시대에서 일제강점기까지의 한국관광사를 정리하였다. 이를 토대로 2011년에 『삼국시대-일제강점기 한국관광사』를 출간하였다. 『관광객행동』, 『관광마케팅』, 『국제관광』, 『관광법규』, 『항공실무』 등의 저서가 있다. 한국관광학회 및 대한관광경영학회에서 부회장직을 맡았다.

제2장 호텔업의 역사

정 규 엽*

제1절 호텔업의 개요

1. 호텔업의 개념

환대산업 중 호텔산업의 효시는 페르시아 상인들이 여행할 때 숙박하였던 카라반(caravan)이다. 이것은 지금의 텐트와 같은 형태로서 칸(khan)이라 불렸으며, 이것이 최초의 집을 떠난 숙박기능(home away from home)으로 기록되고 있다.[1)]

Webster's Dictionary에 따르면 호텔은 "대중을 위하여 숙식과 식사, 유흥과 다양한 개인적 서비스를 제공하는 시설물(an establishment that provides lodging and usually meals, entertainment, and various personal services for the public)"이라 정의하고 있다. 이렇듯 호텔은 관광을 위하여 자신의 거주지를 떠나 이동하는 모든 이에게 집을 떠나서 또 다른 집을 느낄 수 있도록 다양한 서비스를 제공하는 시설물이며 새로운 거주지이다.

호텔에 대해서는 법률적 개념 및 다양한 국가에서의 정의, 많은 학자들의 정의를 포함하여 상당히 많은 정의가 있다. 관광진흥법에서는 호텔업을 "관광객의 숙박에 적합한 시설을 갖추어 이를 관광객에게 이용하게 하고 숙박에 부수되는 음식·운동·오락·휴양·공연 또는 연수에 적합한 시설 등을 함께 갖추어 이를 이용하게 하는 업"으로 규정

* 세종대학교 호텔경영학과 교수(현)
e-mail: chungky@sejong.ac.kr

하고 있으며, 일본의 국제관광호텔정비법은 "호텔은 외래객의 숙박에 적합하도록 양식의 구조 및 설비로 만들어진 시설을 말하며, 호텔업이라 함은 호텔에 의하여 사람으로 하여금 숙박 및 음식을 하게 하는 영업을 말한다"라고 정의하고 있다. 국내의 많은 학자들이 호텔의 정의[2]로 이용하는 내용은 "여행자를 위한 각종 편의를 제공하는 시설, 즉 객실, 식당, 주방 및 각종의 오락시설 등을 갖추고 사회의 공공기업으로서 사명을 다하는 서비스 사업체"이다.

호텔에 대한 다양한 정의는 '시설을 중심으로 이용자인 대중이 제공되는 서비스를 이용하는 것'으로 정리된다. 하지만 현대 호텔의 기능을 단순히 시설만을 중심으로 정의하여 모두 설명하기에는 부족하다고 판단된다.

호텔과 호텔산업은 여행자의 체재를 가능케 하는 사회적 기능에서 숙박기능, 음식기능 및 오락기능 등을 지니면서, 호텔시설 규모의 내용과 운영방법 등의 변화에 따라 호텔의 개념이 변한다고 할 수 있다. 현대적 호텔의 의미는 불특정 다수의 일반대중에 대한 고객시장을 선택하여 각기 독특한 경영전략으로 호텔상품을 개발하고 판매하면서 이익을 극대화하는 기업일 것이다.[3]

따라서 오늘날 일반적으로 호텔이라고 하면 훌륭한 하나의 복합기업이므로 단순히 숙박과 음식만을 제공하는 시설로 정의해서는 안 되며 이익을 추구하는 기업으로서의 사적인 목적과 공공의 복지와 사회적 시설물로서의 공적 목적의 시설물로서 이해하는 것이 타당할 것으로 판단된다.

2. 호텔업의 흐름과 특성

호텔업의 특성을 위하여 호텔업을 포함하는 숙박산업에 대한 인류사회에서의 흐름을 간단히 살펴보고자 한다.[4]

■ B.C. 500년

- Greek에서 미네랄과 온천이 있는 곳에 리조트가 최초로 등장함.
- 로마인이 온천 리조트(spa resorts)를 영국, 스위스, 중동 지역까지 보급함.
- 작은 inn인 khan이 중동지역 도시에 건립됨.

■ 0년

- 외국의 한 숙박시설에서 예약이 초과되어(overbooking) Mary와 Joseph이 숙박하지 못하게 되었는데, 이것이 현재까지 숙박산업에서 공식적으로 알려진 최초의 예약 초과 사례임.

■ 1년~1500년대

- 70~80년대, 여행자에게 필요하였던 외식산업이 Italy Rome에 최초로 등장함(아직 eat away from home의 개념임).
- 1100년대, 유럽식 inn이 점차적으로 발전하기 시작함.
- 1200~1300년대, 일부 London inn을 주축으로 English country inn이 발전함.
- 1400년대, France에서는 법적으로 호텔 등록을 요구하였고, 영국에서는 inn을 위한 규정이 만들어짐.

■ 1600~1700년대

- 1600년대, Inn 내에 개인 객실, 식당시설, 회의시설, 약간의 서비스 등이 복합적으로 제공되며, 지금의 호텔 개념이 유럽에서 도입됨.
- 1630년대, 역 등의 교통 중심지에 입지한 유럽의 inn들과는 달리, 미국에서는 1630년대 중반부터 tavern 혹은 lodging tavern 개념의 투숙시설이 발전.
- 1794년, 최초의 미국 호텔인 City Hotel이 New York시 Broadway에 70개의 객실로 시장에 진출함.

■ 1800년대

- 미국의 모든 tavern이 호텔로 대체되기 시작함.
- 일본에서 Ryokan(여관)이 발전하기 시작함.
- 1829년, 세계 최초의 현대 호텔로 기록되고 있는 Tremont House가 미국 Boston에 탄생하였으며 170개의 객실을 보유한 최고 호텔로 개인 객실, 완전한 서비스, 객실 내 화장실, 비누, 주전자, a la carte 메뉴, 객실 키, 객실 문 잠금장치, front desk man 등의 다양한 신개념 서비스를 제공함.
- 1850년, France에 세계 최초의 호화 호텔인 Grand Hotel이 탄생.
- 1876년, Fred Harvery에 의해 호텔 체인 개념이 처음 도입됨.
- 1880년대, Ritz-Carlton호텔이 Cesar Ritz에 의해 탄생하여 호화 호텔시대를 완성함과 동시에 체인 호텔의 개념을 확산시킴.

■ 1900년대

- 1907~1908년, 세계 최초로 일반 대중에게 널리 보급된 Statler Hotel이 탄생됨. 이 호텔은 300개의 객실을 갖고 호텔의 모든 시설을 도입하여 일반 대중들도 부담 없이 이용할 수 있다는 강력한 시장의 필요로 호화 호텔들에게 강력한 도전을 한 최초의 호텔임.
- 1910년, 세계 최초의 호텔협회인 미국호텔협회(American Hotel Association)가 결성됨.
- 1930년대, 호텔산업에 가장 변화가 심했던 시기로 기록되고 있음. 공황의 여파로 1930~1935년 기간 동안 미국에서 85%의 호텔들이 도산하며 무수한 시장의 기회를 제공하였고, 특히 체인 호텔이 급증하기 시작함.
- 1930년대, Howard D. Johnson은 처음으로 환대산업에 franchise 개념을 도입함.
- 1946년, 호텔의 위탁 경영(management contract) 개념이 Inter-Continental 호텔에 의해서 최초로 도입됨.
- 1954년, Hilton Hotel의 창시자인 Conrad Hilton이 모든 Statler Hotel까지 합병하며 Hilton Hotel 시대를 탄생시킴.
- 1960년대, 미국에서 23,000개의 호텔과 40,000개의 모텔, 그리고 170개의 체인이 운영됨.

숙박산업의 흐름을 개괄적으로 살펴본 결과, 호텔산업은 단순히 숙박의 기능을 제공하던 초기의 흐름에서 관련 투숙객에 대한 서비스가 증가하면서 점차 발전하고 있는 것으로 정리된다. 또한 호텔의 서비스가 표준화되고 효율적 서바스를 제공하기 위하여 같은 브랜드를 사용하는 체인 호텔의 다양한 시스템이 급속한 호텔산업의 발전을 가져온 것으로 보인다.

이러한 호텔업의 중심에 있는 호텔의 기능은 투숙객에게 숙박을 제공하는 기능이다. 호텔업의 기본인 숙박기능의 제공은 호텔산업의 특성을 규정하는 가장 중요한 잣대가 되며 호텔업의 특성은 다음과 같다.

첫째, 무형성이다. 호텔산업은 보고, 듣고, 맛보고, 냄새 맡고, 느끼는 인간의 5관(five senses)으로 쉽게 감지하기 어려운 무형을 갖고 있다. 호텔업은 투자 자문, 컨설팅, 강의 등 완전히 무형적인 서비스를 제외한 유형적 제품 중 가장 무형적인 제품이라고 할 수 있다.

이는 호텔업의 모든 제품에는 항상 서비스가 부수적으로 동반되기 때문이다. 소비자는 호텔업의 제품 및 서비스를 소유하지 못하고 단지 경험할 수밖에 없기 때문에 무형성은 더욱 가중될 수밖에 없다. 제조업의 제품과는 달리 호텔의 객실, 직원의 태도, 모든 인적 서비스 등을 고객은 소유할 수가 없다. 단지 경험만을 할 뿐이다. 따라서 호텔업에서 구전(word-of-mouse)이 중요한 이유가 여기에 있다.

둘째, 비저장성이다. 호텔업에서 판매하지 못한 객실은 영원히 판매되지 않는다는 것으로 제조업자가 판매하지 못한 제품에 대하여 계속해서 판매할 수 있는 것과는 분명한 차이가 난다. 즉, 호텔 객실의 유통기간(판매주기)은 24시간으로 그 시간 내에 판매되지 않으면 저장할 수 없기 때문에 영원히 판매되지 않는 것으로, 이러한 특성 때문에 호텔업에서는 상용(常用)고객(repeat guest, client)이 더욱 중요한 것이다.

셋째, 이질성이다. 호텔업에서도 제조업 못지않게 많은 차별적 제품이 시장에 출시된다. 그러나 이질성이라는 특성은 그 사실보다 다른 측면에서 이해되어야 한다. 호텔업에서는 무수한 이질적 서비스를 통하여 제품을 판매하고 있다. 즉 무수한 이질적 서비스라는 것은 이질적 인간들이 서비스를 제공하며, 또한 이질적 인간들이 서비스를 제공받는다는 것이다.

넷째, 생산과 소비의 동시성이다. 서비스가 제공된다는 것은 곧 서비스가 생산된다는 것이며 동시에 제공된다는 것이다. 즉 판매자와 구매자가 공존하여야 하며 그들이 만나야만 생산과 소비가 이루어질 수 있다. 서비스를 미리 제조하고 점검하여 결점을 없애서 여유를 갖고 고객에게 제공한다는 것은 환상적인 꿈에 지나지 않는다. 앞에서 설명하였던 이질성의 많은 부분이 곧 생산과 소비의 동시성이라는 특성 때문에 야기되는 것이다.

다섯째, 고정된 수용규모이다. 호텔산업의 제품적 특성 중 제조업과 근본적으로 차이가 나는 것은 공급의 규모(수용규모)가 고정되어 있다는 점이다. 호텔 객실, 레스토랑, 연회・회의실 등 대부분의 제품은 수용규모가 제한되어 있다. 수요의 변동이 심한 호텔업에 있어서 이 사실은 매우 중요한 의미를 갖고 있다. 즉 수요주기에 따라 수요를 융통성 있게 통제해야 한다는 것이다.

여섯째, 기타 특성으로 인적 서비스에 대한 의존성, 연중무휴의 운영, 고정자산에 대한 의존성, 시설의 조기 노후화와 진부성, 비생산적 공공장소 확보 등의 특성이 있다.[5)]

제2절 호텔업의 전개 및 현황

1. 호텔업의 전개

1) 해방 이전의 한국 호텔

한국의 역사에서 호텔이 갖는 의미를 알기 위해서는 대불호텔, 손탁호텔과 철도호텔인 조선호텔과 최초의 상용호텔인 반도호텔을 빼놓을 수 없다.

대불호텔은 1887년에 착공하여 1년 후인 1888년에 개관하였다. 1883년 인천항의 개항은 대불호텔이 건립되는 직접적인 배경이 되었다. 인천은 일본인은 물론, 서양의 선교사와 외교사절, 사업가들이 주로 방문하는 곳으로, 목적지는 대부분 경성(서울)이었다. 그러나 유일한 교통수단인 조랑말과 가마로는 서울까지 한나절 안에 당도할 수 없었던 당시의 상황에서는 자연스레 숙박할 장소가 필요했으며, 이에 일본인 사업가 호리 리키타로는 주요 고객을 서양인으로 판단하여 서구식으로 설계된 대불호텔을 건립하였다. 당시 침대 객실수는 11개, 다다미방처럼 꾸민 객실은 240개에 달했다고 하며, 당시 화폐로 상급 객실 2원 50전, 중급 2원, 하급 1원 50전이었다. 그러나 1899년 경인선이 개통되자 인천항으로 입국한 많은 외국인들의 숙박수요가 감소하면서 사양길로 접어들다가 1918년 중국인에게 매각하고 이후 중국인 역시 호텔사업에 매력을 느끼지 못해 중화루라는 중국음식점으로 바뀌었다.[6)]

손탁은 1902년 정동 29번지 왕실 소유의 땅에 사교장으로 사용하던 한식 건물을 헐고, 2층 양옥의 손탁호텔을 건립하였다. 면적은 1,300㎡이었고, 회색벽돌로 꾸며진 2층 양옥이었다. 2층은 귀빈객실로, 1층은 보통객실과 커피숍으로 꾸몄으며, 상하층의 창은 아치형으로 멋을 내고, 창 사이의 벽을 작게 하여 모든 벽면이 아케이드 모양이었다. 손탁은 1885년 조선주재 러시아 대리공사로 부임한 베베르의 처형인데 공사부처의 추천으로 명성황후를 만나 서양요리와 외빈접대의 일을 맡았으며 고종이 애용했던 기호식품 헤이즐넛 커피도 손탁이 권한 음식 가운데 하나였다고 한다. 이러한 손탁호텔은 정동 '살롱정치'의 본거지로서 성가를 높였으나, 러일전쟁에서 일본이 승리한 후 쇠퇴의 길을 걸었으며, 1917년 이화학당이 이 건물을 구입하면서 한국 최초의 서구식 호텔은 역사 속으로 사라지고 만다. 지금도 이화여자고등학교 북문에 들어서면 넓은 주차장의 오래된 정자나무 아래 '손탁호텔 터'라는 표지석이 자리 잡고 있으며, "한말에 러시아에서 온 손탁(Miss Sontag)

이 호텔을 건립, 내외국인의 사교장으로 쓰던 곳"이라는 비문을 확인할 수 있다.

철도호텔인 조선호텔은, 최초의 철도호텔인 부산의 부산철도호텔과 신의주 철도호텔 다음으로, 경성(서울)의 서울역 인근에 1912년에 세워졌다. 조선호텔은 69개의 객실을 갖추고 서양요리기술을 발전시켰으며, 1915년에 전조선 기자대회를 개최함으로써 국내 처음으로 회의장소로 이용된 곳이다.[7] 당시 조선호텔에는 거의 모든 객실에 욕실이 갖추어져 있었으며, 객실마다 탁상전화와 세면소가 있었다. 또한 호텔에는 큰 식당과 사교실이 있어 오늘날의 호텔 커피숍 역할을 하였으며, 양식요리가 갖추어져 있었다. 1929년 조선호텔의 객실료는 유럽식(1실 1인)은 3원, 4원, 6원, 8원, 10원, 14원, 15원, 30원, 45원의 9등급의 차이를 보이고 있었으며, 미국식(1실 1인)은 9원, 10원, 12원, 14원, 16원, 20원, 21원, 26원이었다.

일본인 노구치 시다가후는 조선호텔의 뒤편인 황금정 1정목 18번지를 중심으로 6,600m^2의 땅을 매입하고 1936년 5월 12일 최초의 상용호텔인 반도호텔 착공식을 거행하였다. 조선호텔의 뒤편에 반도호텔을 설립한 것은 특별한 계기가 있어서이다. 노구치 시다가후는 1930년대 어느 날 남루한 옷차림(점퍼, 당고바지, 지키다비; 일본 버선 모양의 노동자용 작업화)으로 당시 총독부에서 운영하던 조선호텔에 들어가려 하였다가 호텔 출입구의 종업원이 "이보시오, 당신 같은 사람이 출입할 수 있는 곳이 아니니 당장 나가시오"라는 소리와 함께 입장을 저지당한 후, 이에 반드시 수모를 갚겠다는 생각으로 개관한 호텔이다. 반도호텔의 설립자인 노구치 시다가후는 조선과 만주 일대에서 군수산업으로 큰 돈을 모은 신흥재벌이었던 것이다. 착공식 후 채 2년이 안 된 1938년 반도호텔은 지하 1층, 지상 8층, 96개 객실 규모의 호텔로 개관하였으며, 당시 동양에서 4위권의 호텔이었다. 반도호텔은 건립 후 한국의 호텔왕으로 군림하게 되는데, 이는 건물의 위상과 규모라는 측면도 있었으며 앞선 마케팅도 큰 몫을 차지하였다. 결혼식장, 위스키를 마실 수 있는 바, 교류의 장이었던 1층의 사교실 등은 세인의 관심을 끌기에 충분하였으며, 엘리베이터걸도 배치하는 등 차별화된 서비스도 시행하였다. 반도호텔은 미국 스타틀러호텔의 경영방식을 도입하여 일반대중을 상대로 영업하였다고는 하나, 이 시기는 조선인의 여행이 극히 제한되어 일본인 및 외국인을 위한 시설로 운영된 것으로 보인다. 반도호텔은 현재 국내 최대의 호텔 체인인 롯데호텔의 전신이다.

해방 이전의 한국에 세워진 근대 숙박시설인 여관과 호텔들은 모두 외국인에 의해 세워졌으며, 한국에 입국한 일본인과 외국인을 주 대상으로 영업한 것이 하나의 큰 특징이라 할 수 있다.

2) 해방 이후의 한국 호텔

(1) 해방 이후~6.25전쟁

1945년 8월 15일 해방 이후 철도호텔들과 조선호텔, 반도호텔은 미군정에 의해 관리되다가 1948년 8월 15일 대한민국 정부수립에 의해 교통부로 이관되어 운영되었다. 미군정에 의하여 운영될 당시, 미군정의 최고책임자인 하지 중장은 서울에 진주한 직후 반도호텔을 숙소로 삼았으며, 국내의 정계 실력자들은 최고 권력자인 하지 중장을 만나기 위해 반도호텔을 찾았다. 당시의 이승만, 김구, 김규식 등 우리나라 역사의 한 페이지를 장식한 큰 별들이 반도호텔에서 하지 중장과 국사를 의논하였다고 한다.

교통부로 이관된 후 미국정부는 반도호텔과 조선호텔을 미군정 사무실로 사용한 대가로 1949년에 300만 달러라는 거금을 우리 정부에 지불하여 외화벌이에 우리나라의 초기 호텔이 큰 몫을 한 것으로 보인다. 1950년 6월 25일부터 27일까지 3일 동안 반도호텔에서는 전쟁의 개요를 알려 유엔군의 참전을 촉구하는 뉴스센터가 설치되었으며, 서울을 수복한 후 태극기를 걸었던 곳이 서울역과 중앙청(문민정부 시절 역사바로세우기의 일환으로 철거) 그리고 반도호텔이었으며, 한국전쟁이 끝날 때까지 미 8군의 서울지구 사령부가 반도호텔에 주둔하였다. 1953년 8월에 미 8군은 용산에 터를 잡았고 반도호텔이 호텔로서의 제구실을 시작하게 되었으며, 반도호텔의 관리와 책임권이 온전히 우리나라 정부로 이관되었다.

(2) 1950년대 한국의 호텔

6.25전쟁 이후, 한국의 호텔 상황은 참혹했다. 전쟁의 상흔이 그대로 남아 대대적인 수리와 보수 공사가 필요했으며, 교통부가 그 책임을 맡았다. 휴전 이후 많은 미군들과 UN 한국부흥단 의원들이 한국을 방문함으로써 관광사업의 필요성이 인식되기 시작했으며, 1954년 정부는 교통부 육운국에 관광사업 촉진을 위해 관광과를 설치하였다. 이 시기 최초의 민영호텔인 대원호텔이 1952년에 개관하였으며, 1955년 지금의 그랜드 앰버서더호텔(과거 소피텔 앰버서더호텔)의 전신인 금수장호텔이 개관하였다. 또한 1957년에 해운대호텔과 사보이호텔, 1957년에 온양호텔이 계속적으로 개관하였다. 1959년에는 아스토리아호텔, 무등산호텔, 설악산호텔, 서귀포호텔, 대구호텔, 유엔센터호텔이 개관 및 신축 공사에 착수하였다.

특히 1950년대는 호텔정치라는 용어가 회자되기도 하였는데, 자유당 정권 시절 반도호텔은 최고의 전성기를 누렸으며, 권력의 최정점에 있었던 이기붕 부통령은 반도호텔 809호를 전용사무실로 사용하였으며, 이곳에서 당무회의가 열린 것도 상당했다고 한다.

(3) 1960년대 한국의 호텔

1961년 8월 관광사업진흥법이 제정되어 시설 기준이 우수한 호텔을 관광호텔로 선정하여 정부가 적극적인 행정지원을 함으로써 관광호텔 발전의 계기가 되었다. 196년에 관광호텔로 지정된 호텔로는 메트로호텔, 아스토리아호텔, 뉴코리아호텔, 사보이호텔, 그랜드호텔 등이 있다.

1962년 국제관광공사(한국관광공사의 전신)가 설립되면서 반도호텔, 조선호텔과 지방 7개 호텔의 경영권을 인수하게 되었고, 이로부터 외화획득, 관광산업의 활성화란 목표 아래 관광공사가 많은 노력을 기울였다. 1963년에는 우리나라 최초의 휴양지 호텔인 워커힐호텔이 263실의 객실로 개관하여 우리나라 호텔산업에 있어 최고의 현대적인 호텔로 명성을 떨쳤다. 1965년에는 PATA(Pacific Asia Travel Association)의 국제회의가 서울에서 개최되어 호텔의 중요성을 재인식하는 계기가 되었다. 1966년 대형호텔로 순수 민간자본으로 건립된 세종호텔이 18층 322실의 객실로 개관하였으며, 1967년 타워호텔이 20층 245실로 건립되었다. 조선호텔이 한국과 미국의 합작체결로 민영화의 길을 걷게 되었다. 특히, 1960년대는 한일 국교의 정상화로 일본인 관광객의 급속한 증가가 많은 호텔의 개관과 신축을 이끌어내었다.

당시 일화의 하나로 1960년 4.19혁명 직후 민주당 정권하에서 장면 총리가 반도호텔 808호와 809호를 사용하고 있었는데, 다음해인 1961년 5.16쿠데타 시 반도호텔은 주요 목표 중 하나였다고 한다. 그때 쿠데타 세력들이 점령하기로 한 1차 목표물은 중앙청, 국회의사당, 반도호텔 등이었으며, 반도호텔의 경우 장면 총리를 체포하기 위한 것으로 보인다. 장면 총리는 당시 상황에 대하여 "1961년 5월 16일 새벽 2시경, 장도영에게서 전화가 왔다. 경호실을 통한 보고였다. 나는 그때 반도호텔 809호실에 있었고, 경호실은 808호실이었다. (중략) 얼마 후에 총성이 요란하게 들렸다. 신변의 위협을 느꼈다. 이성을 잃은 군인들이 무슨 짓이든 못하랴 싶어서다. 부득이 그 자리를 피했다. 반도호텔에 군인들이 들이닥치기 불과 10분 전이었다"라고 일화로 남기었다.[8] 이처럼 당시의 호텔은 우리나라 정치, 경제상황의 가장 중요한 시점에서 항상 이용되던 장소였다.

(4) 1970년대 한국의 호텔

1970년대는 연초에 큰 사건이 벌어졌다. 1970년 1월 17일 반도조선아케이드에 화재가 난 것이다. 국제관광공사는 관광산업의 활성화란 목표 아래 반도조선아케이드의 건설, 영빈관의 인수·운영 등 많은 노력을 진행하던 중 반도조선아케이드에 큰 화재가 났다. 특히 3개월 후인 4월 9일에는 조선호텔에서 ADB(Asian Development Bank; 아시아개발은행) 총회가 열릴 예정이어서 긴박한 상황이었다. 1월에만 긴급복구를 위한 관계부처 합동회의가 3차례에 걸쳐 열렸으며, 완전복구가 이루어진 했으나 우리나라 관광산업 특히 호텔산업 역사에 큰 영향을 미쳤다. 당시 박정희 대통령의 관광정책을 대전환하기로 결심한 계기 중 하나가 반도조선아케이드의 화재였으며 당시의 최고급호텔이었던 반도호텔과 조선호텔이 이후 국제관광공사로부터 민간으로 매각되게 되었다.

1967년 국제관광공사와 미국의 아메리카항공사가 합작 투자를 결정한 이후 1970년에 조선호텔이 개관하였으며, 이는 처음으로 자본과 경영으로 분리하여 경영하는 호텔이었다. 1970년에는 관광호텔 등급제도와 관광호텔 지배인 자격시험제도가 실시되어 호텔의 질적 수준과 경영의 전문성을 향상시키도록 노력하였다.

1973년 반도호텔의 민영화가 확정되어 반도호텔을 전신으로 하는 롯데호텔이 1973년 5월 5일에 설립되었으며, 1974년 7월 3일 우리나라 최초의 상용호텔인 반도호텔은 종무식을 끝으로 오랜 역사를 마감하였다. 약 5년간의 공사를 통해 1979년 롯데호텔이 39층 1,019실의 객실로 개관하였다. 같은 해인 1979년에는 삼성그룹의 호텔신라도 개관하여 일본의 오쿠라호텔과 15만 달러, 총매출액의 1%, 영업이익의 4.5%선에서 체인계약을 하였다.

1976년 서울 프라자호텔과 1978년 Hyatt호텔, 부산조선비치호텔, 경주코오롱호텔 등이 개관하였으며, 경주조선호텔, 경주도큐호텔, 부산서라벌호텔, 서울가든호텔 등의 대형호텔이 개관하였다.

(5) 1980년대 한국의 호텔

1980년대 초기에는 1979년의 제2차 석유파동과 10.26사건의 여파로 인한 정치변혁으로 사회·경제적으로 많은 혼란을 가져와 관광호텔사업은 이 시기에 시련을 겪는다. 그러나 1982년 1월 5일을 기해 1945년 9월부터 진행된 37년간의 통금이 해제되었고, 우리나라 국민의 국내관광이 본격적으로 시작되면서 호텔업은 다시금 부활을 꿈꾸게 된다.

또한 1986년의 서울 아시안게임과 1988년 서울올림픽은 서울을 국제도시로 알림과 동시에 호텔의 건설에 박차를 기하는 계기가 되었다. 특히 1988년 서울올림픽이 결정된 후

정부에서 추산한 필요 객실은 38,000여 실이었으나 1987년 말 당시 전국의 호텔은 222개 28,043실이었으며, 서울의 객실은 채 5,000실이 되지도 않은 상태였다. 이에 정부는 대회기간 중 숙박대란이 일어날 수도 있는 상황을 해결하기 위하여 86・88 숙박대책위원회를 발족하여 문제해결에 나섰다. 또한 롯데호텔은 본관 이외에 별도로 신관을 올림픽 개최 2개월을 앞두고 1988년 6월에 완공하였으며, 올림픽 개막일을 10일 앞둔 9월에 롯데호텔월드가 개관하였다.

이 시기에 개관한 호텔은 1983년 대우그룹에서 건립한 힐튼호텔, 1988년 롯데호텔 신관과 롯데호텔월드, 1988년 서울올림픽 이후 스위스 그랜드호텔, 인터컨티넨탈호텔, 라마다 르네상스호텔 등이 있다.

(6) 1990년대 한국의 호텔

1990년 초기 서울올림픽의 성공으로 인한 서울의 이미지 상승과 1989년의 해외여행 완전 자율화를 통한 외래관광객 입국자수의 증가 및 내국인의 해외여행 증가로 관광선진국의 반열에 들어가는 계기가 되었으나 서울올림픽 이후 급증하는 내국인의 외래관광으로 인한 국제수지의 악화로 인하여 관광산업을 사치성 서비스업으로 규정하면서 호텔건설이 침체되었다.

1993년에는 일본에 이어 아시아에서 대전 EXPO가 개최되면서 국내 호텔의 수는 전국 446개 45,096의 객실을 보유하는 수준에 이르렀다. 1994년 정부는 그동안 호텔업 등이 사치성 서비스업으로 규정되었던 것을 해제하고 영업시간의 연장과 객실요금에 대한 부가세 영세율 적용 및 시설자금의 지원 등 관광호텔업의 육성지원책을 실시하게 되었다.

1990년대 후반에는 우리나라 호텔업이 다시금 도약할 수 있는 계기가 조성되었다. 바로 1996년 스위스 취리히에서 열린 국제축구연맹(FIFA)의 2002년 한일월드컵 공동개최의 결정이었다. 또한 2000년 ASEM과 2002년의 부산아시안게임도 개최 예정이어서--그동안 사치성 서비스업으로 규정되어 침체되었던 호텔 건설 상황으로 인하여--다양한 국제행사 유치를 위한 숙박시설의 확충이 필요하였다. 1997년 이런 이유 때문에 호텔 건설을 촉진하기 위한 관광숙박시설지원 등에 관한 특별법이 2002년까지 발효되는 한시법이 제정되어 호텔의 신축과 개관을 위한 기반이 확충되었다. 그러나 1997년 말의 IMF는 국내경기를 위축시켜, 서울 마포에 동양그룹이 건설할 예정이던 호텔건립계획이 취소되는 등 국내 호텔이 위축되는 상황을 맞게 되었다.

(7) 2000년대 이후 한국의 호텔

2000년 IMF 이후 경기가 되살아나면서 대형호텔들이 개관하게 되었고 국내 호텔산업 발전의 계기가 되었다. 특히 이 시기는 호텔업만이 아닌 관광산업이 폭발적으로 성장하던 때였으며, IMF 구제금융으로 인한 환율의 고공행진이 외래관광객의 입국을 증가시키는 촉매역할을 담당하여 호텔업의 수익이 개선되는 상황을 맞게 되었다. 특히, 이즈음에 가장 큰 성장을 한 호텔은 조선호텔로 IMF 이후 여의도의 증권시장 투자자인 재무적 개별관광객(finance FIT; free independent traveler)이 그 대상으로 지리적 인접으로 인한 숙박이 많이 이루어지면서 국내 호텔 중 선두호텔로 나아가는 계기가 되었다.

2000년대에 건립된 호텔은 서울 코엑스 인터콘티넨탈호텔, 메리어트호텔, 제주롯데호텔, W 서울 워커힐호텔, Park Hyatt호텔, 메이필드호텔 등과 더불어 인천 국제공항의 개관으로 인하여 인천지역의 대형호텔들이 개관하였다.

2. 호텔업의 현황

최근 국내 호텔업의 현황을 파악하고자 1997년부터 2009년까지의 국내 관광호텔업의 수와 객실수를 살펴보았다. 국내 호텔업은 1997년을 기준으로 2000년까지는 성장이 둔화되고 있는 것으로 보이나 2000년 이후 점차적으로 상승하고 있는 것으로 파악되었다. 따라서 해당 기간 동안 국내 관광호텔업은 급속한 발전이나 성장을 보이지는 않으나 지속적으로 성장하는 것으로 보인다. 이는 호텔업의 특성 중 하나인 고정자산에 대한 의존도가 크며 또한 건립 초기에 거대 자본의 투자가 필요한 사업인 만큼 급속한 발전을 기대하기 어려운 부분인 것으로 판단된다. 그러나 꾸준한 호텔업의 성장은 바람직한 현황이며, 이에 호텔업에 대한 지속적인 관심과 정부의 지원을 통해 지속적인 성장세를 유지할 필요가 있을 것이다.

2009년 현재 국내 관광호텔업의 현황을 보다 자세히 파악하기 위하여 등급별 · 지역별로 구분하였다. 등급별 분포는 호텔수에 따라 1등급이 26.9%로 가장 높은 비율을 나타내고 있었으며, 2등급이 18.1%, 특2등급이 14.0%, 3등급이 12.2%, 특1등급이 10.6%로 가장 낮은 비율을 보이고 있으나, 중요한 호텔 객실수의 비율에서 특1등급이 33.3%로 가장 높은 비율을 보이고 있었다. 다음으로 특2등급이 21%, 1등급이 19.1%, 2등급이 8.1%, 3등급이 6.3%로 등급의 순서로 비율이 나타나고 있었다.

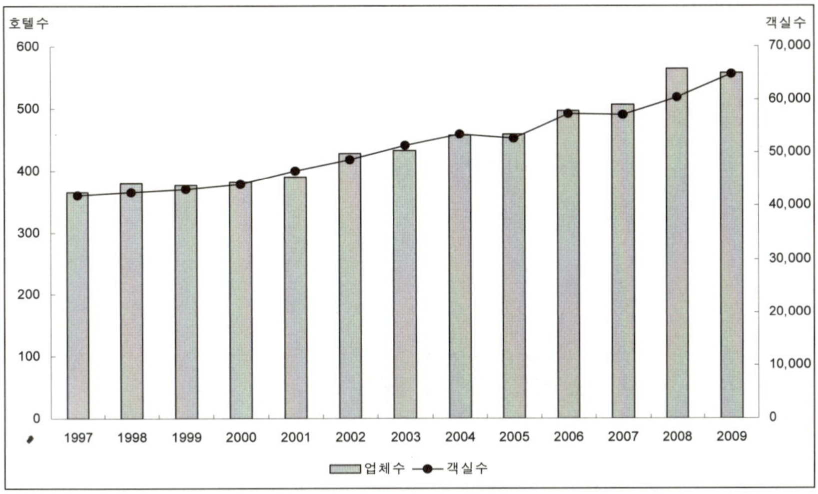

자료: 한국문화관광연구원(2011), 관광지식정보시스템(http://stat.tour.go.kr/ptour1/index.do)를 이용하여 저자 재작업.[9]

〈그림 2-1〉 국내 호텔업의 현황(1997~2009)

〈표 2-1〉 2009년 현재 국내 관광호텔업의 현황

등급	구분	서울	부산	대구	인천	광주	대전	울산	경기	강원	충북	충남	전북	전남	경북	경남	제주	합계	비율(%)
특1 등급	호텔수	18	4	3	3	1	1	2	1	4	1	0	1	1	5	2	12	59	10.6
	객실수	9,634	1,946	696	1,021	120	174	495	232	957	328	0	118	208	1,660	401	3,622	21,612	33.3
특2 등급	호텔수	24	5	7	6	2	2	0	4	8	1	3	2	2	3	4	5	78	14.0
	객실수	5,599	860	725	1,357	198	395	0	657	1,280	180	468	277	104	532	477	507	13,616	21.0
1등급	호텔수	30	8	9	2	6	3	1	21	10	11	2	4	7	10	10	16	150	26.9
	객실수	3,313	852	474	136	375	199	75	1,596	604	847	179	315	481	569	915	1,429	12,359	19.1
2등급	호텔수	17	11	1	11	4	5	2	14	3	1	6	5	3	8	6	4	101	18.1
	객실수	1,064	553	65	506	162	178	146	690	150	30	285	247	115	495	308	230	5,224	8.1
3등급	호텔수	11	11	0	9	1	3	0	15	1	4	0	0	1	7	4	1	68	12.2
	객실수	554	1,273	0	453	43	144	0	820	34	133	0	0	50	344	199	50	4,097	6.3
등급 미정	호텔수	7	2	0	7	2	0	2	14	3	0	4	1	1	5	6	9	63	11.3
	객실수	636	108	0	273	76	0	65	778	324	0	183	47	41	199	262	556	3,548	5.5
소계	호텔수	107	41	20	38	16	14	7	69	29	18	15	13	15	38	32	47	519	93.2
	객실수	20,800	5,592	1,960	3,746	974	1,090	781	4,773	3,349	1,518	1,115	1,004	999	3,799	2,562	6,394	60,456	93.2
가족 호텔	호텔수	4	1	0	1	0	1	0	0	5	1	1	2	3	0	4	14	37	6.6
	객실수	889	17	0	30	0	80	0	0	401	52	100	1,478	246	0	261	812	4,366	6.7
전통 호텔	호텔수	0	0	0	0	0	0	0	0	0	0	0	0	0	0	0	1	1	0.2
	객실수	0	0	0	0	0	0	0	0	0	0	0	0	0	0	0	26	26	0.0
총계	호텔수	111	42	20	39	16	15	7	69	34	19	16	15	18	38	36	62	557	100
	비율(%)	19.9	7.5	3.6	7.0	2.9	2.7	1.3	12.4	6.1	3.4	2.9	2.7	3.2	6.8	6.5	11.1	100	-
	객실수	21,689	5,609	1,960	3,776	974	1,170	781	4,773	3,750	1,570	1,215	2,482	1,245	3,799	2,823	7,232	64,848	100
	비율(%)	33.4	8.6	3.0	5.8	1.5	1.8	1.2	7.4	5.8	2.4	1.9	3.8	1.9	5.9	4.4	11.2	100	-

자료: 한국문화관광연구원(2011), 관광지식정보시스템(http://stat.tour.go.kr/ptour1/index.do)를 이용하여 저자 재작업.

관광호텔의 지역별 분포는 서울이 전체 지역에서 호텔수 19.9%, 객실수 33.4%를 보여 가장 높은 것으로 나타났으며, 다음으로 제주가 호텔수 11.1%, 객실수 11.2%로 나타났다. 다음으로 경기, 부산, 인천, 경북, 경남의 순으로 비율이 나타나고 있으며, 광주, 대전, 울산, 충남, 전남의 경우 객실수의 비율에서 1%대의 비율을 보이는 것으로 나타나 상대적으로 보유하고 있는 객실수가 적은 것으로 판단된다.

제3절 호텔업의 역할과 미래 대응

호텔업은 호텔을 둘러싸고 있는 정치적·법적 환경의 변화뿐만 아니라 국가와 정부의 정책 및 안정성, 그리고 지원 및 통제의 정도에 따라 크게 변화한다. 특히 국내 관광호텔업은 한반도라는 지정학적 위치로 인하여 관광에 있어 '섬(island)'과 같은 특징을 갖는다. KTX의 개통으로 반일생활권이 된 국내 교통여건상 호텔의 객실판매는 이미 오래전 내국인에서 외국인을 중심으로 하는 전략으로 바뀌었다. 따라서 외래객 입국자수에 호텔업의 운영은 민감할 수밖에 없으며 국제사회의 다양한 이슈가 국내 호텔업의 경영환경에 많은 영향을 미치고 있는 실정이다.

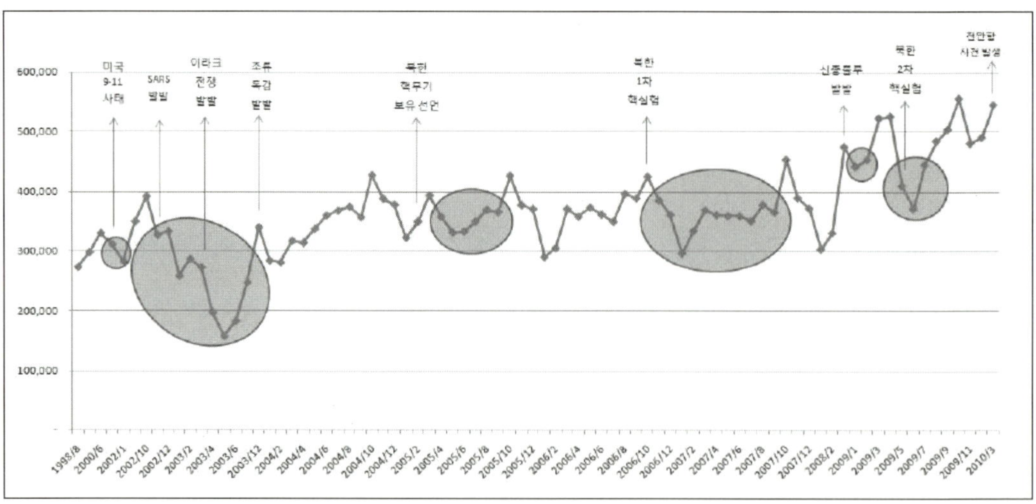

자료: 정규엽(2010), 『호텔·외식·관광 마케팅』, 서울: 연경사.

〈그림 2-2〉 외래관광객 입국자수와 한반도 및 국제사회 상황의 관계

2001년 미국의 9.11사태부터 현재까지 발생한 다양한 국제사회와 한반도의 상황은 외래관광객의 입국자수에 큰 영향을 미치고 있는 것으로 〈그림 2-2〉에 나타나고 있다. 이는 한국의 호텔업이 안고 있는 근본적인 문제에 기인한 것이다. 한반도의 남북분단상황이 한국을 방문하고자 하는 외래방문객에게 큰 영향을 미치고 있으며, 이는 호텔업의 객실 영업에 큰 변수로 작용하고 있다. 따라서 국내 호텔업은 내국인을 중심으로 영업하는 식음료의 비중이 점차 확대 또는 증가하고 있는 것이 현실이다. 2009년 기준 국내 전체 관광호텔의 객실판매 매출액은 1조 5,161억 2,300만 원, 식음료 및 부대업장 매출액은 1조 6,612억 9,800만 원으로 전체 관광호텔 매출액인 3조 1,774억 2,100만 원 중 객실이 47.7%, 식음료와 부대업장이 52.3%를 차지하는 것으로 나타났다. 이러한 상황은 한국 입국의 대표적 관문인 서울의 경우 객실 매출액(8,230억 원)이 46.3%, 식음료와 부대업장 매출액(9,542억 원)이 53.7%인 것으로 보아 객실 이외의 영업이 가중되는 상황임을 알 수 있다.

호텔업은 사업 초기에 많은 자본이 필요하며 투입되는 자본의 대부분이 호텔의 영업을 위한 건물에 투자된다. 따라서 건물의 많은 부분을 차지하고 있는 객실 영업을 중심으로 호텔업이 운영되어야 하는 것은 주지의 사실이다. 그러나 국내 호텔업의 여건은 내국인을 대상으로 객실 영업이 가능한 미국, 중국과는 다르며 육로를 통하여 인접국가로 이동이 가능한 유럽과도 다르다. 이는 국내 관광산업 전반에 걸쳐 동일하게 적용될 수 있는 부분으로 외래방문객의 안전한 입국을 위한 다각도의 노력이 필요할 것이며, 외래객의 입국을 유도할 수 있는 국제행사의 유치를 위한 다양한 지원과 전략이 요구된다.

또한 국내 호텔업은 다양한 서비스의 전개가 필요할 것이다. 많은 자본이 투자된 호텔의 건물이라는 영업적 한정성에서 탈피하여 다양한 사업으로의 확장이 필요하다. 프라자호텔의 제과・제빵 사업, 조선호텔과 워커힐호텔의 공항레스토랑사업 등 고객의 욕구와 필요에 맞춘 맞춤형 상품을 제공함으로써 호텔업의 다양화를 통한 확장이 가능할 것으로 판단된다.

최근의 경영 패러다임 중 가장 중요한 것은 정보화를 들 수 있다. 호텔업들은 인터넷 활용을 선택이 아닌 필수의 도구로 인식하고 있으며 호텔의 인터넷 활용을 기업성장에 있어 필수요건으로 인식하고 있다. 객실 내의 TV화면을 이용하는 인터넷 TV는 이미 힐튼, 신라, 조선, 워커힐 호텔에서 서비스를 시작했으며 객실 내의 초고속 인터넷 접속 서비스를 제공하고 있다. 이러한 인터넷 환경의 발전은 호텔 이용 시 예약과 판매에 있어 보다 다양한 공간과 방법을 제공하고 있다. 즉 한 번의 클릭만으로 다양한 호텔에 대한 이용가능성과 비교가 이루어지고 있는 시점에서 인터넷을 통한 전자상거래의 비즈니스

모델을 적절히 이용하는 것이 호텔업의 성장을 위하여 중요할 것이며 이를 위하여 인터넷 환경에 적합한 경영체제구축과 조직구조를 확립하고 인력 양성을 위하여 노력을 기울여야 할 것이다.

참고문헌

1) 정규엽(2010). 『호텔 · 외식 · 관광 마케팅』. 서울: 연경사.
2) 오정환(1997). 『호텔경영학원론』. 서울: 기문사.
3) 오정환(2002). 『호텔관광사연구』. 서울: 현학사.
4) 정규엽(2010). 『호텔 · 외식 · 관광 마케팅』. 서울: 연경사.
5) 고석면(2010). 『호텔경영론』. 서울: 기문사.
6) LOTTE(2009). 『From First to Best 30th History of LotteHotel』. 서울: 롯데호텔 개관 30년 기념집 편찬위원회.
7) 호텔경영연구회(2010). 『호텔경영의 이해』. 서울: 대왕사.
8) LOTTE(2009). 『From First to Best 30th History of LotteHotel』. 서울: 롯데호텔 개관 30년 기념집 편찬위원회.
9) 한국문화관광연구원(2011). 관광지식정보시스템(http://stat.tour.go.kr/ptour1/index.do).

〈본문의 내용은 다음 논문에 기초하여 서술되었음: 『관광학연구』 제35권 제10호 (통권 96호), 정규엽(2011)/ 호텔업의 역사, pp. 385-401〉

■ 저자약력

정규엽(丁奎曄) 세종대학교 호텔경영학과 교수

미국 Georgy Washington대학에서 박사학위를 취득했다. 저자는 호텔외식경영학회의 고문으로 있으며 저서 『호텔 · 외식 · 관광 마케팅』과 논문 「국내 선두호텔의 객실가격전략에 관한 연구」, 「호텔선택 결정속성에 의한 비즈니스 FIT의 시장세분화에 관한 연구」, 「국내 관광호텔 마케팅 전략 모델의 개발 및 프로젝트에의 현실적 적용」, "Hotel room rate pricing strategy for market share in oligopolistic competition--eight-year longitudinal study of super deluxe hotels in Seoul", "Three representative market segmentation methodologies for hotel guest room customers", "Hotel management curriculum reform based on required competencies of hotel employees and career success in the hotel industry" 외 100여 편을 통해 활발한 학술적 성과를 발표하고 있으며 후진양성과 학회의 발전을 위해 힘쓰고 있다.

제3장 리조트의 역사

이 태 희*

제1절 리조트의 출현과 의미

1. 국내 리조트의 출현

우리나라가 급진적인 경제성장을 이룩하면서 생활수준의 향상과 더불어 생활의 여유, 휴식 및 여가에 대한 비중은 날로 높아지고 있다. 이로 인해 늘어난 여가시간을 어떻게 활용할 것인가에 대한 국민들의 관심이 그 어느 때보다도 높아지고 있는 것이 사실이다. 그 결과의 하나로 이른바 각종 레저활동에 대한 새로운 인식이 사회 전반에 걸쳐 폭넓게 확산되면서 이를 위한 상품과 시설에 대한 수요가 급증하게 되었다. 이용 인구의 폭등과 시설부족을 배경으로 골프장, 스키장, 수상스포츠시설, 복합 리조트 등 다양한 레저시설 개발 사업이 전국 곳곳에서 활발히 추진되고 있다. 이러한 여가시설의 개발이 때로는 소비차원의 건실치 못한 측면의 일부로 받아들여지기도 하지만, 레저의 의미는 이미 우리의 생활 속에서 큰 비중을 차지하는 무시하지 못할 요소가 되었다.

1975년 용평리조트의 탄생과 더불어 약 25년 동안 국내 리조트시장은 짧은 기간 동안 급속도로 발전하여 현재 리조트의 숙박시설로서 90여 개의 콘도들이 존재하고 새로운 리조트단지가 계속 개발 중인 만큼 대단한 성장을 가져왔다. 여가관련 시장규모 추이나 스

* 경희대학교 관광학과 교수(현)
e-mail: taehee@khu.ac.kr

포츠에 대한 점진적 성장률, 외국관광객의 리조트방문 증가율, 레저 인구의 장기적인 수요의 증가와 일본, 미국 등 외국의 유망사업 사례를 볼 때 앞으로 더욱더 레저산업에 대한 각 기업의 투자계획 및 개발 붐이 계속해서 가속화될 것임은 충분히 예측할 수 있다.

이러한 측면에서 리조트가 장기적으로 수요가 늘어날 것은 당연한 과제임에도 불구하고 아직은 국내 레저산업에 대한 인식과 연구의 발전이 빈약하며 그 방향조차 정립이 안 된 상태이다. 결과적으로 현존하는 리조트는 기존의 대량생산적인 콘도미니엄 체제만을 유지하며 각종 편의시설의 집합체 이상의 무언가를 보여주지 못하고 적자를 면치 못하고 있다. 시장의 요구는 급속도로 변화하는 가운데 새로운 리조트의 개발은 그를 따라가지 못하고 과거의 실패를 반복하고 있는 것이다.

2. 리조트의 개념

우리나라에서 리조트란 단어는 이미 리조트 맨션, 리조트 호텔 등 여러 가지 부문으로 사용하게 되었다. 일반인들도 위화감 없이 리조트라는 낱말을 받아들이고 있다. 그러나 리조트란 개념이 정착되었다고 해도 반드시 정확한 의미로 사용되고 있는 것은 아니다. 이것은 리조트의 정의 자체가 포괄적이고 애매하기 때문이기도 한데, 리조트의 본고장인 서구문화권에서도 사용하는 사람에 따라 다소간 뉘앙스의 차이는 있다고 할 수 있다. '리조트'란 말은 각국, 각 사람에 따라 여러 가지 의미로 쓰이고 있지만 이러한 외래어에 대한 정확한 이해와 단어 사용상의 혼동이 없어야 할 것이다. 이를 위하여 먼저 리조트라는 낱말의 사전상의 정의를 살펴보면 다음 〈표 3-1〉과 같다.

〈표 3-1〉 리조트의 정의

구분	정의	
에센스영한사전	해석	유흥지, 번화가, 사람들이 모이는 곳, 자주 다님
웹스터사전	해석	a place providing recreation and entertainment especially to vacationers.
	설명	어원은 프랑스 고어의 resortir(re=again, sortir=to go out)에서 유래되어 자주 찾아가는 장소의 의미
옥스퍼드사전	해석	a place often visited for a particular purpose
	설명	특별한 목적(휴가, 건강회복 등)을 위해 사람들이 찾아가는 곳으로 종합 레크리에이션 센터 또는 종합관광지라고 부를 수 있으며 중세유럽의 순례자 센터가 전신이라고 하는 설

우리나라에서 리조트란 단어가 본격적으로 사용하게 된 때는 1975년 '용평리조트'가 개장하면서부터라고 할 수 있다. 물론 그전에도 사용하였지만 실제관광시설에 리조트란 단어를 공식적으로 사용하던 때는 '용평리조트'가 처음이라고 할 수 있다. 그 후 1990년에 '무주리조트'가 생겼으며 이때부터 리조트란 단어를 일반 레저시설이나 스포츠시설에서 자주 사용하는 것으로 알려지고 있다.[1)]

이상과 같이 리조트에 대한 정의를 명확하게 정의하는 것은 어렵지만 종합하면, 리조트란 하나의 장소의 의미로서 "휴양 및 건강회복 등의 목적을 위해 사람들이 자주 찾는 일정시설을 갖춘 곳"으로 정의할 수 있고 '휴양지'로 번역할 수 있으며, 레저의 상위개념으로 사용되는 경우도 없지 않다.[2)]

우리나라의 경우 이 개념에 정확히 상응하는 규정은 없으나 유사한 개념으로 정의하자면 다음 목에서 논할 '관광진흥법'상에 의거 '종합관광지' 또는 '종합휴양지'라는 용어들로 정의될 수 있다.

제2절 국내 리조트 개발의 변천과 특징

1. 국내 리조트의 단계별 개발

(1) 1단계: 스키 리조트

- 1972년 알프스 스키장(강원 고성)의 최초 개장 이후, 일부 상류계층의 스키 수요를 충족시키기 위해 1975년 용평리조트(강원 평창)가 개장
- 스키 리조트 내 최초의 숙박시설은 용평스키장 내 주화관광호텔과 주원호텔
- 이후 1980년대를 기점으로 서울 근교에 스키장 시설이 생겨나기 시작(천마산리조트, 베어스타운 등)

- 이 단계의 리조트는 스키장의 성격이 강한 리조트로 숙박의 주기능은 미약

(2) 2단계: 숙박형 리조트(콘도미니엄)

- 1979년 국내 최초의 콘도미니엄인 한화리조트의 등장을 시작으로 숙박중심의 리조트가 생겨나기 시작
- 이후 1987년 대명리조트, 1990년에 일성콘도 및 금호리조트 등이 생겨나며 전국에 리조트 붐이 일어남
- '분양'의 개념이 도입된 새로운 경영기법을 도입하여 주로 1실(室)을 10명이 공동소유하며, 1/10씩 지분을 나눠 가지는 형태로 운영

(3) 3단계: 테마 리조트

- 다양한 테마 리조트가 등장함
- 온양, 유성, 도고 등을 중심으로 온천리조트가 발달
- 대규모 테마파크(Amusement park)가 등장
- 1999년 김대중 대통령의 '골프대중화 선언' 이후 골프장 산업육성의 일환으로 골프리조트가 대거 등장
- 온천의 기능을 넘어 엔터테인먼트 요소가 접목된 워터파크리조트 등장
- 건전한 게임문화 육성을 위해 탄생한 카지노리조트
- 마리나 및 수상레포츠를 즐기는 해양리조트 발달

(4) 4단계: 복합 리조트

- 두 가지 이상의 기능이 결합된 복합 리조트 등장
- 다양한 표적시장을 겨냥한 전천후 휴양시설의 증가(스키장+워터파크+골프장+콘도미니엄)
- 최근 5년간 가장 두드러진 리조트 개발 형태
- 국내 주요 복합 리조트
  - 알펜시아(골프, 스키, 워터파크, 스파 등)
  - O_2리조트(태백 위치: 골프, 스키 등)
  - 롯데부여리조트(골프, 쇼핑, 테마파크, 워터파크 등)
  - 휴러클리조트(천안 위치: 골프, 쇼핑, 워터파크 등)

(5) 5단계: 부티크 리조트(High-end resort)

- VVIP를 대상으로 한 고품격 리조트 등장
- 최고급 실내외 인테리어
- Membership 회원을 위주로 한 경영방식: 회원들의 사생활 보호 및 회원들 간의 커뮤니티 형성
- 국내 주요 부티크 리조트
  - 반얀트리 클럽 앤 스파 서울
  - 힐튼 남해 골프 앤드 스파 리조트
  - 소노팰리체(대명콘도)
  - 휘닉스아일랜드(제주 섭지코지)

〈표 3-2〉 국내 리조트 개발의 역사

1960~1970년대	초기 리조트는 외화 획득이라는 정책적 목표 아래 자연적 자원을 배경으로 단일 휴양·레저시설 중심의 리조트 조성
1980년대	중소기업을 중심으로 스키장(골프)과 숙박시설을 겸비한 리조트 조성
1990년대	여가시장의 증대에 따라 대기업 중심으로 스키, 골프, 숙박시설 및 다양한 부대시설이 갖추어진 대규모 복합 리조트 조성
2000년대	수요층의 다양화와 방문 목적의 다변화로 휴양, 레포츠, 업무 등이 반영된 복합시설 구성과 리조트산업의 경쟁 심화로 차별화된 테마와 시설이 도입된 테마형 복합 종합 리조트 조성
2010년 이후	리조트 시장의 과잉공급, 시설 중심의 대규모 투자에 따른 리스크 증대, 수요시장의 다변화 및 특성화 등으로 특정시장을 겨냥한 차별화된 테마와 기능, 자연자원·콘텐츠 중심의 상품가치 창출을 통해 효율적인 특화 리조트 조성 지향

국내 리조트 개발의 역사적인 배경은 매우 짧은 반면에 급속도로 발전해 왔다고 볼 수 있다. 이는 리조트가 형성되기까지 시대별 배경요인과 여가의 변화요소들을 살펴볼 때 고작 40여 년의 역사 속에서도 실제 활성화된 것은 25년의 역사가 전부이기 때문이다. 물론 그전에도 강이나 바다의 자연과 더불어 관광차원의 여가를 즐기는 패턴은 형성되었겠지만 리조트의 개념에 부응하는 시설은 없었고 경제적으로도 어려운 시기였기 때문

일 것이다.

1960년대 이후 리조트의 개발 배경에는, 무엇보다도 국민소득의 증가로 인한 여가 및 휴식에 대한 비중이 높아짐으로써, 관련 시설의 공급부족에서 기인함을 익히 알 수 있다. 경제개발 계획과 더불어 급속한 경제성장은 국민의 여가의식에 변화를 주었고, 다양한 교통수단의 발달과 정부의 정책지원으로 말미암아 리조트 개발에 활력을 주었던 것이다.

이렇게 짧은 역사에도 불구하고 여러 분야의 배경요인과 함께 40여 년 동안의 급속한 발전 속에서 시대별로 뚜렷한 변화추세를 보인다. 역시 리조트의 개발 배경에는 경제, 사회, 문화, 환경의 시대별 변화요인과 함께 여가패턴이 달라짐으로 인해 다양하게 변화되는데, 1960년대부터 1990년대의 개발 배경과 여가패턴의 변천과정은 〈표 3-3〉[3]과 같다. 1970년대가 리조트 문화의 '태동기'였다면, 1980년대는 리조트 문화의 획기적인 '성장기'이며, 1990년대는 다양한 복합개념의 '리조트 타운의 정착기'로 볼 수 있다.

〈표 3-3〉 시대별 배경요인 및 여가패턴의 변화

구분	1960~70년대(태동기)	1970~80년대 초(성장기)	1980~90년대(정착기)
요약	1세대 자원형 리조트	2세대 정부주도형 단지	3, 4, 5세대 대량생산, 분양형 단지
경제	• 경제성장 시작 • 산업기반 구축	• 고도성장 • 개인소득 증가 • 자동차산업 급증	• 가처분소득 증대 • 3차산업 비중 증대
사회·문화	• TV 등 대중매체 보급 • 도시화, 공업화	• 사치산업으로서의 여가 • 대도시 근교 신도시의 발전	• 가치관의 다양화
환경	• 정부의 적극적 지원 • 관광사업진흥법 제정	• 복지국가 건설이념 • 항공수단 발전	• 교통수단의 다양화 • 항공수단의 일반화
여가 패턴	• 단일, 당일형	• 근교 스포츠형	• 장기체재형
	• 상류층 주도형	• 중류층으로 확산	• 대중화
	• 여가의식 태동	• 여가의식 발전기	• 여가의식 성숙기
	• 민박, 텐트 위주	• 호텔, 여관 위주	• 콘도, 호텔, 유스호스텔
	• 대중교통 주도	• 철도, 자가용 주도	• 항공기, 선박, 자가용 등 다양화
	• 등산, 낚시, 해수욕	• 명소관람 위주 • 리조트 태동기 • 중소규모	• 종합리조트 발전기 • 가족중심형 여가 • 실버산업의 발달 • 대규모화, 다양화

2. 국내 리조트의 세대별 변천

〈표 3-4〉 국내 리조트의 세대별 변천 사례

세대	사진	내용
1세대		**단일 휴양·레저 리조트** - 1960~1970년대 - 자연자원 중심의 단일시설 리조트 ex) 워커힐호텔, 해운대/불국사 호텔 등
2세대		**스키 리조트** - 1980년대~ - 스키장 중심의 휴양 리조트 ex) 용평/양지/알프스 리조트, 천마산/베어스타운 스키장 등
3세대		**복합 리조트** - 2000년대~ - 휴양/레포츠/업무 및 차별화된 테마가 반영된 복합 리조트 ex) 곤지암, 하이원, 덕산, 비발디파크 등
4세대		**테마형 복합 리조트** - 1990년대~ - 스키/골프/숙박/유원시설 등의 복합 리조트 ex) 무주, 비발디, 휘닉스, 성우 리조트 등
5세대		**특성화 리조트** - 2010년대~ - 자연자원 또는 콘텐츠를 중심으로 특정시장을 겨냥한 차별화된 특화 리조트 조성 ex) 선마을, 핀크스호텔, 숲채원 등

3. 국내 리조트의 시기별 개발 동향 및 특징

〈표 3-5〉 국내 리조트의 시대별 개발 특징

구분	리조트 개발의 특징
1960년대	• 정부 주도의 휴양시설(리조트) 조성 - 정부투자기관인 국제관광공사가 지방에 위치한 7개 호텔을 인수 및 운영(1963년: 온양, 해운대, 불국사, 대구, 서귀포, 설악산, 무등산 호텔) - 워커힐호텔 개관 및 운영(1963년) • 주로 호텔을 활용한 단일시설 중심의 리조트 조성
1970년대	• 민간의 참여는 미비하고, 여전히 정부주도의 관광단지 형태의 리조트 조성이 중심(경주보문관광단지, 온양온천 등의 13개 관광지, 36개소의 국민관광지 등) • 1975년 12월에 스키장과 72실의 관광호텔을 겸비한 용평리조트가 국내 최초의 리조트로 개장
1980년대	• 정부주도의 관광단지 조성과 함께 민간의 중소기업을 중심으로 리조트 조성이 증가 • 리조트는 주로 자연자원을 활용한 휴식과 스키장이 복합된 리조트 조성이 중심(양지리조트, 천마산리조트, 알프스리조트, 베어스타운 스키장 등) • 이 시기가 국내 리조트가 본격적으로 조성되는 시기
1990년대	• 여가패턴의 변화에 따른 여가수요 증가로 대기업을 중심으로 다양한 리조트 조성이 증가 • 단일시설 및 공간에서의 단순숙박 형태의 여가패턴에서 벗어나, 다양한 욕구와 활동을 추구하는 여가패턴으로 변화하여 리조트 조성은 점차 대형화하고 시설의 복합화 경향을 지향(무주리조트, 비발디파크, 현대성우리조트, 보광휘닉스파크 등)
2000년대	• 대기업을 중심으로 많은 리조트가 조성되어, 리조트 시장은 블루오션 시장으로 진입 • 리조트 조성은 경쟁력 확보를 위해 차별화된 테마와 시설 도입 및 특정 시장을 겨냥한 목표시장 차별화 등의 조성전략 지향(예: 곤지암리조트-고급화/비발디파크-고급화, 규모화, 복합화/선마을-휴식, 휴양 특화/휴러클리조트-워터파크 중심의 도심형 여가활동 공간) • 대부분의 리조트가 수요창출에 대한 계절성 극복을 위한 핵심시설로서 워터파크 도입 및 확장 • 시설중심의 조성 관점에서 콘텐츠를 중심으로 상품의 가치를 창출하는 조성계획 지향

경주 보문관광단지, 제주 중문관광단지 등 1970년대 리조트 개발은 정부가 주도하는 형태로서 자연 및 역사관광지에 관광숙박업 위주로 이루어졌다. 국내 리조트의 생성단계라고 볼 수 있는 80년대 들어서 민간기업들이 참여하게 되었고, 콘도와 중소규모의 스키

장 개발을 통해 비로소 본래 의미에 가까운 리조트식 개발이 진행되었다. 발전단계에 해당하는 90년대에 와서는 대기업들의 참여로 단독형태를 넘어 대규모 복합형 종합리조트 개발이 이루어졌다.

〈표 3-6〉 국내 리조트의 시대별 개발 동향

구분	1980년대(생성단계)	1990년대(발전단계)	2000년 이후(성숙단계)
이용형태	단독/고밀도 (단순체류형)	복합/종합형 (체험형)	단독/저밀도 (숙박/휴양형)
입지	산악/자연명소형	산악형	수변/건강/위락형
개발주체	중소기업	대기업	대기업(전문업체)
특징	한국콘도('81) 개발시작 경주보문단지(103실) - 콘도 단독시설	- 스키+골프+콘도 등의 복합 리조트 활성화 - 4계절 리조트 목표	- 환경친화, 고급화, 배타성이 강한 리조트로 특화시키는 개발

〈표 3-6〉에서 볼 수 있듯이, 2000년대 들어 국내의 리조트산업은 그동안의 대량생산 의도를 벗어나 단독형태를 취하면서도 저밀도형태의 배타성을 추구하는 특화리조트 개발을 꾀하고 있다. 2008년부터는 수변형 즉, 마리나리조트의 개발을 통한 시장확대 노력도 보이는 추세이다. 하지만 거액의 토지매입가, 기반시설 건축 등에 들어가는 막대한 초기 투자비용 및 대기업 위주의 개발이라는 국내 리조트 개발환경의 특성상 여전히 소비자들의 감동을 이끌어내는 리조트의 개발 사례는 드물어, 현재 국내 리조트산업이 추구하는 목표와 달성 정도에 비추어보았을 때 성숙단계에 들어섰다는 판단에 대한 의구심을 갖게 한다.

종합적으로 볼 때, 콘도를 중심으로 한 스키장, 골프장, 온천, 스파 및 워터파크가 국내 리조트의 주요시설이라고 할 수 있다. 한편 현재 경기위축으로 콘도분양시장에는 먹구름이 낀 상태이며, 스키장의 경우 우리나라의 계절적 특성 때문에 고질적인 재정적 문제를 안고 있고, 골프장은 3, 4년 내로 공급이 포화상태에 이르러 현재 회원권 시장의 낙관적인 시각도 서서히 사라질 것으로 보인다. 또 1990년대 중반 이후 워터파크나 스파시설이 나타나기 시작하여 점차 늘어날 것으로 예상되었으나 수익성이 그다지 좋지 않은 것으로 분석되어 그나마 VVIP고객을 대상으로 하는 고가 스파가 대안으로서 제시되고 있는 상황이다. 따라서 미래 리조트 개발은 앞서 살펴본 국내 리조트 개발의 변화와 문제점에 대한 반성을 바탕으로 소비자들의 욕구변화와 트렌드에 민감하게 대응하여 특화성과 수익성을 높일 수 있도록 기획되어야 할 것이다.

1970년대는 일부 계층에만 해당되었으나 우리나라에 리조트 문화가 일기 시작한 '태동기'였으며, 80년대는 경제가 발전하면서 자동차 문화가 조성되어 여가에 대한 관심이 높아지게 된 획기적인 '성장기'였고, 1990년대는 가족 중심적이며 더 많은 시간을 여가에 투자하게 됨으로써 소비자가 원하는 다양한 시설을 갖춘 복합 개념의 '리조트 타운의 정착기'였다고 할 수 있다.

이와 같은 현상은 국내 리조트에 막대한 영향을 미친 콘도미니엄의 수적 증가를 보아도 알 수 있는데 〈표 3-7〉에서와 같이 조사대상 리조트 중 유형별로 대표적인 56개소 시설의 개관연도를 분석해 보면 1980년대 후반부터 갑자기 증가하는 리조트 개발의 붐은 90년대에 약 2배에 이르러 정착기에 이르게 된 점을 반영하고 있다. 특히 1995년부터 98년까지는 그 수가 전체의 30%가 넘어 가장 활발했던 시기임을 알 수 있고, 역시 이때가 올림픽을 전후하여 국내의 경제사정도 좋았던 시기였음을 간접적으로 파악할 수 있다.

참고로 리조트의 선진국인 일본과 비교하기 위하여 그 배경 및 요인을 살펴보면 다음과 같다.

첫째, 국민여가의 증대 및 자유시간의 증대에 대응하여 여유 있는 국민생활의 실현이 필요하였기 때문이다.

둘째, 대외무역마찰에 대응하고 엔고불황으로 인한 내수 주도형 경제구조의 실현이 필요하였기 때문이다.

셋째, 산업구조의 변화에 대응한 지역 활성화 정책으로 종래의 공업개발주도형으로부터 전환하여 제3차 산업을 중심으로 한 새로운 지역진흥정책의 필요성이 대두되었기 때문이다.

이와 같이 일본 역시 여가의 증대 및 여유 있는 국민생활의 실현에서부터 리조트가 발전하는 요인이 되었으며 경제 및 산업구조의 변화에 따른 리조트의 필요성이 대두된 것이다. 전통적으로 리조트는 사회적 접촉을 형성하게 하는 장소로서 사회적인 발생으로 탄생했고, 건강과 체력을 증진시키기 위한 시설로서 제공되었다. 여기에 사회적인 추구는 계속되었고, 온천, 비치, 명승고적 등은 이미 자리를 잡고 건전한 대중성을 배경으로 스키, 골프, 테마파크 등 많은 흥밋거리가 점차 추가되었다. 뿐만 아니라 전통적인 사회의 흐름은 다양한 방법으로 다른 문화까지 폭넓게 포함시키기 위해 팽창되고 있다. 리조트가 대중적 시장요구에 부응하는 동안 그것은 또한 지역사회의 커뮤니티에 충분한 고용기회를 제공할 수 있는 지역적 이점을 제공하기도 했다.

- 1960~1970년대 〈태동기〉: 1세대 자원형 Downhill 리조트 → 경제성장 시작. 도시화, 공업화, 여가의식 태동(우리나라의 일부 계층을 중심으로 리조트 문화 발달)
- 1970~1980년대 〈성장기〉: 2세대 정부주도형 단지 → 자동차산업 급증, 중류층 확산, 여가의식 발전
- 1990년대 〈정착기〉: 3, 4, 5세대 대량생산, 분양형 단지 → 소득증대, 가치관 변화, 교통수단 다양, 여가의식 성숙
- 2000년대 〈성숙기〉: 6, 7세대 개인지향성 리조트 → 평준화된 서비스, 시설에 싫증을 느낀 소비자들의 선택

〈표 3-7〉 유형별 콘도의 개관 연도 분석

유형	1970년대		1980년대		1990년대	
	75		85		95	
온천				코레스코수안보('87) 한화백암('88)	효산지리산('91) 한국수안보('92) 글로리도고('92) 한화수안보('92)	하일라돈산('97)
비치				글로리해운대('89)	하일라동해('90) 일성제주('95)	한화대천('97) 대우금강산('97) 프레야낙산('97) 제주풍림('98)
골프(전용)			용일 한화('80)	골든훼미리('86)		천안상록리조트('97) 화인레스피아('97) 한솔오크밸리('98)
스키(전용)			천마산스키장('82)		서울리조트('92)	현대성우('95)
마리나				영랑호리조트('88)	코타리조트('91)	충무마리나('96) 두산리조트('97)

관광			한국제주('82) 한국지리산('82)	하일라고성('88)	한국남원('90) 대명설악('91) 효산지리산('91)	토바스지리산('97) 일성지리산('97) 일성남한강('99)
테마파크	한국 민속촌 ('74)	에버랜드 ('76)	부곡하와이('81)	경주월드('85) 드림랜드('87) 서울랜드('88) 롯데월드('89)	광주패밀리('91) 엑스포과학공원('94)	우방타워랜드('95) 치악산드림랜드('96)
복합 (골프+스키)		용평 리조트 ('75)			무주리조트('90) 대명비발디('93)	휘닉스파크('95) 지산포레스트('96)
복합 (온천+관광)			한국경주('82)		현대휘밀리('90)	하일라경주('95) 지리산송원('97)
복합 (온천+스키)					사조블루밸리('90)	
계	1	2	6	10	17	20
총계	3		16		37	

제3절 한국의 미래형 리조트 전망

2010년대에는 소득수준의 향상과 주 5일 근무제 도입으로 인한 여가시간의 확대 및 핵가족화, 少자녀화에 따른 여성들의 여가시간 확대 등으로 가족단위의 레저생활이 보편화되면서 리조트에 대한 수요가 꾸준하게 늘고 있다.

특히 우리 국민들의 레저패턴이 단순숙박 관광형에서 체류 휴양형으로 변화함에 따라 자연 속에서 숙박형태의 휴양을 하면서 즐길 수 있는 리조트 수요가 증가할 것이다. 공급 측면에서는 국민들의 레저니즈를 충족시키면서 수익성을 확보하기 위해 중견기업들과 지방자치단체들을 중심으로 리조트가 크게 늘어날 것으로 예상된다.

다만 환경문제가 심각하게 대두되고 생태환경을 중시하면서 자연을 훼손시키는 리조트 개발은 크게 제약받을 것으로 전망된다. 따라서 자연을 보호, 관리하면서 개발하는 생태 중심의 리조트가 크게 늘어날 것으로 예상된다.

21세기는 고령화 사회, 정보화 사회, 국제화 사회 등이 도래할 것으로 예상된다. 이런 새로운 흐름 속에서 기존의 스키, 골프 등의 스포츠를 중심으로 한 리조트보다는 건강이나 문화를 강조하는 신개념의 리조트가 각광받을 것으로 전망된다.

1. 생태형 리조트

현대과학기술의 급속한 발전으로 인류는 많은 편리함을 누리고 있으나, 동시에 심각한 환경문제에 직면해 있다. 급격한 인구증가, 자원고갈이나 환경오염과 같은 문제는 중요한 이슈임에 틀림없으며, 인류 전체의 위기로 인식되고 있다. 이러한 문제의식을 바탕으로 환경과 개발을 조화시키고자 하는 노력들이 각 분야에서 일어나고 있으며 ESSD(Environmental Sound and Sustainable Development) 개념이 그 유력한 대안으로 제시되고 있다.

이와 관련하여 새롭게 조명되는 리조트 개발이 바로 '생태리조트'이다. 생태리조트는 우리나라 리조트 미래상의 실현을 목표로 하는 장기적, 종합적, 미래지향적인 리조트 계획으로 각광받고 있다. 생태리조트 개발 목표는 다음과 같다.

첫째, 환경보호, 생태보호라고 할 수 있다. 대부분의 관광활동이 자연자원에 의존하기 때문에, 관광이 환경에 미치는 영향은 면밀히 고려되지 않으면 안 된다. 한편 관광객은 환경적으로 취약한 지역이라고 할 수 있는 해안이나 산악, 소규모 도서 등에 더욱 매력을 느끼는 경향이 있다. 따라서 관광산업은 발전할수록 환경훼손이 가속화되어, "황금알을 꺼내기 위해 황금거위의 배를 가르는 것"에 비유되기도 한다. 이에 생태리조트는 환경적으로 건전하고 지속가능한 개발의 개념을 도입하여 미래의 잠재고객들에게 자신들의 욕구를 충족시킬 수 있도록 그 능력과 여건을 저해하지 않으면서도 현세대의 요구를 충족시키도록 개발하는 것이 요점이다.

둘째, 21세기형 여가, 관광 공간의 추구라고 할 수 있다. 1900년대가 가족단위의 리조트 개발, 레저생활의 일반화, 모험과 체험을 추구하는 레저패턴의 급격한 확산, 건강보양 중심의 자연친화적 레저가 생활 속에 정착되는 단계였다면, 21세기에는 소비사회의 진전으로 금전적 소비보다는 즐거운 시간의 향유에 관심을 둔 시간소비형 리조트, 레저와 자연의 소중함과 전원생활, 예를 들어 주말농장, 자연관광, 농촌지향, 환경생태 등에 관심을 둔 오염 없고 깨끗한 레저패턴으로 변화하고 있다. 나아가 문화, 교양에 대한 관심, 자연으로 회귀하고자 하는 인간본연의 자아성찰 욕구가 증대될 것이며, 자기계발 프로그램형 레저가 증가될 것이다. 이러한 일련의 경향을 반영한 생태리조트의 훌륭한 예로 호주의 골드코스트에 있는 '코란코브리조트'를 들 수 있다.

코란코브리조트는 자연친화적, 환경친화적으로 특화시킨 리조트이다. 현재 여행의 추세가 과거에 행해지던 단순히 보고, 즐기던 것에서 어떤 공간에서 여행을 즐기는가에 초점이 맞추어지고 있다. 즉 무엇을 하며 즐기는가보다 어떤 아이덴티티 공간(Zone Identity)에서 여유로움을 느끼는가가 중요하다는 것이다. 이러한 면에서 코란코브리조트는 현재의 여행 Trend를 잘 반영하여 개발된 리조트라고 할 수 있다.

환경적 몽상가인 론 클락은 지역 원주민과 환경단체들이 손잡고 자연환경을 파괴하지 않고 있는 그대로의 환경과 조화를 이루는 코란코브리조트를 개발하였다. 기존 생태계를 최대한 보호한다는 원칙하에 리조트 건축을 계획하였으며 빌딩과 기본 시설의 위치 또한 식물과 야생 동물을 고려하여 배치하였다. 건물들은 자연광과 온도를 유지하도록 창문과 채광에 세심한 주의를 기울였으며 건축자재는 환경보존의 원칙에 입각하여 식목된 나무, 재생 활엽수, 대나무, 독성이 약한 페인트 그리고 굳힌 흙과 같은 자연소재를 엄선하였다. 사람을 두려워하지 않는 귀여운 왈라비와 형형색색의 야생조류를 느긋이 벗 삼아 우람한 고목 사이의 산책로를 걸으며 상큼한 공기를 깊이 들이마시면, 혹은 아무도 방해하지 않는 고즈넉한 해변에 누워 하늘을 바라보면 대도시에서 혹사당하던 육체는 물론 마음까지도 가벼워짐을 느낄 수 있다.

환경친화의 손길은 리조트 곳곳에서 느낄 수 있는데 개관 후에도 손님을 위한 환경친화 의식 안내를 위해 객실 TV모니터를 통해 환경정보를 제공함은 물론 물, 가스, 전기 사용량을 매 10분마다 체크할 수 있도록 한 시스템만 보아도 코란코브리조트의 환경보호 노력을 알 수 있다.

리조트 개발단계부터 환경친화적(ESSD) 리조트 개발을 목표로 하였기 때문에 리조트 곳곳에서 이를 찾아볼 수 있다. 건축계획은 나무학자가 보존을 위해 우선순위를 매긴 개개의 나무와 식물들을 고려하여 세워졌다. 통풍은 기본적으로 높은 천장에 통풍용 창을 설치하고 외부 공기를 차단함으로써 자연통풍의 방법으로 이뤄진다. 열대우림이나 해변 같은 민감한 지역에는 생태계에 대한 개발의 영향을 최소화하기 위해 브로드워크를 세웠다. 또한 이 건축물 자체도 주변 환경에 영향을 최소화하는 방식으로 설계되었다. 프로그램 또한 환경, 건강, 교육, 휴양, 스포츠 등 5개의 목적을 위해 개발되었으며, 기존의 리조트에서 이루어지는 것과는 차별화된 자연 속에서 체험할 수 있는 것이 대부분이다.

2. 건강리조트

선진국에서는 많은 리조트들이 건강과 의료를 목적으로 조성되어 있다. 영국에서는 해양리조트, 온천리조트, 산악리조트도 건강・의료와 깊은 관계가 있다. 특히 고령화 사회의 도래와 스트레스 사회로 인해 국민들은 건강문제에 관심이 높다. 따라서 건강은 리조트에서의 중요한 테마로 부상할 것이다. 자연, 온천, 식사 등 그 장소의 자원 및 환경 전체가 건강이라는 주제에 따라 활용되는 것이 중요하다. 그 장소에서 지내려면 건강해지고 상쾌해진다는 것은 건강리조트의 큰 역할이다. 특히 어떤 리조트에서건 건강을 배려한 식사를 제공하는 것이 필요하다.

최근 들어 우리 사회는 소득수준 향상과 미에 대한 국민들의 관심이 증가하면서 다이어트 열풍에 휩싸이고 있다. 이런 시대조류에 맞게 건강관리가 가능하도록 도와주는 리조트도 필요하다. 이 밖에 산책로 및 하이킹 코스에 칼로리를 명시하는 것 또한 바람직하다.

독일의 온천리조트에서는 다이어트하는 사람을 위한 식사메뉴를 제공한다. 고령자에게 많은 고혈압, 심장병, 당뇨병 등의 질환에는 이런 증상에 맞는 메뉴가 필요한데, 이런 준비가 없다면 안심하고 리조트에 체재할 수 없다. 엄격하게 통제하지 않으면서도 유기농업의 야채를 사용한 요리 및 자연식 레스토랑은 심신을 건강하게 만든다. 또한 건강증진 및 보양이라는 목적을 위해 온천뿐만 아니라 약초, 삼림, 산물 등을 활용하는 것도 효과적이다.

3. 문화리조트

문화적인 시설 및 자원을 중심으로 구성되는 리조트를 ‘문화(Culture)리조트’라 부른다. 예컨대 생태박물관(Eco Museum)은 프랑스에서 생긴 새로운 박물관으로 물건을 수집하지 않고 역사유산, 전통문화, 자연, 전통산업 등을 현지에서 생산해 보존하는 것이 특징이다.

물질이 풍요로워질수록 사람들의 지적 자기실현 욕구는 점점 더 커지게 마련이다. 따라서 문화적 목표가 생활의 중심으로 나타나게 된다. 이런 점에서 레저생활도 개성이나 창조성의 발휘를 통해 자아실현 및 자기계발을 추구하는 유형이 주목받을 것으로 보인다.

요즘 우리 사회에서는 전업주부들 사이에 자기계발 프로그램에 참가하려는 경향이 크게 늘고 있다. 그동안 가사에 얽매여 잃어버렸던 자신의 존재가치를 재발견하고 궁극적으로는 삶의 의미와 목표를 새롭게 조명하려는 노력의 일환으로 볼 수 있다.

특히 전업주부들은 핵가족화·소자녀화, 가사합리화를 도와주는 각종 제품과 서비스의 활성화, 그리고 주택구조의 편리한 변화 등에 힘입어 가사부담이 크게 줄어들었다. 이에 따라 전업주부들은 남는 여가시간에 다양한 레저·문화·사회활동에 참여하면서 자기계발을 꾀할 수 있게 되었다.

앞으로도 문화·교양·창조형 레저와 같이 개인들의 문화적 욕구를 충족시키고 자아실현 및 자기계발의 목표를 달성하는 이런 유형의 레저생활이 크게 늘 것이다.

한편 주 5일 수업제가 2002년부터 시범적으로 도입되면서 초등학생들의 여가시간이 크게 늘어날 것이다. 이 제도는 자녀들이 자연체험과 사회체험을 할 수 있는 기회를 증대시키기 위한 취지로 도입되고 있다. 따라서 이들 자녀들의 호기심과 창의력을 발휘하기 위한 레저활동이 활발해질 전망이다.

예컨대 도자기공방, 유리공방 등은 어린이들이 직접 체험하면서 창의력을 발휘할 수 있는 장이기 때문에 앞으로 각광받을 것이다.

4. 모험 · 레포츠형 리조트

자극의 둔감화 법칙에 따라 모험여행은 갈수록 성행할 것으로 전망된다. 아마존 정글에서 래프팅하거나 극지방 탐험에 나서는 일이 흔해진다. 아마존에 사는 식인어 '피라냐'나 극지방의 강추위로부터 보호받을 수 있는 안전장치가 개발됨에 따라 모험여행은 더욱 확산될 전망이다.

미국의 모험여행시장 규모는 연간 2,200억 달러에 달한다고 한다. 지난 5년간 미국 성인의 절반 정도인 9,800만 명이 모험여행을 즐겼다고 한다. 히말라야산맥 및 코스타리카 계곡 래프팅, 중남미 갈라파고스 섬 원시림 탐험 등이 미국에서 인기를 얻고 있는 모험여행상품이다.

국내에서는 아프리카 사파리 투어 상품이 인기를 끌고 있지만 현재는 구경하는 데 그치고 있으나 앞으로는 사파리 내에서의 캠프생활로 진전될 전망이다. 또 히말라야 트래킹 상품은 해발 4,000m 정도의 베이스캠프에 머무르는 수준이지만 날로 고도를 높여갈 것이다.

극지방 탐험은 2000년대의 최대 모험여행상품이 될 전망이다. 남극에는 지난 1999년에 1만여 명의 미국 여행객들이 다녀간 것으로 추정되고 있다.

전 세계 크루즈 여행객은 연간 500만 명선이며, 매년 5%씩 증가하고 있는 추세이다.

특히 크루즈는 '이동'과 '체류'라는 미래형 여행요소를 모두 갖추었다. 여가시간이 늘어나면서 중장년층을 중심으로 크루즈 붐도 일어날 것으로 예상하고 있다.

한편 스포츠 영역에서도 모험형 레저스포츠가 각광받을 것이다. 예컨대 초경량 항공기, 패러글라이딩 · 행글라이딩 · 스카이다이빙 등 항공레포츠의 동호인수는 약 2만 명 정도로 추산되고 있다. 일반인들에게까지 보급되고 있는 항공레포츠는 다른 사람들과 차별화를 추구하는 젊은이들 사이에서 크게 각광받을 것으로 전망된다. 시장규모는 현재로는 정확히 파악되지 않고 있지만 2000년대 중반 이후에는 급성장할 것으로 기대된다. 그 밖에 바다나 강에서 행해지는 윈드서핑, 요트, 스킨스쿠버다이빙 등에 참가하는 인구도 꾸준히 늘어나고 있다.

일본의 모험 레포츠시장을 보면, 참가인구는 330만 명으로 전체 인구의 2.6%를 차지하고 연간 활동횟수는 서핑 · 윈드서핑의 경우 15.9회에 달하고 있다. 참가인구가 20만 명으로 가장 적은 행글라이더 · 패러글라이더의 경우, 연간 평균비용이 13만 5,300엔, 1회당 비용이 3만 6,570엔으로 가장 높게 나타났다.

국내의 리조트는 1975년 용평리조트가 건설된 이래 지난 30년간 급속도로 성장해 왔다. 연간 이용객 500만 명에 달하는 스키 리조트는 이용층의 다양화에 따른 수요 특성이 점차 세분화되고 있으며 다른 분야의 리조트도 더욱 세분화되어 발전하고 있다. 이에 따라 리조트 간의 경쟁이 심화될 것으로 예상되며, 그동안의 종합세트식의 특성 없는 리조트를 탈피하고, 공급자 위주의 시장(seller's market)에서 소비자 위주의 시장(buyer's market)으로의 전환이 불가피할 수밖에 없을 것이다. 이와 같은 시대 조류에 부응하고 날로 심화되는 경쟁에서 상대적 우위를 점하는 한편, 리조트를 육성 · 발전시키기 위해서는 무엇보다도 관광객들에 대한 이해와 리조트 시설에 대한 기본적인 계획기법 연구가 필요하다고 하겠다.

리조트 시장에는 수요자의 특성에 따른 요소, 개발 · 계획가의 의도에 따른 요소, 운영자의 운영방식에 따른 요소 등 다양한 변화요인이 존재한다. 이들 각 변인에 따라 리조트 전체의 사업 성공 여부, 주변 리조트에의 영향효과, 계획 개념의 적합한 발현 등이 결정된다는 것을 명심해야 할 것이다.

참고문헌

1) 이종규(1998). 『리조트의 개발과 경영』. 부연사, pp. 96-97.

2) 서기영(2000). 레저, 리조트시설의 계획 및 설계에 관한 연구. 연구 보고서 (성균관대학교 건축 · 토목 · 조경공학부).

3) 주)GISCO산업연구소. 『리조트산업의 현황』. Vol. 1 참조.

강만림(2008). 국내 리조트산업의 국제경쟁력 제고방안에 관한 연구: 대표 리조트 사례비교를 중심으로. 국민대학교 대학원 석사학위논문.

곤지암리조트, http://www.konjiamresort.co.kr/

골든도어스파, http://www.goldendoor.com/

김유하(2008). 리조트 입지유형에 따른 관광객의 리조트 선택속성 연구. 세종대학교 관광대학원 석사학위논문.

김인배(2005). 국내외 사례조사를 통한 스키리조트 시설 및 이용행태 분석. 서울산업대학교 주택대학원 석사학위논문.

김태형(2008). 리조트개발이 지역사회 발전에 미치는 영향. 한국교원대학교 대학원 박사학위논문.

김현득(2006). 우리나라의 콘도운영 및 실태연구: D리조트 사례를 중심으로. 한국항공대학교 대학원 석사학위논문.

박호래(2005). 리조트 개발에 대한 문제점과 개선 방안에 대한 연구. 『경제개발연구』. 제주경제개발연구소.

스포츠서울 인터넷기사, http://www.sportsseoul.com/

엄상권(2001). 국내 리조트시설의 현황 및 특성에 관한 연구. 성균관대학교 대학원 박사학위논문.

윤대균 · 장병주(2010). 리조트 호텔 이용고객의 여가만족, 생활만족, 삶의 질(심리적 웰빙)에 관한 연구. 『대한경영학회지』. 대한경영학회.

이종규(2009). 『리조트 개발과 경영』. 부연사.

진현식 · 이승곤 · 윤병국(2006). 『테마가 있는 리조트 개발 및 경영』. 형설출판사.

채용식(2007). 『리조트 개발론』. 현학사.

캐년랜치리조트, http://www.canyonranch.com/

코모샴발라리조트, http://www.cse.como.bz/

한국레저산업연구소, http://www.kolec.co.kr/

허윤주(2010). 해외리조트 선택속성이 고객만족도와 충성도에 미치는 영향에 관한 연구. 경희대학교 관광대학원 석사학위논문.

http://bunyang.joinsland.com/zoomin/read.asp?id=200
http://cafe.naver.com/clubislandcenter.cafe?iframe_url=/ArticleRead.nhn%3Farticleid=139
http://ikc.igm.kr/bbs/board.php?bo_table=sub0300&wr_id=263&page=6&page=6
http://mohani21.blog.me/150063058649
http://spashop.cafe24.com/front/php/newpage.php?code=15

〈본문의 내용은 다음 논문에 기초하여 서술되었음: 『관광학연구』 제35권 제10호 (통권 96호), 이태희(2011)/ 한국형 리조트 개발의 세대 구분을 통한 미래 전망, pp. 465-480〉

■ 저자약력

이태희(李台熙) 경희대학교 관광학과 교수

서울대학교 조경학과에서 학사와 석사, Texas A & M University에서 관광학 박사 학위를 취득했다. 한국관광학회 부회장, 정책포럼위원장을 역임했다. 『관광산업발전론』, 『관광상품기획론』, 『관광브랜드분석론』, 『관광브랜드기획론』, 『에코브랜드매니지먼트』, 『축제브랜드경영론』, 『러브마크행동론』, 『축제러브마크화전략론』 등 수많은 단독저서와 다수의 연구논문을 통해 활발한 학술적 성과를 발표하고 있으며 후진양성과 학회의 발전을 위해 힘쓰고 있다.

제4장 외식산업의 역사

정 유 경*

제1절 외식산업 용어와 시대구분의 개요

외식산업은 사전적으로 "밖에서 음식을 사먹는 사람을 위한 서비스업을 통틀어 이르는 말"이나 "연쇄점을 거느린 큰 규모의 요식업으로 공통된 식단을 마련하고 재료를 일괄 구입하는 것이 특징이다"로 정의되고 있으나,[1] 일반적으로는 가정 이외의 장소에서 음식을 구입하여 먹는 것으로 정의하고 있으며 이에 따라 외식산업은 이러한 서비스업을 총칭하는 용어로 사용된다. 초기에는 요식업, 식당업, 음식업 등의 용어로 사용되었으며 1960년대 이후 미국과 1970년대 초 일본에서 외식산업이라는 용어로 사용되기 시작하면서 우리나라에서도 1980년대 초부터 해외 외식브랜드의 도입과 함께 외식산업이라는 용어를 사용하기 시작하였다.[2] 이러한 시대적인 흐름에 맞추어 본장(章)에서는 요식업, 식당업, 음식업 등의 용어보다는 외식산업이라는 용어를 사용하여 해방 이후 우리나라의 외식산업이 어떻게 발전되어 왔는지에 대해서 고찰해 보고자 한다.

우리나라 외식산업의 발전은 1920~1930년대를 음식업의 태동기로 해서, 외식산업의 전환기와 도약기를 거쳐 1960년대를 시작으로 외식산업의 성장기가 진행되고 있다고 보는 견해도 있고,[3] 1950년대 이전을 음식업의 태동기로 보고 1960년대를 음식업의 침체기로, 1970년대를 외식산업의 태동기로, 1980년대는 외식산업의 적응 및 성장기로, 1990년대 이

* 세종대학교 외식경영학과 교수(현)
e-mail: ykchong@sejong.ac.kr

후를 외식산업의 성장기로 보는 견해도 있다.[4] 본장에서는 외식산업이 성장을 거듭하면서 산업의 발전에 대한 이제까지의 시대적인 구분을 새롭게 조명하고자 하며 지금까지의 태동기, 성장기, 성숙기 등의 구분을 외식산업에 영향을 미쳤던 외부환경 요인이나 시대적인 사건을 기준으로 좀 더 세분하여 1974년 이전까지를 외식산업의 태동기, 1975년부터 1985년까지를 외식산업의 도입기, 1986년부터 1995년까지를 외식산업의 고도성장기, 1996년부터 1999년까지를 침체기, 2000년부터 2008년까지를 외식산업의 저성장기, 2009년부터 2011년 현재까지를 외식산업의 새로운 전환기로 여섯 단계로 구분하는 『한국외식연감』[5] 자료를 토대로 외식산업의 발전사를 전개해 보고자 한다.

제2절 외식산업의 태동과 도입

1. 해방과 전쟁 이후의 식생활과 외식산업

일제강점기는 두말할 나위 없고 8·15광복 후 1950년대까지만 하더라도 국민들의 빈곤상(貧困相)을 나타내는 '춘궁기(春窮期)', 또는 '맥령기(麥嶺期)'라 불리는 '보릿고개(지난 가을에 수확한 양식은 바닥나고 보리는 미처 여물지 않은 5~6월(음력 4~5월), 농가생활에 식량사정이 매우 어려운 고비)'라는 말[6]이 나올 정도로 식생활의 궁핍과 침체, 기아 상태 등이 극심했었다.[7] 1945년 일제의 식민지로부터 해방된 이후 미군정시대를 거쳐 1948년 임시정부가 수립되었으나, 1950년의 한국전쟁으로 남한은 생산시설의 42%가 파괴되는 등 극심한 경제적 피해를 입었으며, 전쟁을 치르기 위한 막대한 재정지출로 인플레이션의 가속화와 물자부족 등으로 국민생활은 어려움을 겪었다.[8)9]

식생활이 거의 가내주도형이었던 이러한 시기에는 주로 미국으로부터 '원조'를 통하여 소비재 중심의 지원을 받았다. 특히 제분·제당·면방직의 3백산업이 성장하게 됨에 따라 소자본으로 운영되는 기술이 부족하여 영세성을 벗어나지 못하는 형태였지만 빵·과자·국수 등을 판매하는 업소가 생겨나기 시작했다.[10] 1945년 종로에 고려당이 들어섰고 이어 남포면옥, 하동관, 청진동해장국 골목, 오장동 냉면집 등의 전통음식점 중심의 요식업 형태가 생겨나기 시작하였다. 1945년 해방 당시까지는 서울의 음식점수가 160여 개,[11] 166개 등[12]으로 추정되고 있으며, 한국에서 최초로 짜장면을 만들어 판매한 인천의 중국

음식점 공화춘(1905년), 서울의 이문설렁탕(1910년)을 시작으로 서울에 고려삼계탕(1960년), 전남의 두암(1960년), 부산의 한방밀면(1960년)까지 168개의 식당이 문을 열어 영업을 하고 있었다.[13)]

2. 1960년대~1974년 이전: 외식산업의 태동

한국전쟁과 그 이후 1960년대는 4.19혁명과 5.16군사정변(군사쿠데타)을 거치면서 열악해진 국민의 경제를 회복하기 위한 시기였다. 이 시기에는 4.19혁명 이후 생산・소비 등 각 경제분야는 전반적으로 경기후퇴현상을 보였으나, 특히 사치성 소비경기, 즉 다방, 빠, 미용, 기원, 요식업 등의 유흥・오락업은 4월의 거센 혁명바람과 정국의 불안에서 온 전반적인 불경기도 아랑곳없이 4.19 이전에 비해 업체와 고객이 늘어났다. 당시의 서울시 집계에서 다방업은 1,062개(1960년 11월 기준)로 4.19 이전이 비해 97개 업체가 늘었고, 1959년 말에 비해 175개 업체가 늘어 1년 동안에 약 20% 증가하였다. 식당은 1,126개(1960년 12월)로 4.19 이전에 비하여 28개 업체가 늘었다.[14)]

1962년에는 식당을 비롯한 다방, 다과점, 요식업(여관 제외), 주점 등 3만 4천여 곳에 달하는 요식업에 대한 강력한 위생검사가 보건사회부에 의해 전국적으로 실시되었다. 음료수의 위생 적부/식품재료와 제품의 위생적인 관리여부/종업원의 건강검진 및 보건증 소지여부/조리자의 위생관리 철저여부/기구, 용기, 포장/변소, 하수구, 쓰레기통 등의 더러운 곳/유해곤충 유무/종업원 위생관념 등의 항목을 중점적으로 실시하였다.[15)]

국민들의 식생활을 개선하기 위한 운동으로 재건국민운동본부에서 1962년 1월 22일부터는 재건식(再建食) 메뉴조리를 강습하여 분식과 육식을 장려하였고, 토끼고기를 먹도록 권하기도 했다.[16)] 국민 식생활개선을 위한 또 다른 노력은 분식장려운동으로 군대급식을 비롯하여 공장, 학교의 기숙사, 병원 등의 집단급식소에 보다 능률적이고 위생적이며 영양가 있는 급식을 공급하고자 하는 연구들이 발표되었고, 쌀밥에만 편중되었던 생활에서 취사관리가 간편한 '분식'으로 식생활체계를 장려하기도 하였다.[17)] 식량부족을 극복하기 위해 범국민 절미(節米)운동을 전개하였고,[18)] 식빵을 구울 수 있는 '오븐'이 새롭게 고안되어 시중에 나왔으며, 특히 연탄을 이용하지 않고 어느 불이든 아무 곳에서나 사용가능한 오븐이 나오기도 했다.[19)]

쌀 소비를 줄이기 위한 혼・분식장려운동으로 정부에서는 오전 10시부터 서울시내 각종 음식점에서 흰쌀밥을 팔지 못하도록 하는 강력한 지시를 내려 음식점들이 휴업을 하기도 하였다. '한일관'에서는 쌀밥 대신 냉면, 온면, 만둣국만을 점심 때 팔았고, 중류급 대중음식점에서는 좁쌀과 팥으로 만든 곰탕, 설렁탕, 장국밥을 팔기도 했다.[20]

전쟁 이후 1968년에는 식생활간소화를 위한 '메뉴제'가 도입되었다. 대중음식점에서 불고기백반에는 고기와 밥 외에 깍두기, 동치미, 무채나물, 시금치나물, 굴, 게장, 청포, 된장찌개 등 보통 10개의 반찬그릇이 상에 올랐고, 낭비와 비위생성을 막기 위해 보사부는 밥과 국, 김치만을 기본으로 하고 그 외의 반찬은 손님이 선택해서 먹도록 하는 '메뉴제'를 전국 1만 4천9백58개 요식업소에 권장하여 실시하도록 했다.[21][22]

이 세대 메뉴의 변천을 살펴보면, 한국전쟁 이후 판자촌에 터를 잡아 '가래떡 고추장범벅'을 시발로 신당동떡볶이의 원조 '마복림할머니'집이 생겨났고, 60년대 초에 서울과 인접해 있는 의정부, 동두천시 등 미군부대가 많은 곳에 부대찌개의 효시로 '오뎅집'이 생겨났다. 1960년대와 1970년대의 먹거리 명소는 마포일대의 갈비집이다. 지금은 사라진 마포의 '텍사스골목'에 뿌리를 두고 있는 마포일대는 1970년대에 재개발이 되면서 공덕동으로 흩어졌다. 텍사스골목에서 시작하여 1971년 공덕동으로 이사 온 '본점 최대포', '마포원조주물럭' 등이 유명했으며 이 밖에 60년대 초부터 포천의 '원조이동갈비'집도 유명하였다.[23]

3. 1975~1985년: 외식산업 도입기의 특성

1975년부터 1985년까지는 외식산업의 도입기로 태동기 이후부터 아시안게임 이전까지로 볼 수 있다. 경제개발계획에 따라 식생활수준이 향상되고 다수의 외식업소 출현과 더불어 해외브랜드가 도입되면서 프랜차이즈 사업도 시작되었다. 1980년대는 햄버거와 피자, 프라이드치킨을 시작으로 해서 맥도날드, 피자헛 등 세계적인 패스트푸드 업체들이 국내에 들어왔다. 이에 따라 케첩과 마요네즈, 원두 등도 도입되어 외식산업의 새로운 도입기를 맞이하게 되었다.[24]

1962년에 시판 금지되었던 쌀막걸리가 부활했고, 전자레인지, 커피자판기, 생맥주 등도 판매되었으며, GNP 1,000달러를 넘어서는 때를 중심으로 육류 소비량이 급증하고 고추와 마늘의 섭취량이 많이 늘어나기 시작하였다.[25] 보건사회부는 1976년 4월 30일 이전까지 협정요금으로 묶어 두었던 환경 및 식품접객업소의 요금을 자유화하고 각 업소의 가격표시제를 의무화하도록 하였다. 또한 가격인상을 위해 곱빼기, 특제 등으로 세분화하던 것을 일절 금지하고 육류를 판매할 경우에는 100g당으로 반드시 중량을 표시하도록 했다.[26] 1970년대에는 한식으로 설렁탕 등의 국밥류와 삼겹살, 갈비, 등심과 같은 고기를 구워먹는 문화가 일반화되기 시작하여 '~가든', '~갈비' 등의 고기집들이 많이 생겨났다.[27]

1977년에는 '림스치킨' 1호점이 신세계백화점 본점 지하 1층에 우리나라 최초의 치킨 프랜차이즈사업을 시작하였으며, 1979년에는 커피전문점 '난다랑'이 문을 열어 원두커피의 대중화를 시작했다. 1979년 10월 롯데그룹에 의해 일본의 패스트푸드점 '롯데리아'가 도입되면서 국내외식시장은 기술제휴 또는 합작형태로 외국브랜드가 들어오게 되었다. 소공동의 '롯데리아' 1호점을 시작으로 체계화된 시스템을 갖춘 서구식 프랜차이즈 점포의 창업이 시작되었다.[28][29] 1980년 GNP 1,597달러의 경제성장과 함께 '아메리카나' 충무로 1호점이 들어왔고, 1984년에는 '버거킹', '웬디스', 'KFC', 1985년에는 '피자헛', '피자인' 같은 해외브랜드들의 국내 진출이 더욱 가속화되어 다양한 패스트푸드업체가 생겨남에 따라 햄버거와 피자, 프라이드치킨 등이 외식메뉴로 인기를 끌게 되었다. 한식의 경우에는 1983년 국수체인점인 '장터국수'를 시작으로 '찡구짱구', '다전국수' 등의 국수전문점이 생겨나 인기를 끌었다.[30]

경제 회복과 해외브랜드의 도입으로 인한 프랜차이즈 외식점포의 확산 및 '외식산업'이라는 용어가 신문의 사설[31]에 처음으로 등장했던 이 시기는 아시안게임과 서울올림픽을 앞둔 우리나라에 새로운 외식문화가 소개되는 외식산업의 도입기 역할을 충분히 하였다.

제3절 외식산업의 고도성장(1986~1995)

1. 스포츠 이벤트로 인한 외식산업의 변화

1980년대 후반은 한마디로 '외식산업의 고도성장기'라고 정의할 수 있다. 1985년 국민소득 201만 원에서 1989년 국민총소득은 364만 원으로 약 80%가 넘는 엄청난 성장률을 보였으며, 이 기간 서비스업은 평균 8.96%라는 높은 성장률을 보였다.[32] 86아시안게임과 88서울올림픽을 통해 국내로 유입될 해외 관광객의 적극적인 유치를 위하여 한국식생활개발연구회는 한국음식을 변형시켜, 한국의 즉석음식과 간편식을 개발했고,[33] 유산균 발효젓갈, 식혜 등 다양한 우리나라 고유의 전통음식의 향상 및 가공식품의 다양한 신제품

개발[34] 등 한국 고유의 음식을 소개하고 외국인의 기호에 맞는 한국음식을 개발하기 위해 노력하였다. 정부 차원에서는 올림픽 식당을 지정[35]함에 따라 적극적으로 서양기술을 일부 도입하면서, 한국 전통요리의 보급에 힘쓰는 모습을 보였다.

86아시안게임과 88서울올림픽을 겨냥한 해외 패스트푸드업체 및 패밀리레스토랑업체들이 한국에 대거 진출하였다. 미국의 3대 햄버거업체 중 하나인 웬디스가 1985년 한국에 진출했고,[36] 피자헛, 던킨, 버거킹 등도 국내에 진출하였다.[37] 1986년 세계적인 패스트푸드업체인 맥도날드가 국내에 들어오면서 우리나라 식생활 패턴에 큰 변화를 주어 국내 외식산업의 국제화를 가속화시켰다.

두 행사를 치르며 국민의 소득수준 향상과 외식산업의 품질을 한 단계 높일 수 있었고, 특히 올림픽 특수로 업체마다 매출이 25%에서 최고 100%까지 늘어나는 성장률을 보였다.[38] 서비스업과 같은 3차산업 외에도 농업·어업 등 전통적인 1차산업의 참여도 활발해 직접적인 외식산업 및 유통업이나 생산업과 같은 외식산업과 연관되는 간접적인 산업에도 긍정적인 경제적 효과를 낳았다. 무엇보다도 국내 외식산업의 위상을 높일 수 있는, 수치로 따질 수 없는 가치를 얻게 되었다.

2. 해외 외식브랜드의 도입과 시스템을 갖춘 외식기업의 등장

두 번의 스포츠행사를 전후하여 더욱 많은 해외 외식브랜드의 국내유입에 본격적인 계기가 된 것은 1984년 재무부에서 발표한 외자도입법 시행령 개정안이 발표[39]된 이후라고 볼 수 있다.[40] 외국인투자가 가능해짐에 따라 협진양행 계열사인 (주)한암이 미국의 버거킹社와 기술제휴하여 우리나라 '버거킹'의 첫 점포를 1984년 3월 종로에 개설하였으며 치즈, 생선 등 7~8종류의 햄버거를 판매하기 시작했다.[41] 이어 '웬디스', '피자헛', '피자인', '도미노피자', '맥도날드' 등 해외 외식브랜드가 국내에 계속적으로 진출하였으며, 대부분의 외국업체는 국내업체와 기술제휴나 합작기업형태로 진출하고 있는데 기술제휴의 경우 연간 3~4.5%의 로열티를 지불하였다. 1986년 당시 외식기업의 기술제휴 내용은 햄버거가 제일 많아 미국과 일본에서 6개 업체가 진출했고, 피자에 미국의 4개 업체, 도넛에 미국의 3개 업체, 면류에 미국의 2개 업체, 치킨과 아이스크림에 각각 미국의 1개 업체씩이 진출하였고 대부분의 기술도입선이 거의 미국에 의존적인 상황이었다.[42]

1994년 하디스, 버거킹, 피자헛, 롯데리아 등의 국내 8대 외국계 외식업체 매출액이 1,384억 원에 달하여 1993년 1,042억 원에 비해 32.8% 증가했다. 햄버거, 프라이드치킨, 피자의 패스트푸드 시장이 양적으로 크게 팽창하여, 롯데리아(673억 원), 웬디스(300억 원), 맥도날드(200억 원), 버거킹(80억)으로 4개 업체가 국내시장의 90%를 차지하는 것으로 나타나, 대부분 외국의 유명브랜드들로 소비자들의 식생활문화를 더욱 서구화시키는 등 사회·경제적으로 큰 영향을 끼치는 것으로 지적되었다.[43] 미국계 브랜드의 수입에 치중해 있던 것이 일본, 호주, 홍콩, 프랑스 등지로 다양화되고 있었으며 음식의 종류도 햄버거, 피자에 그치지 않고 스테이크, 시푸드, 면류 등으로 확산되는 추세를 보였다.[44] 해외유명브랜드의 국내 도입으로 인한 프랜차이즈사업의 확대는 외식시장 규모의 급성장뿐 아니라 1995년을 기점으로 국민 100명당 1개의 외식업소가 운영되는 전국 43만 개의 외식업소 시대를 맞이하는 데 기여하였다.[45]

국내기업이 외국 외식기업들과 제휴를 맺는 형태로 발전하기 시작하면서 이제까지 소자본의 형태로만 운영되어 오던 외식산업시장이 기업형 외식산업으로 변화되기 시작하였다. 이미 1985년 논노그룹 계열인 (주)청원익스프레스이 '투모로우타이거'를 시작하였고, 1988년 미도파백화점이 강남 압구정에 '코코스' 1호점을 개점하여 대기업의 외식산업 진출이 더욱 두드러졌다. 특히 '코코스'는 고급 패밀리레스토랑의 품격을 갖추었으며 고품질의 다양한 메뉴를 저렴한 가격으로 제공하는 식당으로 식재료를 1차 가공하여 각각의 체인점포에 공급하고, 각 체인점에서는 최종가공시스템만 확보하는 형태로 시설비용이 절약되는 시스템을 갖춘 형태의 레스토랑이었다.[46]

해외 브랜드의 유입을 통하여 외식산업은 시스템을 갖춘 모습으로 발전되었다. 즉 햄버거, 피자 등의 단순히 새로운 음식을 만드는 조리방법과 조리기기의 도입뿐 아니라 같은 브랜드를 가진 여러 개의 점포를 운영하기 위한 프랜차이즈 시스템의 도입과 확장으로 식재료를 공급하기 위한 식재료 가공시스템, 여러 체인 점포 현장에서 신속히 음식을 생산해 낼 수 있는 체계화된 생산시스템 등에 대한 기술 향상의 계기가 되었다. 이러한 새로운 유형의 프랜차이즈 시스템으로 운영되는 점포 중에 패스트푸드업체가 많이 생겨나면서 패스트푸드 음식배달만을 전문적으로 하는 프랜차이즈업체도 많이 생겨나기 시작했다. 유동인구가 많은 곳이므로 초기 투자비를 줄이기 위해 객석은 없애고 냉장고와 조리장비, 작업테이블 등의 최소한의 시설만을 설치했으며 전화로 주문받은 음식을 배달해 주는 시스템으로 주로 햄버거와 프라이드치킨류가 주류를 이루었다.[47] 커피전문점 역시 1988년 영인터네셔날의 '자뎅'을 시작으로 후발 브랜드들이 사업에 들어와 1994년에 커피전문점 체인본부만 2백 군데가 넘었을 정도로 난립되고 있는 양상을 보였으며, 1992년 12월부터 94년 3월까지 일간지에 모집광고를 낸 커피전문점 가맹점 사업체 47개 중

53.2%의 25개가 도산한 것으로 알려졌다. 즉 시스템을 갖춘 전문점만 남고, 나머지는 정리된 것으로 판단할 수 있었다.[48)]

'코코스'가 우리나라에 패밀리레스토랑을 성공적으로 도입하였다면, 1992년 LG계열사인 아시안스타의 'TGI프라이데이즈'는 '코코스'보다 개별매장이 좀 더 넓고 객단가도 더 높은 레스토랑으로 패밀리레스토랑을 더욱 발전시키는 역할을 하였으며, 이에 따라 외식산업은 '시스템화한 미래형 산업'으로 불리기도 하였다.[49)] 이처럼 패밀리레스토랑과 패스트푸드를 중심으로 서구화되어 버린 소비자들의 입맛 변화에 따라 시장규모가 연간 14조 규모에 달하여 유통업과 더불어 외식산업은 제2의 틈새시장으로 꼽히고 있어 사업다각화 차원에서 중견기업의 관심이 높아졌다. 동양그룹에서는 미국 '베니건스'의 경영노하우를 도입하고자 하였고, 남양유업도 순수 국내브랜드의 피자전문점을 계획하는 등 대기업들의 외식사업 진출은 가속화되었다.[50)]

3. 기업형 외식업체와 프랜차이즈 사업의 확대

국내기업이 외국 외식기업들과 제휴를 맺는 형태로 발전하기 시작하면서 이제까지 소자본의 형태로만 운영되어 오던 외식산업시장이 기업형 외식산업으로 변화되기 시작하였다. 외국 유명브랜드들이 초기의 시장개척단계를 거쳐 정착단계에 접어들면서, 특히 햄버거와 피자 등의 제조기술, 체인점운영 시스템 등은 이미 국내 체인점들이 흡수한 상태였다. 따라서 초창기와 같은 과도한 투자나 위험부담 없이도 대기업들이 외식사업을 영위할 수 있게 되었고 두산, 진로, 미원, 대농, 삼호, 태평양화학 등이 외식체인을 운영중이고 쌍방울, 쌍용, 삼환, 신세계백화점 등이 구체적인 참여계획을 추진 중에 있었다. 특히 미원, 삼호물산 등은 유통업과 외식업을 함께 운영함으로써 자신의 기업 내부에서 유통을 담당하기 때문에 비용이 절감될 뿐 아니라 같은 회사의 브랜드가 런칭되는 경우 이미 확보되어 있는 고객들로 인해 어느 정도의 안전이 보장된 사업다각화의 진출이었던 것으로 사료된다.[51)] 이렇듯 신규참여가 늘면서 영업기반을 다진 기존업체들이 중앙집중식 주방설치와 타 업종 신규참여 등을 통해 종합외식업체로 변신하는 모습도 보였다.[52)] 또한 특급호텔도 외식업체에 참여하는 붐이 일어 1980년 프라자호텔이 전경련회관을 운영하면서 시작된 호텔의 외식업체 운영은 1990년대 초부터 다시 증가하여, 세종호텔이 용산전자상가 내 전자랜드에 일식당과 카페테리아를, 롯데호텔은 부산신문사옥에 뷔페식당 '라세느'와 일식당 '모모야마'를 개관하였다. 조선호텔도 김포공항 신청사의 4층

식당을 운영하면서 호텔 밖의 외식업체 운영을 시작하였고, 이에 따라 프라자, 신라, 가든, 롯데, 세종, 웨스틴조선, 타워호텔 등이 외식업체 운영으로 사업의 범위를 확대하고 있었다.[53]

대기업 중 외식산업에 참여하고 있는 업체는 제일제당, 대한제당, 미도파, 동원산업, 두산음료, 미원, 진로, 한화, LG, 삼성 등이었으며,[54] 이들이 외식산업에 진출하면서 과거의 소규모식당은 법인 경영형태로 바뀌었고, 이는 대부분 체인화로 이어졌다. 이로 인해 전통적으로 영세업자들이 많이 운영하던 음식업에 대기업이 진출했다는 비평도 받았고 실제로 영세업자들의 도산이 많아졌다. 국내 대기업들이 자체 브랜드를 개발하기보다는 경쟁적으로 외국의 브랜드와 기술을 들여오는 것은 일부 신세대층의 취향에 맞춰 안전한 장사를 하려는 것이었다. 그러나 외국 현지에서 높은 수준으로 평가받지 못하는 음식점이 우리나라에 소개되면서 고급 레스토랑으로 변신하고 로열티 상승 및 일방적인 계약파기나 파트너 갈아치우기 등의 횡포를 당하기도 했다. 모든 음식의 품질이 똑같아야 하는 외국계 식당의 특징 때문에 그동안 전혀 통일되지 않았던 식재료 납품시장이 정리되어 표준화와 품질제고 등을 유도하고 있는 분위기는 외식업계의 발전에 청신호로 작용하기도 했다.[55]

1994년 외식업소는 30만 개로 시장규모는 20조에 달했으며, 해외에서 유입된 체인경영방식의 레스토랑에 대하여 우리나라의 전통음식점까지 체인화에 나서기 시작하였다.[56] 이는 우리 고유의 전통음식점들이 살아남기 위한 변신이었으며, 빈대떡, 냉면, 곰탕, 보쌈 등 한국인의 입맛에 맞는 신토불이 바람으로 햄버거와 스테이크 등 서양요리에 맞서겠다는 전략이었다. 냉면전문점, 탕전문점, 종로빈대떡 등이 체인화로 인해 급속도로 확산되었고, '놀부'는 보쌈과 부대찌개를 체인화하였으며, '한우리' 외식산업도 국수전골, 갈비, 불고기 등 전통한식을 주메뉴로 국내는 물론 해외에까지 진출하였다. 우리 고유의 전통적인 식당이 표준화된 서구식 음식점과 경쟁하면서 메뉴의 표준화나 개성 강조, 그리고 고객의 욕구에 부합하는 서비스 등이 잘 갖추어져야 경쟁에서 이길 수 있다는 어려움이 대두된 시기이기도 하다.[57]

체인화의 확대로 인해 외식업체들이 가맹점을 모집하는 경우가 많아지면서, 1992년 말부터 1994년 2월까지 321곳의 외식체인 모집업체 중 166곳(51.7%)이 관리력 부족으로 문을 닫았다. 업종별로는 뷔페가 5개 중 4개 실패, 일식은 13개 중 9개 실패, 제과점은 6개 중 4개 실패, 주점은 50개 중 33개가 실패하였다. 이로 인해 가맹사업을 하려는 사람들의 경우에는 모집업체를 직접 방문하여 역사나 법인여부, 직영점이 있는지 등을 확인하고 가맹사업을 시작하는 것이 바람직하다는 교훈을 남겨주는 계기가 되었다.[58]

제4절 외식산업의 침체(1996~1999)

1. 대기업과 타 산업 기업의 지속적인 외식업 진출

1996년 외식시장의 규모가 연간 21조에 육박하자 대기업들의 외식산업 진출과 외국 유명 외식 레스토랑들의 국내유입이 더욱 활성화되었다.[59] 샘표식품은 일본식 덮밥전문점 '진정정(珍井亭)'과 기술제휴하여 쇠고기덮밥점을 개점하고, 덕우산업은 스위스풍의 레스토랑인 '마르쉐', 대한방직은 캐주얼레스토랑인 '애플비', 제일제당은 '스카이락' 이외에 외식과 영화관이 함께 운영되는 복합사업을 구상하였으며, 일경식품은 미국의 '리틀시저스'라는 피자전문점 개점을 계획하였다.[60][61] 다양한 업종에 있던 대기업들이 외식업의 성장규모를 보고 주로 패밀리레스토랑을 통하여 외식시장에 발을 담그게 되었는데, 이들은 자회사의 힘을 빌려 전국적으로 입지를 넓혔으며 또한 프랜차이즈 성장의 토대가 되기도 하였다.[62] 외식산업 성장을 이끌었던 1996년 대표적인 사회적 요건으로는 소득수준의 향상, 외식비 비율의 상승, 사회환경의 변화, 주 5일 근무 등을 들 수 있다.[63]

외식업의 성장에 호텔 역시 한몫을 더하여 호텔 내부에서만 접할 수 있었던 고급식당들이 호텔 외부로 분리되어 호텔식 식사를 접하게 되는 기회를 더욱 넓혀주기 시작했다.[64] 또한 신세대의 다양한 취향을 저렴하게 고려한 음식백화점의 형태가 나타났는데, 이는 유형에 따라 대체로 '푸드코트', '푸드랜드', '푸드타워' 등의 세 가지로 분류되었다. '푸드코트'는 가장 일반적인 형태로 한식, 중식, 패스트푸드 등 여러 음식을 같은 장소에서 구입할 수 있는 개념이고, '푸드랜드'는 건물의 한 층에 다른 종류의 음식점들이 영업하는 형태, '푸드타워'는 한 건물 전체가 식당으로 구성되어 각 층별로 테마를 정해 같은 종류의 음식점들을 모아놓은 형태이다. 주로 대기업이 진출하여 설립한 음식백화점은 대부분 직장인이 많이 밀집된 장소에 자리 잡아 저렴한 가격으로 다양한 메뉴를 접할 수 있는 기회를 제공하였다.[65] 이러한 현상은 변화하는 소비자의 욕구를 만족시키기 위한 기업들의 적극적인 사업확장 방안이었다. 고객들의 행동패턴이 변화함에 따라 외식뿐만 아닌 배달, 케이터링 등의 중식 개념도 발전하게 되었는데, 기업형 외식업의 성장과 다양한 형태의 외식업 분야의 발전은 집들이 및 돌잔치 등도 출장연회서비스(catering)의 형태뿐 아니라,[66][67] 여성의 사회적 지위와 인식 변화로 가정 내에서 부엌이 사라지고 식탁만 있는 세대의 등장에 기여하기도 하였다.[68][69]

외식산업의 성장은 식품위생사고와 음식물 쓰레기로 인한 환경문제도 함께 가져왔다. 인구수의 증가에 따라 그 양이 증가한 효과도 있었지만, 다른 선진국에 비해 더 많은 양이 배출되어 정부차원의 규제가 필요했으며[70] 이에 따라, 음식물중앙회를 주축으로 남은 음식 싸주기,[71] 좋은 식단,[72] 스티커 배포활동[73] 등과 같은 다양한 캠페인활동이 이루어졌고, 또한 적극적으로 음식물 쓰레기를 줄이는 모범업소를 선정하여 주방세제 보조금을 지급해 주거나 각종 혜택을 제공하는 방안도 추진하였다.[74]

2. IMF 경제위기에 따른 외식산업의 변화

국내 대기업들은 현금회수가 빠르고 투자규모가 상대적으로 적은 외식업으로 활발히 진출하였다. 의류업체 이랜드도 서울 중계동 '2001 아울렛' 지하 1층에 '버거몰' 1호점을 내고, (주)치킨나라는 KFC·파파이스·케니로저스로스터스 등이 3파전을 벌이고 있는 프라이드치킨 시장에 진출하여 체인점 모집을 시작하였으며, '에버랜드'를 운영하던 중앙개발㈜도 정통 한식점을 열 계획을 세웠다.[75] 대기업과 외국계 기업뿐만 아니라 외식과는 전혀 상관없는 송원그룹도 피자산업에 진출하는 등 많은 기업들도 외식시장에 뛰어들어 외식시장의 크기는 커져만 갔다.[76] 외식업계 전반은 특정 분야 음식의 기업화, 체인화를 통해 더욱 상승세를 탔고, 외식은 점차 특별한 행사가 아닌 생활의 일부분으로 인식되어,[77] 소비자의 세분화되는 니즈에 따라 차별화되고, 메뉴는 점점 더 다양화·전문화되었다.

하지만 1997년 하반기에 심각한 외환위기를 맞았으며, 이로 인해 정부는 국제통화기금(International Monetary Fund: IMF)에 공식적으로 구제금융 200억 달러를 요청하였다.[78] 이 시기 외식산업의 매출액을 업태별로 살펴보면 패스트푸드점이 3천9백90억 원으로 1위를 차지했으며, 이어 피자전문점, 치킨전문점, 패밀리레스토랑 순이었다. 정치·경제·사회의 전반적인 부분에서 과소비 풍조로 인해 외식비의 비중도 상당히 늘어났으나, 사회 전반적인 과소비 열풍과 여러 악재가 겹치게 되었다. IMF 구제금융 이후 1997년 말에는 대기업들을 필두로 외국의 유명 브랜드를 수입해 외식시장에 뛰어들었던 기업들은 내수경기마저 얼어붙으면서 외식업체들이 부실한 점포를 폐쇄하거나 신규 점포 출점은 연기하였다. 닭고기 체인업체인 '체스터프라이드치킨'이 부도를 내고 문을 닫았고, 장작구이 치킨업체인 '케니로저스'도 직영점 6개 중 4개를 정리하였고, 일경식품의 '데니스'는 정리되었으며, 두산음료와 롯데리아도 이미 피자체인인 '라운드테이블'과 '롯데피자'를 각각 정리했다. 국내 최대의 패밀리레스토랑업체인 '코코스'는 소비심리의 위축으로 영업실적이 부실한 점포 3개를 축소하였고, 추가로 10개를 더 정리할 계획이며, 신동방이 경영하는 '판다로사'도 부천점을 정리하였고, 해태델리의 '조이어클럭' 종로점도 폐점하였다.[79] 미국 체인 외식업체들은 환율 폭등의 부담으로 수입재료를 국산으로 바꿔야 했으며, 프랜차이즈 외식업체들도 로열티 인하를 추진하였다.[80]

반면 불황 속에 명예퇴직한 직장인들은 음식점 창업에 몰려, 대기업들의 외식사업은 철수하고 있지만, 오히려 영세 음식업주들은 늘어 음식점은 증가하는 모습을 보였다. 음식점이 늘었음에도 불구하고 불황기의 소비자들은 식단을 간소하게 짜고 외식을 자제하기도 하였다.[81] 1997년 말 외식업계의 또 다른 트렌드는 신토불이 외식상표 개발의 붐이 일어난 것이다. 베니건스, 아시안스타, CJ 등 대표적인 외식업체들은 수입상표 의존도를 줄이고 독자적인 상표를 개발하기에 이르렀다. 외식업계의 자체 상표개발은 IMF 구제금융 신청 등으로 외국자본들의 국내 유입과 인수, 합병이 훨씬 쉬워진 상황에서 무분별하게 외국상표를 도입하여 운영하는 국내 외식업계에 좋은 이미지를 심어주었다.[82]

경기불황과 업체 간 경쟁격화와 아울러 IMF로 인해 대부분의 외식업체들이 위기에 처하는 상황에서 저렴한 가격으로 이용할 수 있는 한식당과 양식당의 개점은 오히려 늘었다. 이로 보아 IMF시대를 맞아 중저가 음식점을 시작하는 사람들이 꾸준히 증가함을 알 수 있다.[83] 이에 따라 외식업체들은 고객을 더 많이 유치하기 위한 가격파괴 전략을 선언하기도 하였다.[84][85] 또한 IMF 이후 1998년과 1999년에는 일반식당가를 비롯한 외식산업이 위축된 것과는 달리 단체급식업체들은 특수를 누렸는데, 가계지출을 줄이려는 직장인들이 단체급식업장으로 몰리면서 이용률이 증가하여 불황 가운데 반사이익을 누리게 되었다. 따라서 기업체 및 관공서 등의 구내식당과 공장직원들을 대상으로 한 기업체 식당인 단체급식 수요는 급증하였다.[86]

특히 1999년 3월 교육부가 발표한 '교육개혁 5개년 계획'으로 1999년까지 모든 고등학교, 2002년까지 모든 중학교에서 학교급식을 실시하도록 하여, 학교 내 단체급식시장을 잡기 위한 급식업체 간의 경쟁이 치열해졌다. 이에 더해 1997년 학교급식의 외부위탁이 허용되면서 현재 급식을 실시하고 있는 학교의 대부분이 단체급식을 민간기업에 맡기고 있는 실정이었고, 교육부도 민간자본유치를 통해 양질의 급식을 저렴한 비용으로 공급하고자 하는 방침이었다.[87]

제5절 외식산업의 저성장(2000~2008)

1. 식재료관련 사건과 외식업계의 양극화

IMF 구제금융으로 인한 불황의 그늘을 극복하고자 하는 새천년을 맞이하였으나, 심각한 식재료관련 사건과 경기불황으로 인하여 자영업 외식인들이 폐업을 하거나 경영의 어려움으로 생활조차 힘들어 솥단지 시위를 벌이는 사건이 일어나기도 하였다.[88)89)] 2003년에는 IMF 지원시기 이후 최악의 해라고 할 정도의 경기침체로 소비심리가 극도로 위축되면서 백화점, 할인점, 홈쇼핑 등 업계 전체가 힘든 한 해를 보내기도 하였다.[90)] 특히 이 시기에 외식업체에 엄청난 타격을 준 광우병과 조류독감이 발발하였다. TGI프라이데이스는 쇠고기를 미국산에서 호주산으로 바꿨고, 아웃백스테이크하우스, 베니건스, 마르쉐 등은 호주산 쇠고기를 사용한다고 밝혔지만, 고객들의 불신으로 매출은 더욱 줄었다.[91)] 쇠고기에 대한 이러한 불신으로 인해 전국의 한우 생산자단체인 한국한우협회는 2006년 12월부터 '한우판매점 인증제'를 실시했다. 이 제도는 2007년 1월부터 정부가 시행하는 식육 원산지표시제보다 빨리 시작하는 셈이었다.[92)] 정부는 식품안전과 관련된 사고와 많은 논란에 따라 2007년에는 관련 법령들에 대한 개정을 실시하였다. 대표적으로 영업 면적 300㎡가 넘는 음식점에서는 판매되는 쇠고기의 원산지와 식육 종류를 반드시 표시해야 한다는 내용, 학교 급식에 수입쌀을 쓰지 못하고 모든 국산쌀에 원산지 표시가 의무화된다는 내용을 들 수 있다.[93)]

쇠고기에 이어 조류 인플루엔자에 대한 불안감이 확산되어 닭고기와 계란 소비가 급격하게 줄면서 가격이 폭락했으며 정부와 관련업계들이 조류 인플루엔자로 인한 매출 급감에 대한 대응책 마련에 적극 나섰다.[94)] 중국산 김치에 대한 문제도 대두되었는데, 중국산 김치의 경우 납 검출량이 국산 김치에 비해 최대 5배나 높고, 국산 김치 평균보다 3배가량 높았으며, 현재 김치의 중금속 허용치 기준이 마련되어 있지는 않지만 염려되는 수치로 지적되었다.[95)] 이 시기에 식재료와 관련된 마지막 사건은 2007년 한미 FTA라고 볼 수 있다. 한미 FTA의 긍정적 측면은 각종 식자재 가격이 내려가면서 제품들의 비용을 낮출 수 있다는 점을 들 수 있다. 저렴한 미국산 쇠고기가 관세 없이 수입됨에 따라 값싼 스테이크를 제공할 수 있는 기회가 생길 수 있다는 것이다.[96)] 반면 부정적인 측면으로는 첫째, 식자재에 대한 안전성에 대한 우려로서 한국과 달리 대량생산된 미국의 식자재들이 안전성을 확보하지 못했다는 것이다. 둘째, 한국 식자재 공급업체에 대한 타격이다. 2007년 이전에도 외국산 식자재들이 들어왔지만 한미 FTA가 실행될 경우 관세 없이 다량의 물건이 국내에 들어오기 때문에 한국에서 생산된 코스트가 높은 식자재의 경우 경쟁력을 잃는다는 것이다.[97)]

이러한 식재료와 관련된 일련의 사건들, 즉 2003년 말, 미국의 광우병 발병과 우리나라에 확산된 조류독감으로 인한 식육제품에 대한 공포와 2004년 유명 만두업체에서 납품된 만두의 불량 만두소사건, 이른바 '만두파동'으로 인하여 중소업체들의 폐업이 속출하였으며 2,000~3,000억 원대에 이르던 만두시장을 꽁꽁 얼어붙게 하였다.[98)] 또한 경기불황으로 인한 소비심리 위축은 외식업계 최고의 위기로 이어져, 일례로 하루 평균 190개의 음식점, 식당들이 문을 닫고, 950명이 일자리를 잃었다.[99)] 이러한 상황들은 소비의 위축과 소비계층이 양극화되는 현상으로 나타나 외식업계도 양극화 현상이 두드러졌다. 이에 외식업의 고급화를 지향하는 호텔업계에서는 리모델링을 통해 외식사업의 고급화 변신에 중점을 두었고 새로운 개념의 레스토랑을 준비하는 움직임이 호텔이나 기존의 기업들 간에 활발하게 일어났으며 각 업체별로 고급을 지향하고 비싸게 받는 업체도 있었다. 이와 반대로 저가격으로 소비자시장에 침투하는 업체도 나타났으나,[100)] 외식업 저가정책은 오히려 자기 살을 깎는 위험한 전략이 될 수 있다는 우려도 있었다.[101)]

같은 업체에서도 메뉴가격에 따른 양극화 현상을 볼 수 있었다. 버거킹에서 몸에 좋은 재료를 사용한 프리미엄 메뉴가 있는가 하면 천 원대의 저가메뉴도 등장하였고, 맥도날드에서도 천 원짜리 햄버거나 파이를, 롯데리아에서는 프리미엄 신메뉴를 개발하였다. 이런 패스트푸드점의 행태를 보면 저가의 메뉴를 개발하여 저가격으로 소비자를 끌어들이려는 의도도 있고, 프리미엄 메뉴로 고가의 상품을 원하는 소비자의 니즈(needs)를 충족시키기도 하였다.[102)]

2. 스포츠 이벤트에 의한 외식업 성장 촉구

2002년 월드컵이 외식산업에 끼친 영향으로는 첫째, 외식업체들은 월드컵과 관련하여 다양한 마케팅 활동을 전개했다. 2002 한일월드컵은 외식업체들이 월드컵과 관련된 특별 메뉴개발, 다양한 프로모션과 같은 적극적인 마케팅 활동의 전개를 가능하게 했다. 둘째, 외식시장의 글로벌화를 가능하게 했다. 월드컵을 앞두고 다양한 해외 유명 체인 레스토랑이 국내에 유입되었다. 이는 국내 외식시장에 다양한 외국음식이 소개되었을 뿐 아니라, 그 문화까지 자리 잡는 계기가 되었다. 셋째, 월드컵을 계기로 외식시장의 규모가 커지고 수요가 늘어날 것으로 생각해 외식업체들은 공격적인 점포확장을 하였다. 월드컵이 외식수요를 크게 증가시킬 것이라는 생각의 연장선상에서 외식업체들은 다양한 업종과 업태의 외식브랜드를 개발했다. 동양제과는 중국식 패밀리레스토랑을 선보였으며, CJ푸드빌은 한국식 패밀리레스토랑을, 썬앳푸드는 미국식 버거전문점을 새롭게 선보였다.[103) 넷째, 월드컵을 통한 소비트렌드의 변화는 외식소비의 트렌드 변화까지 이끌어냈다. 금융위기 이후 우리의 소비문화는 양보다 질을 중시하는 방향으로 변화해 왔는데, 월드컵의 성공은 이를 더욱 가속화하였다. 따라서 음식의 품질 및 서비스와 인테리어, 분위기가 고품격화되는 현상이 나타났으며, 높아진 고객들의 의식수준을 만족시키기 위해 서비스 질의 향상과 인테리어를 향상시키는 것이 큰 이슈로 대두되었다.

이 시기 외식산업의 전반적인 흐름은 상품의 질과 인테리어, 서비스의 고급화와 그에 따른 외식업 업태의 다양화였다.[104) 롯데그룹이 국내 최대의 패밀리레스토랑 TGI프라이데이스를 인수하였으며,[105) 패밀리레스토랑들은 2002년 본격적으로 국회에 입법안으로 제출된 주 5일 근무제를 의식하여 어린이 메뉴를 개발하는 등 가족단위 고객을 잡기 위한 다양한 전략을 마련하였다.[106) 또한 놀부는 한식업계에서 처음으로 브랜드화를 추구하여 한식을 프랜차이즈화하는 데 기여하였다.[107)

3. 웰빙에 따른 새로운 콘셉트와 외식업 시장의 확대

새로운 천년을 맞이하기 시작하면서 몇 차례 발생한 육류 식재료관련 사건들의 영향으로 시푸드가 우세할 것이라는 인식이 생겨났다. 이와 함께 웰빙 역시 주요 키워드로 등장하여 수제 버거 등 웰빙의 열기가 생겨났으며, 이외에도 오므라이스 트렌드의 새로운 메뉴에 의해 아모제의 '오므토토마토'가 확산되기 시작하였다. 전통주점, 막걸리에 대한 트렌드도 생겨나 막걸리 고급화의 기초를 다졌다.[108)

따라서 외식업계에서는 새로운 콘셉트를 추구하는 외식업 창업이 증가하기 시작하였고, 기업형 프랜차이즈 창업의 증가뿐만 아니라 일반 개인 외식업의 창업도 두드러졌다. 개인 음식점의 창업 증가는 2000년대 이후 획일화되고 일률적인 음식을 제공하는 체인형 음식점보다 개성 있는 고객의 욕구 충족을 위한 창의적인 음식점 형태에서 비롯되었다.[109) 웰빙과 건강을 중시하는 사회적 환경도 이러한 개인 외식업의 창업을 증가시킨 요인으로 꼽을 수 있으며,[110)111) 창업시장 중 음식업의 진입장벽이 낮게 인식되어 음식업에 대한

투자는 더욱 증가하게 되었다.[112)]

1970년대와 1980년대에 받아들인 기업형 외식업체가 한국에서 자리를 잡았고 경영과 마케팅기법 등이 일반화된 이후, 기업형 외식업체에 대한 경영 노하우를 습득한 한국의 외식업체들은 자신의 것으로 발전시킨 경영 노하우들을 바탕으로 해외진출을 모색하였다.[113)114)] 한식세계화의 시도가 가능한 이유는 이러한 기업형 외식업체가 습득한 경영 노하우를 활용하고 한식조리법을 체계화함으로써 일관된 맛으로 세계 진출이 가능해졌기 때문이다.[115)116)]

'식품산업=내수산업'이라는 고정관념을 깨고 일찍부터 글로벌 시장에 눈을 돌린 CJ사는 미국과 중국에 베이커리 브랜드 '뚜레쥬르'로 진출했으며 중국의 베이징에 면 전문점 '시젠'을 오픈하였다.[117)] 2008년에는 식품관련 기업뿐 아니라 타 산업에 종사하는 기업들의 외식산업 진출이 활발해졌다. 대표적으로 LG패션, 농심, 매일유업, 톰보이, 지엔코, 제일모직 등의 기업이다. 자본금과 시스템을 갖춘 대기업들의 외식사업 진출은 불경기에 현금유동성 확보 및 고객 편의, 이미지 제고, 시너지효과 등으로 이유도 저마다 다양하다.[118)]

제6절 외식산업의 미래를 위한 대응(2009~2011)

1. 한식의 세계화와 국내 외식기업의 해외진출

외식업의 새로운 전환기라 볼 수 있는 2009년부터 2011년 현재까지의 기간에서 외식업이 국민과 기업들의 관심을 모을 수 있게 한 가장 큰 이슈는 정부의 '한식세계화 사업'이다. 한식세계화 사업은 민·관 합동으로 한식을 미래의 성장산업이자 한국을 대표하는 문화상품으로 육성하기 위한 활동으로 이루어졌다.[119)] 음식은 가장 감성적이고 파급효과가 뛰어난 민간외교 아이템임과 동시에 시장규모가 전 세계적으로 연간 4,800조 원에 이르는 고부가가치산업으로 인정되고 있으며, 이는 자동차산업시장 1,320조 원, IT산업시장 2,700조 원보다 훨씬 큰 수치이다. 또한 2010년엔 세계 음식산업이 1경 원으로 커질 것이라고 예상됨에 따라 여러 나라가 자국 음식의 세계화에 박차를 가하고 있다. 하지만 외국에 위치한 한식당수는 겨우 1만 개로 한식세계화는 이제 막 시작된 단계이다.[120)] 이러한 노력의 일환으로 2009년 2월 24~28일 프랑스 리옹에서 개최된 '제12회 프랑스 국제호텔외식산업 및 식품박람회'에 한국으로서는 처음으로 부스를 마련하여 참가하기도 하여 한식세계화는 더욱 박차를 가할 수 있었다.[121]

농수산물유통공사에서는 해외 한식당 경쟁력 제고를 위해 2012년까지 해외 우수 인증 한식당 200개를 선정하여 육성키로 하고 한국음식의 세계화를 실천하고 있는 한식당을 현지인에게 전파하도록 계획하였고, 이를 위해 한식 전문인력 양성 프로그램을 개발・운영하여 2012년까지 한식 전문인력 300명을 키울 계획을 세웠다.[122] 농림수산식품에 관련된 정부의 예산은 전통적인 먹거리산업을 고부가가치화하는 방향으로 짜였으며, 특히 관심을 끄는 것은 '한식세계화' 사업이었다. 한식의 국제경쟁력 제고를 위한 한식세계화 사업에 지난 2009년에는 241억 원이 지원됐지만 정부는 2010년에는 이보다 28% 늘어난 310억 원을 책정했다. 2011년에는 미국 뉴욕에 '플래그십' 해외 명품 한식당을 개설하는 데 예산 50억 원을 투입할 방침이었다.[123]

정부의 이러한 한식세계화에 대한 의지와 함께 외식업체들은 포화된 국내시장에서 이제 해외로 진출하는 글로벌 기업이 되고자 활발하게 활동하기 시작했다. 진출지역은 성장 잠재력이 높으면서 한식에 대한 인지도가 높은 일본, 중국, 동남아시아 지역 등이 대부분이었으나, 미국을 비롯하여 싱가포르, 태국, 인도네시아, 호주, 페루, 브라질까지 매장 개설지역을 확대해 나가기 시작하였다. 세계화 진출에 있어 선두적인 기업은 단연 제너시스 BBQ그룹이 운영하는 'BBQ치킨'이다. 'BBQ치킨'은 2003년 3월 중국 상하이에 첫 매장을 연 이후 2011년 현재 56개국에 진출하여 354개 매장을 운영하고 있다. 한식으로는 (주)놀부NBG와 본아이에프(주), CJ푸드빌(주) 등이 활발한 움직임을 보이고 있다. (주)놀부NBG는 지난 2006년 중국에 진출한 데 이어 2011년 현재 싱가포르・태국 등지에 6개 매장을 오픈시켰다. 본아이에프(주)는 2005년에 죽 전문점인 '본죽'을 중국시장에 선보인 데 이어 최근까지 일본, 미국 등지에서 8개 매장을 운영 중에 있다. CJ푸드빌(주)은 비빔밥을 콘셉트로 한 '비비고'를 2010년에 미국, 중국, 싱가포르 등지에서 오픈했다. 업종도 다양해져서 베이커리 업종도 활발하게 세계 진출을 시도하고 있는데, '파리바게뜨'와 '뚜레쥬르'는 한국에 이어 세계시장에서도 매장 경쟁을 하고 있으며, '롯데리아'도 동남아시아에 진출한 한국의 대표적인 외식기업으로 꼽힌다. 해외 진출 1호 외식 브랜드로도 유명한 롯데리아는 1998년 베트남 호찌민에 1호점을 냈으며, 2011년 현재는 중국과 베트남에 98개의 매장을 운영하고 있다.[124] '미스터피자'가 2000년 중국 진출을 시작으로 2011년 현재 미국, 베트남까지 20여 개의 매장을 운영하고 있다.

2. 외식산업진흥법 제정과 외식산업의 미래 전망

한류를 확산시켜 국가브랜드 가치를 높이기 위한 일환으로 진행된 한식세계화 사업을 위해 농림수산식품부는 한식 산업화와 세계화를 위한 9대 중점전략을 발표하고, 2009년 외식산업진흥법을 비롯한 각종 법・제도의 기반을 구축하기로 했다.[125] 외식산업 활성화와 관련 외식산업을 정의하고, 전문인력 양성, 인력양성기관 지정 및 외식산업 통계 작성 및 관리 등의 사업을 시행하는 '외식산업진흥법 시행령' 개정(안)이 입법예고 됐다. 이번 시행령 및 시행규칙 입법예고는 지난 2011년 3월 9일 공포된 '외식산업진흥법(법률 제10454호)'이 제정된 이후 9월 10일 시행을 앞두고 있는 관련 법령조항이다. 이외에도 우수 외식업지구, 우수 식재료 사용 촉진, 우수 외식사업자 등 이 법에서 위임된 사항과 그 시행에 필요한 사항이 정의된다.[126][127] 외식산업진흥법의 추진경과를 요약하면 다음과 같다.[128]

(1) 2009년 2월, 민주당 양승조 의원 외 12인이 '외식산업진흥기본법(안)' 발의
(2) 2009년 10월, 한나라당 신성범 의원 외 22인이 '외식산업진흥법' 발의
(3) 2010년 8월 25일, 국회 법률안 심사소위 대안 채택 의결
(4) 2011년 2월 18일, 국회 본회의 통과
(5) 2011년 3월 9일, 외식산업진흥법 제정, 공포(법률 제10454호)
(6) 2011년 5월 24일, 외식산업진흥법 하위법령 농림수산식품부안 마련
(7) 2011년 6월 2일~ 관계부처 의견조회, 입법예고, 규제심사, 법제처 심사
(8) 2011년 9월 10일 외식산업진흥법 시행

지금까지 우리나라의 외식업에는 위생과 안전에 초점을 맞춘 식품위생법의 내용이 강조되어 왔을 뿐 외식산업의 진흥 및 육성을 위한 법령은 마련되어 있지 않았었다. 외식산업진흥법이 제정되어 시행된다는 것은 현재 우리나라 외식산업이 갖고 있는 구조적이거나 제도적인 문제점 등을 파악하여, 이를 해소하고 농어업 등과의 연계를 통해 식재료 산업을 활성화할 수 있는 좋은 기회를 제공해 줄 것으로 기대되며, 외식산업의 진흥을 통해 국가의 새로운 전략사업으로 거듭날 수 있는 근거법이 될 전망이다.

외식산업진흥법과 함께 더욱 발전되는 한국음식점의 전문점 형태가 개발되어야 하며 이를 통한 식재료산업의 활성화와 산업구조의 선진화가 이루어지길 기대한다. 또한 정부의 정책을 뒷받침해 줄 수 있는 정책자문 연구기관을 활용하여 현장의 사례 및 자료가

정책 입안과 산업 발전에 직접적으로 기여할 수 있어야 한다. 정부의 정책이나 기업 경영의 시행착오를 통해 얻은 지식을 기초로, 해외로의 진출과 동시에 국내의 근간산업으로서 모든 국민의 관심을 갖는 산업으로 발전되어야 하며, 이를 위해서는 전문인력 양성을 위한 교육 및 산업 종사자의 경쟁력 강화에 더욱 박차를 가하여야 한다.

참고문헌

1) 네이버 국어사전(www.naver.com 2011.1.10).
2) 홍기운(2003). 『최신외식산업개론』. 서울: 대왕사.
3) 홍기운(2003). 『최신외식산업개론』. 서울: 대왕사.
4) 김기영 · 염진철 · 조우제(2003). 『외식산업관리론』. 서울: 현학사.
5) 월간식당 편집부(2011). 『한국외식연감』 3판. 서울: 월간식당.
6) 네이버 국어사전(www.naver.com 2011.1.10).
7) 홍기운(2003). 『최신외식산업개론』. 서울: 대왕사.
8) 정재준(2010). 『2011 미래판 통합한국사』(미래판 수정 2쇄). 서울: 고시동네.
9) 신영식(2010). 『2011 7급 해동한국사』. 파주: 법문사.
10) 홍기운(2003). 『최신외식산업개론』. 서울: 대왕사.
11) 나정기(2005). 『외식산업의 이해』. 서울: 백산출판사, p. 94.
12) 홍기운((2003). 『최신외식산업개론』. 서울: 대왕사, p. 114.
13) 김기영 · 염진철 · 조우제(2003). 『외식산업관리론』. 서울: 현학사.
14) 경향신문(1960.12.25). 변모한 60년의 경제단층.
15) 경향신문(1962.7.17). 전국요식업소 위생검사.
16) 동아일보(1962.1.27). 재건식(再建食)메뉴.
17) 경향신문(1962.2.3). 실천에 옮겨지는 분식운동.
18) 경향신문(1962.11.27). 절미운동 전개.
19) 경향신문(1963.4.22). 연탄이외 불에도 타지 않는 이중오븐.
20) 경향신문(1963.7.10). 쌀밥점심 판금첫날 울상의 음식점.
21) 매일경제(1968.4.30). 기본음식은 밥, 김치, 국뿐.
22) 경향신문(1968.4.20). 메뉴제를 실시하여 식생활을 개선하도록.
23) 월간식당(1997.4). 『히트메뉴로 보는 외식산업 9백년 史』. 서울: 월간식당, pp. 95-109.
24) 김기영 · 염진철 · 조우제(2003). 『외식산업관리론』. 서울: 현학사.
25) 홍기운(2003). 『최신외식산업개론』. 서울: 대왕사.
26) 매일경제(1976.4.30). 음식에 중량표시케.
27) 김기영 · 염진철 · 조우제(2003). 『외식산업관리론』. 서울: 현학사.
28) 김기영 · 염진철 · 조우제(2003). 『외식산업관리론』. 서울: 현학사.
29) 경향신문(1963.4.22). 연탄이외 불에도 타지 않는 이중오븐.
30) 경향신문(1963.4.22). 연탄이외 불에도 타지 않는 이중오븐.
31) 매일경제(1981.2.27). 외식산업 번성의 배경.

32) 연간지표(1985~1989). 통계청.
33) 매일경제(1986.8.16). 한국전통음식을 외국에 알리자.
34) 경향신문(1986.2.20). 결실을 눈앞에 둔 올림픽 식품 개발 열기.
35) 경향신문(1986.1.17). 올림픽 식당 생긴다.
36) 동아일보(1985.1.28). 미국 3대 햄버거 업체 웬디스도 한국 진출.
37) 매일경제(1985.8.21). 종전 40년 한국의 좌표 생활의 변모.
38) 매일경제(1989.1.19). 외식산업 급신장.
39) 매일경제(1984.6.5). 외국인 투자금지업종 수도 등 8개 지정.
40) 홍기운(2003). 『최신외식산업개론』. 서울: 대왕사.
41) 매일경제(1984.1.12). 버거킹 햄버거 한국상륙.
42) 매일경제(1986.5.1). 해외 유명 외식업체 몰려온다.
43) 경향신문(1994.12.31). 패스트푸드市場(시장) 외국사가 "독식".
44) 매일경제(1994.10.1). 해외브랜드 진출현황, 8대업체 올 상반기 매출 1천300억.
45) 김기영 · 염진철 · 조우제(2003). 『외식산업관리론』. 서울: 현학사.
46) 매일경제(1983.3.31). 미도파 외식산업진출 강남에 코코스 1호점.
47) 매일경제(1988.5.9). 즉석식품 배달전문점.
48) 매일경제(1994.4.20). 커피전문점 난립 한파…賣物(매물) 쏟아져.
49) 매일경제(1995.4.15). 17조시장 선점 기업진출 러시.
50) 동아일보(1995.3.15). 대기업들 외식산업 군침 -14조 신장- 쟁탈전.
51) 매일경제(1991.8.9). 식품업체 외식체인 참여 붐.
52) 매일경제(1991.8.14). 종합외식업체 속속 등장.
53) 매일경제(1994.12.21). 호텔업계 外食業(외식업)참여 잇따라.
54) 매일경제(1995.4.15). 체인대형화 바람.
55) 매일경제(1995.4.15). 신세대 입맛끌기 성공, 로열티 외식업체 몰려온다.
56) 매일경제(1994.10.1). 외식업소 30만개 올해 시장규모는 20조.
57) 매일경제(1995.4.15). 신토불이 음식 맞불작전.
58) 동아일보(1994.4.22). 외식체인점 가맹 신중해야.
59) 매일경제(1996.2.12). 外食, 외식 시장규모 21조... 선점경쟁.
60) 매일경제(1996.5.4). 대기업 외식업 진출 러시.
61) 매일경제(1996.7.2). 유럽풍 패밀리레스토랑 마르쉐 22일 개점.
62) 매일경제(1996.1.12). 일경물산 유통전문社(사) 전환.
63) 동아일보(1996.4.28). 마이카 정착-신세대 등장 외식산업 급팽창.
64) 매일경제(1996.4.23). 호텔음식 시중에서 즐긴다.
65) 매일경제(1996.7.6). 신세대용 음식백화점 인기.

66) 경향신문(1996.4.1). 청소부터 장례까지 뭐든 OK.
67) 매일경제(1996.4.23). 집들이 출장 요리로 편리하게.
68) 동아일보(1996.8.3). 잔치도 이젠 「外食(외식)」으로.
69) 동아일보(1996.9.3). 실세주부 떳다〈2〉 불꺼진 주방.
70) 매일경제(1996.4.19). 식생활 개선과 쓰레기.
71) 매일경제(1996.4.27). 남긴음식 싸주기-서초음식업協(협) 결의.
72) 매일경제(1996.6.14). 음식물 쓰레기를 줄입시다-외식업 「좋은 식단」 운동 펼친다.
73) 매일경제(1996.9.25). 음식물쓰레기 줄입시다-…스티커 30만장 배포.
74) 매일경제(1996.12.11). 좋은식단-모범업소 세제혜택.
75) 매일경제(1997.1.21). 대기업 외식사업 진출 크게 늘어.
76) 매일경제(1997.3.31). 송원그룹 외식업 진출.
77) 매일경제(1997.5.12). 가족외식 이젠 특별한 행사 아니다.
78) 매일경제(1997.11.22). IMF에 200억 달러 요청.
79) 매일경제(1997.12.3). 외식업소 매출부진 줄줄이 문닫아.
80) 매일경제(1997.12.31). 외식업계 수입브랜드 로열티 인하 적극 추진.
81) 매일경제(1997.12.23). [불황기 알뜰소비 이렇게] 식단 간소하게 짜고 외식 자제.
82) 매일경제(1997.12.8). 신토불이 외식상표 개발 붐 .
83) 매일경제(1998.3.7). 경기불황에 문 닫는 음식점들 늘어.
84) 매일경제(1998.6.16). 음식가격 파괴 고객유인.
85) 매일경제(1999.2.8). 외식체인 '토랑' 회・생고기 가격 30%이상 저렴.
86) 부산일보(1998.9.25). IMF시대 뜨는 업종, 단체급식.
87) 매일경제(1999.3.11). [교육발전 5개년계획 시안] 학교급식시장 업계 선점경쟁 예상.
88) 매일경제(2004.11.2). 오죽했으면 '솥단지 데모'인가.
89) 매일경제(2004.12.21). 점심때 겨우 3인분 팔았어요.
90) 매일경제(2003.12.7). [2003 유통업계] 'IMF이후 최악의 해'.
91) 매일경제(2003.12.24). 외식업계도 광우병 비상.
92) 매일경제(2007.1.10). 전국한우협회 한우판매점 인증제 실시.
93) 매일경제(2007.1.18). 식품관련 법령 올해 대거 개정…안전사고 줄이려면.
94) 매일경제(2005.10.28). 조류독감 오지도 않았는데 닭고기, 계란 소비 30% 감소.
95) 매일경제(2005.9.26). 중국산 김치 납검출 국산의 3배.
96) 매일경제(2007.4.2). 한미FTA 이후…車값 10% 싸지고 약값 올라.
97) 매일경제(2007.4.13). 한・미 FTA 뉴비즈니스 기회를 잡아라.
98) 동아일보(2004.12.22). 불량만두 파문.
99) 매일경제(2004.10.15). 음식점 한달 새 5700곳 문닫아.

100) 매일경제(2003.9.20). 외식업 고급화 바람.
101) 매일경제(2003.10.30). 미국식 돈가스전문점.
102) 매일경제(2003.10.15). 외식업계 "아주 싸거나 아주 비싸거나".
103) 매일경제(2002.5.2). 패밀리레스토랑 사업 다각화 나선다.
104) 매일경제(2002.1.7). [월드컵 겨냥 창업]브랜드 전문점 주목.
105) MBN(2002.5.30). 외식업체 빅뱅.
106) 매일경제(2002.5.24). 관광·외식업계 "반갑다".
107) 매일경제(2002.5.19). [산업포장] 놀부, 한식업계 첫 프랜차이즈.
108) 매일경제(2006.12.26). 새해 유망창업 '시푸드·오므라이스 대세'.
109) 매일이코노미(2007.12.28). 구운치킨·에듀테인먼트…새해엔 틈새사업 돈 된다.
110) 매일경제(2007.10.19). 웰빙업종 이래서 좋더라.
111) 매일경제(2007.3.4). 차별화된 아이템이 중요.
112) 매일경제(2007.1.8). 음식점 창업시 노하우.
113) 매일경제(2007.12.26). [CEO 경영이야기] 스페인에 BBQ 간판을 내걸다.
114) 연합뉴스(2007.12.4). 하이트-진로 부회장 "M&A로 진로 해외진출 모색".
115) 매일경제(2007.11.1). 韓食브랜드 명품화는 '韓商 네트워크로'.
116) 매일경제(2007.11.1). 우리 음식을 세계 명품 브랜드로.
117) 매일경제(2006.3.23). CJ, 뚜레쥬르·시젠…위풍당당 해외진출.
118) 매경이코노미(2008.6.18). 대기업 외식업 진출 붐…체면보다 '현금'.
119) 김기영·염진철·조우제(2003). 『외식산업관리론』. 서울: 현학사.
120) MBN(2009.1.21). 한식, 세계화를 꿈꾸다 '음식 韓流' 가능성을 점검한다.
121) 매일경제(2009.2.8). [기자24시] 프랑스에 간 비빔밥과 스시.
122) 매일경제(2009.4.21). 농수산물유통공사, 세계인의 식탁에 한국음식 올린다.
123) 매일경제(2010.9.28). 한식세계화 사업에 310억원 투입.
124) 식품외식경제신문(2011.4.1). 외식업계, 해외진출 '러시' '한식세계화' 등 정부 지원 확대가 가속화 앞당겨.
125) 매일경제(2009.5.4). '한식세계화 추진단' 출범…"세계 5대 음식으로".
126) 머니위크(2011.6.20). 외식산업 활성화를 위해 정부 나선다.
127) 푸드뉴스 인터넷식품신문(2011.6.10). 외식산업진흥법 시행령 제정안 입법예고.
128) 외식산업진흥법 시행에 따른 외식산업의 정책방향(2011.6.25). 농림수산식품부 외식산업진흥과 (사)한국외식경영학회 하계정기학술대회 자료집. p. 24.

〈본문의 내용은 다음 논문에 기초하여 서술되었음: 『관광학연구』 제35권 제10호(통권 96호), 정유경(2011)/ 외식산업의 발전과 역사, pp. 403-418〉

■ 저자약력

정유경(鄭由景) 세종대학교 외식경영학과 교수

연세대학교를 졸업하고, 미국 미주리주립대학에서 박사학위를 취득했다. 제20대 관광학회 산하 호텔외식경영학회 편집위원장 및 21대 본 학회 부회장직을 수행하였다. 「베이커리 카페의 인지된 유사성과 선호속성에 의한 포지셔닝 맵」, 「외식 가맹사업 관련 분재유형 및 근거법률의 분석」, 「프랜차이즈 본가의 수명주기와 가맹점주가 인식하는 수명주기단계에 따른 지원업무의 중요도와 수행도 비교연구」, 「서비스기업의 고객에 대한 마케팅비용과 고객만족도 및 경영성과와의 관계에 대한 연구」 등을 통해 활발한 학술적 성과를 발표하고 있으며 후진양성과 학회의 발전을 위해 힘쓰고 있다.

제 5 장 여행사의 역사

박 시 사*

제1절 여행업의 탄생

1. 여행업의 탄생

세계 최초의 여행사는 1758년 군인을 대상으로 여행업무를 개시한 'Cox & Kings'로 알려져 있다(www.coxandkings.co.uk). 관광 관련 많은 문헌들은 1841년에 여행업무를 시작하여, 1845년 오늘날과 거의 유사한 여행서비스를 제공하기 시작한 Thomas Cook을 세계 최초의 여행사라고 한다. Thomas Cook을 기준으로 보더라도 영국의 여행업 역사는 아시아 국가인 대한민국(1912), 일본(1905), 중국(1928)에 비해 약 150여 년 앞서고 있다.

〈그림 5-1〉

세계 최초의 여행사 Cox & Kings와 Thomas Cook: 미국의 경우 1888년 'Foster'가 St. Augustine, Florida에 기념품점을 겸하는 여행업무를 시작한 것이 효시라고 한다. Mr. Foster가 플로리다에서 시작한 여행사 'Ask Mr. Foster'는 기차가 도착하고 출발하는 시간을 지역 주민들에게 알려주는 업무에서 비롯되었다. Mr. Foster는 기차시간표를 소지한 비공식적인 직원(unofficial keeper)이었다(www.carlsonwagonlit.com).

* 국립제주대학교 관광경영학과 교수(현)
smiletour@cheju.ac.kr

전 세계 여행사의 탄생 혹은 효시는 철도교통(rail transport)의 등장과 직접적인 관련이 있었음을 알 수 있다. 영국의 Thomas Cook(1841)은 기차를 이용하여 금주모임을 주최했고, 미국 여행업의 효시로 알려진 Ask Mr. Foster는 기차 출도착 시간을 알려주는 서비스를 하였다.

〈표 5-1〉 전 세계 여행사 탄생 프로파일

국가	여행사명(연도)	비고
영국	Cox & Kings(1758)	In-house agency
	Thomas Cook(1841/1845)	여행업의 사업화
미국	Ask Mr. Foster(1888)	기차시간표 정보 제공
	American Express Company(1850/1881)	Travel Division 설립
일본	日本旅行(1905)	일본 최초의 여행사
	日本交通公社(1912)	일본 최대 여행사
중국	中國旅行社(1928)	국영여행사
대한민국	일본교통공사 조선지부(1912)	철도승차권 대매업
	동아교통공사(1942)	
	동아여행사(1944)	
	대한여행사(1949)	국영여행사
	세방여행사(1960)	민영여행사
	대한여행사(1973)	국영→민영화

우리나라 여행업은 1912년 10월 일본교통공사의 조선지부가 서울(당시 경성)에 설치 운영되면서 시작되었다. 당시 일본교통공사(日本交通公社)를 설립한 목적은 일본에 외국인을 유치하고, 한반도를 여행하는 일본인의 편의제공과 이민업무, 식민화를 위해 필요한 업무를 제공하는 것이었다. 당시 일본은 한국침략, 만주침공 등 일본인의 무력 확장과 더불어 한국, 대만 등에 지부를 설치하였다. 이후 일본교통공사 조선지부는 조선총독부 철도국 내에 사무소를 설치하기 시작하여 평양, 부산, 군산 등지에 사무소를 개설하여 여행안내와 철도승차권 대매업을 시작하였다.[1)]

1942년 동아교통공사(東亞交通公社)로 명칭이 변경되었고, 1944년 재단법인 동아여행사(東亞旅行社)가 되었으며, 1945년 해방과 더불어 재단법인 대한여행사로 창립하였다. 1954년 2월 PATA 정회원으로 가입하였으며, 재단법인 대한여행사는 1962년 국제관광사가 설립되면서 1963년 국제관광공사로 흡수되었가 1973년에 민영화되었다. 대한여행사는 우리나라 최초의 여행사로 널리 받아들여지고 있다.[2)]

대한여행사는 1954년 아시아태평양여행협회(PATA)에 정회원으로 가입하였고, 1955년 3월 국제항공운송협회(IATA)에 대리점 인가를 받았으며, 1973년 주식회사 대한여행사로 개편되어 오늘날까지 우리나라 여행업의 역사로 남아 있다. 최초의 여행사인 대한여행사는 1990년대 초반까지 우리나라를 대표했던 여행사였다. 대한여행사의 대표적인 패키지투어 브랜드 'Jumbo Tour'는 아직도 많은 사람들의 기억 속에 남아 있다. 다음은 우리나라 최초의 여행사인 대한여행사의 주요 발자취이다(www.ktbmall.co.kr).

1912.10	동아교통공사(현 JTB) 조선지사 창립
1945.10	재단법인 대한여행사 설립
1963.01	국제관광공사(현 한국관광공사)산하 대한여행사 개편
1973.07	주식회사 대한여행사로 개편(전세 여객 자동차 운송사업 인가)
1973.07	ASTA 가입
1988.09	88서울올림픽 지정 여행사
1992.09	관광진흥 1천만불탑 수상
2000.10	ASEM 공식 지정 여행사
2003.03~2007.03	2005년 우수여행업체 지정(문화관광부)

KTB 대한여행사

since 1912 최초여행사

자료: www.company.ktbmall.co.kr/인터넷 자료. 1912년 출범 <since 1912>했음을 보여주는 최초여행사가 눈에 띈다.

〈그림 5-2〉 대한민국 최초 여행사 대한여행사 CI

대한여행사(KTB)의 탄생 배경과 발전과정을 보면 한국의 여행업은 교통수단의 발전, 구체적으로 철도교통과 관련성이 있다. 여행업이 시작된 것은 바로 서울-부산 간 경부선 철도가 계기가 되었다. 이런 측면에서 보면 한국의 여행업은 1841년 영국의 Thomas Cook이 Leicester부터 Loughborough까지 'Midland Counties Railways'를 이용하여 금주모임(temperance society)에 참가하는 500여 명을 위해 시작한 Thomas Cook여행사의 탄생 배경과 유사한 점이 있다. Thomas Cook은 1845년 여행사를 설립하여 본격적으로 여행업무를 시작하였다. Thomas Cook은 1945년 Liverpool부터 Leicester까지 영리목적으로 기차여행(railway journey)을 시작하였다(www.thomascook.com).

자료: www.thomascook.com/www.shorpy.com/ www.coxandkings.com/

〈그림 5-3〉 토마스쿡과 Ask Mr. Foster

우리나라 여행업은 1905년 11월 창립한 일본 최초의 여행사인 일본여행(Nippon Travel Agency)보다 약 7년 늦은 1912년에 시작하였음을 알 수 있다. 대한여행사의 태동은 1912년 여행업무를 시작한 일본교통공사(JTB)와 맥을 같이한다. 한편, 중국의 여행사는 1923년 상해저축은행 내에 여행사업부가 개설되면서 시작되었으며, 1927년에 여행사업부가 독립되었고, 1928년 중국 교통부의 비준을 받고 제1호 여행사인 중국여행사(中國旅行社)가 탄생하였다.[3] 중국의 여행업은 한국보다 16년 정도 늦게 시작되었다고 볼 수 있다. 하지만 우리나라 여행업은 JTB의 지사(支社)였으며 기차표 대매업을 하는 업무만을 수행했다.

2. 대한민국 여행업의 변천사

1) 여행업의 태동과 여명기(1905~1960)

대한민국 여행업은 유감스럽게도 1912년 3월 12일 창립한 일본교통공사(JTB)의 역사와 맥(脈)을 같이한다. 일제강점기의 여행업은 일본교통공사 조선지부가 서울(당시 경성)에 설치·운영되면서 시작되었다. 일본교통공사(JTB) 조선지부는 한반도를 여행하는 일본인의 여행편의를 제공하고, 이민업무 및 식민화하는 데 필요한 업무를 주로 하였다. 일본교통공사 조선지부는 이후 철도국 내에 여행사무소를 설치하였다. 또한 서울 이외에 평양, 부산, 군산 등지에 여행사무소를 개설하고 여행안내 및 철도승차권을 대리판매하는 업무를 주로 하였다.

1947년에는 (주)천우사가 항공여행부를 발족하였고, 동년 외래단체여행객으로 RAS(Royal Asiatic Society)가 방문하여 외국인 단체관광객으로서는 처음으로 국내여행을 하였다. 1948년에는 서울-온양 간 전세버스의 면허가 발급되어 국내여행업도 영업을 하였다. 1950년에는 서울교통공사가 설립되었으나 6.25 한국전쟁으로 한국의 여행업은 사실상 업무를 중단하였다.[4)]

8.15광복 이후 건국 초기 구미 각국과의 외교관계 수립과 함께 외래관광객이 한국을 방문하기 시작하였고, 그에 대비한 숙박시설의 건설을 중심으로 시작되었던 한국관광은 6.25전쟁으로 다시 원점으로 되돌아갔으나, 6.25전쟁 후의 전후 복구기를 거치면서 1953년 유급휴가제를 실시하도록 한 근로기준법이 제정되었고, 1954년 2월 교통부 육운국에 관광과가 신설되었다.

2) 정부 주도의 여행업·관광산업 육성기(1961~1966)

1961년 관광사업진흥법이 제정·공포됨으로써 한국관광의 기틀을 다지게 되었다. 또한 1962년 국제관광공사법이 제정되어 국제관광공사(현 한국관광공사)가 설립되었다. 1964년 교통부 육운국 관광과가 관광국으로 독립되어 독자적인 관광행정을 수행하게 되었다(www.doopedia.co.kr).

우리나라는 관광산업의 기반을 구축하고, 관광사업 육성과 여행업 발전의 제도적 장치를 마련하였다. 정부는 1961년 8월 22일 관광사업진흥법을 공포하였다. 관광사업진흥법(觀光事業振興法)은 관광사업의 진흥을 꾀하기 위해 제정된 법률, 관광객의 유치 및 접대, 관광에 관한 시설 및 선전, 그 밖에 필요한 사항을 규정했다. 이때 여행업은 크게 일반여행알선업과 국내여행알선업으로 나누어졌다.

1960년 한국 최초의 민영 여행사인 세방여행사가 설립되었다. 대한여행사는 국가의 지원 아래 탄생했고, 성장한 여행사였으나, 세방여행사는 순수한 민간여행사였다. 한국은 1961년 5.16군사정변(군사쿠데타) 당시 외무부에 신청되는 여권이 하루에 60명밖에 안 됐다. 여행관광은 없었고 여행사는 비행기표 한 장 파는 것이 전부였을 때 오세중은 세방여행을 세운 것이다.

여행업 육성기에 설립된 대표적인 여행사는 다음과 같다.

- 고려여행사(1962)
- 연방관광(1964)
- 동양항공(1964)
- 대한통운여행사(1964)
- 한국여행사(1965)
- 태평양관광여행사(1965)
- 조양여행사(1966)
- 아주관광(1966)
- 파나여행사(1966)
- 제일여행사(1966)
- 국제항공여행사(1967)

3) 여행알선업의 시대(1967~1988)

교통부는 1971년 1월 관광사업진흥법을 개정, 국제여행알선업 등록제를 허가제로 변경, 25개 기존업체 중 24개 업체를 허가갱신하고 신규로 7개 업체를 허가해서 모두 31개 업체로 늘어났다가 1972년 3차에 걸친 운영실태조사를 통해 8개 부실업체의 허가취소로, 23개 업체로 줄어들고 1982년 허가제도를 등록제로 바꾸어 문호를 개방할 때까지 23개 업체로 제한 운영됐다.

1970년대에 등록하여 여행업무를 지속했던 대표적인 여행사로 세방여행사, 대한여행사, 서울항공여행사, 고려여행사, 한진관광, 오이씨관광, 코오롱고속관광, 한국여행사, 아주관광 등을 들 수 있다.

1975년 개정된 여행사업법 제2조에 의하면 "여행알선업(旅行斡旋業)"이라 함은 수수료를 받고 다음과 같은 행위를 영위하는 업이라 정의하였다.

가. 旅行者를 위하여 運送·宿泊 기타 旅行에 附隨되는 施設의 斡旋이나 代理契約을 締結하는 行爲
나. 運送·宿泊 기타 旅行에 附隨되는 業을 經營하는 者를 위하여 旅行者의 斡旋이나 代理契約을 締結하는 行爲
다. 他人이 經營하는 運送·宿泊 기타 旅行에 附隨되는 施設을 이용하여 旅行者에게 편의를 제공하는 行爲
라. 旅行者를 위하여 旅券 및 査證을 받는 節次를 代行하는 行爲
마. 기타 旅行斡旋에 附隨되는 行爲로서 交通部令으로 정하는 行爲

여행알선업의 유형은 크게 국내여행알선업과 국제여행알선업으로 구분하였다. 국내여행알선업은 국내를 여행하는 내국인을 대상으로 하고, 국제여행알선업은 그 이외의 자를 대상으로 한다. 여행알선업시대의 주무 부서는 교통부였고, 여행알선업을 경영하는 자는 교통부장관의 허가를 받아야 했다. 교통부장관의 허가를 받은 여행알선업의 유효기간은 3년이었으며, 유효기간만료 후 계속하여 그 업을 영위하고자 하는 자는 교통부령에 정해진 바에 의하여 허가의 갱신(更新)을 받아야 했다.

1982년 4월 1일 개정된 관광사업법에 의하면 여행알선업의 업무가 일부 추가되었다. 종전의 업무 이외에 여행자를 위하여 여행에 관한 상담에 응하거나 정보를 제공하는 행위와 항공운송사업자를 위하여 국내 또는 국외를 여행하는 외국인 및 내국인의 운송에 관한 계약체결을 대리하는 행위가 포함되었다. 또한 1982년 1월 1일 이후 여행알선업의 유형은 다음과 같이 3가지로 나누어졌다.

① 국제여행알선업: 국내 또는 국외를 여행하는 외국인 및 국외를 여행하는 내국인을

대상으로 하는 여행알선업을 말한다.

② 국내여행알선업: 국내를 여행하는 내국인을 대상으로 하는 여행알선업을 말한다.

③ 여행대리점업: 국내여행알선업을 경영하는 자(者)를 위하여 행위를 대리(代理)하는 업을 한다.

1982년 개정된 관광사업법에 의하면 여행알선업은 허가에서 등록(登錄)으로 설립기준이 완화되었다. 종전의 허가제에서 도입한 등록의 유효기간 3년은 존속되었고, 주무부서장관인 교통부장관은 등록의 갱신신청 전 최근 3년간의 사업실적을 기준으로 등록을 거부할 수 있는 권한이 있었다.

4) 여행업의 시대(1989~)

전 국민의 해외여행 자유화 조치는 1989년 1월 1일부터 시행되었다. 관광 목적의 출국 허용 연령기준이 철폐되면서 해외여행 전면 자유화시대가 개막된 것이다. 이는 경제성장으로 국민 대다수가 절대빈곤에서 벗어나고 서울 아시안게임과 올림픽을 치르면서 높아진 국제화 수준에 기인한 결과로 해석할 수 있다. 해외여행 전면 자유화의 가장 큰 수혜자는 대학생이었다. 바야흐로 배낭여행의 시대가 열리게 된다. 배낭여행을 다룬 서적, 영화, 방송물이 대거 선보였고 대학가에선 배낭여행 설명회가 성황리에 열렸다. 물론, 이전에도 '단기해외연수', '문화연수'라는 이름의 대학생 해외여행 프로그램이 있었다.

1989년 해외여행자유화에 대비해서 정부는 1988년 12월 31일 개정된 관광진흥법을 개정하였다. 이른바 '여행업시대'를 맞이하게 되었다. 여행업법 제3조는 여행업을 "여행자를 위하여 운송시설, 숙박시설 기타 여행에 부수되는 시설의 이용의 알선 기타 여행의 편의를 제공하는 업"이라 규정하였고, 관광진흥법 시행령을 두어 여행업의 종류(관광진흥법 시행령 제2조)를 3가지로 나누었다.

① 일반여행업: 국내외를 여행하는 내국인 및 외국인을 대상으로 하는 여행업(사증(査證)을 받는 절차를 대행하는 행위를 포함)

② 국외여행업: 국외를 여행하는 내국인을 대상으로 하는 여행업(사증을 받는 절차를 대행하는 행위를 포함)

③ 국내여행업: 국내를 여행하는 내국인을 대상으로 하는 여행업

1993년 12월 27일 개정된 관광진흥법은 여행업의 정의를 "旅行者, 運送施設・宿泊施設

기타 旅行에 附隨되는 施設의 經營者 또는 旅行業을 경영하는 者를 위하여 同 施設利用의 알선, 旅行에 관한 안내, 계약체결의 代理 기타 旅行의 편의를 제공하는 業"이라 정의하였다. 1988년 일부개정된 내용에 "여행에 관한 안내"가 추가로 삽입되었다. 1993년 관광을 관장하는 정부 부서는 '문화체육부'였다. 따라서 여행업을 경영하고자 하는 자는 문화체육부령이 정하는 바에 의하여 문화체육부장관에게 등록해야 한다.

우리나라 여행업은 1999년부터 새로운 시대를 맞이하였다. 여행업의 주관 부서가 '문화관광부'로 되었다. 해방 이후 여행업을 포함한 관광산업은 교통부, 체육부, 문화부 산하에 있었으나, 이때부터 본격적으로 '문화관광부'시대가 도래했다. 또한 여행업을 경영하고자 하는 자는 문화관광부장관과 특별시장, 광역시장 또는 도지사에게 등록할 수 있게 되었다.

〈표 5-2〉 여행업의 변천사와 제도적 변화

명칭	시기 구분	여행업의 종류	주무부서	설립 기준
	1961~1971.12.31	• 일반여행알선업 • 국내여행알선업	교통부	등록제
알선업시대	1971.12. 31~1982. 4.1	• 국제여행알선업 • 국내여행알선업	교통부	허가제
	1982.4.1~1988.12.31	• 국제여행알선업 • 국내여행알선업 • 여행대리점업	교통부	등록제
여행업시대	1988.12.31~	• 일반여행업 • 국외여행업 • 국내여행업	문화체육부	등록제
	1993~	• 일반여행업 • 국외여행업 • 국내여행업	문화체육부	등록제(등록관청의 다양화)
	1999~	• 일반여행업 • 국외여행업 • 국내여행업	문화관광부	
	2008~	• 일반여행업 • 국외여행업 • 국내여행업	문화체육관광부	

이영관(1999)은 우리나라 여행업을 일반여행업, 국외여행업, 국내여행업으로 나누어 유형별 발전과정을 분석하여 〈표 5-3〉과 같이 제시하였다.

〈표 5-3〉 우리나라 여행업의 유형별 발전과정

여행업 구분	발전단계	시대적 구분
일반여행업	태동기 발아기 개발육성기 성장기 도약기	1910~1930년대 1940~1950년대 1960~1970년대 1980년대 1989년 이후
국외여행업	태동기~발아기 성장기 도약기	1980~1985년 1986~1988년 1989년 이후
국내여행업	태동기 발아기 개발육성기 성장기 도약기	1950년대 1960년대 1970년대 1980년대 1989년 이후

자료: 이영관 외 2인(1999), 『여행사경영론』, p. 34 참고.

종합해 보면, 우리나라 여행업에 대한 본격적인 법률적 규제는 1961년 관광사업진흥법이 제정된 이후라고 할 수 있다. 관광사업진흥법 제정 당시 여행업은 등록제로서 일반여행알선업과 국내여행알선업으로 구분되었다. 그 후 1971년에는 관광사업진흥법이 개정되어 등록제에서 허가제로 바뀌고, 여행업 구분도 국제여행알선업과 국내여행알선업으로 바뀌었다. 1975년 관광사업법이 제정된 이후, 1982년에는 허가제에서 다시 등록제로 바뀌면서 여행업을 국제여행알선업, 여행대리점, 국내여행알선업으로 구분하였으며, 1986년 관광진흥법이 제정되면서 1987년 여행업의 구분을 일반여행업, 국외여행업, 국내여행업으로 구분하여 현재까지 이르고 있다. 1993년 관광진흥법의 개정을 통해 기획여행 신고제 실시 등 여행업의 기능분화를 추진하는 환경정비가 이루어지게 되었고, 여행업계의 계속되는 환경변화에 관련법규가 자주 개정되고 있는 상황이다.

제2절 역사적 사건과 대한민국 여행업의 변천

1. 경부선 철도의 개통과 여행업

대한민국 철도의 역사는 1899년 노량진~제물포 간 32.2km를 운행한 경인선으로부터 시작되었다. 1905년 5월 1일 서울~초량 간 경부선 급행열차가 운행하기 시작했고, 1908년 11월 11일 경부선이 복선화되었다. 또한 1912년 8월 15일 부산~안동 간 침대열차가 운행되었다(www.korail.com). 우리나라 여행업의 효시로 알려진 대한여행사 전신인 일본교통공사(日本交通公社)의 조선지사가 1912년 설립되었는데, 이는 철도교통의 '기적소리'와 더불어 시작됨은 흥미롭다. 미국 여행사의 효시(嚆矢) Ask Mr. Foster여행사는 침대열차 Wargon Lits의 시간표를 알려주는 업무로 여행업무를 시작하였는데, 대한민국 최초 여행사인 대한여행사가 부산~안동 간 침대열차를 운행하기 시작한 해인 1912년에 설립된 것은 무언가 상통(相通)하는 점이 있다.

특급 아카쓰키 열차

파시5형 텐다기관차

독일에서 도입한 푸러탱크형 기관차

모갈탱크형 기관차

자료: www.korail.com/(철도와 더불어 탄생한 여행업! 옛날 기관차의 모습이 묘한 향수(鄕愁)를 불러일으킨다).

〈그림 5-4〉 최초의 한국 철도 모습

2. 한일회담, 동경올림픽, 그리고 여행업

한일회담(韓日會談)은 1951년부터 1965년 6월 22일 한일기본조약(또는 한일협정)이 타결되기까지 14년간 총 7차례에 걸쳐 있었던 대한민국과 일본 간의 일련의 협정(協定)을 말한다. 특히 1961년 5.16군사정변으로 정권을 잡은 박정희(朴正熙: 1917~1979) 당시 국가재건최고회의 의장은 한일회담을 서둘렀다. 특히 낙후된 경제를 살리면서 산업을 일으키려면 돈이 필요했고, 청구권(請求權) 명목으로 일본으로부터 '달러'를 받아 경제개발의 자금원으로 활용하려 했다.

〈그림 5-5〉
한일회담의 주역 김종필 중앙정보부장과 오히라 일본 외상(1962년 11월 12일 일본외무성에서 있었던 회담장면)

일본이 1964년 19회 동경올림픽을 계기로 해외여행을 자유화하면서 해외여행을 떠나는 일본인이 급속도로 증가하는 시기이다. 1964년 동경올림픽 및 한국과 일본의 국교정상화(1965)로 일본인의 방한이 급격하게 늘어났다. 한일국교정상화는 종전에 미국인 대상 인바운드 시장에서 일본인을 대상으로 하는 인바운드 여행업으로 전환되는 출반점이 되었다.

1960년대 초 대한민국은 관광산업이 외화를 획득하는 주요 산업임을 인식하여 제도적 장치를 마련하기 시작했다. 1964년 정부는 교통부 육운국 관광과를 관광국으로 독립시켜 독자적인 관광행정을 수행하게 하였으며, 1965년 관광분야 국제회의인 PATA총회가 서울에서 개최되는 등 1960년대는 한국 관광산업의 기반 조성과 국제관광객 유치를 위한 체제정비기였다. 1970년대에 들어와서는 국립공원과 도립공원이 지정되었으며 아시아관광협회(ASTA) · 동남아시아관광협회(EATA) 등의 국제적 관광기구에 가입, 국제협력의 기반을 구축하고, 경부고속도로의 개통(1971) · 보문단지의 조성(1979) 등으로 관광의 광역화를 꾀하였다. 또한 관광진흥기금의 설치(1972), 관광기본법(1975)의 제정 등을 통해 관광진흥과 관광지 개발에 진력, 1978년에는 외래관광객 100만 명을 돌파하는 획기적인 기록을 남겼다.

1973년 국제관광사업이 그토록 호황을 누린 것은 한마디로 일본관광객이 급증한 데서 기인했다. 그해 유치한 일본관광객은 전체 입국객(67만 9천2백21명)의 69.9%를 차지하는 절대적인 비중을 차지하고 있었으며 여행업체에서 유치 알선한 단체관광객(31만 5천3백53명)의 거의 대부분이 일본관광객이었다. 1973년, 일본 법무성 출입국 통계에 따르면 그해 일본인의 해외여행 출국자 2백28만 8천9백66명 중 약 63%가 단체여행자로 한국을 목적지로 한 단체관광객 역시 높은 신장률을 나타냈다. 단체여행자의 점유율이 이처럼 높은 것은 여행상품이 조직화되고 상품소개 및 모집광고에 영향을 받아 유발된 해외관광객이 증가했기 때문이다.

3. 중동건설 붐과 여행업(1980년대 초)

1980년대는 중동지역 건설경기 붐을 타고 건설업체와 대기업이 여행업에 진출하였는데, 국제항공여행사(한양주택), 코오롱관광(구유신고속관광: 코오롱건설), 라이프항공(라이프주택), 드림투어(구서진항공: 현대건설), 설악항공(대우건설) 등이 설립되었고, 이 시기에 경춘관광이 설립되어 남이섬을 개발하는 등 여행업에서 최초로 여행지를 직접 개발하게 된다.

4. 해외여행자유화와 여행업(1981~)

정부는 1981년 해외여행을 부분적으로 허용하였으며, 1983년에 이르러 50세 이상의 국민은 관광목적의 해외여행을 할 수 있게 되었다. 대한민국은 1986년 서울 아시안게임과 1988년 24회 서울올림픽 개최를 계기로 개방화의 길로 진입하였다. 1989년 1월 1일 대한민국 여행사의 역사를 바꾼 해외여행 완전자유화가 전면 실시되었다.

1983년부터 단계적인 해외여행자유화 조치가 취해지면서 지금까지의 유치일변도에서 유치와 송객을 병행하게 되고 업체에 따라서는 패키지상품을 판매하기 시작했다. 단계적 해외여행 자유화로 등장한 대표적인 패키지여행 브랜드는 다음과 같다.

① 대한여행사: 점보투어(Jumbo Tour)
② 세방: 아리랑 하이라이트(Arirang High-light)
③ 고려여행사: 선투어(SUN TOUR)
④ 한진: 칼 월드투어(KAL World Tour)
⑤ 아주관광: 아주 레인보우투어(Aju Rainbow Tour)

1989년 해외여행 완전자유화 이후 4년 만에 여행업체수가 1천2백15개사에서 2천5백86개사로 두 배 이상 증가한 것으로 나타났다. 한국일반여행업협회와 한국관광협회에 따르면 해외여행이 완전 자유화된 지난 89년 1월 1일을 기준으로 일반여행업체수가 1백22개사, 국내여행업체가 8백39개사, 국외여행업체가 2백54개사의 모두 1천2백15개사로 전체 관광사업체 1천8백79개사의 64.7%를 차지했었다.

해외여행 자유화에 따른 해외여행 붐과 여행에 대한 일반인들의 인식 변화 등으로 여행업체수가 증가하기 시작한 지 1년 만에 일반여행업체는 44.3%가 증가한 1백76개사, 국내여행업체는 33% 늘어난 1천1백16개사, 국외여행업체는 무려 72.8%가 증가한 4백39개사로 늘어나 전체 여행업체수가 전년대비 42.5% 증가한 1천7백31개사가 됐다. 이에 따라 전체 관광사업체 2천4백82개사 중 69.7%를 여행사가 차지했다. 1991년 1월 1일 기준으로 증가세가 둔화되기는 했으나 일반여행업체가 2백11개사로 2백 개 업체를 넘어섰고 국내여행업체는 1천3백23개사, 국외여행업체는 5백51개사로 모두 2천85개사로 늘어나 전년 동기대비 20.5%의 증가세를 기록해 처음으로 전체 관광사업체 2천9백26개사의 70%를 넘어섰다.

1989년 해외여행전면 자유화 이후 등장한 대표적인 여행사는 다음과 같다.

① 모두투어(1989)
② 삼홍여행사(1989)
③ 온누리여행사(1993)
④ 씨에프랑스(1989)
⑤ 자유여행사(1994)
⑥ 하나투어(1993)

5. IMF 경제위기와 여행업(1997~)

1997년 극심한 경기침체와 국제통화기금(IMF) 체제의 여파로 지난 89년 해외여행 자유화조치 이후 8년 만에 처음으로 해외여행자수가 감소하였다. 재정경제원에 따르면 1997년 관광, 유학연수, 상용 등의 전체 해외여행객수는 458만 2천 명으로, 1996년의 464만 9천 명보다 1.4% 줄어들었다. 이 중 관광 또는 방문 목적의 순수 여행자수는 424만 명으로, 전년도 432만 명에 비해 1.9%가 감소했다. 특히 1997년 11월 중 순수 여행자수는 전년 동기 36만 1천 명에서 33만 6천 명으로 7.4%감소한 데 이어 외환위기가 가시화된 12월 들어서는 25만 5천 명으로 급감, 전년 동기 39만 2천 명에 비해 34.9%나 줄어든 것으로 나타났다(한겨레신문, 1998년 1월 27일).

IMF 경제위기는 여행사에 직격탄을 날렸다. 여행업계 3두마차로 알려진 온누리여행사, 씨에프랑스, 삼홍여행사가 IMF 위기의 희생양이 되었다. 특히 국내 최대 해외여행객 송출업체인 온누리여행사가 1997년 11월 24일 은행결재를 하지 못해 부도처리되었다. 온누리여행사, 씨에프랑스, 삼홍여행사는 신문광고와 TV광고를 통해서 모객을 한 대표적인 직판여행사였다. 직판여행사들은 경기침체로 인한 여행객 감소, 지나친 광고비 지출, 저가경쟁 등으로 인하여 수익을 내지 못해 사라진 여행사가 되었다. 온누리여행사는 3년 연속 해외여행객 송출 1위업체여서 그 파장이 컸다. IMF 경제위기 이후 역사 속으로 사라진 주요 여행사는 다음과 같다(세계여행신문).

① 온누리여행사
② 씨에프랑스
③ 삼홍여행사
④ 오아시스여행사
⑤ 세진여행사
⑥ 계명여행사
⑦ 대광여행사
⑧ 월드팩여행사
⑨ 봉은여행사

자료: 조선일보, 1996년 11월 5일. 국내 3대 독립여행사 '씨에프랑스-삼홍-온누리여행사' 사장단의 여행사 최고경영인협회 발기식 장면(IMF 경제위기를 극복하지 못하고 역사 속으로 사라진 야심찬 여행업 창업자들).

〈그림 5-6〉 IMF 경제위기와 여행업 창업자

6. 중국의 여행시장 개방과 여행업(1998~)

중국은 1978년 등소평의 리더십을 바탕으로 경제개방정책을 펴기 시작해 점진적으로 국제무역과 관광산업의 문호를 개방하였다.[5] 중국은 1992년 중국방문의 해, 2001년 12월 WTO 가입 등으로 관광산업이 발전할 수 있는 계기가 마련되었다. 특히 중국의 여행업은 양적으로 크게 성장하였다.[6] 개혁개방 초기 중국인들은 관광목적의 국외여행을 할 수 없었으나, 시간이 지나면서 중국정부는 국외여행 통제를 완화시켰다. 중국의 경제발전, 생활수준향상, 정치적 자유 그리고 정부의 관광에 대한 우호적인 자세 등은 국제관광을 발전시키는 계기가 되었다.[7]

중국정부는 1978년 공식적으로 외국인 관광객에게 자국의 문을 열었고, 중국정부는 자국 국민에 대한 해외여행 개방은 1983년과 1984년 홍콩과 마카오 친지방문을 허용하면서 제한적으로 실시하였다. 1990년 동남아 3국인 싱가포르, 말레이시아, 태국에 대한 관광목적 여행을 허용한 것이 실질적인 해외여행의 시작이라 할 수 있다. 중국은 1998년 중국인의 한국, 뉴질랜드, 호주여행을 허용하였다. 한국이 중국인 해외여행 목적지로 선정됨에 따라 중국인의 한국방문은 늘어나기 시작했다.[8] 중국의 급속한 경제성장과 해외여행 규제완화 정책에 따라 해외여행은 증가하였고, 한국을 방문하는 중국인 관광객은 급속도로 증가하였다.[9]

중국의 대외개방정책과 자국민의 해외여행자유화는 한국 여행업의 구도를 변화시켰다. 한국 여행업의 변화는 크게 중국을 전문으로 하는 아웃바운드 여행사와 중국인 관광객을 대상으로 하는 인바운드 여행사의 출현을 들 수 있다.

2001년 기준 중국 전담여행사는 금룡, 롯데, 킴스, 한주, 한진, 계명세계, 창스, 서울항공, 숭인, 세중, 알렉스, 성위관광, 내일관광, 고려국제, 화인관광, 세명항공, 아주세계, 엔아이씨국제, 세일, 한국중국, 투원항공, 홍보, 태창, 진성관광, 세진관광, 대한리무진항공, 세원항공, 농협교류센터, 세린, 한국금강, 고려, 코오롱티엔에스, 청년, 성세, 아름관광, 호남해외, 대명해외, 현대백화점, 한국관광, 중앙고속관광, 국제보석, 아리랑투어서비스, 파나, 비아이항공 등 기존 44개 업체와 신규로 지정된 작인, 동산관광, 국경, 원방항공, 코앤씨, 골드투어, 국일, 우송, 국제통운, 세림항공, 자유, 아미 등 12개 업체로 총 56개 업체다. 문화관광체육부는 2011년 중국전담여행사를 100개로 확대 지정하였다(여행신문).

7. 인터넷과 IT혁명시대의 여행업(1995~)

전 세계 관광사업체들은 기존의 매체를 이용하는 대신 새로운 대안(alternative)으로 효율성과 수익성을 증대시킬 목적으로 인터넷을 이용한다. 특히 인터넷의 등장은 관광산업 유통채널에 큰 변화를 가져왔다.[10] 1990년대에 등장한 인터넷과 범세계적인 웹(world wide web: www)은 기존의 전통적인 마케팅 관행을 무용지물로 만들었다. 인터넷은 상호작용, 저비용, 국제성 등의 특성을 지니고 있기 때문에 관광마케터들에게 다양한 활용기회를 제공한다. 인터넷은 여행 패러다임의 변화를 가져왔다.[11]

인터넷과 IT혁명으로 인해 미래의 여행업자는 예약사무소(booking office)로부터 여행기획가·여행상담자로 변해야 생존할 수 있다. 또한 여행업자는 여행객 여행체험의 가치를 증대시키는 데 관심을 두어야 한다. IT혁명은 미래의 여행업에 기회와 동시에 도전을 가져왔다. 특히 인터넷혁명은 여행업자의 핵심업무(core business)인 정보제공과 예약업무에서 탈피하여 여행상담자(travel adviser)의 역할을 하도록 강요하고 있다.[12]

인터넷은 여행사의 중요한 역할 중 하나인 '정보제공자'의 역할을 변화시켰다. 여행업에서 인터넷의 힘이 증대되면 될수록 상품을 개발하고 구매하는 데 있어서 고객에게 권한이 더 많이 주어지게 되었다. 이제 여행사는 정보제공뿐만 아니라 상담능력이 더욱 필요하게 되었으며, 여행사가 유통 채널에서 경쟁력을 갖추기 위해서는 '상담제공능력(advice-giving capacity)'이 강화되어야 한다.[13]

기존 여행사의 중요한 역할이었던 예약(reservation)과 발권(ticketing)의 기능이 축소되고 여행정보제공기능이 강화된다. 또한 여행사는 호텔과 렌터카의 예약, 여행비용관리, 염가의 여행상품을 찾아 고객에게 제시하는 등과 같은 서비스기능이 확대될 것이다.[14] 여행업의 역할은 예약에서 상담 및 정보제공, 특히 기업을 대상으로 하는 비즈니스 여행상담으로 변화하고 있다.[15]

인터넷은 여행객에게 편익을 제공하고, 인터넷이용의 확대는 여행사에게 기회를 제공하기 때문에 인터넷을 통해 여행사업을 하는 on-line여행사가 늘어났다. 다음은 국내외의 대표적인 인터넷 기반 on-line여행사이다.

□ 국외 온라인여행사	□ 국내 온라인여행사
① Travelocity.com	① www.3wtour.com
② Expedia.com	② www. tourmall.com
③ Priceline.com	③ Tour.interpark.com
④ Orbitz.com	④ www.goldtour.co.kr
⑤ Asiatravel.com	⑤ www.nextour.com
⑥ Zuji.com	⑥ www.onlinetour.co.kr
⑦ Hotwire.com	⑦ www.tourexpress.com
⑧ Previewtravel.com	⑧ www.webtour.com

인터넷 환경이 도래하면서 항공사-여행도매업자, 여행도매업자-여행소매업자 간 유통구조가 급속하게 축약(縮約)되었다. 호텔・항공사를 비롯한 여행상품공급업자와 여행사(wholesalers)는 인터넷으로 직접 연결할 수 있게 되었으며, 여행도매업자와 소매업자 간 관계는 B2B(Business to Business)형태로 변하게 되었다. 여행사의 e-Business 도입은 여행사의 운영비용(operation costs)을 절감시켰고, 전자상거래(e-Commerce)는 여행사의 사업운영형태에 영향을 미쳤다. 특히 시장에서 여행사가 여행상품을 유통시키는 방법에 큰 변화를 가져오게 했다.[16]

자료: www.priceline.com/ tour.interpark.com/

〈그림 5-7〉 온라인여행사 Priceline과 Nextour

인터넷은 관광산업(tourist industry)의 전반인 환경을 변화시켰다. 인터넷의 등장은 여행업에 기회(opportunity)와 위협(threat)을 동시에 제공하고 있다. 여기서 말하는 기회란 인터넷이 여행업에 긍정적인 영향을 주는 것을 말하며, 위협은 부정적 영향을 미치는 것을 일컫는다.[17]

첫째, 인터넷이 여행업에 미치는 긍정적인 영향인 기회이다. 인터넷의 등장으로 고객과 상호작용이 증대되었다. 여행사는 인터넷을 이용하여 고객에게 최신의 정보를 제공할 수 있을 뿐만 아니라 고객의 정보를 용이하게 파악할 수 있다. 인터넷은 여행사로 하여

금 지리적 한계를 극복하게 한다. 여행객은 세계 어디서나 여행사의 웹사이트와 포털에 접속(access)하여 여행사가 제공하는 정보를 획득할 수 있고, 예약과 구매가 가능하다. 이러한 지리적 한계(geographical limitations)의 극복은 시장의 확대(expansion of market)로 연결된다. 인터넷은 고객과 실시간(realtime)거래를 가능하게 하여 시간 제약성(time barriers)을 해소시켜 주고 있다. 여행사는 하루 24시간 일 년 365일 언제든지 시간의 제약을 받지 않고 고객에게 접근할 수 있고 거래행위를 할 수 있다. 여행사는 인터넷을 이용하여 동종업체 및 이종업체와 제휴를 할 수 있고, 관련 사이트와의 '링크(links)'를 확대할 수 있다. 여행사는 인터넷을 이용하면서 마케팅에 변화를 주기도 하는데 그 대표적인 예가 e-mail 마케팅이다. 전통적인 off-line마케팅과 달리 인터넷을 이용한 on-line마케팅은 고객과 일대일 마케팅을 가능하게 하며, 무엇보다도 비용을 크게 줄이는 효과가 있다. 여행사는 인터넷을 통해서 저비용(low cost)으로 다양한 형태의 정보를 고객에게 전달하고 새로운 사업 모델(business model)이 창출된다. 대표적인 예가 B2C, B2B, M2M이다.

둘째, 인터넷 환경이 여행업에 미치는 부정적인 영향인 위협이다. 여행사는 인터넷이 등장하면서 여행상품 공급업자와 여행객 간 '중개인(middlemen)' 역할의 축소에 직면하게 되었다. 여행업(사)은 전통적으로 여행상품 '공급업자(suppliers)' 혹은 '프린서플(principals)'로 칭하는 호텔, 리조트, 항공사, 유람선, 레스토랑 등과 여행객 사이에서 중개인(intermediary) 역할을 수행해 왔다. 하지만 항공사와 호텔을 비롯한 여행상품 공급업자는 종전에 크게 의존해 왔던 여행사를 통한 이른바 간접유통(indirect distribution)보다 고객과의 직접거래를 선호하게 되었다. 이로 인해 전통적 여행사의 역할이 사라지는 탈중개인(dis-intermediary)현상이 도래할 수도 있다. 탈중개인화는 여행업의 존재가치에 대한 문제와 직결된다. 최근 탈중개화로 인해 여행사-여행객, 여행사-여행상품 공급업자 간 관계(relationship)에 큰 변화가 일어나고 있다. 종전의 여행사-여행상품 공급업자의 관계는 상호 의존적이며 협력(cooperation)하는 관계였으나 이제 여행사-여행상품 공급업자는 여행객을 서로 유치하기 위해서 경쟁하는 '갈등관계(conflicts)'로 변화하고 있다. 여행사는 인터넷을 이용하여 지리적 제한 없이 상품을 제공하고 거래를 할 수 있으나 국경을 초월한 경쟁환경에 노출되게 되었다. 여행사는 범세계적인 경쟁(world-wide competition)에서 생존하고 비교우위를 누리기 위해서 전략을 세워야 하는 도전에 직면하게 되었다. 또한 인터넷이 등장하면서 여행사는 고객과 정보를 공유하게 되었고, 심지어 경쟁자와 정보를 공유하기도 한다. 정보 공유로 인해 다른 여행사들이 자사가 개발한 상품을 모방하는 현상이 일어나기도 한다. 이는 여행상품의 특성인 '모방의 용이성(easy to copy)'과 관련이 있다. 그 외에 인적 접촉의 결여로 인해 개인화 서비스 결여(lack of personal service), 다른 업종에서 시장진입(easy entry from other trades), IT 설비 구축을 위한 비용발생, on-off line 마케팅을 병행하는 등의 부정적인 영향도 있다.

8. 여행기업의 상장과 여행업의 위상변화(2000~)

하나투어가 주식을 상장한 5년 뒤부터, 여행사의 주식 상장은 열풍처럼 번지기 시작했다. 2005년 모두투어가 코스닥에 직상장했고, 자유투어도 같은 해에 우회상장하였으며, 비티앤아이, 세중나모여행이 2006년 코스닥에 상장했다. 같은 해 롯데관광개발은 여행사 최초로 코스피에 상장했으며, 이후 참좋은여행, 레드캡투어, 포커스투어, 세계투어, 여행박사 등이 우회상장의 대열에 합류했다(여행신문).

박상환 하나투어 회장

우종웅 모두투어 회장

〈그림 5-8〉 하나투어와 모두투어 상장의 주역

여행업은 전통적으로 소규모 자영업 형태였다. 여행기업의 주식시장 상장은 영세한 자영업의 이미지를 벗고 여행업(여행사)이 기업으로 위상을 높이는 계기가 되었다. 하나투어가 코스닥에 상장하고 첫 거래가 이루어진 게 2000년 11월 28일이었다. 하나투어와 모두투어 등의 주식시장 상장은 여행업을 하나의 산업으로 올려놓았다는 점에서 높이 평가할 만하다.

참고문헌

1) 김성혁(1999). 『여행사경영관리론』. 형설출판사.
2) 이영관・박시사・장희정(2001). 『여행사경영론』. 백산출판사.
3) 康卫东(2005). 『旅行社经营管理』. 高等教育出版社.
4) 김성혁(1999). 『여행사경영관리론』. 형설출판사.
5) Lim C., & Pan G.(2005). Inbound tourism development and patterns in China. *Mathematics and Computers in Simulation*. 26(5-6): 498-505.
6) 李宝明(2004). 『旅游企业管理』. 经济科学出版社.
7) Lim C., & Wang Y.(2008). China's post 1978 experience in outbound tourism. *Mathematics and Computer in Simulations*. 78(2-3): 450-458.
8) 김철원(1999). 중국관광객 유치확대를 위한 관광상품개발방안. 한국관광연구원 보고서.
9) 박시사(2006). 한중 여행업 비교. 『관광・레저연구』. 18(3): 7-21.
10) Maurer, Ed.(2003). *Internet for the retail travel industry*. Thomson Delmar Learing.
11) 박시사(2008). 한국 여행업의 해외여행상품 인터넷 키워드 검색광고 분석. 『관광・레저연구』. 20(4): 355-371.
12) Bulalis D.(2003). *e-Tourism: Information Technology for Strategic Tourism Management*. Prentice Hall.
13) 박시사(2009). 『여행업경영론』. 대왕사.
14) Bulalis M.(1998). Strategic use of information technology in the tourism industry. *Tourism Management*. 19(5): 409-421.
15) Alamdari F.(2002). Regional development in airlines and travel agents relationships. *Journal of Air Transport Management*. 8: 339-348.
16) Wu J.J., & Chang Y. S.(2006). Effect of transaction trust on e-commerce relations between travel agencies. *Tourism Management*. 27(6): 1253-1261.
17) 박시사(2009). 『여행업경영론』. 대왕사.

■ 저자약력

박시사(朴時四) 국립제주대학교 관광경영학과 교수

한양대학교에서 박사학위를 취득했다. 저자는 한국관광학회 정책포럼 부위원장을 역임하였으며, 현재 편집위원으로 활동하고 있다. 제주대학교 BK21(Brain Korea 21)의 사업단장을 역임했다. 『여행사경영론』, 『항공사경영론』, 『해외여행과 관광문화』, 『관광학총론』 등 12권의 저서가 있다. 논문 「중국 여행사 기업사명 분석」, 「한중여행업 비교」, 「한국 여행업의 해외여행상품 인터넷 키워드 검색광고 분석」 등을 통해 활발한 학술적 성과를 발표하고 있으며 후진양성과 학회의 발전을 위해 힘쓰고 있다.

제 6 장 컨벤션산업의 역사

김 철 원*

제1절 컨벤션산업화와 역사적 기원

1. 관광산업의 꽃, 컨벤션산업

국가, 도시 및 지역 간 세계화와 블록화(building block)의 심화현상으로 인해 사람, 지식, 자본, 기술, 미디어 등의 상호이동에 있어 시공간의 제약이 점점 사라지고 있다. 국제사회의 불규칙적인 움직임은 지역들 간의 국제협력체계 구축과 혁신적 지식·정보 공유의 필요성을 촉진시키고, 이러한 국제적인 움직임은 서로 함께 모여 중요 의제를 토의하는 장을 만들게 되고, 이는 컨벤션의 태동과 연계성을 갖게 된다. 정치적·경제적·사회문화적인 파급효과를 창출하는 컨벤션의 중요성은 국제사회에 더욱 부각되는 추세 속에서 선진국과 후진국을 막론하고 '컨벤션산업(convention industry)' 육성을 위한 치열한 경쟁을 벌이고 있다.

컨벤션산업은 흔히 '관광산업의 꽃'이라 불린다. 컨벤션이 개최되면 관광산업의 수요와 공급을 촉진시키는 효과가 다면적으로 나타난다. 특히 컨벤션 참가 목적의 외국인 관광객은 일반관광 목적의 관광객과 비교하여 관광체류 기간이 더 길고 평균 소비지출 규모가 더 많은 경향을 보이므로 지역 내 컨벤션 참가자 유치 증대는 곧 외국인 관광객의

* 경희대학교 컨벤션경영학과 교수(현)
e-mail: kimcw@khu.ac.kr

소비지출 증대로 이어져 지역의 경제적 파급효과를 창출하는 실질적인 기여를 한다.

컨벤션산업은 관광산업이 포함하고 있는 숙박, 교통, 레저, 엔터테인먼트, 식음료, 쇼핑 분야에 대한 집약적 발전은 물론이고, 정보통신, 인쇄출판, 광고, 건축, 금융, 의료, 교육 분야 등의 다양한 산업과 연계 발전할 수 있는 종합적 성격을 가지고 있고 고부가가치를 창출하는 분야이다. 특히 컨벤션산업은 특정 컨벤션 개최의 주제와 관련된 산업, 경제, 정치, 사회, 문화, 기술 분야에 대한 최신 정보와 지식의 집적과 새로운 지식의 생산과 유통을 촉진하고 융합하므로 해당 컨벤션 개최지역의 국제경쟁력 강화에 영향을 미치는 지식기반형 성장동력산업으로 인식되고 있다.[1)]

그러나 컨벤션산업이 독립된 산업으로 독자적 영역을 구축하는 데는 많은 어려움이 있다. '컨벤션(convention)'이라는 용어 자체에 대한 개념 정의에 있어서도 아직 관련 학자나 전문가에 따라 차이가 존재하고 컨벤션산업의 범주를 정하는 데도 논쟁의 여지가 있다.

컨벤션이라는 용어는 19세기 중반 이후 미국에서 주로 기업과 단체의 대회나 집회를 가리키는 용어로 사용되기 시작하였다. 유럽에서는 이를 '콩그레스(congress)'로 불렀고, 국제기관의 공식적인 전시회 행사를 '메세(messe)'라 칭하였다. 이후 유럽의 메세가 회의를 동반하고, 미국의 컨벤션이 전시회를 동반하면서, 양자는 차츰 통합된 컨벤션의 모습을 갖추게 된다.

컨벤션의 개념을 확대 해석하여 올림픽이나 월드컵, 세계박람회 등의 메가 이벤트(mega event), 또는 지역의 문화관광 축제 및 단체 관광 프로그램 등을 컨벤션산업의 영역에 포함하고 있다. 이는 특정 지역에서 개최되는 국제적 행사들이 지역 내 외국인의 방한을 유인하고 개최 목적과 연관된 산업의 발전 효과를 얻을 수 있는 성격의 국제 행사와 국내 행사를 컨벤션산업의 범주에 포함시키는 것이 타당하다는 컨벤션 개념화의 합의과정으로 볼 수 있다. 2000년대에는 이들 범주 영역을 재분류하여 MICE(Meeting, Incentive travel, Convention, Exhibition) 산업으로 통칭하면서 국내외 회의를 포함하여 기업 인센티브여행 및 전시를 포함하는 노력을 하고 있다. 이는 컨벤션의 산업화 및 현대적 컨벤션 개념의 진화과정으로 해석할 수 있다.

2. 컨벤션산업화의 역사적 기원

컨벤션의 역사적 기원은 고대시대부터 행해져 온 인간사회의 회의 또는 의식 문화에서 찾아볼 수 있다. 컨벤션의 어원은 '컨벤션(convention)'이라는 어휘 자체가 'con(함께)'과 'vene(모이다)'의 합성어에서 유래한다.

국가 간 회의 개최가 먼저 활성화된 곳은 유럽지역이다. 유럽 최초의 국제회의는 1814년 9월부터 1815년 6월까지 열린 비엔나 회의이다. 이는 영국, 오스트리아, 프러시아, 러시아 4개국이 프랑스 혁명과 나폴레옹 혁명 이후 유럽지역의 정치적 평화를 수습하고자 개최한 회의이며, 구체적인 개최계획을 가지고 장기간에 걸쳐 정기적으로 개최된 최초의 회의라고 할 수 있다.

이후 19세기 중반부터 20세기 초반에 걸쳐 많은 국제회의들이 개최되었으나 유럽 근대 국가 및 사회의 전반적인 평화유지 목적에서 개최되었기 때문에 다분히 정치적 성향이 강하였다. 따라서 이러한 회의의 개최가 공급자와 수요자 측면에서 하나의 산업으로 간주될 시장구조를 형성하지는 못하였다.

회의 개최를 산업적 측면에서 접근하여 지역의 경제적 이익 증진을 목적으로 개최하기 시작한 것은 19세기 말경의 미국이다. 1896년 디트로이트 타임스 Camichael 기자가 디트로이트 상공인협회에서 주관하는 회의가 지역 내 상거래 증진에 기여하고 지역 발전에 기여하는 현상을 목격하고 컨벤션뷰로(CB: Convention Bureau) 설립을 제안하면서 현대적 의미의 컨벤션이 태동하게 되었다. 이것이 바로 컨벤션 전담기구(CVB: Convention & Visitors Bureau)의 시초이자 컨벤션산업화의 발단이라 할 수 있다.

이후 미국의 타 도시들 역시 컨벤션산업화로 파생되는 경제적 효과를 인식하면서 CB의 설치는 미국 전역으로 급속도로 확대되었고 1914년에는 국제컨벤션뷰로협회(IACB: International Association of Convention Bureau, 1974년에 IACVB: International Association of Convention & Visitors Bureau로 명칭 변경. 2005년에 현 DMAI: Destination Marketing Association International로 명칭 변경)가 설립되었다. 이러한 각종 협회와 CB의 등장으로 미국의 컨벤션산업은 급격한 성장과 발전을 거두게 되었고, 이후 회의와 전시산업에 관련된 모든 정보를 중앙 집중적으로 관리하기 위해 1949년 컨벤션산업위원회(CLC: Convention Liaison Council, 1999년에 CIC: Convention Industry Council로 명칭 변경)를 발족하였다.

한편 같은 시기에 유럽에서는 두 차례의 세계대전이 있었다. 이로 인해 유럽의 컨벤션 산업화는 미주보다 다소 늦게 시작되었으며, 지역 내 CB의 설립도 1960년대이지만, 유럽의 컨벤션산업화는 짧은 기간에 비하여 급속한 발전을 보이게 된다. 세계대전 이후 유럽 지역이 정치적 안정기에 접어들면서 인접 국가들 간의 경제, 사회, 문화, 관광, 스포츠 등 다양한 분야에 걸친 국제적 협력기구 및 민간단체들이 다수 설립되고, 나아가 그 대상국이 유럽을 넘어 범세계적으로 확대되면서 유럽 주요 국가들의 컨벤션 개최가 폭발적으로 증가하였다.

우리나라의 컨벤션산업화는 미국과 유럽지역에 비교하여 그 역사가 짧다. 우리나라에서 개최된 최초의 컨벤션은 1965년 제14차 아시아태평양관광협회(PATA) 총회로 알려져 있으나, 같은 회의(제28차 총회)를 1979년에 다시 개최하면서 국내 컨벤션산업화의 전기가 마련되었다고 보고 있다.[2] 1979년 PATA총회 개최를 계기로 국제관광공사(현 한국관광공사) 내 국제회의부(현 한국MICE뷰로)를 발족하였으며, 이것은 국내에서 국제회의를 보다 계획적이고 조직적으로 유치·개최해 내기 위한 산업정책적 차원의 첫 움직임이라고 볼 수 있다.

〈그림 6-1〉 우리나라 컨벤션화의 시초: 1965년, 1979년 PATA총회

우리나라의 컨벤션산업화의 흐름은 정부 차원의 컨벤션산업 육성정책과 일치한다. 이런 관점에서 다음 2절에서는 국내 컨벤션산업 육성정책의 발전과정을 중심으로 우리나라 컨벤션산업의 발전 역사에 대하여 고찰하고자 한다. 3절에서는 국내 컨벤션 시장의 형성과 발전 현황을 살펴보고, 4절에서는 국내 컨벤션산업을 구성하는 각 인프라별 발전 역사를 세부적으로 고찰하고자 한다. 마지막 5절에서는 국내 컨벤션 전문인력 양성의 진화과정에 대한 흐름을 서술하고자 한다.

제2절 우리나라 컨벤션산업 정책의 발전사

1. 1996년 이전의 발전사

우리나라 컨벤션산업의 발전은 크게 1996년 이전과 이후로 구분할 수 있는데, 그 기준이 되는 것이 바로 「국제회의산업 육성에 관한 법률」의 제정이다.

먼저 1996년 「국제회의산업 육성에 관한 법률」 제정 이전의 국내 컨벤션산업 육성은 컨벤션을 관광산업을 활성화시키는 전략의 한 부분으로 간주하였다. 즉 컨벤션산업 자체의 구조적 발전보다는 정부 주관의 국제회의 유치를 통한 국가의 이미지 제고 및 관광수요 증대에 집중되었다. 이미 서술한 바처럼, 1979년 제28차 PATA총회 개최를 계기로 우리나라 최초의 컨벤션 전담기구인 국제관광공사의 국제회의부가 설치된 것은 우리나라 컨벤션산업을 법・제도적으로 발전시키는 단초가 되었다.

1982년 제8차 아태 국제 잼버리(Asia-Pacific Jamboree)대회, 1983년 제53차 미국 여행업자협회(ASTA: American Society of Travel Agents) 총회와 제70차 국제의회연맹(IPU: Inter-Parliamentary Union) 총회, 1985년 제40차 국제통화기금(IMF: International Monetary Fund) 그리고 국제부흥개발은행(IBRD: International Bank for Reconstruction and Development) 총회 등을 개최하면서 관광산업 및 국제회의 육성의 정치・사회・경제적 효과에 대한 인식이 증대되었고, 이에 컨벤션산업 진흥을 위한 육성 노력들이 나타났다. 특히 1987년 7월에 개정・공포된 「관광진흥법」에서 최초로 국제회의 산업을 관광 중요 산업으로 법문화시킴에 따라, 이후 국내 컨벤션산업이 발전할 수 있는 법적 근거가 마련되었다.[3)]

한편 「관광진흥법」 개정과 비슷한 시기에 치러진 1986년 서울 아시안게임과 1988년 서울올림픽, 그리고 1993년 대전 국제 과학엑스포에 이르기까지, 세계인의 주목을 받는 대규모 국제행사들의 연이은 성공 개최로 컨벤션의 중요성이 부각되기 시작했다.

이러한 성장과정 속에서 1980년대 후반부터 1990년대 중반까지 국내 컨벤션산업은 새로운 전기를 맞이하게 된다. 특히 1979년 7월 개장했으나 그 규모가 협소하여 실질적 활용가치가 적었던 한국 최초의 전문컨벤션개최시설인 KOEX가 88 서울올림픽 개막에 맞추어 증축되었는데 이때 지금의 한국무역센터빌딩과 현대백화점, 도심공항터미널, 그랜드인터콘티넨탈호텔 등이 함께 지어졌다. KOEX는 당시 27개의 행사를 시작으로 1995년에는 110개의 행사를 개최하는 비약적인 발전을 보였다.

〈그림 6-2〉 전 세계에 한국을 알리게 된 88 서울올림픽

이러한 대규모 국제행사 개최는 국내 숙박시설 증설을 위한 보조금 지원 및 세재혜택 등의 다양한 정책적 지원을 이끌어냈다. 1979년 PATA총회를 계기로 개관한 롯데(소공), 신라, 하얏트 호텔과 1988년 서울올림픽 개최를 계기로 개관한 그랜드인터콘티넨탈, 스위스그랜드, 라마다르네상스, 롯데(잠실) 호텔 등이 그 대표적 사례이다. 또 이러한 국내 특1급 호텔의 증가는, 다시 국내 중·소규모 호텔컨벤션 시장의 점진적 성장으로 연결되었다.[4)]

2. 1996년 이후의 발전사

1996년 12월 30일 「국제회의산업 육성에 관한 법률」이 제정되면서 우리나라 컨벤션산업은 정책적 육성에 필요한 법·제도적 기반이 구축되고 본격적인 발전기를 맞이한다. 동 법률은 국제회의 유치를 촉진하고 원활한 개최를 지원하여 국제회의 산업을 육성·진흥하여 관광산업의 발전과 국민경제 향상에 기여할 목적으로 제정되었다.[5)] 사실 법률 제정은 2000년 서울에서 개최되는 제3차 아시아·유럽 정상회의(ASEM)를 성공적으로 개최할 수 있는 법적 지원체계를 마련하고 이 기회를 활용하여 향후 국제회의 산업의 발전을 촉진시킬 목적이었다.

〈그림 6-3〉 우리나라 컨벤션산업화의 기폭제, 2000년 ASEM 정상회의

한편 「국제회의산업 육성에 관한 법률」에서 '국제회의'를 제2조 제1호에서 "상당수의 외국인이 참가하는 회의(세미나, 토론회, 전시회 등을 포함한다)로서 대통령령이 정하는 종류와 규모에 해당하는 것"이라 정의하였고, 또 '국제회의산업'이라 함은 "국제회의의 유치 및 개최에 필요한 국제회의시설, 서비스 등과 관련된 산업"이라 정의하였다.[6]

「국제회의산업 육성에 관한 법률」의 제정은 세 가지 측면에서 우리나라 컨벤션산업화에 중요한 의의를 가진다. 그 첫 번째는 우리나라 컨벤션산업이 독립된 산업으로 체계적인 발전을 해나가는 데 지대한 영향을 미쳤다는 점이다. 이는 동 법률이 기존에 존재해 왔던 국내 국제회의 유치 증대를 위한 지원 강화 외에도 국제회의 산업에 필요한 개최시설 확충과 전문인력 양성, 그리고 전담조직 설치(2001년 법률 개정에 따라 추가) 및 산업 육성기반 강화(2003년 개정, 추가)를 지원함에 따라[7] 국내 컨벤션산업의 핵심 주체들이 생성되었기 때문이다.

예를 들어 컨벤션 개최시설 건립의 경우 당시까지는 극히 제한적인 관광사업에만 사용이 가능했던 '관광진흥개발기금'을 특정 컨벤션센터 건립에 지원할 수 있도록 하였을 뿐만 아니라, 건설법과 컨벤션시설의 건축에 관련된 법률에 관하여 행정절차를 간소화하였으며 사회간접자본시설로 구분되는 컨벤션시설에 세제감면, 부담금 인하, 건물획득 등에 대한 재정적 지원을 용이하게 하였다.

「국제회의산업 육성에 관한 법률」 제정이 가지는 또 하나의 중요한 의의는 국내에 '국제회의도시' 지정을 위한 기준과 지원 근거를 마련했다는 것이다. 동 법률의 제2조 제4호를 보면 "국제회의도시란 국제회의산업의 육성, 진흥을 위하여 문화체육관광부장관이 대통령령으로 정하는 기준에 따라 지정된 특별시, 광역시 또는 시"라고 규정하고 있으며, 이와 같이 지정된 국제회의도시에 대하여는 문화관광부장관(현 문화체육관광부장관)이 「관광진흥개발기금법」에 따라 컨벤션산업의 육성재원을 우선 지원할 수 있도록 하였다.[8] 그 결과 2005년에 서울특별시, 부산광역시, 대구광역시, 서귀포시(2006년 제주특별자치도로 변경)가 우리나라 최초의 국제회의도시로 지정되었고, 이후 2007년에 광주광역시, 2009년에 경상남도 창원시와 대전광역시, 가장 최근인 2011년에 인천광역시 추가로 지정되면서 현재 총 8개의 국제회의도시가 존재하게 되었다.

세 번째 의의는 '국제회의산업 육성에 관한 기본계획'의 수립을 통해 우리나라 컨벤션산업을 지속가능하게 육성하는 체계를 갖추었다는 것이다. 이는 동 법률 제4조(현행 제6조) 규정에 의거하여 담당 주무부처인 문화관광부에 의해 수립·발표된 것으로 1998년부터 2005년까지 제1차 기본계획이, 2006년부터 2010년까지 제2차 기본계획이 추진되었고, 현재는 2011년부터 2015년까지 추진될 제3차 기본계획이 진행 중이다.

제1차 기본계획은 국제회의 유치·촉진에 관한 사항과 국제회의시설의 설치 및 확충에 관한 사항, 국제회의에 필요한 인력의 양성에 관한 사항, 국제회의산업 전담조직의 설치에 관한 사항, 국제회의산업의 해외 유치·홍보 및 개최활동 지원에 관한 사항, 그리고 국제회의도시의 지정 및 지원에 관한 주요사항 등을 주요골자로 하였다. 그러나 전시행정성의 컨벤션센터 건립과 명목상의 국제회의 도시 지정에 그쳤다는 평가와 함께, 전문인력 양성과 전담조직 및 기획업체 활성화 등 실질적인 산업 진흥의 정책적 실효성은 크지 못한 한계를 드러냈다.[9]

2006년에 제1차 계획기간 중 나타난 성과와 문제점 등의 진단결과를 바탕으로 하여 '국제회의산업육성위원회'의 심의를 거친 제2차 5개년 기본계획이 수립되었다. 2차 계획에서는 2010년까지 우리나라 국제회의 개최 건수를 국제협회연합(UIA: Union of International Association) 기준 연간 220건으로 정하여 세계 12위의 컨벤션 개최국에 진입하는 것을 비전으로, 국제회의 전담기구와 국제회의 전문기획업의 효과적 육성에 필요한 지원시책 등을 담은 5대 핵심 추진전략과 20대 세부 중점과제를 선정하였다.[10]

결과적으로 우리나라의 UIA 기준 2010년 국제회의 개최 건수는 464건, 세계 8위를 기록하여 당초 목표를 초과 달성하였는데, 이는 제2차 기본계획 추진에 따른 국내 컨벤션 기획업의 전문성 및 전담기구의 마케팅 역량 강화, 그리고 국가 컨벤션지식정보시스템 구축 등의 성과로 볼 수 있다.

사실 1996년 「국제회의산업 육성에 관한 법률」이 처음 제정될 당시만 하더라도 컨벤션산업에 대한 국내의 이해가 미흡한 실정이었기 때문에 컨벤션산업의 세부 분류 및 구체적인 지원 형태 등에 대한 조항 및 규정에는 다소 미비한 측면이 있었고, 따라서 법률이 국제회의의 유치 및 개최 증대를 위한 실질적인 지원을 효과적으로 하기에는 한계가 있었다. 이에 동 법률은 2001년과 2003년, 2007년, 2009년에 걸쳐 개정되면서 현행 법률체계를 갖추게 되었으며, 이 과정에서 국내 국제회의산업의 세부 구성체계 및 법적 지원 근거를 구체화하고, 연관산업 및 관련 타 법률과의 상호관계를 규정하는 등 정책적 실효성을 높이기 위해 노력하였다.

〈표 6-1〉 제1차, 2차 국제회의산업육성기본계획의 주요 내용

구분	1차 기본계획 ('98~'05)	2차 기본계획 ('05~'10)
개최시설 확충	• 적정규모의 전문국제회의시설 건립 • 지역특수성을 반영한 복합시설 개발 • 공공지원 확대를 통한 민간투자 촉진 • 지자체의 시설건립에 따른 정부의 국비지원 및 세금감면 혜택 확대 • 수도권정비계획법상 과밀부담금 감면(COEX-ASEM 관련)	• 신규 시설 건립 지양 • 시설 공급의 조정기능 강화(사전 타당성 조사 및 운영·조달 계획, 입지 선정 심사 강화) • 시설의 다용도 이용 활성화(다양한 부대시설 도입 및 시민 이용 확대, 수익성 향상 추진)
전담조직 설치	• 국제회의산업 담당 전담조직 설치 • 국제회의도시 진흥위원회 • 민관공동 유치 홍보협의회 구성	• 지역 CVB의 지역마케팅기구(DMO)로의 기능 확대(CVB 회원 확보 및 자체 수익사업 발굴) • 지역 CVB의 전시회뷰로 기능 도입 • 국제회의 중앙전담조직의 확대 개편
전문기획업 및 전문인력 양성	• 국제회의기획업 지원 및 육성 • 중소기업기본법시행령상 중소기업적용범위 확대(20인 이상) • 국제회의기획업 조세감면대상 포함 • 국내외 전문교육훈련 지원 • 국제회의산업에 대한 국민인식 제고 • 전문자격증제도 도입 추진	• 우수 국제회의기획업 인증제 도입 • 전문 국제회의기획업의 중점 육성 • 관광진흥개발기금 지원 우선순위부여 • 서비스매뉴얼 및 평가척도 개발 • 국제회의 전문인력 교육 확대(PCMA 등 해외전문 프로그램 도입) • 컨벤션기획사 자격증제도 보완
유치·개최지원	• 해외 국제회의유치 홍보망 구축 • 국제회의 유치·홍보예산 확충 • 독특한 홍보수단의 개발 • 국제회의산업 관련 DB 구축 추진 • 유치·개최단체 재정지원사업 확대 • 국제회의 관련 유관인사 초청 프로그램 개발 및 사후관리체계 구축 • 공공기관 및 단체를 통한 국제회의 유치·개최지원 활성화	• 기존 주요 유치·개최지원 사업의 보안 및 개선 • 국제회의 요건 완화 및 지원범위 확대 • 유망 국제회의 선정 및 유치활동 지원(유치 참여 PCO 성공보수지급) • 민관 공동유치 국제회의 지정 • 국제회의 개최 준비자금대여제 도입 • 전시회의 관광상품화 지원 • 국제회의 정보시스템 구축(포털 커뮤니티 및 전자상거래 기능 부가)

국제회의도시	• 국제회의도시 지정기준 세분화 및 평가점수제 도입 • 국제회의도시 지정 및 지원 • 국제회의도시에 대한 정기 평가 실시 및 그 결과를 지원정책에 반영하는 국제회의도시 운영평가제 도입 • 국제회의시설 내 카지노 허가 검토 • 국제회의 사업자 지정제도 도입 • 국제회의도시 육성기금 조성 • 국제회의진흥 기여/기부금 모금 허용	• 국제회의산업 육성 진흥을 위한 거점도시 선정 및 집중 육성 • 지역별 국제회의 유치 캠페인 전개 • 국제회의도시 지정의 실효성 제고(국제회의도시 운영 평가제 실시 및 차별적 예산지원 및 인센티브 제공)
기타 제도 개선		• 「국제회의산업육성에관한법률」 개정 • 기부금 세제혜택 및 부담금 감면

자료: 문화체육관광부, 국제회의산업육성기본계획.

컨벤션산업 육성과 관련한 기타 법·제도의 변천사를 보면, 1998년에는 「관광진흥법」을 개정하여 종전의 '국제회의용역업'을 '국제회의기획업'으로 명칭이 변경하고 여기에 '국제회의시설업'을 추가하여 '국제회의업'으로 확대되었다.[11] 또 1999년 1월에는 문화관광부에서 "관광비전21"을 선포하고 이에 따라 "관광 진흥 5개년 계획"을 수립하여 국제회의 산업 육성을 핵심 정책 방향으로 포함시켰다.

이후 정권이 바뀌었음에도 불구하고 컨벤션산업과 관련된 정부정책의 연속성은 유지되었다. 2008년 3월에 개최된 '관광경쟁력 강화회의'에서는 컨벤션의 범위를 확대하여 MICE 산업 육성을 정책 어젠다로 채택하였고, 2009년 1월에 열린 국가과학기술위원회 및 미래기획위원회 합동회의에서 17대 신성장동력산업 중 하나로 MICE 산업이 선정되었다.[12]

한편 각 중앙정부 부처는 해당 분야의 국제경쟁력 강화를 위한 국제행사 개최를 지원해 왔는데, 이를 위한 재정 지원에 있어 과거 국무조정실에서 국제행사 지원 심사를 실시하던 것을 2008년부터는 기획재정부로 권한이 이임되었다. 그 과정에서 기획재정부는 기존의 방만한 국제행사 운영 및 재정 낭비 문제를 제기하여 2008년 4월 「기획재정부훈령」 제12호, '국제행사의 유치·개최 등에 관한 규정'을 제정하여 우리나라에서 개최·지원되는 국제행사가 국익 강화에 실질적인 효과를 거둘 수 있도록 국제행사의 사전 개최 타당성 심사 및 사후 평가를 강화하는 법적·제도적 기준을 마련하였다.[13]

제3절 국내 컨벤션 시장의 발전과 국제적 위상

1. 1965년 PATA에서 2010년 G20까지

우리나라에서 개최된 최초의 현대적 컨벤션은 1965년에 개최된 제12차 PATA총회라 할 수 있다. 그로부터 약 50년도 채 지나지 않은 기간 동안에 급성장을 경험하고 있는 한국은 최근(2010)에는 G20 정상회의를 성공적으로 개최하면서 명실공히 세계적인 컨벤션 개최국으로 인정받고 있다.

〈그림 6-4〉 한국 컨벤션산업의 역량을 세계에 보여준, 2010년 G20 정상회의

2000년 ASEM, 2010년 G20, 2015년 APEC과 같이 세계적인 국제회의를 지속적으로 유치하고 개최할 수 있는 원동력은 지난 50여 년간의 다양하고 많은 컨벤션 개최 경험을 밑거름으로 우리의 컨벤션산업을 세계적인 수준으로 발전시킬 인프라가 구축되었기 때문이다. 〈표 6-2〉와 같이 지난 50여 년간 국내에서 개최된 국제행사의 주제 분야를 통해서 그 이유를 유추할 수 있다. 컨벤션의 특성이 국가의 정치·사회·문화·경제의 발전 흐름과 많은 밀접한 관계가 있음을 알 수 있다.[14)15)]

〈표 6-2〉 지난 50년간 우리나라 컨벤션 개최 시장의 종합 현황

발전 시기	컨벤션 시장의 특성	대표 컨벤션 및 국제행사
1960년대	• 경제 관련 분야의 행사가 가장 많음 • 다음으로 국제관계 관련 행사가 많음 • 1차산업 관련 행사도 다수 개최	'65 PATA총회
1970년대	• 국제관계 관련 행사가 가장 많음 • 다음으로 경제 관련 분야의 행사가 많음 • 국방, 통일, 반공에 관한 행사도 다수 개최	'79 PATA총회
1980년대	• 2차, 3차 산업 관련 분야의 행사가 가장 많음 • 스포츠, 사회, 복지 관련 행사 증가함 • 경제 관련 분야의 행사도 많은 비중 차지	'82 아태 국제 잼버리 '83 ASTA총회 '83 IPU총회 '85년 IMF-IBRD총회 '86년 서울 아시안게임 '88년 서울올림픽
1990년대	• 과학·기술 관련 분야의 행사가 가장 많음 • 다음으로 산업 관련 분야 행사가 많음 • 교육, 의학, 예술, 문화 관련 행사 증가함 • 환경문제 관련 행사도 나타나기 시작	'93년 대전엑스포 '95년 라이온스세계대회 '97년 FDI총회
2000년대 초반	• 과학·기술 관련 분야의 행사가 계속 우위 • 다음으로 경제·금융 관련 행사가 많음 • 의학, 교육, 문화, 환경 관련 행사 다수 개최	'00 ASEM 정상회의 '02 한일 월드컵 '05 APEC 정상회의
2000년대 후반	• 기업·경영 관련 분야의 행사가 가장 많음 • 다음으로 과학·기술 관련 행사가 많음 • 문화, 환경, 관광, 교통 관련 행사도 다수 개최	'08 RAMSAR총회 '09 C40 '10 G20 정상회의

자료: 한국관광공사, 2009 MICE산업통계조사연구를 바탕으로 논자 재정리.

2. 세계지식포럼의 성공과 MICE 스타브랜드의 육성

일반적으로 기존의 컨벤션이 개최되는 특성은 우리나라에서 자생적으로 개발한 국제회의보다는 국제기구나 관련 주제의 협회나 학회에서 주관하는 국제회의를 개최하는 경우가 대부분이다. 소위 '유치형 컨벤션 개최'가 국내 컨벤션산업 발전에 크게 기여하고 있다. 이러한 흐름 속에서 새로운 컨벤션 개최 패러다임의 변화가 나타났다. 대표적인

사례가 2000년에 처음 개최되어 2011년으로 제12회를 맞는 세계지식포럼(World Knowledge Forum)이다. 이는 우리나라에서 자체적으로 기획한 '창조형 컨벤션'이다. 이는 국내 컨벤션산업이 발전하면서 컨벤션 시장의 수요가 증대되었고 또한 컨벤션 개최의 경제적 가치에 대한 인식이 향상되었기 때문으로 볼 수 있다. 세계지식포럼의 성공 이후, 서울디지털포럼, 글로벌인재포럼과 서울파이낸셜포럼, 세계전략포럼 등과 같은 다양한 창조형 컨벤션 상품들이 개최되고 있다.

〈그림 6-5〉 창조형 컨벤션 시장의 성장, 세계지식포럼

창조형 컨벤션 개최는 국가 컨벤션산업 진흥을 통한 국가 경제 활성화 측면에서도 적지 않은 정책적 시사점을 제공하고 있다. 많은 예산이 투입됨에도 일회성 행사에 그치는 국제기구 컨벤션 유치보다는 우리나라가 가지는 강점 분야와의 연계를 통해 산업·경제·사회·문화적으로 시너지 창출 극대화가 가능한 창조형 컨벤션의 개최가 국가 발전에 더 효과적일 수도 있음을 인지하게 되었다.

이에 2010년부터 문화체육관광부와 한국관광공사 공동으로 '한국 MICE 스타브랜드'를 육성하는 정책을 실행하고 있다. 2010년 총 9개의 후보 행사가 선정되었으며, 이후 평가·관리를 통해 2013년까지 최종 3개의 스타브랜드를 최종 선정하여 세계 최고의 컨벤션으로 육성·지원할 계획이다. 선정된 MICE 스타브랜드는 '세계해양포럼', '세계유방암학술대회', '인천국제물류총회', '소화기인터벤션의학회', '아시안영상정책포럼', '아시아경제공동체포럼', '국제그린에너지컨퍼런스', '국제습지포럼' 등이다.[16] 창조형 컨벤션은 스위스 다보스 포럼처럼 향후 국가 브랜드 이미지 제고에도 기여하고, 수출상품의 효과를 창출할 것으로 기대된다.

3. 세계 10대 컨벤션 개최국으로의 성장

세계 컨벤션 개최 통계와 관련하여 가장 공신력 있는 기관은 국제협회연합(UIA)과 세계국제회의협회(ICCA)가 있다. 이들은 각자 기관별로 정한 기준에 의거하여 국가별, 그리고 도시별 국제회의 개최수를 집계해 왔다. 우리나라에서는 이 중 UIA의 통계자료를 주로 사용하고 있다.

〈표 6-3〉 세계 국제회의 개최수 집계 기준

구분	국제회의 집계 기준
국제협회연합(UIA)	국제기구(정부기구 및 비정부기구 모두 포함)가 주최하거나 후원하는 회의 또는 국내단체가 주최하는 회의 가운데 다음 조건(전체 참가자 300명 이상이며, 참가자 중 외국인이 40% 이상, 5개국 이상 참가)을 모두 만족하는 회의
국제회의협회(ICCA)	국제비정부기구(협회)에서 주최하는 회의로 정기적으로 개최되며(일회성 행사는 포함되지 않음), 개최지는 3개국 이상 순회하고, 회의 참가자수가 50명 이상인 회의

자료: UIA(Union of International Associations), ICCA(International Congress and Convention Association).

과거 10년간 전 세계의 국제회의 시장에서는 UIA 기준으로 매년 약 10,000건 정도의 행사가 개최되어 왔다. 그중에서 연간 가장 많은 국제회의를 개최하는 국가는 매년 순위 변동 없이 미국이 차지하고 있으며, 세계 2위와 3위 국가는 프랑스와 독일이며, 그 외 대부분의 세계 10위권 국가 역시 유럽 국가들이 차지해 왔다. 그러나 최근 5년간 싱가포르, 일본, 한국과 같은 아시아 지역 국가들의 비약적인 성장이 두드러졌고, 2007년을 기점으로 일본과 싱가포르가 프랑스와 독일을 차례로 제치고 2010년에는 세계 2위와 3위를 차지하였다.[17)]

〈표 6-4〉 우리나라 국제회의 개최수 및 세계 순위('06~'10)

개최국가	2010		2009		2008		2007		2006	
	개최수	순위	개최수	순위	개최수	순위	개최수	순위	개최수	순위
미국	936	1	1,085	1	1,079	1	1,114	1	1,108	1
일본	741	2	538	5	575	4	448	5	213	17
싱가포르	725	3	689	2	637	3	466	4	300	11
프랑스	656	4	632	3	797	2	598	2	699	2
벨기에	597	5	470	6	383	9	307	11	284	12
스페인	572	6	365	10	467	5	393	8	408	7
독일	499	7	555	4	440	6	523	3	519	3
대한민국	**464**	**8**	**347**	**11**	**293**	**12**	**268**	**15**	**243**	**16**
영국	375	9	347	11	349	10	327	10	426	4
오스트리아	362	10	421	8	315	11	366	9	414	6
이탈리아	357	11	391	9	413	8	414	7	384	8

자료: UIA International Meetings Statistics for year 2005~2010을 기초로 하여 논자 재구성.

우리나라는 2004년 처음으로 세계 20위권에 진입한 이후 지속적인 성장세를 보였다. 그 후 3년 만인 2007년에는 15위권, 그리고 다시 3년 만인 2010년에는 세계 8위를 기록하여 세계 10위권의 컨벤션 개최국 진입에 성공하였다. 이 같은 성장세가 최근 일본과 싱가포르의 급성장과 비교할 때는 다소 미약하나, 2007년에는 지난 10년 동안(1998~2007년) 세계에서 가장 괄목할 만한 성장을 보인 국가로 인정받고 있다.[18)]

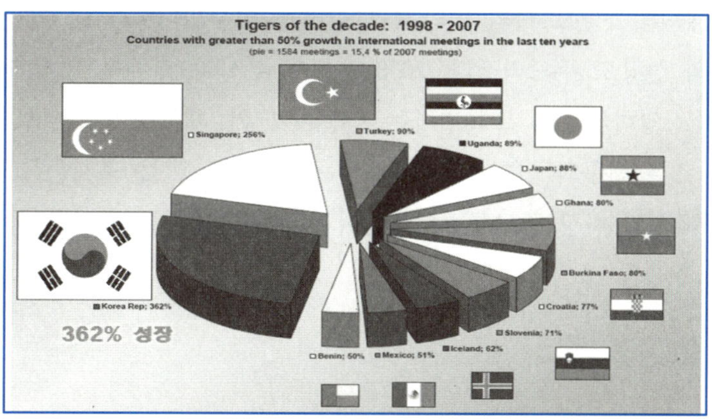

〈그림 6-6〉 10년간 국가별 국제회의 개최 성장률 순위('98~'07)

〈표 6-5〉 우리나라 국제회의 개최수 및 세계 순위('06~'10)

개최 도시	2010		2009		2008		2007		2006	
	개최수	순위	개최수	순위	개최수	순위	개최수	순위	개최수	순위
싱가포르	725	1	689	1	637	1	465	1	300	3
브뤼셀	486	2	395	2	299	3	229	4	206	4
파리	394	3	316	3	419	2	315	2	389	1
빈	257	4	311	4	249	4	298	3	330	2
서울	201	5	151	9	125	7	121	9	89	10
|										
도쿄	190	7	134	11	150	6	126	8	58	22
|										
부산	93	17	41	45	60	27	-	-	-	-
|										
제주	67	27	61	29	44	37	-	-	-	-

자료: UIA International Meetings Statistics for year 2005~2010을 기초로 하여 논자 재구성.

도시별 국제회의 시장 현황을 보면, 국가별 현황과 마찬가지로 과거 유럽 도시 우위 일변도의 변화와 함께 아시아권 도시들의 상위권 진입이 두드러졌다. 2007년 이후 싱가포르가 세계 1위를 계속 유지하고 있는 가운데, 서울과 도쿄 역시 지속적인 고속 성장세를 기록하였다. 특히 서울의 경우 2006년에 처음으로 세계 10위에 진입한 후, 2010년에는 세계 5위의 국제회의 도시로서의 비약적인 발전을 이루었다.

부산과 제주의 성장도 두드러졌다. 2008년 이후 부산과 제주가 세계 50위권의 국제회의 개최 도시에 진입하였는데, 2010년에는 부산이 17위, 제주도가 27위로 성장하였다. 그 외의 국내 도시로는 대구와 인천, 광주, 대전 등이 있다. 이들 도시는 2010년 현재 연간 30건 이하의 국제회의 시장 규모를 보이며 아직 UIA 순위에는 들지 못하고 있지만 역시 점진적인 발전 추세를 보이고 있다.

제4절 컨벤션산업의 인프라 증대와 협력적 발전

지난 50년간 이룩한 국내 컨벤션 시장의 지속적인 성장은 다양한 컨벤션산업 인프라의 구축이 있었기에 가능했다. 이러한 컨벤션산업의 인프라는 크게 컨벤션 개최시설과 컨벤션 전담조직(CVB), 그리고 컨벤션 기획업(PCO/PEO)을 들 수 있다. 또한 기타 다양한 컨벤션 서비스업체를 포함하여 모든 산업 인프라들 간의 협력기구인 컨벤션 협의체 역시 최근 하나의 중요한 컨벤션 인프라로 그 역할과 중요성이 증대되었다. 이에 본 절에서는 우리나라 컨벤션 개최시설, CVB, 컨벤션 기획업, 그리고 컨벤션 협의체에 대한 역사를 정리하였다.

1. 국내 컨벤션 개최시설(Convention Venue)의 발전사

컨벤션산업의 시장 특성을 보면, 산업의 도입기 및 성장기에는 공급이 수요를 창출하는 경향이 크다.[19] 특정 지역의 컨벤션산업이 성장하기 위해서는 일정 규모 이상의 컨벤션 개최시설 인프라 확보가 필수적이다. 국내 컨벤션 개최시설은 「국제회의산업 육성에 관한 법률」 제2조 제3항에서 "국제회의 개최에 필요한 회의시설, 전시시설 및 이와 관련된 부대시설 등으로서 대통령령으로 정하는 종류와 규모에 해당하는 것"이라 정의하고 있으며, 동 법률의 시행령 제3조에서는 이를 전문회의시설과 준회의시설, 전시시설, 그리고 부대시설로 구분하고 있다.[20]

〈표 6-6〉 우리나라 컨벤션 개최시설의 종류와 규모

구분	국제회의 시설의 종류와 규모
전문회의시설	2,000명 이상 수용 가능한 대회의실과 30명 이상 수용 가능한 중·소회의실 10개 이상, 옥내와 옥외 전시면적 2,000 제곱미터 이상을 보유한 시설
준회의시설	200명 이상 수용 가능한 대회의실과 30명 이상 수용 가능한 중·소회의실 3개 이상을 보유한 시설
전시시설	옥내와 옥외 전시면적을 합쳐서 2,000 제곱미터 이상, 30명 이상 수용 가능한 중·소회의실 5개 이상을 보유한 시설
부대시설	국제회의 개최 및 전시의 편익을 위하여 전문회의시설 및 전시시설에 부속된 숙박시설, 주차시설, 음식점시설, 휴식시설, 판매시설 등의 시설

우리나라 컨벤션 개최시설의 발전사는 크게 국내 주요 도시에 대규모 컨벤션센터가 건설되기 시작한 2000년을 기준으로 그 이전과 그 이후로 구분할 수 있다. 이는 우리나라 컨벤션산업의 전반적인 발전 양상과 결부해 볼 때 대규모 컨벤션센터의 건설이 국내 컨벤션산업을 성장시키는 일대 전환기를 가져왔고, 또 이후 국내 호텔 및 리조트들이 컨벤션 관련 사업을 강화하는 데도 상당한 영향을 미쳤기 때문이다. 따라서 국내 컨벤션 개최시설 발전사에 있어 컨벤션센터 건설 전후 비교는 특별한 의미가 있다.

대규모 컨벤션센터가 부재했던 2000년 이전에는 주로 호텔이나 대학교가 컨벤션 개최 시설로 사용되었다. 1999년 당시 국내에서 개최된 주요 컨벤션의 55.4%가 호텔에서 개최되었으며, 그 외 22.3%는 대학교, 나머지 22.3%는 박물관, 운동장, 관공서 등의 기타 시설에서 개최되었다. 그러나 이 중 컨벤션 전문시설로 고려할 수 있을 만한 시설, 즉 2,000명 이상의 참가자 수용이 가능했던 시설은 일부 특1급 호텔에 한정되었으며, 주로 서울 지역에 집중되어 있었다.

산업적 관점에서 우리나라 최초의 컨벤션 전문시설은 1914년에 개관한 조선철도호텔(현재의 웨스틴조선호텔)의 국제회의장으로 볼 수 있으며, 이후 1936년에는 국내 최초의 상용 호텔로 알려져 있는 반도호텔(현재의 소공동 롯데호텔)이 개관하였으며, 현대적 개념의 연회장으로 1959년에는 국내 최초의 패션쇼도 개최하였다.[21]

〈그림 6-7〉 국내 최초의 컨벤션 개최시설인 조선철도호텔(현 웨스틴조선호텔)

이후 1970년대에 프라자, 하얏트, 롯데(소공), 신라, 워커힐, 부산 조선 호텔이 개관하였고, 80년대에는 스위스그랜드, 그랜드인터콘티넨탈, 라마다르네상스, 롯데(잠실), 제주 하얏트, 부산 파라다이스 호텔, 90년대에는 제주 신라, 경주 현대 호텔 등이 지속적으로 개관하면서 국내에도 중·소규모 컨벤션 개최 전문시설 공급이 점차 증가하여 '호텔컨벤션' 시대를 열었다.

2000년 5월 우리나라 최초의 대규모 컨벤션센터인 COEX가 개관하였다. 이는 2000년 10월에 개최된 ASEM 정상회의의 성공적인 개최와 세계에 우리 컨벤션산업의 발전상을 보여주기 위하여 기존에 존재하던 KOEX(1979년 개관)를 확장·보수하고 ASEM 타워 등의 새로운 시설을 추가 건설하면서 명칭까지 COEX로 변경한 것이다.

이후 국내에는 대규모 컨벤션센터 건립이 이어졌다. 2001년에는 대구의 EXCO와 부산의 BEXCO가 개관하였고, 2002년에는 서울 양제동의 농업무역센터(aT-center), 2003년에는 제주의 ICC Jeju, 2005년에는 경기도 고양의 KINTEX와 광주의 김대중컨벤션센터, 경상남도 창원의 CECO, 2006년에는 서울의 서울무역전시장(SETEC), 그리고 2008년에는 대전의 DCC와 인천 송도의 CONVENSIA가 연이어 개관하였다. 국내 각 지자체별 컨벤션센터가 마치 유행처럼 건립된 데에는 국가균형개발이라는 2000년대 초반 국가발전의 정책적 모토인 '국가균형발전' 논리도 큰 영향을 미쳤다고 볼 수 있지만, 그만큼 컨벤션산업의 중요성이 국가적으로 부각된 결과였다.

〈그림 6-8〉 국내의 대표적인 대규모 컨벤션센터들: COEX, BEXCO, ICC Jeju

2000년대 후반에는 초기의 시행착오를 극복하고 컨벤션센터 건립 하나만으로는 지역 및 국가의 컨벤션산업을 발전시킬 수 없다는 자각과 함께 지역 내 다양한 숙박시설과 부대시설, 관광 매력 인프라가 복합적으로 구축되어야 컨벤션센터의 활용 가치가 증대될 수 있다는 공감대가 형성되었다. 또 이미 건립된 컨벤션센터의 운영 적자가 계속되면서 컨벤션센터 공급 과잉이라는 문제점이 대두되었다. 이에 정부는 지자체들의 신규 컨벤션센터 건립 타당성에 보다 신중을 기하게 되는 한편, 기존 시설의 전문성과 다양성을 증대시키는 쪽으로 정책적 지원 방향을 선회하였다.

그 결과 현재 지방도시 신규 컨벤션센터의 건설 계획은 눈에 띄게 줄어든 반면, KINTEX와 BEXCO, DCC, EXCO, 김대중컨벤션센터 등은 센터 확장 및 부대시설 등을 추가 건립 중에 있다. 특히 KINTEX는 2011년 9월에 제2 KINTEX가 개관되었고 2013년까지 한류월드(구 한류우드)와 MVL호텔(대명레저산업), 킨텍스호텔 등을 추가로 완공할 계획이다. KINTEX는 확장에 따라 제1, 2 전시장의 총면적이 108,000㎡에 달하며 이는 시설 규모에서 아시아 내 4위, 세계 35위의 규모가 되었다.

2010년을 기준으로 국내 총 컨벤션센터 시설의 총 규모는 225,095㎡로 이 중 전시장은 177,905㎡, 회의장은 47,191㎡이지만[22], 현재 진행 중인 컨벤션센터 확장 공사들이 모두 마무리되면 크게 증가할 것이다.

〈표 6-7〉 국내 전시장별 시설 규모(2011년 8월 현재)

위치	전시장명	운영기관	전시면적	회의면적	비고
서울	COEX	COEX	36,027㎡	11,123㎡	전시면적 54,000㎡, 회의면적 22,000㎡로 확장 예정
	SETEC	서울산업통상진흥원	7,948㎡	839㎡	
	aT Center	농산물유통공사	7,422㎡	1,075㎡	
경기	KINTEX	KINTEX(주)	53,541㎡	6,166㎡	2011년 9월 제2전시장 완공
대전	KOTREX	KOTRA	2,520㎡	-	
	DCC	대전컨벤션뷰로	2,520㎡	4,064㎡	
대구	EXCO	(주)대구전시컨베션센터	11,616㎡	4,067㎡	전시면적 11,100㎡, 회의면적 3,800㎡ 추가 확장 예정
부산	BEXCO	(주)부산전시컨벤션센터	26,508㎡	6,841㎡	
제주	ICC JEJU	(주)제주국제컨벤션센터	2,394㎡	7,009㎡	
광주	김대중컨베션센터(KDG Center)	(지방공사)김대중컨벤션센터	9,072㎡	2,308㎡	
창원	CECO	COEX	7,826㎡	2,784㎡	
인천	송도컨벤시아	인천관광공사	8,416㎡	4,020㎡	

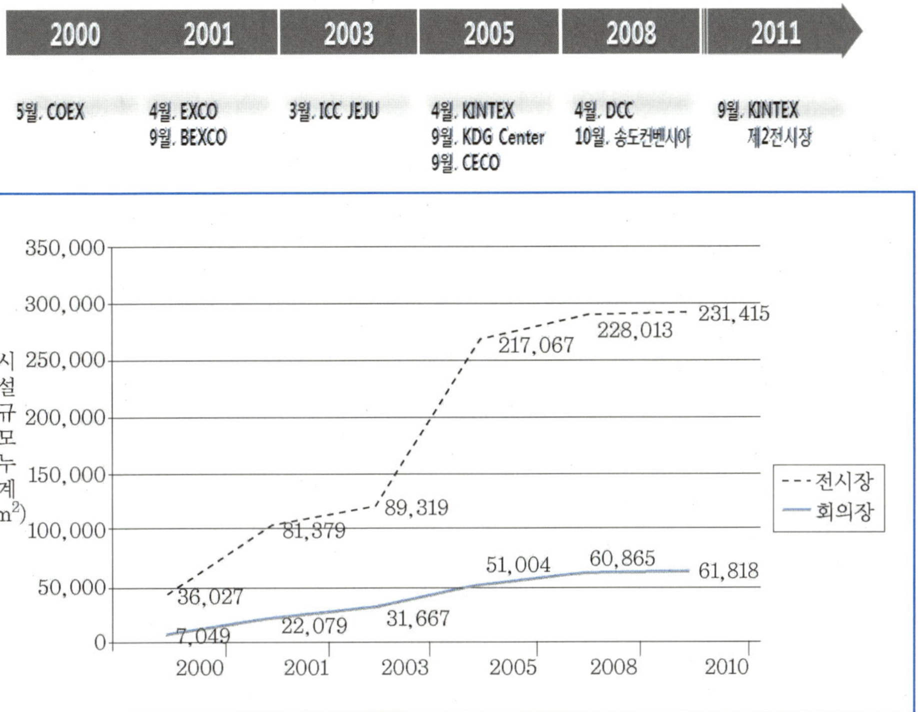

자료: 조덕현(2011), 『한국MICE 산업정책: 현황 및 과제』, 한국관광공사.

〈그림 6-9〉 국내 컨벤션센터 수용능력 변화현황

한편 컨벤션센터 건립과 함께 증대된 국내 컨벤션산업에 대한 인식은 호텔과 리조트 부문의 컨벤션 시설 확충에도 영향을 미쳤다. 서울과 부산, 제주, 경주 등지의 주요 특급 호텔을 중심으로 컨벤션 시설 확충 및 사업 전략이 강화되었다. 반면 국내 리조트의 경우에는 강원지역 및 남해와 서해안 일대를 중심으로 리조트 내 중·대형 컨벤션센터 건립이 증대되는 추세이다. 대표적 사례로, 국내 주요 리조트 기업 중 하나인 (주)대명산업레저는 2005년부터 2008년까지 강원 홍천 비발디파크와 경북 경주 대명리조트, 강원 양양 솔비치리조트, 제주 대명리조트, 전북 변산 대명리조트를 차례로 확장 또는 신규 개관하면서, 모든 리조트 내에 컨벤션센터를 건립·보유하고 있다.[23] 또한 내국인 카지노와 하이원 리조트를 보유하고 있는 ㈜강원랜드 역시 2011년 8월에 컨벤션호텔을 개관하였다.[24] 이같이 리조트단지를 중심으로 한 국내 민간 자본형 컨벤션개최시설 건립 증대는 국내 컨벤션호텔 활성화 및 산업의 다각적 발전에 긍정적인 영향을 미칠 것으로 기대된다.

2. 컨벤션 전담기구(CVB)의 발전사

컨벤션 전담기구는 컨벤션산업화에 있어 가장 중추적인 역할을 담당해 왔다. 세계 각 도시의 정부조직이나 민간 부문이 컨벤션 시장의 성장 잠재력에 주목하면서 컨벤션 전담기구 설립을 통해 지역의 경제적 효과를 창출시키기 위한 노력을 기울이고 있다. 미국에서 처음 소개된 컨벤션 전담기구는 초기에는 컨벤션 유치를 위한 마케팅에만 집중하는 CB(Convention Bureau)의 개념이었다. 그러나 이후 방문객들이 지출하는 파급효과의 중요성을 인식하여 비즈니스를 목적으로 모든 방문객 유치 및 지역 마케팅을 담당하는 CVB(Convention & Visitors Bureau)로 발전하였다.

우리나라 CVB의 발전 역사는 중앙정부 차원의 CVB가 먼저 설치되었고, 이후 도시차원의 CVB가 설립되기 시작하였으나 1990년대 후반까지도 국내에서 CVB에 대한 인식은 매우 낮았다. 「국제회의산업 육성에 관한 법률」이 제정된 1996년 당시만 하더라도 법조항에 CVB에 대한 내용이 없었으며, 2001년 이후에나 컨벤션 전담기구의 필요성 및 운영에 관한 사항을 법률상에 포함시켰다.[25)]

우리나라 CVB의 시초는 1979년 당시 국제관광공사(현 한국관광공사)의 국제회의부 설립에서 찾아볼 수 있지만, 단위 부서이기에 오늘날의 CVB 형태로 간주하는 데는 한계가 있다. 실질적 의미에서 우리나라의 최초 CVB는 1999년에 설치된 한국관광공사 '코리아컨벤션뷰로'라 할 수 있다. 이는 당시 한국관광공사의 조직개편 과정에서 기존의 국제회의부가 코리아컨벤션뷰로로 승격된 것이다. 2009년부터는 다시 마케팅본부 산하의 '코리아MICE뷰로'로 개편되어 현재의 모습이 되었다.

코리아MICE뷰로의 주요 업무는 크게 신규 컨벤션의 발굴 및 개최 지원과 국내외 MICE 마케팅 활동, 그리고 MICE 정보수집 및 제공이며, '한국MICE육성협의회(Korea MICE Alliance)' 사무국 운영과 '한국MICE산업전(KOREA MICE EXPO)' 및 '한국MICE네트워크숍(KOREA MICE NETWORK SHOP)'의 개최, 그리고 '국가MICE정보포털시스템(K-MICE System)' 운영 등의 국가 MICE 산업 발전 육성 기반을 조성하는 데 기여하고 있다.[26)]

「국제회의산업 육성에 관한 법률」은 우리나라 중앙 컨벤션 전담기구를 두 곳으로 지정하고 있는데, 하나는 '코리아MICE뷰로'이고 또 다른 하나는 2003년에 설립된 '(사)한국MICE협회(당시 한국컨벤션이벤트산업협회)'이다. 한국MICE협회는 코리아MICE뷰로의 역할과는 달리 국가 컨벤션 전문인력 양성을 위한 교육사업, 산업 발전을 위한 연구개발사업, 국내 컨벤션업계 표준화 사업을 포함하여 업계의 의견 수렴을 통한 정부 정책·제도

건의 등의 업무를 수행한다.[27)]

코리아MICE뷰로 및 한국MICE협회와 같은 중앙 CVB의 활동이 국익 차원의 컨벤션 개최 지원 및 산업 기반 구축에 목적이 있다면, 이후 생겨나기 시작한 지자체 CVB의 활동은 지역의 컨벤션산업 진흥을 위한 설립 목적을 가지고 있으며, 이를 통해 지역 경제 활성화 및 지역 사회 이익 증진을 그 목적으로 한다.

2003년 국내 지자체로서는 최초로 대구 CVB가 설립되었고, 이후 2004년에는 부산 CVB(2008년에 부산관광컨벤션뷰로로 개편)가 설립되었으며, 2005년에 서울 CVB(2008년에 (주)서울관광마케팅으로 재편), 제주 CVB 및 대전 CVB가, 2006년에는 인천관광공사 컨벤션전시본부, 2007년 광주 CVB, 그리고 2011년 경기 CVB가 설립되었다. 이들 지자체 CVB는 지역 내 컨벤션산업 인프라 간의 협력 네트워크 구축(최근 지자체 컨벤션뷰로를 중심으로 지역 MICE Alliance 구축), 컨벤션 유치를 위한 해외 마케팅 활동, 그리고 개별 관광시장 진흥을 위한 지역의 관광·레저 정보 제공사업을 수행하고 있다.

3. 컨벤션 기획업의 발전사

우리나라 컨벤션 기획업(PCO: Professional Convention Organizer & PEO; Professional Exhibition Organizer)에 대하여 규정한 「관광진흥법」 제2조 제4항에 따르면 "국제회의 기획업이란 대규모 관광수요를 유발하는 국제회의의 계획·준비·진행 등의 업무를 위탁받아 대행하는 업"으로 정의하고 있다.[28)] 정의에서도 알 수 있듯이 국내 컨벤션 기획업체들은 초기에는 행사 개최를 위한 순수 용역업무로 시작하여, 주로 컨벤션 유치 및 개최를 대행하는 역할을 수행하였다. 그러나 최근에는 컨벤션 유치와 신규 개발 및 컨설팅에 이르기까지 그 활동영역을 넓혀 사업 수준 및 범위 면에서 괄목할 만한 성장을 이룩하였다.

이는 1998년 이후 '국제회의 산업 육성을 위한 기본계획'을 바탕으로 국제회의 기획업에 대한 정책적 육성 노력의 결과이며, 특히 1999년에 개정된 「관광진흥법시행령」에서 국내 컨벤션 기획업 등록 기준을 기존 자본금 1억 원에서 5천만 원으로 완화한 것이 국내 컨벤션 기획업 활성화에 크게 공헌하였다. 2001년 당시 우리나라의 국제회의 기획업체(PCO)는 전국적으로 75개사, 전시 기획업체(PEO)는 30개사 정도로 등록되었던 업계 규모가, 2009년에는 PCO 총 203개, PEO 총 272개사로 성장하였으며[29)], 이외에도 현재 한국관광공사에 등록하지 않고 컨벤션 용역업무를 하고 있는 PCO 및 PEO가 다수 존재하는 실정이므로 실제 컨벤션 기획업의 공급 규모는 더 큰 것으로 유추된다.

대부분의 PCO와 PEO는 컨벤션센터가 위치한 대도시 지역을 중심으로 운영 중이며 특히 전체 업체의 80% 정도가 서울 지역에 집중되어 있고, 부산은 약 8%, 나머지 12% 정도만이 기타 지역에 분포되어 있기 때문에 향후 산업의 지속 가능한 발전 측면에서 지방도시의 컨벤션 기획업 증대 방안이 중요 과제로 대두되고 있다.

우리나라 최초의 PCO는 1976년에 설립된 (주)코코넥스로 이후 설립된 주요 PCO로는 1989년에 (주)인터컴, 1996년 (주)인세션, 1998년 (주)이오컨벡스, 2003년 (주)이즈피엠피와 (주)메씨인터네셔날 등이 있다.

4. 컨벤션 협의체의 발전사

국내 최초의 컨벤션 협의체는 2001년 민관합동으로 발족한 '한국컨벤션협의회'라 할 수 있다. 이는 한국관광공사의 코리아컨벤션뷰로 주도로 설립되어 국내 컨벤션센터와 지자체 컨벤션담당조직, 컨벤션기획사, 그리고 컨벤션 학계 전문가 등의 대표들로 구성되었으며, 국가 컨벤션산업의 효과적인 육성을 위해서 각 인프라별 의견 수렴과 상호 협력적인 발전 방안을 논의하였다.

2003년에는 「국제회의산업 육성에 관한 법률」 제4조(2003년 추가 조항)에 의거하여 '국제회의산업육성위원회'가 출범하였다.[30] 그러나 이 위원회는 산업 인프라 간 협력 네트워크 개념이라기보다는 문화관광부장관 소속하에서 국내 컨벤션산업의 정책적 육성사업 추진을 위한 심의기구이며, 위원회 내에 컨벤션 업계 및 학계 전문가들로 구성된 국제회의산업자문단을 운영하였다.

2009년 정부위원회 정비계획의 일환에서 신속한 의사결정 및 책임행정체계 확립을 위해 국제회의육성위원회가 폐지되고,[31] 같은 해 12월 한국컨벤션협의회가 '한국MICE육성협의회(Korea MICE Alliance)'로 확대 개편되어 출범하였다. 이들의 가장 큰 목적은 기존 우리나라가 강점을 보이고 있는 국제기구 컨벤션 시장뿐만 아니라, 국제전시와 인센티브 여행, 기업 컨벤션 시장을 모두 아우르는 국내 컨벤션산업 발전의 다각화였다.

한국MICE육성협의회에서는 국내 신규 MICE 시장 개척, 해외 MICE 마케팅 전략 수립, 세계 주요 MICE 행사의 성공 유치·개최를 위한 민관 협력 방안 수립을 주요 현안으로 추진하였다. 그중 대표적인 사례가 바로 한국관광공사 주최, 한국MICE육성협의회 주관으로 개최하는 한국MICE산업전(KOREA MICE EXPO)과 한국MICE네트워크숍(KOREA MICE

NETWORK-SHOP)이다. 이 중 한국MICE산업전 개최는 국내외 MICE 산업 관련 바이어 및 공급업체들을 한자리에 모아 상호 간의 비즈니스 촉진을 도모하는 한편, 업계 및 학계 간의 최신 정보와 지식을 교류할 수 있는 소통의 장을 마련한 것으로 궁극적으로는 국내 컨벤션산업을 진흥시키기 위한 민관협력 차원의 적극적인 산업 육성 전략이다. 이는 2000년에 한국컨벤션산업전(KOREA CONVENTION FAIR)이라는 명칭으로 처음 개최되어 매년 국내 주요 컨벤션도시를 순회하며 개최해 왔으나, 2010년부터는 국가 대표 MICE 브랜드로 육성한다는 비전 아래 현재의 명칭으로 변경하여 서울에서 고정 개최(3년에 한 번씩 고정 개최지 재선정함)하고 있다.[32)]

〈그림 6-10〉 2009년 한국MICE육성협의회 출범과 한국MICE산업전 개최

우리나라 CVB의 발전 흐름과 마찬가지로 국내 컨벤션 협의체 조성 흐름도 처음 중앙정부 차원에서 이루어지던 것이 점차 지자체 차원으로 확대되었다. 한국MICE육성협의회가 코리아MICE뷰로의 주도로 운영되는 것과 같이 지역 차원의 MICE Alliance 역시 각 지자체별 CVB의 주도로 추진되었다. 컨벤션 협의체의 주요 기능이 지역 내 관련 인프라의 협력체계 구축과 이를 통한 관련 정보 및 지식의 공유와 공동 마케팅이기 때문에 이들 협력사업을 실제 실행하는 데 있어 지역CVB가 가장 적절한 매개체가 되었다. 대부분의 지역 MICE Alliance는 2010년을 기점으로 발족되었다.

제5절 컨벤션 전문인력 양성과 교육 인프라의 구축

1. 컨벤션 인력양성 고등교육기관의 발전

컨벤션 전문인력 양성은 1996년「국제회의산업 육성에 관한 법률」제정 당시부터 그 필요성이 강조되었고, 1998년 국제회의산업 육성을 위한 기본계획 수립 및 시행에 있어서도 전문인력 양성 사업이 중요하게 다루어졌다. 이후 2003년 법률 개정을 통해 문화관광부장관이 컨벤션산업 육성기반 조성을 위한 전문인력 양성 사업 추진(제8조)과, 전문인력 양성을 위한 컨벤션 교육·훈련과정의 개발 및 운영의 지원(제10조)을 추진할 것을 추가하였다.[33] 또한 2004년에 개정된「국제회의산업 육성에 관한 법률 시행령」에서는 컨벤션 전담기구의 업무에 전문인력의 교육 및 수급을 추가하였으며, 동 법률의 시행규칙에서는 컨벤션 전문인력의 교육·훈련 지원사업을 위해 해외 인턴사원제도 및 현장실습 기회를 제공할 것을 구체화하고 있다.[34]

이러한 법·제도적 기반 아래 국내 전문인력 양성 기관은 크게 3가지 형태로 구분할 수 있는데, 정규교육기관을 통한 학위과정과 비정규교육기관을 통한 전문강좌, 그리고 특수한 컨벤션 관련 조직 및 단체에서 주최하는 특별과정이다.[35]

정규교육기관을 통한 학위과정은 대학교와 전문대학, 대학원과정이 있으며, 최근에는 교육제도환경의 변화에 발맞추어 특성화 고등학교 과정도 개설되었다. 우리나라 4년제 대학교에서 가장 먼저 컨벤션이라는 명칭을 사용한 것은 2001년에 개설된 경희대학교 컨벤션산업학과(2005년 컨벤션경영학과로 명칭 변경)이다.

대학교를 중심으로 시작된 컨벤션 전문인력 양성 과정은 이후 국내 컨벤션산업 발전이 가시화되면서 지방의 4년제 대학으로 확대되었다. 2001년 2개 대학교에 지나지 않던 전문인력 양성 프로그램은 2006년에는 7개, 2010년에는 18개 대학교로 급증하였다. 석·박사 대학원 과정으로는 2000년 경기대학교에 처음 개설되었으며, 2010년 현재 총 5개 대학원이 운영 중에 있다. 2년제 학위 과정으로는 1993년 제주관광대학에 국제회의산업과가 최초로 개설되었으며, 2010년 현재 전국에 총 4개 대학에 개설 중이다.

사회적으로 글로벌 전문인력 조기 양성의 필요성이 강조되면서 고등학교 과정에서도 컨벤션 전문인력 양성이 시작되었다. 2007년 해성국제컨벤션고등학교(전 해성여자상업고등학교)가 최초의 컨벤션 분야 특성화고등학교로서 개교하였고, 이후 일산국제컨벤션

고등학교(전 일산정보산업고등학교)가 개교하였다. 그 외 수도권과 부산 지역을 중심으로 개교한 관광 분야의 특성화고등학교에서도 컨벤션 관련 과목을 도입하였다.

비정규교육기관을 통한 전문강좌로는 국내 정규 대학교에서 개설한 전문가특별과정 및 상설 학원 등에서 운영하는 전문가양성과정이 있다. 이들 비정규교육기관의 특징은 학위 수여가 핵심인 정규교육기관의 전문인력 양성과는 다르게 컨벤션기획사 자격증 획득을 중심으로 전문인력의 실무 역량을 강화하는 것이 핵심이다.

최근 국내 컨벤션 전문인력 양성에 있어서의 새로운 추세는 바로 외국의 국제 공인 컨벤션기구 교육 프로그램의 도입이다. 대표적인 국제 공인 교육기관에는 'PCMA(Professional Convention Management Association)'와 'MPI(Meeting Professionals International)', 'DMAI(Destination Marketing Association International)' 등이 있다. 한국MICE협회는 국내의 컨벤션 전문가들이 이들 PCMA, MPI, DMAI의 해외 교육 참가를 지원해 주는 프로그램을 운영하고 있고,[36] (주)서울관광마케팅은 2009년 'MPI 한국 지부 설립'에 따라 MPI의 교육 프로그램을 국내에서 직접 참가할 수 있도록 하고 있다.[37]

한편 한국MICE협회는 2010년부터 기존 컨벤션 종사자의 국제 실무 지식 양성을 위한 '해외 인턴 프로그램'을 실시하고 있으며, 향후 컨벤션 관련 전공 학생까지 그 지원 대상 범위를 확대시킬 예정이다.[38] 이와는 조금 차이가 있으나 (주)서울관광마케팅이나 제주 CVB 등은 'MICE서포터즈'라는 자원봉사자 및 무급인턴 프로그램 운영을 통하여 컨벤션 예비인력에 대한 실무 지식 양성 및 청년 취업 증대를 도모[39]하고 있는데, 이 역시 현재의 시대상을 반영한 국내 컨벤션 전문인력 양성의 새로운 흐름으로 볼 수 있다.

2. 컨벤션기획사 인증제도의 발전

정부는 국내 컨벤션 전문인력 양성 정책의 일환으로 컨벤션기획사 자격 인증제도를 도입하였다. 2000년 초 노동부(현 고용노동부) 및 외교통상부와 컨벤션기획사 국가기술자격 제도 신설을 위한 최초 협의를 시작으로, 약 2년에 걸쳐 컨벤션기획사 국가기술자격 종목개발 및 수급전망, 자격기준 등의 정책 연구를 실시하였다. 이후 2002년 1월, 법제처의 국가기술자격법시행령 개정안 심사를 통과하였고, 결국 2002년 4월 11일 노동부의 국가기술자격법 시행령 및 시행 규칙이 개정·공표되면서 '컨벤션기획사 자격시험' 신설이 확정되었다.[40]

'한국산업인력공단'의 주관으로 2003년 8월 10일 필기시험과 10월 4일부터 15일까지의 실기시험에 걸쳐 '제1회 컨벤션기획사 2급 자격시험'이 시행되었다. 이후 2급 자격시험은 매년 정기적으로 실시되고 있으나 그 응시자 및 합격자수가 매년 감소하고 있으며, 1급 자격시험의 경우 현재까지도 아직 시행되지 못하였다. 문화체육관광부와 고용노동부는 이와 같은 원인이 본 자격시험 응시를 위한 자격요건이 너무 까다롭기 때문이라고 판단하여 2011년 「국가기술자격법 시행규칙」을 개정하였다. 이를 통해 신설 당시 관련분야 전공 학위취득자(예정자)로 한정했던 2급 시험의 응시자격이 전면 폐지되었고, 1급 시험의 응시자격도 상당부분 완화되었다.[41]

〈표 6-8〉 컨벤션기획사 자격시험 응시자격 변경내역

자격 등급	변경 전	변경 후
컨벤션기획사 1급	2급+실무경력 4년	실무경력 3년
	해당 실무경력 11년	실무경력 4년
	관련 대학 졸업자+실무경력 7년	삭제
	관련 전문대 졸업자+실무경력 9년	
컨벤션기획사 2급	관련 대학 졸업자 및 예정자	삭제 (응시자격 제한 없음)
	관련 전문대 졸업자+실무경력 2년	
	해당 실무경력 4년	

자료: 「국가기술자격법 시행령 및 시행규칙」.

참고문헌

1) 허준 · 김철원(2011). 컨벤션개최지 경쟁력 평가 모델 및 지표 개발에 관한 탐색적 연구. 『컨벤션연구』. 11(2): 73-108.
2) 서승진 · 윤은주(2007). 『컨벤션산업론』. 서울: 세림출판.
3) 「관광진흥법」(1986). 제3조 제4항.
4) Weber & Chon(2007). *Convention Tourism*(서승진 · 황희곤 · 윤은주 · 고태규 역). 서울: 세림출판.
5) 「국제회의산업 육성에 관한 법률」(1996). 제1조.
6) 「국제회의산업 육성에 관한 법률」(1996). 제2조 제1항.
7) 「국제회의산업 육성에 관한 법률」(2003). 제2조 제5항, 제2조 제6항, 제5조, 제8조.
8) 「국제회의산업 육성에 관한 법률」(2001). 제14조, 제15조.
9) 문화관광부(2005). 『국제회의산업 육성 기본계획(안)』. 한국문화관광정책연구원, pp. 4-95.
10) 문화관광부(2006). 『국제회의산업 육성 기본계획』. p. 7.
11) 「관광진흥법」(1999). 제3조 제4항.
12) 문화체육관광부(2009). 『제3차 관광진흥 5개년 계획(2009~2013)-Tourism 150% 프로젝트-』. p. 161.
13) 기획재정부(2008). 국제행사 심사의 내실화 방안 보도자료, 2011.9 (http://mosf.go.kr/_policy/policy01/policy_search_new.jsp).
14) 서승진 · 윤은주(2007). 『컨벤션산업론』. 서울: 세림출판.
15) 한국관광공사(2009). 『2009 MICE산업통계 조사 · 연구』.
16) 세계여행신문(2011.9), 글로벌 TOPMICE 브랜드 (http://www.gtn.co.kr/readNews.asp?Num=44545).
17) UIA(2011). International Meetings Statistics for 2010.
18) UIA(2008). International Meetings Statistics for 2007.
19) 김철원(2011). 『컨벤션마케팅』. 서울(경기): 법문사.
20) 「국제회의산업 육성에 관한 법률 시행령」(1997). 제3조.
21) 근현대사신문(2010). 한국 역사상 첫 패션쇼. 2011.9 (http://hi-newspaper.tistory.com/71).
22) 한국관광공사(2010), 국내 전시장 건립현황_2010. 2011.9 (http://k-mice.visitkorea.or.kr/notice.kto?func_name=list&pgbn=3).
23) (주)대명레저산업 홈페이지(http://www.daemyungresort.com).
24) 헤럴드경제(2011.9). 산중에 들어선 초특급호텔. 강원랜드 컨벤션호텔 (http://biz.heraldm.com/common/Detail.jsp?newsMLId=20110831000910).

25) 「국제회의산업 육성에 관한 법률」(2003). 제2조 제5항.
26) 코리아컨벤션뷰로 홈페이지(http://k-mice.visitkorea.or.kr).
27) (사)한국MICE협회 홈페이지(http://www.conventionassociation.org).
28) 「관광진흥법」(1999). 제3조 제4항.
29) 한국관광공사(2010). MICE산업체현황분석_2010. 2011.9 (http://k-mice.visitkorea.or.kr/notice.kto?func_name=list&pgbn=3).
30) 「국제회의산업 육성에 관한 법률」(2003). 제4조.
31) 「국제회의산업 육성에 관한 법률」(2009). 제4조.
32) 코리아컨벤션뷰로 홈페이지(http://k-mice.visitkorea.or.kr).
33) 「국제회의산업 육성에 관한 법률 시행령」(2004). 제9조.
34) 「국제회의산업 육성에 관한 법률 시행규칙」(2004). 제5조.
35) 한국관광공사(2010). MICE 인력양성 현황분석_2010. 2011.9 (http://k-mice.visitkorea.or.kr/notice.kto?func_name=list&pgbn=3).
36) (사)한국MICE협회 홈페이지(http://www.conventionassociation.org).
37) (주)서울관광마케팅 컨벤션뷰로 홈페이지(http://www.miceseoul.com).
38) (사)한국MICE협회 홈페이지(http://www.conventionassociation.org).
39) (주)서울관광마케팅 컨벤션뷰로 홈페이지(http://www.miceseoul.com).
40) 「국가기술자격법 시행령」(2002). 제2조 별표 1.
41) 한국산업인력공단(2010). 국가기술자격 응시자격 변경사항 알림. 2011.9 (http://www.q-net.or.kr/man004.do?id=man00402&gSite=Q&gId=&BOARD_ID=Q001&ARTL_SEQ=5027834#).

〈본문의 내용은 다음 논문에 기초하여 서술되었음: 『관광학연구』 제35권 제10호(통권 96호), 김철원 · 허준(2011)/ 한국 컨벤션 산업의 역사적 고찰, pp. 517-533〉

■ 저자약력

김철원(金哲源) 경희대학교 컨벤션경영학과 교수

Texas A&M University에서 박사학위를 취득했다. 저자는 전 한국컨벤션학회 회장을 역임했으며, 현재 경희대학교 호텔관광대학 학장과 관광대학원 원장직을 수행하고 있다. 또한 세계관광기구(UNWTO) Asia Pacific Newsletter 편집위원장, 서울 미래컨벤션도시육성사업단 단장, 21대 한국관광학회 편집위원장직을 수행하고 있다. 저서로는 *Acculturation and Leisure*, 『컨벤션 마케팅』, 『관광학질적연구방법론』 등이 있으며, 100여 편의 관광과 컨벤션 관련한 논문을 게재하였다.

제 7 장 축제의 역사

이 훈*

한국의 지역축제는 과거 농경문화에 뿌리를 두었던 전통사회의 축제로부터 많은 변화를 겪고 있다. 이는 문화의 자생적 발전과정과 더불어 근현대사의 정치·경제·사회적 변화에 따른 외적 조건이 함께 반영된 결과이다.

그동안 한국의 지역축제는 일제강점기, 한국전쟁 이후의 정치경제적 상황 등 격변기를 보내며 위축될 수밖에 없었다. 60~70년대에 전통문화복원과 군민화합의 목적하에 축제가 정책적으로 복원되었지만, 정치적 목적이 강하여 축제문화의 왜곡을 피할 수 없었다. 80년대로 넘어오면서 대학가에서는 대동제를 통해 기존의 축제전통을 민중·민족주의를 배경으로 새롭게 해석하였다. 반면 국가적으로는 엑스포, 올림픽 등 메가이벤트 개최를 계기로 스펙터클한 이벤트 형태가 조명되며 축제에 영향을 끼쳤다. 이후 1995년 지방자치제도를 기점으로 지방화시대의 물결을 타고 축제가 양적으로 증가하였으며, 이러한 현상은 지역이미지 향상과 지역경제 활성화 패러다임과 연계된 결과였다. 특히 문화체육부(현 문화체육관광부)의 문화관광축제 선정제도는 지역축제를 전국화 또는 일정정도 국제화에 이르도록 견인해 내는 역할을 하였다.

이렇듯 한국의 지역축제는 사회변동과 맞물려 수와 형식 및 내용에 있어 다양한 발전양상을 보여왔다. 이러한 현상은 축제가 당시의 사회적 함의와 조건을 반영하고 있는 문화적 유기체라는 것을 의미한다. 근대 이후 축제의 역사적 맥락을 살펴보는 작업은 한국축제의 지속성뿐만 아니라 현재의 우리를 되돌아보기 위한 기제로서도 중요한 의의를

* 한양대학교 관광학부 교수(현)
e-mail: hoon2@hanyang.ac.kr

지닌다.

제1절 축제를 바라보는 시각

1. 축제의 개념

축제는 축하(祝)와 제사(祭)를 통틀어 이르는 말로써 축하하여 벌이는 큰 규모의 행사를 뜻한다.[1] 축제를 의미하는 일반적인 단어인 'Festival'은 종교적 축하행사를 뜻하는 'Festus'와 일을 하지 않는 날을 뜻하는 'Feriae'에서 유래한 말로써 축제의 뿌리가 일상적인 일에서 벗어나 종교의례에 참여하는 것으로부터 시작되었다는 것을 알 수 있다. 고대사회의 종교의례는 신성한 종교의 장이자 흐드러진 놀이판이었다. 고대인들은 이 기간 중 음주가무로 놀이판을 벌이며 신과의 만남을 통해 그들의 소망을 빌었다.

축제를 정의하는 서구의 학자들은 종교적인 요소에 주목하는 입장과 유희적인 요소에 주목하는 입장으로 크게 양분된다. 뒤르켐(E. Durkheim)은 종교의 사회적 통합기능에 주목하였고 이러한 기능을 핵심적으로 수행하는 제의적 의식이 축제의 시작이었다고 보았다. 또한 엘리아드(M. Eliade)는 축제를 일상의 시간과 구별된다는 의미에서 특별한 시간이자, 성스러운 시간으로 이해하였다. 축제에는 인간의 기원・주체성・문명 등에 대한 정보를 알려주는 여러 사건들이 의례적으로 정비되어 있고, 축제 참가자들은 성스러운 시간을 체험하면서 스스로를 그것과 동일시하게 된다는 것이다.[2]

반면 하위징아(J. Huizinga)는 놀이가 인간의 가장 중요한 활동이자 모든 문화현상의 기원이라 주장하였으며, 축제란 놀이가 외형화된 제도적 습관이라고 하였다. 그는 축제에서 나타나는 비일상적이고 비생산적인 놀이의 성격이 다시 시작될 일상과 생산을 위해 필수불가결하다고 보았다. 하위징아의 견해를 더욱 발전시킨 하비 콕스(H. Cox)는 축제란 억압되고 간과되었던 감정표현이 사회적으로 허용된 기회라고 보았다. 인간은 일상의 이성적 사고와 축제의 감성적 욕망 사이를 넘나들며 경험과 인식의 지평을 확대하고, 이를 통해 문화의 발달이 이루어진다는 것이다.[3]

축제는 이러한 두 개의 시각, 축(祝)과 제(祭)의 성격을 모두 포괄하는 문화현상이라 정의할 수 있으며, 현대에 이르러서는 여가차원의 문화적 이벤트로서 유희적 성격이 강해지는 경향이 발견된다. 또한 지역 고유의 전통문화를 계승·발전시키고, 이를 통해 지역주민의 정체성 제고와 관광효과 증진을 도모하는 등 사회적 맥락에 따라 다양한 기능이 부각되고 있다. 오늘날 축제는 페스티벌, 잔치, 놀이, 축전, 비엔날레 등과 함께 다양한 명칭으로 혼용하여 사용되고 있으며, 이러한 모든 종류의 행사를 포괄하는 광의적 의미로 사용되고 있다(〈표 7-1〉 참고).

〈표 7-1〉 축제의 다양한 명칭

구분	의미
축제	'축하하여 제사를 지냄' 또는 '경축하여 벌이는 큰 잔치나 행사를 이르는 말'이나 현재는 아래와 같은 모든 종류의 행사를 총괄하는 의미로 사용됨
페스티벌	일정한 장소에서 주기적으로 행해지는 한 종류의 예술제
축전	정치적·사회적인 사건을 축하하는 의식이나 식전
제전	예술·문화·체육 등과 같은 성대한 사회적 행사
대회	'실력이나 기술 따위를 겨루기 위한 모임' 또는 '많은 사람들이 모이는 성대한 화합'을 뜻함
~제, 제향, 대제	모두 제사를 일컫는 말로, 음식을 차려 놓고 신 혹은 조상을 비롯한 망자의 넋에게 제사를 지내는 의식
잔치	경사가 있을 때 음식을 차려 놓고 여러 사람을 청하여 즐김 혹은 그러한 일을 일컬음
놀이	놀임놀이의 준말로 '모여서 즐겁게 노는 일' 즉 '유희'를 말함
한마당	마당은 '어떤 일을 하는 자리, 처소'의 의미이며, 한마당은 큰 마당을 의미
~날	특별한 의미나 행사를 위해 지정한 날
박람회	산업이나 기술 따위의 발전을 위하여 농업·공업·상업 등에 관한 물품을 모아 일정 기간 동안 여러 사람에게 보이는 모임
전람회	여러 가지 물품 또는 작품들을 진열하여 보이는 모임
비엔날레	2년마다 열리는 행사

자료: 박동준(2009). 『축제와 엑스터시』.

2. 축제의 속성

축제의 속성은 축제가 가진 특성과 성향을 의미한다. 축제의 내적인 근본 성질은 일탈성, 놀이성, 대동성, 신성성, 장소성으로 분류될 수 있다.[4)]

첫째, 축제라는 일탈의 시간은 생활의 스트레스를 해소하고, 내재적 감정을 표출하며, 풍자를 통해 기존의 불합리한 질서와 모순을 비판할 수 있게 해준다(일탈성). 둘째, 이때 축제는 놀이가 가지고 있는 장난스러움, 재미성, 몰입성, 자발성, 내적 통제, 현실감 부재 등의 특성을 지니고 있으며, 이들 중 특히 몰입(flow)의 측면을 포함하고 있다(놀이성). 셋째, 축제는 혼자 즐기는 개별행위가 아니라 어울림을 실현하는 집단행위로서 역할 · 지위에 상관없이 참여자 모두가 축제를 통해 일체감을 경험하게 된다(대동성). 넷째, 축제는 하늘에 대한 제사와 경외감의 의례에서 기원하여 제의 양식에서 나타나는 엄숙함, 경외감, 긴장, 진지함이 나타나게 된다. 현대사회에 이르러 제의양식은 상대적으로 약화되었지만, 전야제와 개막식 등의 양식과 전통축제들의 의례적 관습을 통해 오늘날에도 이어지고 있다(신성성). 다섯째, 축제는 지역문화의 총체로서 그 지역만의 고유한 특성과 매력을 확보하여 장소성을 확보하고 있으며, 이는 방문객들을 유도하는 매력으로써 작용함은 물론 축제체험의 질과 만족도를 높여준다(장소성).

제2절 한국축제의 역사

1. 전통축제의 역사

고대사회는 농경이 절대적으로 중요한 사회적 기반이자 생활양식이었으며 이 시기의 축제는 농경문화를 바탕으로 유지 및 발달되었다. 고대인들은 하늘을 숭배하고 제사를 지내는 제천의식을 통해 풍요와 다산을 빌고 추수를 감사히 여기는 제를 지냈다. 부여의 영고(1월), 고구려의 동맹(10월), 예의 무천(10월), 마한의 5월제와 10월제는 한국 고대사회에서 진행되었던 대표적인 제천의식이며 이들이 주로 일 년의 시작, 씨앗을 뿌리는 계절, 추수기 등 농경에 있어 중요한 계절 고비에 이루어졌음을 알 수 있다.

고대의 제천의례는 후에 국가체제가 들어서면서 국가차원의 축제인 공의(公儀)와 민간

차원의 축제인 별신굿, 동제(洞祭) 등으로 나뉘어 전승된다. 국가 차원의 축제는 후에 추석으로 정착하게 되는 신라의 가배와, 고려조의 팔관회와 연등회, 그리고 고려부터 조선 중기까지 성행한 나례희 등을 들 수 있다.[5]

고대의 영고와 동맹에 기원을 두고 있는 팔관회와 연등회는 불교의 형식에 고대 제천의식이 결합된 형태로서 고려시대에 이르러 국가차원의 양대 축제로 발전하게 된다.[6] 팔관회는 개경(개성)과 서경(평양)에서 진행되었으며 태조의 훈요십조에 의거하여 거국적인 행사로 진행되었다. 여러 차례 변화와 성쇠가 있었지만 몽골의 침입으로 강화도에 천도했을 때조차 거르지 않았을 정도로 중시된 행사였다. 개최시기는 10~11월이었으며 토속신에게 제사를 지내는 추수감사제의 성격을 지녔다. 토속신앙에 불교의식이 결부된 것이 특징이었다.[7] 반면 연등회는 팔관회와 의식내용에서는 별 차이가 없었지만 신앙의 대상이 부처였다는 점과 전국 마을단위에서 1~2월에 벌어졌다는 차이점이 있다.

〈표 7-2〉 전통축제의 역사

구분	특징	목적 및 대상	주요축제
고대사회	제천의식	신에게 추수감사	부여의 영고(1월), 고구려의 동맹(10월), 마한의 5월제와 10월제, 예의 무천(10월)
			국가차원의 공의, 민간차원의 별신굿과 동제
고려시대	국가 및 불교차원의 축제	국가와 왕실의 안녕	팔관회, 연등회
조선시대	민간차원의 축제	마을의 다산 및 풍요 기원	동제, 강릉단오제, 하회별신굿
일제시대~해방 직후	한국축제사의 단절		

자료: 이정학(2008)을 참고하여 연구자가 재작성.

조선시대에는 정치이념인 성리학의 영향으로 인해 놀이문화가 나태와 난장판이라는 배덕(背德)으로 치부되었으며, 전통신앙인 무(巫)가 천시되고 억압되었다. 고려조의 연등회 또한 조선 초기까지는 상원연등과 초파일연등으로서 전승되었었지만, 척불숭유(斥佛崇儒)정책에 의해 팔관회와 함께 공의로서 계승되지 못했다. 고려조부터 시작되어 조선 전기 공연문화의 제도적인 중심이었던 나례희 또한 중기 이후 연행이 중단되었다.[8)9] 대신 조선시대에는 각 지방단위에서 민간신앙 차원의 축제(굿)가 발달하게 되었는데, 이는 국가적인 축제에서 민간축제로 변이되는 과정이라 할 수 있다.[10] 이러한 배경에는 조선시대의 지방문화가 각 고을을 관할하는 행정중심지, 즉 읍치를 중심으로 발달했다는 사실이 크게 영향을 끼쳤다.[11] 마을의 수호신에게 올리는 제사를 동제(洞祭), 당제(堂祭)라고 칭하였으며, 고려 말에 태동한 강릉단오절과 안동하회별신굿과 같은 별신굿, 단오굿 등의 형태 또한 명맥을 이어갔다(〈표 7-2〉 참고).

2. 근대의 시작과 전통축제의 쇠퇴

일본식민지시대를 거치며 겪게 된 사회문화적 구조변화와 일제에 의해 가해진 각종 민족수탈정책은 지역전통문화의 공동체적 기반을 몰락시켰다. 공동체 기반의 몰락은 축제문화의 전승에 있어 결정적인 악영향을 끼치게 된다.[12] 전통사회의 축제란 공동선을 위해 벌이는 제사 또는 잔치이며, 이것은 생활공동체 혹은 일공동체를 기반으로 이루어지기 때문이다.

일제시대의 강압적 정책은 토지수탈과 함께 시작되었다. 축제문화를 영위하고 있던 각 마을 및 친족집단은 물론이요 축제를 주도하고 후원하던 세력 모두 토지수탈로 인해 경제적 기반을 박탈당하게 되었다. 또한 상대적으로 고립적 특수성을 갖고 있던 고을단위의 문화가 서구 문물과 일본식 생활양식의 등장, 그리고 철도와 도로 가설 등의 사회문화적 변화로 인해 좁게는 국내적인, 넓게는 국제적인 영향권 속으로 휘말려 들어가게 되었다.[13] 여기에 결정적으로 중앙으로부터의 강압된 행정구조 재편은 지역문화의 일시적 정체를 야기하였다. 이러한 사회구조 변화의 결과는 곧 문화적 보존력의 상실이었다.

또한 일제가 실시한 민족문화말살정책은 축제에 대한 직접적인 탄압으로 이어졌다. 공동체의 전승된 축제는 주민들의 애향심을 불러일으키고 역사의식을 고취시켜 공동체의 단결을 도모하게 되는데[14], 이를 두려워한 일제는 한국의 전통축제(굿)들을 일종의 미신행위로 간주하여 탄압하고 또한 말살하였다. 국가적 제사인 사직제를 미신행위로 간주하여 사직단을 공원화(公園化)시키고, 마을제사를 천민들의 신앙이라 하여 부락제라고 부름으로써 제의적 행사가 지닌 신성성을 오염시키고자 하였다.[15] 특히 마을제사에서 주도적인 역할을 하였던 무당조직을 해체하는 등 민족의 심기를 꺾기 위해 많은 노력을 하였다.

해방 직후의 한국사회 또한 축제의 복권을 기대하기엔 어려운 상황이었다. 이데올로기

투쟁, 6.25전쟁, 남북분단 등으로 이어진 혼란의 격변기는 지역사회가 안정적으로 영위되기에도 어려운 환경이었다. 당시 북한에서의 전통문화는 사회주의적 문화창조를 위한 도구로 활용되었고, 남한은 기독교 신앙의 급속한 전파로 인해 무속, 마을신앙, 지역축제가 미신으로 치부되어 지속적으로 축소되었다. 당시 남한의 사회적 상황은 경제적 성장추구와 반공이데올로기 등 정치적・경제적 상황으로 인하여 축제에 대한 관심은 위축될 수 밖에 없었다.[16)]

3. 전통문화보존과 민속축제의 형성: 1960~1970년대 초반

1960~70년대의 문화정책은 정권의 체제유지와 긴밀한 연관을 맺고 있었다. 당시 정권의 기조는 반공과 부국강병으로 대변되는 민족주의(국가주의)와 조국근대화였다. 문화정책은 이러한 정치적 이데올로기의 표현방식으로써 주로 기능하였으며, 이 과정에 있어 민족적 감정 및 정서를 자극하기 위해 '역사의 활용'이 시도되었다.[17)] 이 시기 동안 전통문화재의 발굴, 역사적 인물의 재조명 등이 적극적으로 시행되었다. 1962년 「문화재 보호법」 제정과 1969년부터 시행된 '전국민속조사사업'이 이러한 맥락하에 진행되었음을 알 수 있다.

1) 민속예술경연대회

60~70년대 축제는 민속놀이를 계승 및 발전시킨다는 취지에서 정책적으로 지원 및 육성되었다. 1961년부터 '전국민속예술경연대회'가 연례화되었고, 1965년에는 「지방문화사업조성법」이 제정되었다. 「지방문화사업조성법」을 통해 특수 사단법인으로 등록된 각 지방의 문화원은 이때부터 정부 보조금의 혜택을 받을 수 있게 되었고, 문화원은 현재까지도 각 지역축제의 공동 주최기관으로서 역할을 하고 있다.[18)]

축제사에 있어 중요한 전기가 되었던 '전국민속예술경연대회'는 현재 '한국민속예술축제'의 이름으로 바뀌어 꾸준히 개최되고 있으며 2011년을 기준으로 52회를 맞이하였다. 이는 1958년 장충단 육군체육관에서 열렸던 '건국 10주년 전국대회'가 모태가 되어 열린 행사이며, 매년 10월에 문화부, 문예진흥원, 방송사(MBC와 KBS가 격년 주최)가 공동주최하여 3일간 시행되고 있다.[19)] 서울에서만 개최되었던 이 행사는 지역 간 문화격차해소를 위한 취지로 1967년부터는 전국 각 도청소재지, 1983년 이후부터는 지방 중소도시로 순회하며 개최되고 있다.

'전국민속예술경연대회'를 바라보는 시각은 크게 두 가지이다. 첫 번째 시각은 이 경연대회가 각 지방의 전통적인 문화예술 장르를 보존·발굴·연구·전승할 수 있는 계기로 작용하였다는 긍정적인 시각이다.[20] 전국 각지의 축제가 전국민속예술경연대회에 맞추어 개최되었고, 이러한 흐름은 보존회의 구성과 전수회관의 건립 등으로 구체화되었다. 이는 궁극적으로 중요무형문화재라는 국민문화의 출현으로 이어졌다는 시각이다. 반면 이를 부정적으로 보는 시각은 경연대회라는 형식으로 인하여 민속문화가 역사성보다 전시·과시성이 부각되게 되었으며, 축제의 장식적 요소로 왜곡되었다고 주장한다.[21] 한국 축제의 원형인 민중제의적 구조가 상실되고 '무대'라는 박제화된 공간 위에서 전통예술이라는 이름으로 장식화·부속화되었다는 것이다.

2) 시·군·구의 날

유신체제가 들어선 1970년대 초엽 이후는 국가주의 이데올로기의 시기이다. 국가주의는 원초적 정서를 불러일으키는 '민족'이라는 담론을 통해 매개되었으며, 이때 국가는 '민족적'인 것의 성격과 내용을 규정하는 주도적인 입장을 차지하고자 하였다.[22] 이러한 맥락하에 '문예진흥 5개년 계획'이 '올바른 민족사관을 정립하고 새로운 민족예술을 창조한다'는 목적하에 1972년에 공포되었다.

반면 당시에 시작된 새마을운동은 대도시의 과밀과 지방의 과소를 초래하여 오히려 전통문화의 보존기반을 허약하게 만들었다. 이 시기의 농촌은 공동화현상으로 인하여 축제를 이끌어갈 사람이 줄어들게 되었고 작은 마을에서는 규모 축소나 중단을 하는 경우도 생기게 되었다.[23] 이로 인해 지역에서 행해지는 많은 축제들은 관(官)에서 주도하는 전시적이고 의례적인 형태가 늘어나게 되었으며, 결국 군민화합이라는 정치적 목적의 영향을 받게 되었다.

이 시기에 각 지방은 시민의 날, 군민의 날 등을 지정하여 단합대회, 즉 시민화합축제의 모습으로 축제를 진행하였다. 이 축제들은 문화제 혹은 예술제의 이름으로 거행되었으며, 기념식, 행정기관별 체육대회, 민속문화 전시회 및 발표회(경연) 등을 묶은 종합적인 형태였다. 또한 1972년 10월이 '문화의 달'로 임의로 정해짐으로써 대부분의 문화제가 10월에 개최되는 상황이 연출되기도 하였다.

3) 축제에 대한 예산지원의 시작

축제에 국가 지원이 이루어지기 시작한 것은 1970년대부터이다. 한국문화예술진흥원은 1974년부터 전국민속예술경연대회와 지방문화재들을 '지역의 향토전래 고유문화를 보존 및 전승한다'는 목적하에 지원하기 시작하였다. 첫해인 1974년에는 21개의 지방문화재를 선정하여 등급에 따라 차등하여 예산을 지원하였다.[24] 정권이 바뀐 5공화국 시기 또한 1983년부터 지방문예진흥 5개년 계획의 일환으로 향토축제 가운데 12개를 시도별 대표축제로 선정[25]하여 1개 축제당 매년 300만 원씩 지원하였다.[26]

포함된 축제 중에는 전통적인 축의 축제가 포함되지만, 일부는 국난극복의 역사와 민족문화의 우수성을 과시한다는 차원에서 의도적인 정치적 목적을 띠기도 하였다. 이러한 맥락에서 중앙정부에 의한 예산지원은 당시 정부의 정치적 목적에 좀 더 노출되기 쉬웠음을 의미한다. 당시 주로 축제를 주관한 문화원이나 예총(문화예술단체총연합) 등도 당시 상황에서는 중앙정부의 영향을 받고 있었다. 따라서 축제운영의 독립성 및 지속가능성에 있어 좋지 않은 영향을 끼칠 위험이 싹트고 있었다.[27]

4. 지방문화의 중흥과 향토축제의 형성: 1970년대 후반~1980년대

축제는 놀이 · 문화적 성격을 지니고 있지만, 역사적으로는 정치 · 사회적 도구로써 활용되기도 하였다.[28] 1970년대 후반~80년대의 정치적 불안은 이러한 상황이 더욱더 두드러진 시기였다. '국풍81'은 젊은이들의 관심을 정치외적인 것으로 돌리기 위해 관제 축제로 만들어졌고, 대학가의 '대동제'는 불합리한 정치상황과 억압에 대한 저항으로써 청년문화를 형성하였다. 60~70년대의 민족이라는 테제는 80년대에도 그대로 이어져 향토축제라는 이름으로 정치적 · 사회적 역할을 다하였고, 80년대 후반 메가이벤트(Mega-event)의 등장은 한국축제에 또 다른 영향을 끼쳤다.

1) 대동제와 국풍81

한국의 대학 축제는 각 시대마다 당시의 사회상을 반영하며 독특한 문화를 만들어왔다. 특히 1970년대 후반~80년대의 대학축제는 당시의 정치적 불안상황과 맞물려 대동제라는 이름으로 대학 문화 자체뿐만 아니라 사회적으로도 큰 영향을 끼쳤다. 초기 대학축제는 60년대 중반 당시 외국문화 유입으로 인해 쌍쌍파티나 포크댄스가 주류를 이루었지만, 70년대에 들어와 전통에 대한 관심으로 옮겨가기 시작했다. 이들의 전통에 대한 관심은 운동으로서의 문화투쟁, 상업적 대중문화 및 관제 전통문화에 대한 거부형태로 나타났다. 이들은 마당극이나 탈춤부흥운동 등의 양식을 통해 정치적으로 불안한 상황을 드러내고자 했으며, 80년대에 들어 대동놀이를 중심적인 연행으로 끌어들이기 시작했다. 주체로 참가하기 위해서 특별한 기능과 기술이 필요한 탈춤, 마당극, 풍물 등이 있었다면, 줄다리기, 차전놀이, 고싸움, 석전 등의 대동놀이는 모든 이들을 주체적으로 끌어들여 공동체적 신명을 풀어내는 집단 연희였다. 이러한 맥락에서 대동놀이는 각 대학축제에서 적극적으로 사용되기 시작하였으며 대동단결한다는 취지 아래 대학축제의 명칭도 대동제 또는 대동굿을 표방하였다.

대학축제의 현장은 당시의 정치적·사회적 억압을 분출시키는 마당이 되었으며 이러한 행위 자체가 대학축제를 상징하는 요소가 되었다.[29] 사회참여 상징으로서의 대학축제, 즉 대동제는 축제전통을 민중·민족주의를 배경으로 새롭게 해석하고 의미를 부여했다는 점에서 창출된 전통이었으며 진보적 정치이념에 봉사하는 도구적 의미를 지니고 있었다. 하지만 이와 동시에 대학구성원들의 세시행사로서 주기성을 지니고 반복되었으며, 집단적 비일상성을 구축했다는 점에서 축제 본연의 문화적 기능을 수행하고 있었다.[30]

반면 국풍81은 1980년 광주민주화운동으로부터 국민들의 관심을 돌리고 정권의 정당성을 홍보하기 위해 기획된 관제 축제였다. 국풍81은 '민족 단합의 대합창'을 구호로 1981년 5월 28일부터 5일간 서울 여의도광장에서 열린 대규모 문화행사였다. 전국 190여 개 대학 250여 개 동아리 대학생들과 연예인 등 1만 3천여 명이 국풍81에 참가했으며, 전통예술제, 가요제, 연극제, 팔도굿, 팔도명물장 등의 프로그램으로 구성되었다. 행사장을 찾은 인원이 1,000만 명에 달했었으며,[31] 정부가 제작해 영화관에서 상영하던 대한뉴스는 당시 국풍81을 '거대한 민중문화의 축제, 민족문화의 창조적 계승을 위한 보람찬 기틀을 마련했다'라고 보도했다.

당시의 군부정권은 젊은이들의 관심과 열기를 정치 외적인 것으로 돌리고자 하였으며, 대학가의 마당극이나 탈춤부흥운동 등을 전통민속부흥이라는 이름으로 포섭하여 대학생들을 체제 안으로 끌어들이고자 노력하였다. 하지만 당시의 주요 민중문화운동 청년층은 국풍81 참가를 거절했다. 결국 정부는 졸업생과 군 복무 중이던 이들까지 모두 끌어들여 '위장'참여시키게 되었고, 그 결과 정부의 의도와 달리 '청년'이 아닌 전문 예능인들 위주의 잔치로 바뀌게 되었다. 과거의 축제는 사회적 안정을 위하여 축제를 통해 일시적으로 하층계급과 상층계급의 전도를 허용하였다. 그에 비해 국풍81은 지배계급이 정치적 목적을 위해 제공한 대표적인 이벤트 사례로 볼 수 있다.[32]

2) 향토축제

1980년에 등장한 제5공화국 정권은 기존의 정책을 유지하는 가운데 '새문화정책'을 발표하였다. 1983년에 이루어진 문예진흥법 개정, 그리고 지방문예진흥 5개년 계획이 대표적인 예이며, 이들 정책의 목적은 지역문화의 육성이었다. 1980년대는 '지역문화 육성'이라는 개념이 문화정책에 전면으로 등장한 시기였다.

하지만 이 시기의 문화정책은 60~70년대의 틀에서 크게 벗어나지 못하였다. 지역문화 육성은 전통문화 육성으로 여겨졌으며, 축제는 여전히 관주도로 민족문화 담론이 이념적・실천적 중심을 차지하였다. 기존의 문화예술축제와 체육대회 형식이 여전히 다수를 차지하고 있었으며, 내용 또한 전통민속연희 복원이라는 테제에서 크게 변하지 못하였다. 한편 이와 함께 지역 특산물 홍보와 판매촉진을 위한 지역 특산물 축제가 각종 아가씨 선발대회와 함께 전국에서 벌어지는 양상을 보이기도 하였다.

이 시기의 축제들은 주로 '향토축제'라는 이름으로 불렸다. 향토축제는 한국의 향토적인 삶과 문화를 바탕으로 발전되고 확산된 전통축제를 의미하며[33], 1970년대 후반부터 90년대 중반까지 널리 사용되었던 개념이다. 하지만 당시의 많은 향토축제들은 그들의 정의와 같이 각자가 뿌리내리고 있는 지역의 정체성과 역사성을 충실히 담아내지 못하였다. 기존에 보아왔던 종합문화제 성격이 상당부분 그대로 이어졌으며, 구성 콘텐츠에 있어서도 유사한 프로그램들의 나열이 많았다. 시민위안공연, 건전가요경연, 미술실기대회, 웅변대회, 노래자랑 등 유사 콘텐츠들로 구성되는 경우가 대부분이었기 때문에 축제의 세속화라는 평가를 받기도 하였다.[34]

3) 메가이벤트

메가이벤트 개최는 1986년 아시안게임, 1988년 서울올림픽게임, 1993년 대전엑스포 등으로 이어졌으며, 이후 2002년 한일월드컵경기, 2018년 평창 동계올림픽 유치 등으로 한국사회 전반에 영향을 끼쳤다. 이들 메가이벤트의 개최는 그 성공과 실패의 여부를 떠나 하나의 문화적 사건이었고, 한국 사회의 개방과 변화를 반영하는 척도였다.

88 서울올림픽을 전후하여 문화예술행사들이 '문화창달'이라는 슬로건 아래 급증하기 시작하였다.[35] 특히 커다란 축제가 없었던 대도시나 교외의 베드타운에서 이러한 경향이 두드러졌다(인사동축제, 남대문시장축제, 성남문화예술제 등). 또한 이때 생성된 축제들은 기존 향토축제에서 주로 사용되었던 전통적 소재에서 벗어나 마임, 연극 등 새로운

소재를 찾아 나섰으며(거창국제연극제, 춘천마임축제 등), 전통문화에 대한 재인식을 바탕으로 문화와 관광의 접목을 고민하기 시작하였다(이천도자기축제, 한산모시문화제 등).

또한 88 서울올림픽 당시 개막식과 폐막식의 경험은 이후 축제구성 및 연출에 영향을 끼치게 되었다. 이 시기부터 지역축제에 성화, 퍼레이드, 대규모 공연 등이 자주 등장하게 되었으며 국내 이벤트 산업의 기술적 발전 및 수준향상에 긍정적인 기여를 하였다. 하지만 이를 부정적으로 보는 시각에서는 전통축제에서의 건강한 민중참여의 정신이 화려한 무대 뒤로 사라지게 된 원인이었다고 평가하기도 한다.[36]

1993년 대전엑스포는 스포츠 경기가 주가 되는 올림픽과 달리 세계 각국이 이룩한 산업과 문화활동의 성과를 전시하고 공유하는 국제적 종합 박람회였다. 대전엑스포의 경험은 국제행사 운영에 대한 자신감과 기획경험을 제공하였다. 이후 금산세계인삼엑스포, 고성공룡세계엑스포, 경주세계문화엑스포, 경기세계도자기비엔날레 등 많은 행사들이 엑스포 혹은 박람회의 이름으로 개최되었다.

5. 지방자치제 실시와 지역축제의 성장: 1990~2000년대 중반

1990년대는 지방자치제도 시행과 더불어 지역사회로의 분권화가 진행되기 시작한 시기였으며 경제수준의 상승에 따라 문화적 욕구가 높아지던 시기였다. 축제는 이러한 시대적 요구와 문화관광축제 제도라는 지원정책에 힘입어 양적으로 급속히 성장하였다. 이 시기부터 '지역축제'라는 명칭이 '향토축제'라는 표현 대신 보편화되었다. 문화관광축제 선정은 각 지자체의 자발적 노력과 경쟁을 유도함으로써 지역문화를 풍부하게 하고 관광콘텐츠를 창출하게끔 하는 데 긍정적 기여를 하였다. 이후 2002년 월드컵에서 자발적 축제문화를 공유했던 많은 시민들의 진정한 축제성에 대한 관심과 요구가 늘어나게 되면서 축제의 질적 성장에 대한 관심 또한 높아지게 되었다.

1) 지역축제

90년대 초까지 각 지역의 축제 및 문화행사들을 지칭할 때 보편적으로 쓰이던 '향토축제'라는 표현은 1996년 이후 '지역축제'로 통일되는 추세를 보인다.[37] 1991년엔 문화체육부가 주관하여 향토축제자문위원회를 발족시켰고, 1994년 문화정책개발원의 보고서도 '향토축제 활성화를 위한 모형 개발 연구'라는 제목을 달았다. 1995년 초까지도 향토축제와 지역축제의 개념이 여러 논문과 보고서에 혼재되어 나타났지만 1995년 6월 지방자치단체장 선거 이후 지방화가 전면적으로 부각되면서 '지역축제'라는 용어로 통일되어 갔던 것으로 보인다. 특히 1996년 문화체육부가 『한국의 지역축제』라는 책자를 발간하면서 보편화되기 시작하였다.

90년대는 과거의 중앙집중형 사회에서 지역사회로의 분권화가 진행되기 시작한 시기였다. 경제수준이 일정 수준으로 상승하기 시작하면서 인적·문화적 교류와 정보의 교환이 증가하게 된 시기이며, 그로 인해 소프트화, 성숙화, 다양화, 정보화, 세계화, 지방 분산화로 특징지을 수 있는 사회적 변화가 부각되기 시작하였다.[38] 도시와 지방 간의 물리적 거리 단축과 마이카 시대가 시작되면서, 각 지역은 지역문화와 관광을 연계하는 방안을 마련하기 위해 관심을 기울이게 되었다. 한편 개인들은 주말과 휴일에 여가를 가치있게 보낼 수 있는 프로그램을 요구하게 되었고, 그 대안으로서 축제가 부각되었다. 이러한 경향은 특히 1995년 지방자치제도 실시와 맞물려 구체화되기 시작하였다.

지방자치제는 자치단체장에게 일정한 범위 안에서 예산 편성권, 인사권, 사업 시행권을 독립적으로 수행하도록 하였다. 각 지자체는 자기 고장만의 독자적인 발전과 특화된 정책을 고민하면서 지역축제를 경쟁적으로 기획하게 되었다(문화관광부, 2006b). 이는 지역축제가 지역의 이미지 제고는 물론 자긍심 향상, 경제 활성화, 지역의 정치적 영향 등 '다목적 정책수단'으로 각광받았기 때문이다.[39]

문화관광부는 1995년부터 '올해의 문화자치단체' 및 '우수 문화관광축제'를 선정하여 경쟁시키고, 문화관광부 산하 기관인 한국문화예술진흥원을 통해 '우수기획문화축제'를 공고하기 시작하였다. 올해의 문화자치단체 선정은 지방자치단체로 하여금 지역문화의 가치를 인식하고, 문화 부분에 대한 관심과 투자를 확대하도록 유도하기 위해 실시된 것이다.[40] 선정 기준에 지역축제가 주요한 심사기준이 되었다는 점은 이 시기 지역축제의 중요도가 높아지고 있었음을 보여준다.[41]

2) '문화관광축제' 선정제도

1994년 12월에 단행된 정부조직 개편에 따라 관광업무가 당시 교통부에서 문화체육부로 이관되면서 문화라고 하는 소프트웨어를 관광 진흥에 어떻게 접목시킬 것인가가 중요한 정책과제로 대두되었다.[42] 정부차원에서 축제 이벤트 관광에 정책적 노력을 기울인 최초의 시도는 ''94 한국방문의 해'를 개최하면서부터라고 할 수 있으며[43], 1995년 '문화관광축제' 제도가 시작되면서 지역축제의 지원과 육성을 적극 권장하기 시작하였다.

'문화관광축제'는 '문화관광'과 '축제'의 합성어로서 문화적인 요소와 테마를 지닌 축제가 관광자원화의 목적을 지닐 때 지칭하는 용어이다. 문화관광부에서 지역의 문화축제를 관광측면에서 집중, 육성, 지원한다는 취지하에 사용되기 시작하였다. 문화관광부는 1995년 이천 도자기축제와 통영 한산대첩제를 시범문화관광축제로 선정하여 축제의 관광상품화 가능성을 확인하였다. 이후 축제 지정 수와 예산을 늘려가며 새로운 정책이 뿌리내리도록 여건을 조성하는 데 주력하였으며, 1999년부터는 평가를 통해 축제 간 경쟁을 유발시키고 축제의 내실화를 도모하기 위해 노력하였다. 이 결과를 바탕으로 이듬해인 2000년부터 축제 간 등급화 및 차등지원이 시작되었다(〈표 7-3〉 참고).[44]

〈표 7-3〉 문화관광축제 지정축제 및 예산지원액: 1995~2011년

(단위: 지정축제 개수/억 원)

연도	합계	지정축제*						예비축제
		명예	대표	최우수**	우수***	지역육성	유망	
1995	2(2.5)	–	–	–	–	–	–	–
1996	8(2.5)	–	–	–	–	–	–	–
1997	10(3.4)	–	–	–	–	–	–	–
1998	18(6.6)	–	–	–	–	–	–	–
1999	21(7.2)	–	–	–	–	–	–	–
2000	25(15.8)	–	–	4(1.4)	6(0.7)	15(0.4)	–	–
2001	30(18.5)	–	–	5(1.0)	5(0.7)	20(0.5)	–	–
2002	29(16.5)	–	–	3(1.0)	19(0.6)	7(0.3)	–	–
2003	30(18.3)	–	–	3(1.3)	10(0.8)	10(0.5)	–	7(0.2)
2004	37(21.6)	–	–	3(2.0)	9(1.0)	11(0.6)	–	14(없음)
2005	45(25.0)	–	–	3(2.5)	7(1.3)	8(0.6)	9(0.4)	18(없음)
2006	52(35.0)	–	–	5(3.0)	9(1.5)	–	13(0.5)	25(없음)
2007	52(35.0)	–	–	7(2.5)	9(1.0)	–	17(0.5)	19(없음)
2008	56(73.4)	–	2(8.0)	7(3.5)	10(1.5)	–	17(0.7)	20(0.3)
2009	57(71.7)	–	2(8.0)	8(3.0)	9(1.5)	–	17(0.7)	21(0.3)
2010	44(71.8)	–	2(8.0)	8(3.0)	10(1.5)	–	24(0.7)	–
2011	46(67.0)	2(없음)	2(8.0)	8(3.0)	10(1.5)	–	24(0.5)	–

주: * 괄호 안의 예산지원액은 각 등급별 축제 1개당 지원액임.
** 2000년, 2001년에는 명칭이 인센티브축제였음.
*** 2000년, 2001년에는 명칭이 집중육성축제였음.
자료: 문화관광부의 1995년~2011년 보도자료 및 내부 자료를 바탕으로 정리.

문화관광축제 제도는 사전선정, 사후평가, 종합평가라는 단계별 평가를 지향하며 지자체 자체평가, 문화부 선정위원의 참관평가, 관광객 유치실적 등을 종합한 결과를 통해 평가가 이루어진다. 이 가운데 방문객 만족도 조사 항목이 초기 6개 항목에서 2003년 이후 7개 부문 18개로 확장되고,[45] 2007년부터 참관평가지표 중 축제 유형별 선택평가항목이 마련되는 등 평가체제가 확장되고 정교화되었다. 부실축제의 신규진입을 예방하기 위해 2003년에 예비축제 등급을 신설하고, 질적·양적으로 상이한 축제들을 고루 지원하기 위해 2005년에 유망축제 등급을 신설하며 축제수 및 예산지원액을 꾸준히 늘려갔다. 이 과정에서 전시형 프로그램보다 놀이형·체험형 핵심프로그램을 앞세우는 축제들이 각광받기 시작했고, 대표적인 사례로 보령머드축제, 안동국제탈춤축제와 화천산천어축제 등이 높은 평가를 받았다.[46]

문화관광축제는 이러한 지원을 바탕으로 2007년에는 35억의 예산지원을 바탕으로 약 1조 6천억 원의 경제효과와 3천6백만 명의 방문객을 이끌어내어 경제적 파급효과의 정점을 찍었다. 2008년에는 이러한 흐름에 탄력받아 기존에 원칙으로 삼았던 '폭넓은 지원'과 함께 '선택과 집중'을 병행하기 위하여 대표축제 등급을 신설하였다. 대표축제 선정은 국제적 성장 가능성이 평가 기준이었으며 첫해인 2008년에는 보령머드축제와 안동탈춤축제가 선정되어 각각 8억 원씩 예산을 지원받았다. 2008년도의 축제지원 예산액은 73억 4천만 원으로 전해보다 두 배가량 늘었다.

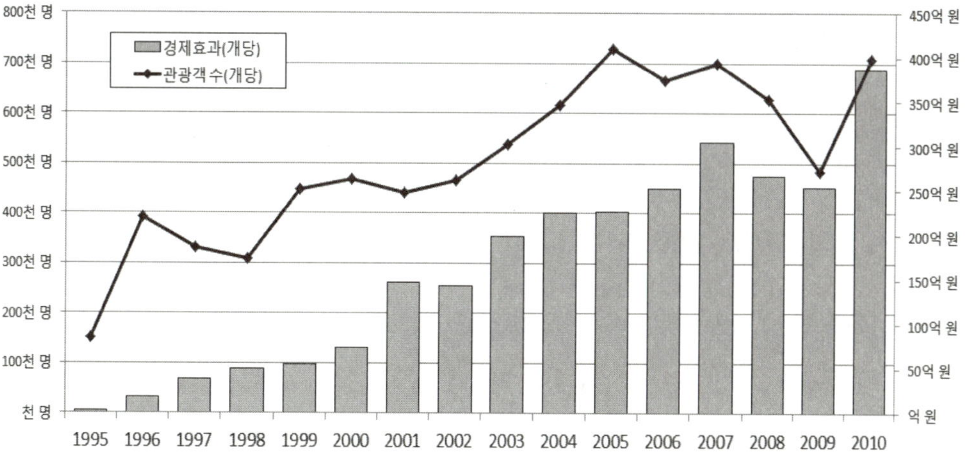

자료: 문화체육관광부(1995~2010), 관광동향에 관한 연차보고서 및 내부 자료를 바탕으로 정리.

〈그림 7-1〉 문화관광축제 1개당 경제효과 및 관광객수: 1995~2010년

문화관광축제 제도는 저비용 고효율의 대표적인 정책 중 하나로 제시된다.[47] 평가시스템과 인센티브제도를 근간으로 함으로써 '선평가 후지원'의 시스템을 만들었고, 이 시스템은 각 지자체와 축제별 자발성을 이끌어내 지역축제의 서비스, 프로그램, 인프라 구축 등 일정한 성과를 가져왔다. 또한 행정단위 단독의 정책 실현이 아니라 전문연구자와 결합한 평가체제를 구축함으로써 축제발전을 위한 관학연의 모형을 보여주었다. 이러한 다양한 성과 중에서도 문화관광축제 제도의 가장 큰 기여는 최소한의 환경변화를 통해 관광콘텐츠를 마련하고 지역문화를 풍부하게 함으로써 관광매력을 창출하는 데 이바지한 것이다.

3) 2002년 월드컵

월드컵 축구대회는 올림픽과 함께 전 세계의 가장 큰 스포츠 행사이자 단일종목으로 그 규모나 행사기간, 시청 연인원, 방문객수 등에서 오히려 올림픽을 능가하는 세계 최대의 축제이다. 이를 통해 국가자체의 홍보, 개최도시의 이미지 전환, 각 지방의 기업・관광자원 등에 대한 홍보효과의 기대와 함께 관광산업 측면에서도 여타 국제적 이벤트보다 큰 의미를 가지고 있다.[48] 2002년 한・일 월드컵이 개최되면서 한국 사회 전반에 여러 파급효과를 미쳤으며 축제문화에도 역시 영향을 미쳤다. 경기장에서 팀을 응원하던 것과 달리 '거리응원문화'를 통해 시민들이 자발적 축제성을 드러내는 문화적 현상이 나타났다. 창의적 응원문화에는 축제로서의 놀이성, 리미노이드(liminoid) 측면, 신명성, 공동체의식 등 축제의 본질적 기능과 의미가 함축되어 있었다.[49] 2002월드컵을 통해 형성된 시민들의 자발적 축제문화는 기존 축제들의 문제점으로 지적되던 '축제다움이 거세된 도구적 수단으로서의 축제'에 대한 반성과 현대적 코드로 재해석된 한국인의 축제성이 현재의 지역축제에 어떻게 구현될 수 있는지 고민하게 만드는 계기가 되었다.

6. 질적 성장의 고민: 2000년대 후반

한국의 지역축제는 1990~2000년대를 거치며 지방자치제도와 문화관광축제 제도 도입 등 정책적 변화와 시대적 요구를 계기로 양적으로 급속히 증가하게 되었다. 이 시기에 보령머드축제, 안동국제탈춤페스티벌, 금산인삼축제, 함평나비축제 등 수많은 지역축제가 국내외적으로 빛을 발하게 되었다. 이러한 선도 문화관광축제를 중심으로 축제를 통한 지역이미지 제고 및 지역경제 활성화라는 효과가 입증되자, 수많은 지방자치단체가 경쟁적으로 관광축제를 개발하기 시작하였다.[50] 문화체육관광부 내부 자료에 따르면 지역축제의 수는 꾸준히 성장하였으며 2008년에 929개로 정점을 찍었다.

이러한 양적 성장에 걸맞은 질적 성숙이 필요하다. 하지만 2000년대 중반까지 여러 선도축제 중에서는 모형을 일방적으로 따라하거나 유사내용을 차용하여 프로그램을 구성하는 경우가 다수 존재하였다. 또한 해당 지역만의 장소성과 주제성을 통해 차별적 특성을 부각시키지 못하여 비판의 대상이 되기도 하였다.[51] 일부 지역축제의 내적 부실에 대한 비판은 축제의 실효성과 경쟁력에 대한 논의로 이어져, 기존 지역축제를 폐지 및 축소하는 이른바 '지역축제의 구조조정' 담론이 시작되었다. 이는 2009년 4월 행정안전부에서 발표한 "지역축제 절감재원으로 일자리 창출에 투자하면 지방교부세 특별 배정"이라는 제목의 보도자료를 통해 부각되었다. 이러한 배경하에 꾸준히 성장하던 지역축제가 2008년을 기점으로 서서히 줄어들기 시작하였으며, 3년 사이 200여 개의 축제가 줄어들어 2011년 762개의 축제가 개최되었다. 특히 전라도의 경우 지역 내 가장 많은 축제가 개최되었던 2008년과 비교해 30%의 축제가 축소되었으며, 경기도는 2009년과 비교해 25%의 축제가 축소되었다(〈그림 7-2〉 참고).

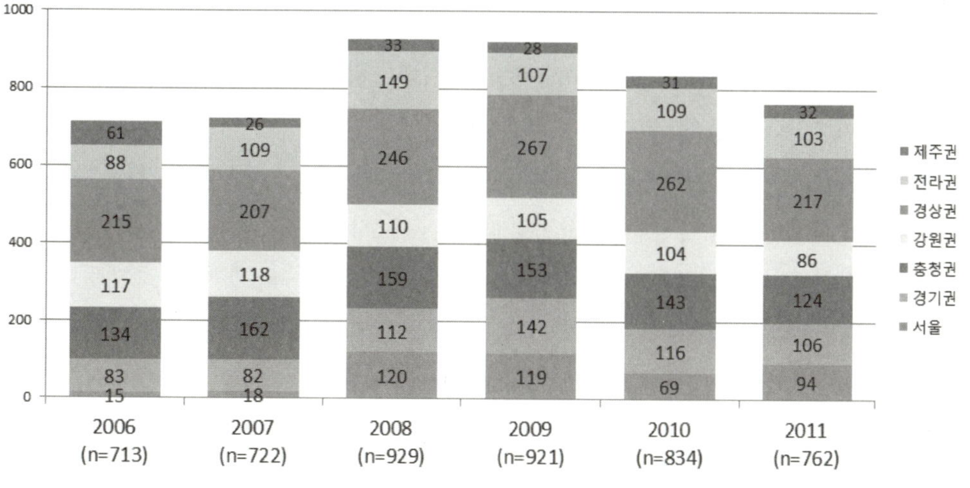

자료: 문화체육관광부에서 제공하는 전국 시·도별 축제총괄표(2006~2011)를 연구자가 정리함.

〈그림 7-2〉 지역별 축제수의 변화: 2006~2011년

이러한 현상에는 축제에 대한 몰이해와 편견이 영향을 미치고 있다. 첫째, 우리나라의 축제수가 너무 많다'는 편견이다.[52] 그렇지만 아직 우리나라의 축제는 양적인 면에서 매우 부족한 편이다. 프랑스의 경우 축제가 최소한 12,000개 정도로 집계되고 있으며, 일본은 최소 7,400개로 추산된다. 또한 미국의 텍사스주에만 1,000여 개의 축제가 있으며[53], 스페인에는 10만 개가 넘는 축제가 보고되고 있다.[54] 둘째, 축제를 낭비적 행사로 보는 편견이다. 행안부의 공문과 같이 축제에 편성되는 예산을 일자리 창출에 대신 사용하길 권장하고 있다.[55] 하지만 축제는 단순일자리가 아니라 이벤트기획사, 전문감독, 공연예술가, 이벤트물품대여, 이벤트시설업 등 전문적인 일자리를 창출한다. 또한 축제는 관광증대 효과를 통해 지역 숙박업, 요식업, 농·특산업을 발전시키는 파급효과가 크다. 더구나 축제는 지역민에게 탈일상성을 제공함으로써 건강한 놀이문화와 여가기회를 제공하고, 문화적 자긍심과 예술적·교육적 효과를 높이는 본질적 가치가 있다.

2009~2010년은 각종 정치사회적 사건들에 의하여 지역축제가 수난을 겪은 시기이기도 하다. 2009년 가을에는 신종플루 바이러스의 유행[56], 2010년 4~5월에는 천안함사건[57], 2010년에서 2011년으로 이어지는 겨울에는 구제역 발생[58]으로 인해 여러 축제들이 잇달아 취소되었다. 2000년대 후반에 찾아온 이러한 위기는 양적 감소라는 표면적 현상보다 축제의 지속성의 측면에서 심도 있는 논의를 필요로 한다. 예산의 85.2%를 공공재원에 의존하고 있는 예산구조의 한계는 축제 운영주체의 자생적·독립적 지속성에 심각한 영향을 끼치게 되며(한국관광공사, 2010), 공공성을 내포하는 축제의 속성상 사회적 맥락에 의해 끊임없이 영향을 받게 된다.

이러한 결과는 각 축제가 다음번 개최에 대한 확신과 비전을 충분히 갖지 못하는 불안정성을 내포하게 되어 장기적인 발전전망과 축제의 지속성을 통해 국제적 축제로 발전하는 데 일정한 장애로 작용하고 있다는 것을 의미한다. 국제적인 축제들이 대부분 40~100년의 역사를 지니면서 자신의 특성과 매력을 일반화하여 발전하고 있는 것에 비추어볼 때, 한국축제가 이제는 단기적 성장과 더불어 '지속성'이라는 관점에서 장기적 발전을 모색해야 할 시점이다.

제3절 축제의 미래상

1. 한국축제의 흐름과 변화

한국 전통사회에서의 축제는 농경문화를 기반으로 하여 역사와 자연을 공유하는 사람들이 공동선을 위해 벌이는 제사이자 잔치이며 놀이였다.[59] 고대사회에서는 신에게 추수감사를 표현하는 것을 목적으로 한 제천의식이 대표적이었으며, 봉건적 형태의 국가체제가 확립되기 시작하면서 팔관회와 연등회 등의 국가단위 축제로 이어졌다. 조선시대에는 성리학의 영향으로 놀이문화의 지위가 격하되며 조선 전기 공연문화의 제도적 중심이었던 나례희 또한 조선 중기 이후 연행이 중단되었다. 하지만 민간 차원에서의 축제가 활성화되면서 축제문화가 명맥을 이어나갈 수 있었으며, 이는 일제강점기, 한국전쟁, 민주화투쟁 등 근대사의 격변기를 보내기 전까지 지속되었다.

근현대 시기에서 한국축제의 역사적 흐름은 크게 4시기로 구분되어 분석되었다(〈표 7-4〉 참고). '60~70년대 중반'은 전일제감정기, 한국전쟁 이후의 격변기를 보내며 위축될 수밖에 없었던 한국축제가 전통문화복원이라는 목적 아래 부활하기 시작한 시기였다. 민속예술경연대회, 시·군·구민의 날 개최 등 정책적인 뒷받침이 크게 작용하던 시기였다. '70년대 후반~80년대'는 이전 시기의 민족이라는 테제가 지방문화 중흥으로 자연스럽게 이어지면서 향토축제를 자리 잡게끔 하였다. 정치적 상황으로 인해 대동제와 국풍81이 개최된 시기이기도 하였으며, 80년대 후반 메가이벤트(Mega-event)의 등장은 한국축제에도 영향을 끼쳤다.

'90년대~2000년대 중반'은 지역축제의 양적 성장이 두드러지던 시기였다. 이러한 변화에는 지방자치제도와 문화부의 '문화관광축제' 선정제도 도입 등 정책적 변화가 큰 역할을 하였다. 2002년 월드컵은 자발적 축제문화를 이끌어내는 계기가 되었다. '2000년도 후반' 들어 축제의 양적 성장과 함께 지역축제의 내실화 및 질적 변화에 대한 문제제기들이 논의되었다. 이러한 흐름은 축제가 한국의 근현대사를 관통하며 어떻게 우리의 삶을 반영하고 또한 소통해 왔는지를 보여준다.

〈표 7-4〉 한국축제의 흐름과 변화(근현대 중심)

연도	주요테마	주요사건	비고
60~70년대 중반	전통문화 복원	민속예술경연대회, 시군구의날, 지역축제 예산지원 시작	3, 4공화국
70년대 후반~80년대	지방문화 중흥	대동제와 국풍81, 향토축제, 메가이벤트	5, 6공화국
90~2000년대 중반	양적 성장기	문화관광축제 제도(문화부), 2002월드컵	지방자치제도 실시
2000년대 후반~	질적 성장의 고민	축제구조조정, 축제 지속가능 발전문제	

2. 한국축제의 미래: 지속가능한 발전전략

축제는 어느 시대, 어느 장소, 어느 문화에서나 보편적으로 존재해 왔으며 해당 시공간의 정치·사회·문화적 맥락을 반영하며 끊임없이 변화해 왔다. 그 결과 축제는 살아 있는 문화적 유기체로서 우리의 삶에 있어 중요한 위치를 차지하고 있다.[60] 축제의 지속이 경제적·관광적 맥락에서 단기적 성과를 통해 논의되는 것이 아니라 우리의 삶의 양식이자 필수불가결한 존재라는 관점에서 논의되어야 하는 이유이다. 오늘날 지역축제를 정치적·행정적 이해관계에 종속시키거나 경제적 도구로서만 사고하는 편견은 축제의 자생력과 생명력에 위협을 가한다. 국제적인 유명축제들이 대부분 40~100년의 역사를 지니면서 자신의 매력을 일반화하여 발전하고 있는 것에 비추어볼 때, 한국축제도 이제는 성장과 더불어 '지속성'이라는 관점에서 장기적 발전을 모색해야 할 시점이다.

장기적 측면에서 지속가능한 발전성은 지역 자체의 주체적 능력의 향상을 바탕으로 국제적으로 매력 있는 축제로 발전하기 위한 방향성을 지녀야 한다. 지속발전성 지표의 구성요인은 경제적 지속성, 환경적 지속성, 사회문화적 지속성, 운영주체의 독립적 지속성, 품질의 지속성 등의 5가지로 분류된다.

'경제적 지속성'이란 축제의 상품성, 방문객수, 수익성 등을 의미하며 축제를 지속하고 지역주민과 관광객의 경험의 질을 유지할 수 있게 해주는 요소이다. 향후 자생적 축제와 지속성을 위해서는 지역주민과 지역 상인에 의한 축제 재원의 모금, 스폰서십을 통한 재원확보, 기념품과 축제상품을 통한 축제운영수익 등 다양한 재원모금 또는 기금확보가 필요하다.

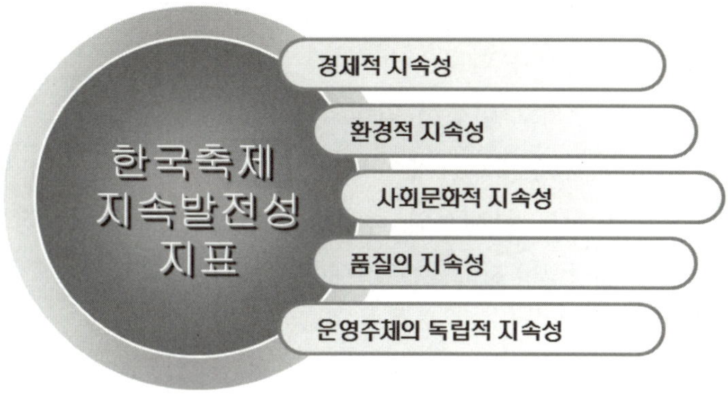

〈그림 7-3〉 한국축제의 지속발전성 지표

'환경적 지속성'은 지역의 자연적 생태성과 어메니티를 포함하는 개념이다. 축제로 인한 생태환경의 변화를 측정하고 영향요인을 규명하기 위해 관련 지표가 설정되어야 한다.[61] 축제기간 중 사람과 자동차 유입으로 인한 CO_2 발생, 쓰레기 발생 등의 문제가 발생하고 있으므로 이를 최소화할 수 있는 정책적 노력이 필요하다. 특히 중앙정부는 축제평가지표를 통해 지역에서 탄소저감형 축제관리의 방향이 설정되도록 정책환경을 조성해야 한다.

'사회문화적 지속성'은 지역문화, 지역의 동의와 협력을 포함하는 개념이다. 축제는 지역문화 속에서 발전하고 지속되어야 한다. 지역의 동의와 협력을 얻어내지 못하는 축제는 지역으로부터 배척될 수 있는 가능성이 있다. 따라서 지역의 역사성, 의미성, 놀이성을 콘텐츠로 발굴해야 하며 이를 스토리로 엮어가는 프로그램의 개발이 필요하다.

'품질의 지속성'은 축제를 통한 지역주민의 여가적 삶과 관광객 축제체험의 질적 측면을 이야기하는 개념이다. 품질의 지속성을 위해서는 축제 속에서 대동성, 놀이성, 장소성, 신성성, 일탈성 등 축제체험 속성이 지속적으로 체험되어야 한다.[62] 이를 위해 축제기획과 프로그램 과정에서 축제체험 속성을 담보하기 위한 노력이 필요하다. 축제 콘텐츠를 축적해 가는 방식에 있어 자체적으로 개발하는 것이 중요하며 일정수준의 방문객이 지속적으로 재방문할 수 있도록 만족도를 유지하면서 매년 새로운 매력을 창출하는 노력이 중요하다.

'운영주체의 독립적 지속성'은 축제의 운영 및 관리주체가 독자적 체계를 갖추고 상설화되는 방향을 의미한다. 문화관광축제의 경우 열악한 지역현황에서 행정기관이 주체가 되어 시작한 경우가 많은데, 장기적으로는 지역주민과 민간전문가가 운영주체가 될 수 있도록 교육되고 훈련되도록 해야 한다.

축제의 지속발전성 지표는 서로 밀접히 연결되어 있다. 독자적 지표의 성과를 개별적으로 높이는 것뿐만 아니라 다른 지표와의 긴밀한 관계를 고려하는 것이 필수적이다. 한국축제가 향후 내실 있으면서도 국제적인 축제로 발전하기 위해서는 장기적인 관점과 지속가능한 발전을 위한 전망 및 전략을 준비해야 한다.

참고문헌

1) 국립국어원 표준국어대사전(2001). http://www.korean.go.kr, 검색어: 축제.
2) 표인주(2007). 『축제민속학』. 태학사.
3) 류정아(2003). 『축제인류학』. 살림.
4) 이 훈(2006). 축제체험의 개념적 구성모형. 『관광학연구』. 30(1): 29-46.
5) 오순환(2001). 한국의 전통축제와 놀이형태에 관한 고찰. 『관광학연구』. 25(2): 197-215.
이상일(1998). 『축제의 정신』. 성균관대학교출판부.
장은영(2004). 고려 팔관회의 관광축제 특성. 『관광학연구』. 28(2): 231-251.
이정학(2008). 『축제이벤트』. 대왕사.
6) 김혜숙(1999). 고려 팔관회의 내용과 기능. 『역사민속학』. 9(1): 31-55.
7) 장은영(2004). 고려 팔관회의 관광축제 특성. 『관광학연구』. 28(2): 231-251.
8) 이때 나례도감(나례희를 관장하던 기관)에 소속되었던 재인들이 민간으로 나오게 되면서 남사당, 오광대, 송파산대놀이 등의 민중오락이 발전하는 계기가 되기도 하였다.
9) 사진실(1996). 조선전기 나례의 변별 양상과 공연의 특성. 『구비문학연구』. 3: 559-588.
10) 윤광봉(2000). 한국축제의 역사. 『한국축제의 이론과 현장』. 월인, pp. 1-15.
11) 장철수(1994). 향토 축제와 현대 사회. 『향토 축제의 가능성과 미래』. 방일영문화재단 총서 1. 조광출판인쇄주식회사.
12) 장철수(1994). 향토 축제와 현대 사회. 『향토 축제의 가능성과 미래』. 방일영문화재단 총서 1. 조광출판인쇄주식회사.
13) 장철수(1994). 향토 축제와 현대 사회. 『향토 축제의 가능성과 미래』. 방일영문화재단 총서 1. 조광출판인쇄주식회사.
14) 이상일(1998). 『축제의 정신』. 성균관대학교출판부.
15) 표인주(2007). 『축제민속학』. 태학사.
16) 이상일(1998). 『축제의 정신』. 성균관대학교출판부.
17) 오명석(1988). 1960~70년대의 문화정책과 민족문화 담론. 『비교문화연구』. 4: 121-152.
18) 오명석(1988). 1960~70년대의 문화정책과 민족문화 담론. 『비교문화연구』. 4: 121-152.
19) 설성경(1995). 한국축제의 과거와 현재. 『한국민속학보』. 5: 283-301.

20) 설성경(1995). 한국축제의 과거와 현재. 『한국민속학보』. 5: 283-301.
장철수(1994). 향토 축제와 현대 사회. 『향토 축제의 가능성과 미래』. 방일영 문화재단 총서 1. 조광출판인쇄주식회사.
이승수(2003). 『새로운 축제의 창조와 전통축제의 변용』. 민속원.
21) 이상일(1998). 『축제의 정신』. 성균관대학교출판부.
김태경(2006). 『한국의 축제 다시보기』. (주)한국학술정보.
22) 오명석(1988). 1960~70년대의 문화정책과 민족문화 담론. 『비교문화연구』. 4: 121-152.
23) 이승수(2003). 『새로운 축제의 창조와 전통축제의 변용』. 민속원.
24) 신라문화제, 한라문화제, 3.1 민속문화제, 개천예술제, 춘향제, 영월단종제, 대현 이율곡 선생제, 밀양아리랑제, 한산대첩제, 행주대첩제, 유관순추모제, 의암 논개제, 벽골문화제, 갑오동학문화제, 지리산약수제, 세종큰문화제, 한글기념제, 충북예술제, 백제문화제, 전라예술제, 남도문화제 이상 21개의 축제가 포함되었다(한국문화예술진흥원, 1988, p. 255). 이들 축제를 등급화하여 A급 100만 원, B급 70만 원, C급 50만 원, D급 30만 원씩 지급하였다.
25) 서울 남이장군대제, 경기 여주 답교놀이, 강릉단오제, 충북 농자놀이, 충남 기지시줄다리기, 전북 남원 삼동굿놀이, 전남 해남 강강수월래, 광산 고싸움, 경북 안동 민속제, 경남 밀양 아랑제, 제주 영등굿, 황해 해서 풍어제.
26) 설성경(1995). 한국축제의 과거와 현재. 『한국민속학보』. 5: 283-301.
27) 오명석(1988). 1960~70년대의 문화정책과 민족문화 담론. 『비교문화연구』. 4: 121-152.
28) 문화관광부(2006a). 『한국 지역축제 조사평가 및 개선방안 연구』.
29) 김태경(2006). 『한국의 축제 다시보기』. (주)한국학술정보.
30) 한양명(1999). 전통축제의 수용과 변용. 『민속문화의 수용과 변용』. 집문당, pp. 93-113.
31) 경향신문(2009). [어제와 오늘] 1981년 문화대축제 '국풍 81'. 5월 27일.
32) 김태경 · 최기수(1996). 축제의 개념 및 역사적 변천에 관한 연구. 『한국전통조경학회지』. 14(1): 1-33.
33) 서현호(1994). 축제의 미래를 위한 반성과 대안. 『향토 축제의 가능성과 미래』. 방일영 문화재단 총서 1. 조광출판인쇄주식회사.
34) 이상일(1998). 『축제의 정신』. 성균관대학교출판부.
35) 이승수(2003). 『새로운 축제의 창조와 전통축제의 변용』. 민속원.
36) 김규원(2001). 지방자치시대의 지역축제의 역할과 현황. 지역축제 실태조사 결과와 개혁방안. 지역축제 실태조사 및 개혁방안연구 최종 심포지엄, 문화연대, 출판문화회관.

37) 김채현(2006). 지역축제 10년 평가와 전망. 지역축제, 지난 10년에 대한 성찰 및 전망. 지역축제 네트워크 포럼 1차, 문화연대, 배재학술지원센터.
38) 김영순 · 박지선(2004). 『축제와 문화』. 인하대학교출판부.
39) 문화관광부(2006). 『한국 지역축제 조사평가 및 개선방안 연구』.
40) 1995년부터 추진되었으며, 1회에는 광주광역시, 2회에는 전라남도 진도군, 3회에는 전라남도 강진군이 선정되었다.
41) 정호기(1999). 지역 축제의 활성화와 문화 정치: 광주 · 전남의 지역 축제를 중심으로. 『축제, 민주주의, 지역활성화』. 새길.
42) 문화관광부(2006). 『한국 지역축제 조사평가 및 개선방안 연구』.
43) 문화관광부(2006). 『한국 지역축제 조사평가 및 개선방안 연구』.
44) 1999년 평가결과를 바탕으로 이듬해인 2000년부터 인센티브축제, 집중육성축제, 지역육성축제라는 명칭으로 문화관광축제의 등급화 및 차등지원이 시작되었으며, 2002년부터는 최우수축제, 우수축제라는 명칭으로 바뀌었다.
45) 초기에는 방문객 만족도를 관객비, 짜임새, 체험만족도, 음식만족도, 정보안내만족도, 편의시설 등의 6개 항목으로 조사하였지만, 2003년 이후 현재까지는 접근성, 홍보안내, 행사내용, 축제상품, 음식, 주변 관광지 이용, 편의시설 등의 7개 부문 18개 항목으로 늘어났다.
46) 오순환(2010). 지속가능한 한국 문화관광축제 발전을 위한 집담회 발표자료. 『정책 집담회 발표 자료집』. 한양대학교 관광연구소 20주년 기념 1차 정책포럼, 서울: 한양대학교.
47) 이훈(2006). 문화관광부 축제지원 시스템과 정책에 대한 평가. 『관광연구논총』. 18: 309-323.
48) 김진동 · 김남조(2003). 2002년 한 · 일 월드컵의 영향 분석: 신문기사의 내용분석을 중심으로. 『관광학연구』. 26(4): 57-75.
49) 김진동(2003). 2002 한 · 일 월드컵의 축제적 의미. 『관광연구논총』. 15: 151-170.
50) 문화관광부(2006). 『문화관광축제 변화와 성과 1996~2005』.
51) 오순환(2010). 지속가능한 한국 문화관광축제 발전을 위한 집담회 발표자료. 『정책 집담회 발표 자료집』. 한양대학교 관광연구소 20주년 기념 1차 정책포럼, 서울: 한양대학교.
52) 문화일보(2010). 지역축제 내용 중복 '그게 그거'. 8월 4일.
53) Crompton, J.L., & McKay, S.L.(1997). Motives of visitors attending festival events. *Annals of Tourism Research*. 24(2): 425-439.
54) 김용호(2004). 원형상실의 문제-스페인 세비야의 4월축제와 전주풍남제-. 『축제로 이어지는 한국과 유럽』. 서울: 연세대학교출판부.

55) 전국 기준으로 2009년 921개, 2010년 834개, 2011년 762개의 축제가 개최되어 최근 3년간 200여 개의 축제가 취소되었다. 경기도 광명시는 '재정 건전성 강화를 위해 전시·행사성 예산을 대폭 줄이기'라는 명목하에 광명음악축제를 폐지하고 구름산예술제를 축소하였다(경인일보, 예산낭비·전시성 축제 축소·폐지, 2010년 8월 26일), 대구 달성군은 '비슬산 참꽃제'를 취소한 후 이를 통해 절감한 예산 2억여 원을 지역경제 활성화를 위한 일자리 창출에 활용하기로 했다고 밝혔다(매일경제, 지역축제는 구조조정 중, 2010년 12월 15일).

56) 2009년 9월 신종플루 바이러스의 확산을 우려한 정부가 연 인원 1천 명 이상으로 2일 이상 열리는 각종 행사를 원칙적으로 취소하라고 지침을 내렸다가 이를 다시 번복하여 지방자치단체들의 혼란이 더해졌었다.

57) 해군 초계함 천안함 침몰사고와 관련해 사회적 추모 분위기를 감안해 해당기간에 예정되었던 문경찻사발축제, 안산국제거리극축제 등 20여 개의 축제가 취소되었으며, 이외의 축제들 또한 대부분 규모를 줄이거나 축제시기를 변경하였다.

58) 문화부의 발표에 따르면 겨울에 예정되어 있던 화천산천어축제와 태백산눈꽃축제 등 80여 개의 축제가 취소되었다. 12월부터 2월까지 전국 유명 관광지의 입장객도 전년 동기 대비 48%나 감소했다. 숙박시설 이용객 감소율은 21%였고, 국내관광 소비지출 감소액은 무려 8,027억 원으로 조사됐다. 국내여행 전담 여행사들의 상품 판매 감소율도 50%가 넘어 영세업체들은 부도위기에 몰렸다(국민일보, [내일을 열며] 지역축제 취소가 능사인가, 2011년 3월 8일).

59) 서현호(1994). 축제의 미래를 위한 반성과 대안. 『향토 축제의 가능성과 미래』. 방일영 문화재단 총서 1. 조광출판인쇄주식회사.

60) 이훈(2010). '지속가능한 한국 문화관광축제'방안 연구. 『정책 집담회 발표 자료집』. 한양대학교 관광연구소 20주년 기념 1차 정책포럼, 서울: 한양대학교.

61) Collins, A., Jones, C., & Munday, M.(2009). Assessing the environmental impacts of mega sporting events: Two options? *Tourism Management*, 30: 828-837.

62) 이훈(2006). 축제체험의 개념적 구성모형. 『관광학연구』. 30(1): 29-46.

〈본문의 내용은 다음 논문에 기초하여 서술되었음: 『관광학연구』 제35권 제10호(통권 96호), 이훈·김미정(2011)/ 한국축제사–근현대사를 중심으로–, pp. 481-499〉

■ 저자약력

이훈(李勳) 한양대학교 관광학부 교수

미국 Pennsylvania State University대학에서 박사학위를 취득했다. 한양대 관광연구소 소장, 문화부·서울시 등의 정책자문위원을 맡고 있으며, '한국을 움직일 차세대 리더(시사저널, 2008)', '최우수 교수상(한양대, 2007)', '최우수논문상(2004)', '문화부장관표창장(2004)' 등을 수상하였다. 공저 『여가』, 『지속가능한 관광』, *Festival and Tourism: Marketing, Management and Evaluation* 등과 논문 "Crowding at an arts festival: extending crowding models to the frontcountry", 「여가활동과 제약요인 구조모형」, 「축제체험의 개념적 구성모형」 등을 통해 학술적 성과를 발표하고 있다.

제8장 카지노의 역사

이 충 기*

제1절 우리나라 카지노산업의 발전사

1. 카지노산업의 법적 변천사

우리나라 카지노 설립의 법적 근거가 된 최초의 법률은 1961년 11월에 제정된 '복표발행현상기타사행행위단속법(福票發行懸賞其他射倖行爲團束法)'이다.[1] 1962년 9월 동법의 개정사항에 외국인을 상대로 하는 오락시설로서 외화획득에 기여할 수 있다고 인정될 때에는 이를 허가할 수 있게 함으로써 그 설립근거가 마련되었다.

카지노관련 법규도입 당시의 배경을 살펴보면, "유사사행행위의 정의가 모호하여 … 특히 외국인을 상대로 하는 관광사업에 필요 이상의 제약을 가함으로써 외화획득에 장애가 되고 있을 뿐만 아니라, 벌칙에 있어서 형법 제248조와 제249조를 그대로 적용하는 것이 불합리하므로 이를 수정하려는 것(복표발행현상기타사행행위단속법 중 개정법률안 수정이유: 1962년 9월 3일)"이라고 하여 카지노가 외화획득을 위한 외국인전용 관광시설로 시작되었음을 알 수 있다.[2] 이에 따라 제3공화국에서는 이준상, 전락원, 유화열, 이상 諸氏의 건의를 받아 내외국인이 출입하는 카지노를 허가하여 1967년 인천 오림포스호텔 카지노가 최초로 개설되었다.

* 경희대학교 관광학과 교수(현)
e-mail: cklee@khu.ac.kr

1969년 6월에는 '복표발행현상기타사행행위단속법'의 개정으로 카지노 내에서 내국인과 외국인이라도 군복을 입은 군인은 일체 출입을 금지하였으며, 게임테이블 허가 대수의 임의변경 금지 등을 조건부로 업체에게 허가증을 교부했다. 1971년 9월부터 3개월간 일시적으로 외국인 동반 내국인에 대해 출입금지를 해제하였으나, 무분별한 내국인 출입으로 인한 부작용으로 다시 내국인 출입을 제한하게 되었다.

〈표 8-1〉 우리나라 카지노산업의 법적 변천사

연대	내용
1960년대	• 1961년 '복표발행 현상 기타 사행행위 단속법'의 제정으로 국내 카지노산업의 도입 근거를 마련 • 1969년 내국인 출입금지에 관한 규정을 제정
1990년대	• 1991년 3월 '복표발행현상기타사행행위단속법'이 '사행행위 등 규제 및 처벌특례법'으로 개정 • 1991년 5월 카지노의 허가·감독관청이 내무부장관 또는 시·도지사에서 경찰청장 또는 지방경찰청장으로 이관 • 1994년 8월 관광진흥법의 개정으로 투전기업을 포함한 카지노업이 관광산업으로 분류 - 인·허가 주무관청이 현재의 문화체육관광부로 이관 • 1995년 3월 한국카지노업관광협회 설립 • 1995년 12월 '폐광지역개발지원에 관한 특별법' 제정을 통해 내국인 카지노 허용 • 1997년 1월 카지노 전산시설 의무화를 통한 영업실적 기록유지 • 1997년 12월 카지노업의 게임종류에 슬롯머신, 비디오게임, 빙고게임이 추가됨 • 1999년 마작이 게임종류에 추가됨 • 1999년 외국인의 카지노업 투자 허용
2000년대	• 2004년 1월 제주국제자유도시특별법 제55조의 2를 신설 - 제주지역 관광사업에 5억 불 이상 투자하는 경우 외국인전용카지노 허가 • 2005년 5월 기업도시개발특별법 제30조((관광진흥법에 관한 특례) 개정 - 관광레저형 기업도시의 실시계획에 반영되어 있고 관광사업에 5천억 원 이상을 투자하는 사업시행자에게 외국인전용 카지노 허가 • 2006년 7월 제주지역의 카지노 인·허가권을 제주특별자치도에 이양 • 2006년 12월 관광진흥법 시행령 제28조 개정 - 카지노 신규허가 기준을 외래관광객수 60만 명 이상 증가로 함 • 2007년 9월 17일 국무총리 산하 사행산업통합감독위원회 발족 • 2007년 12월 경제자유구역특별법 제23조의 3(외국인전용 카진노업 허가 등의 특례) - 5억 달러 이상 투자 시 외국인전용카지노 허가

자료: 이충기·권경상·김기엽(2010), 『카지노산업의 이해』, 서울: 대왕사.

카지노업은 1991년 3월에 '복표발행현상기타사행행위단속법'이 '사행행위 등 규제 및 처벌특례법'으로 개정되었다. 이에 따라 카지노의 허가·감독관청은 1991년 5월 경찰법(법률 제4369호)이 제정되기까지는 내무부장관 또는 시·도지사였다. 그러나 경찰청이 신설됨에 따라 카지노의 허가 등 관련업무는 시·도지사에서 지방경찰청장으로, 2개 이상의 시·도에 걸친 영업 등에 대해서는 내무부장관에서 경찰청장으로 이관되었다.

한편 카지노업이 관광외화획득뿐만 아니라, 외래관광객 유치에도 기여하는 바가 크다고 인식됨에 따라 카지노산업의 건전한 발전을 도모할 수 있도록 카지노를 관광산업에 포함시켜 카지노 관련제도를 개선·보완하려는 움직임이 나타났다. 그러한 취지에서 그동안 사행행위영업으로 규정되어 온 카지노가 1994년 8월에 이르러 관광진흥법에 의한 관광사업으로 새로이 규정되었다.[3] 관광진흥법 제3조에 따르면 카지노업은 "전문 영업장을 갖추고 주사위·트럼프·슬롯머신 등 특정한 기구 등을 이용하여 우연의 결과에 따라 특정인에게 재산상의 이익을 주고 다른 참가자에게 손실을 주는 행위 등을 하는 업"으로 정의하고 있다. 1994년 말 정부행정조직 개편으로 관광의 주무부서가 교통부에서 문화관광부로 이관됨에 따라 현재 카지노업은 문화체육관광부에서 허가권과 지도·감독권을 갖고 있다.

1995년 3월에는 한국카지노업관광협회가 설립되었다. 본 협회에서는 카지노사업의 건전한 발전과 회원 및 종사원의 권익증진, 연구조사, 출판물 간행 및 보급, 카지노업의 지도감독 및 대정부 건의, 카지노업 종사원의 교육훈련 등을 담당하고 있다.

석탄산업의 사양화로 낙후된 폐광지역(태백, 정선, 영월, 삼척)의 경제를 진흥시켜 지역 간 균형 있는 발전과 주민의 생활향상을 도모하고자 1995년 12월에 '폐광지역 개발지원에 관한 특별법'이 국회에서 통과되어 강원도 폐광지역에 내국인 출입카지노를 설치할 수 있는 법적 근거가 마련되었다.[4] 이는 내국인출입 카지노의 시대가 개막되었다는 점에서 주목할 만하다.

정부는 1997년 1월부터 카지노 전산시설을 이용한 영업실적기록을 의무화하여 카지노사업의 투명성 확보를 위한 전기를 마련했다. 또한 1997년에는 머신게임(슬롯머신, 비디오게임), 테이블게임, 빙고(Bingo), 1999년에는 마작, 2005년에는 카지노워(Casino War)가 추가됨으로써 카지노 게임종류는 20종으로 확대되었다. 특히 머신게임은 전 세계적으로 카지노이용객의 선호도가 높으며, 초보자도 쉽게 즐길 수 있다는 점에서 그 도입의 필요성이 제기된 바 있다.[5] 우리나라에도 슬롯머신을 도입함으로써 초보자도 슬롯머신을 즐길 수 있게 되었고, 카지노매출액에도 많은 영향을 주었다.

정부는 외국인 투자를 활성화하고자 1999년 5월 외국인의 카지노 투자에 대한 합법화를 허용했다. 또한 2004년 1월에는 제주국제자유도시특별법 카지노 투자조항(제55조의 2)을 개정하여 신설함으로써 제주지역 관광사업에 5억 불 이상을 투자하는 기업에게는 외국인전용 카지노를 허가해 줄 수 있는 법적 근거를 만들었다. 2005년 5월에는 기업도시개발특별법(제30조)의 개정으로, 관광레저형 기업도시의 실시계획에 반영되어 있고 관광사업에 5천억 원 이상을 투자하는 사업자에게 외국인전용 카지노를 허가해 줄 수 있도록 했다. 2006년 7월에는 제주지역의 카지노 인・허가권을 제주특별자치도에 이양했다. 2006년 12월에는 관광진흥법 시행령 제28조의 개정에 따라 카지노 신규허가 기준이 기존의 외래관광객수 30만 명에서 60만 명 이상으로 상향조정되었다.

2007년 9월 17일 사행산업(경마, 경륜, 경정, 카지노, 복권, 체육진흥투표권)을 통합 관리・감독하여 사회적 부작용을 최소화하고, 도박중독 예방 및 치유활동을 강화하고자 우리나라에서는 처음으로 국무총리 산하에 사행산업통합감독위원회(사감위)가 발족되었다.[6] 사감위 위원은 총 14명으로, 위촉직 10명(학계, 법조계, 시민단체)과 당연직 4명(관계부처 차관)으로 구성되어 있다. 위촉직은 관계분야 전문가를 대상으로 국무총리가 위촉한 위원(비상임)으로 임기는 3년이다. 관광분야에서는 최승담 교수(한양대)와 김향자 박사(한국문화관광연구원)가 1기 위원을 역임했고, 이충기 교수(경희대)는 2기 위원으로 임명되었다. 또한 사무처 조직은 1사무처 3팀 1센터로 직원은 42명(공무원 20명, 전문위원 등 계약직 22명)이다.[7] 사감위는 사행산업 건전발전 종합계획수립 및 시행, 사행산업 업종간 총량조정, 사행산업 현장실태조사 및 시정명령, 조사・연구・평가・제도개선, 교육・홍보, 중독예방 및 치유활동을 강화해 나가고 있으며, 사행산업이 건전한 레저오락과 책임도박(Responsible Gambling)으로 유도될 수 있도록 관리 및 감독하고 있다.

2007년 12월 7일에는 경제자유구역특별법 제23조의 3(외국인전용 카지노업 허가 등의 특례)에 따라 5억 달러 이상 투자 시 외국인전용카지노를 허가하도록 했다.

2. 카지노업체의 발전사

1960년대 외래관광객 유치를 위한 관광산업진흥책의 일환으로 카지노 도입이 결정되어 1967년 우리나라에서는 최초로 인천 오림포스호텔 카지노가 개장되었고, 그 다음해인 1968년 3월에는 주한 외국인 및 외래관광객전용 게임시설로서 서울 워커힐호텔 카지노가 개장되었다.[8] 또한 1968년 10월에는 제주 서귀포칼호텔(현, 제주칼호텔) 카지노가 개장되었고, 1969년에는 부산 해운대관광호텔(현, 파라다이스부산호텔) 카지노가 개장되었다. 1970년대에는 카지노가 주요 관광지에 확산되면서 1971년에 속리산관광호텔 카지노, 1979년에 경주 코오롱관광호텔 카지노가 개장되었다.[9)]

1980년대에 들어서 설악파크호텔 카지노가 강원도에서는 처음으로 개장되었고, 제주도에 카지노 개장이 줄을 이었다. 즉 1985년에 제주 하얏트호텔 카지노가 개장된 데 이어 카지노 신규허가요건 완화로 1990년과 1991년에 제주 그랜드호텔 카지노, 제주 남서울호텔 카지노, 제주 오리엔탈호텔 카지노, 제주 신라호텔 카지노의 순으로 문을 열었다. 또한 1995년에는 제주 라곤다호텔 카지노가 개장되어 제주지역에서만 8개 업체가 허가되었다. 경찰청에서 문화체육관광부 관광국으로 카지노 허가업무가 이관되면서 1995년에는 속리산 관광호텔 카지노가 갱신허가 기준을 충족하지 못해 카지노허가가 취소되었다.

2000년 10월 말에는 강원랜드 카지노가 개장되어 내국인출입 카지노시대가 개막되었다. 처음에는 스몰카지노가 개장되었고, 2003년에는 메인카지노로 확장되었다. 또한 강원랜드는 2005년에 골프장을 개장하고, 2006년에는 스키장을 개장하여 본격적인 리조트 형태의 카지노로 발전하게 되었다. 2006년에는 한국관광공사 계열사인 그랜드코리아레저가 세븐럭카지노를 서울(2개소)과 부산(1개소)에 각각 개장했다.

〈표 8-2〉 우리나라 카지노업체의 발전과정

연대	내용
1960년대	• 1967년 인천 오림포스호텔 카지노 개장: 국내 최초의 카지노 • 1968년 3월 서울 워커힐호텔 카지노 개장 • 1968년 10월 제주 서귀포칼호텔(현, 제주칼호텔) 카지노 개장 • 1969년 부산 해운대관광호텔(현, 파라다이스부산호텔) 카지노 개장
1970년대	• 1971년 충북 속리산관광호텔 카지노 개장 • 1979년 경주 코오롱호텔 카지노 개장
1980년대	• 1980년 설악파크호텔 카지노 개장 • 1985년 제주 하얏트호텔 카지노 개장
1990년대	• 1990년 제주 그랜드, 제주남서울, 제주오리엔탈 카지노 개장 • 1991년 제주 신라호텔 카지노 개장 • 1995년 제주 라곤다카지노 개장으로 제주지역에 총 8개 업체로 증가 • 1995년 속리산관광호텔 카지노가 갱신허가 기준을 충족하지 못해 허가가 취소됨
2000년대	• 2000년 10월 내국인출입 카지노(강원랜드) 개장 • 2003년 강원랜드 메인카지노 개장 • 2006년 세븐럭카지노 개장(서울 2개소, 부산 1개소)

자료: 이충기 · 권경상 · 김기엽(2010), 『카지노산업의 이해』, 서울: 대왕사.

제2절 외국인전용 카지노의 출현 및 발전과정[10)11)]

1. 카지노 출현의 배경

우리나라 카지노의 출현은 서울이 아닌 인천의 오림포스호텔에서 시작되었다. 당시 카지노 추진에 적극적이던 이준상 씨가 아이디어를 내고 정부에 건의한 결과, 전락원 씨와 유화열 씨가 정부로부터 카지노 허가를 득하여 1967년 오림포스호텔 카지노를 처음으로 개설하였으며, 유화열 씨와 동업하던 전락원 씨가 카지노사업을 통해 주한 미군의 소비를 유도하고자 1968년 3월 서울 워커힐호텔 카지노를 개장했다.

▲ 오림포스호텔 전경 및 카지노

우리나라의 산업기반이 전쟁으로 인해 완전히 무너진 상황에서 정부는 경제개발을 위한 재원 마련을 위해 수출진흥과 관광산업 육성에 노력하고 있었다. 이러한 상황에서 투자에 비해 부가가치가 높은 카지노사업이 국가 차원에서 굴뚝 없는 수출산업으로서 외화획득에 많은 도움을 주었다. 그러나 굴뚝 없는 수출공장으로 평가되는 주요 외화획득 산업으로 인정받기까지는 사회적 인식 변화를 위한 많은 노력이 필요했다.

2. 제1호 카지노의 태동

전락원 씨와 유화열 씨는 1962년 관광협회 서울시 지부 이전을 계기로 우리나라 관광산업 전반에 대한 이해를 높이고, 카지노사업에 대한 계획을 준비할 수 있었다. 그러나 5.16군사정변 이후 정권을 장악한 군사정부는 카지노사업에 대해 매우 부정적인 시각을 갖고 있어서 다시 난관에 봉착하고 말았다. 1965년 초, 절친한 사업 파트너인 이준상 씨로부터 그는 뜻하지 않은 제안을 받았는데, 인천 풍치지구에 건립 중인 호텔에 경영진으로 참여해 달라는 요청이었다. 신축 중이던 호텔은 오림포스호텔로 이름이 지어졌고, 민간자본에 의한 최초의 대형호텔로 개장되었다.

한편 1966년 하반기에 이준상 씨의 호텔건립 계획은 무산되고, 전락원 씨와 유화열 씨가 이 사업을 이어받아 완공한 현대적 감각의 호텔이 인천에 개관했다는 사실을 높이 평가한 박정희 대통령이 오림포스호텔을 방문하는 기회가 왔다. 호텔을 둘러본 박 대통령은 흡족한 듯 경영진을 불러 그간의 노고를 치하했다. 이 자리에서 박 대통령은 호텔의 경영여건이 열악하다는 말을 듣게 되었고, 대통령을 수행한 주무장관에게 민간자본의 관광산업 투자요건을 개선하라는 지시를 내린 한편, 오림포스호텔의 경영정상화를 위해서도 힘써줄 것을 당부했다. 대통령의 격려와 협조 지시에 크게 고무된 오림포스호텔 경영진은 그동안 구상해 온 카지노사업의 허가를 요청하기 위해 1966년 말 엄민영 내무부장관을 방문했다. 여기서 전 회장은 카지노사업은 오림포스호텔의 경영정상화는 물론이고 우리나라 경제발전에 절대적으로 필요한 외화획득이라는 일석이조의 효과를 거둘 수 있는 사업이라는 점을 강조했다. 그러나 이러한 노력에도 불구하고 한 해가 저물도록 뚜렷한 결론을 얻지 못했다.

1967년 벽두에 오림포스호텔은 중대한 결단을 내리게 되었는데, 이는 신사업 추진에 박차를 가하기 위해 전 회장을 새로이 공동대표이사로 임명한 것이다. 그는 국내 최초 카지노 탄생의 주요한 역할을 하게 되어 마침내 국내 제1호의 카지노 설립에 대한 가시적 성과를 이루게 되었다. 이에 따라 카지노 영업장 개설 준비에 들어갔고, 영업능력을 갖춘 필리핀 딜러 10여 명을 선발한 데 이어 내국인 직원을 채용하기에 이르렀다. 1967년 8월 1일, 정부가 카지노를 허가하였고, 이로써 오림포스호텔에 국내 최초의 외국인전용 카지노를 개장하게 되었다.

3. 제2호 카지노의 개장

정부는 경제개발 재원의 확보라는 국가적 과제를 해결하기 위해 수출 진흥과 관광산업의 육성에 힘을 기울였고, 이런 정부의 정책에 따라 1967년 말 한국관광공사는 워커힐호텔에 카지노를 개설하는 것에 대한 허가를 요청했다. 오림포스호텔 카지노는 국내 최초로 개설되었다는 점에서 의미가 있지만, 새로 개장될 워커힐호텔 카지노와는 비교가 안 될 것으로 예상했다.

1968년 3월 워커힐호텔 카지노 운영을 위해 오림포스관광호텔 워커힐지점, 콘티넨탈 카지노클럽이라는 상호명으로 법인등록을 마쳤다. 오림포스호텔 측의 카지노 개장준비 요원이 선발되었고, 이들에 의해서 워커힐호텔 지하 1층에 카지노시설이 들어섰다. 1968년 3월 15일 정부로부터 카지노가 허가되어 워커힐호텔 카지노가 개장하게 되었다. 엔터테인먼트시설이 절대적으로 부족한 상황에서 워커힐호텔 카지노는 외국인들에게 서울의 명소로 각광받았다.

▲ 워커힐호텔

▲ 워커힐호텔 카지노

4. 코스닥시장 등록

카지노업체가 코스닥시장에 등록하는 것은 이례적인 일이다. 내외국인이 입장할 수 있는 카지노인 강원랜드가 1998년 6월에 설립되고 주식은 민간부문으로부터 공모하려는 움직임을 보인 1998년부터는 (주)파라다이스도 코스닥 등록을 위한 준비에 착수했는데, 이러한 목적에는 카지노에 대한 내국인의 이해부족과 이를 바라보는 일반인의 부정적 시각을 해소하려는 의도가 포함되어 있었다. 1999년 10월에는 유로금융시장에서 2,500만 달러(USD) 규모의 해외전환사채(Euro CB)를 발행하는 데 성공했다. 이는 매년 꾸준히 증가하는 외래관광객과 2000년 ASEM 및 2002년 한・일월드컵대회 등 메가이벤트를 앞두고 있는 기업의 성장 가능성에 대한 외국투자자들의 기대가 반영된 것이었다. 더욱이 (주)파라다이스의 해외 CB 발행은 비상장기업으로서는 처음 있는 일이며, 2002년 6월 심사를 통과한 (주)파라다이스는 2002년 공모한 주식을 정식으로 코스닥시장에 등록했다.

제3절 내국인출입 카지노의 출현

1. 벼랑 끝 경제에 대한 지역주민의 시위

정부는 1989년부터 석탄산업 합리화정책을 실시했으며, 이를 통해 강원도 태백, 정선, 영월, 삼척 일대의 탄광들은 폐광되거나 석탄채굴량을 줄이기 시작했다. 이러한 과정에서 지역경제는 급속도로 피폐해지고 지역주민의 인구도 급감했다.[12] 강원도 폐광지역에서는 탄광지역 진흥사업의 추진과는 별도로 지역경제 회생을 위한 노력이 다각도로 전개됐지만 성과 없이 끝났다. 특히 1994년 12월 강원도 정선군 고한·사북지역 주민들은 벼랑 끝의 지역경제 회생을 위해 타 지역에서 거부하는 핵폐기물 처리시설을 유치하겠다고 나서기도 했다. 이러한 노력에도 불구하고 여전히 가시적인 성과가 없자, 1995년 2월 수천 명의 폐광지역 주민들은 지역경제 회생에 대한 정부의 근본적인 대책을 요구하는 시위에 돌입했다.

2. 폐광지역 개발지원에 관한 특별법 제정

이러한 시위가 심각해지자 당시 통상산업부는 1995년 3월 초 감산지원 위주였던 탄광지역정책에서 탈피하여 개발을 통한 지역경제의 활성화방향으로 전환하겠다는 종합대책을 발표했으며, 실효성 있는 대책이 마련될 수 있도록 특별법을 제정하고, 교통접근성이 열악한 폐광지역을 고원관광지역으로 개발할 수 있도록 내국인 출입을 허용하는 카지노를 유치하겠다는 대책안을 제안했다.[13]

이에 따라 1995년 12월 29일 '폐광지역 개발지원에 관한 특별법'이 2005년까지 한시 적용되는 법으로 국회에서 통과되었으며,[14] 2005년 법 개정을 통해 다시 2015년까지 10년이 연장되었다. 이 법에서 관광진흥법 적용의 특례인 제11조에서 문화체육관광부장관은 폐광지역 중 경제사정이 특히 열악한 지역 중 한 곳에 한해 카지노업을 허가할 수 있도록 했다. 또한 카지노업의 허가를 받을 수 있는 업체는 공공성 및 효율성이 확보될 수 있도록 요건에 적합해야 하고, 문화체육관광부장관은 과도한 사행행위 등의 예방을 위해 출입을 제한하는 등 영업에 관한 제한을 할 수 있도록 명시했다. 이 특별법에 따라 2000년 10월 28일 내국인출입이 가능한 강원랜드 카지노가 개장되었다.

3. 사회적 부작용에 대한 우려와 저감방안

내국인 출입을 허용하는 카지노는 각종 부작용으로 득보다 실이 많다는 점에서 당시 문화체육관광부는 이를 강력히 반대했다.[15] 그러나 열악하고 원거리에 있는 폐광지역에 카지노라는 유인책이 없이는 다른 관광시설에 대한 투자유치가 어렵고, 석탄산업도 한계에 달한 점을 고려하여 카지노업체의 공익성을 확보하고 지역경제에 기여한다는 것을 전제로 오직 한 곳만 카지노를 허가하기로 결정했다. 폐광지역에 카지노가 들어설 경우 이를 둘러싼 범죄 및 범죄조직의 증가, 사행심 조장, 지역주민의 도박중독 및 재산탕진, 탈세, 불법고리대금업, 돈세탁 등 각종 폐해가 우려되므로 문화체육관광부는 폐광지역 카지노관련 각종 제도 개선방안을 마련해야 했다.

폐광지역 카지노와 관련해서는 관광진흥법이 있으나, 폐광지역의 카지노산업 유치로 인한 사회문제를 최소화하기 위해서는 출입자의 신분확인, 일정금액의 칩 환전자에 대한 기록유지 및 관계기관 통보의무화, 돈세탁 방지 등을 강구해야 했다.[16] 폐광지역에 카지노 신설을 허용하기로 한 '폐광지역 개발지원에 관한 특별법(폐특법)'은 석탄산업의 사양화로 낙후된 폐광지역의 경제를 진흥시켜 지역 간 균형 있는 발전과 주민의 생활향상을 도모하는 것을 목적으로 제정되었다. 이 법에서 '폐광지역'이라 함은 탄광이 있었거나 현재 있는 지역과 그 인접지역으로서 폐광 또는 석탄산업의 감축에 따라 지역경제가 현저히 위축되어 있는 지역을 말한다.

4. 강원랜드 출자기관 및 지분

강원랜드는 한국광해관리공단[(구)석탄합리화사업단], 강원도개발공사, 정선군, 삼척시, 태백시, 영월군이 공동출자하여 설립한 공공성격의 법인체이다.[17] 이 법인체는 황폐화된 강원남부 폐광지대에 카지노리조트를 건설하여 문화·체육·오락·휴양시설을 갖춘 종합관광단지를 조성하고 지역경제 발전에 기여하는 것을 그 목적으로 하고 있다.

강원랜드 설립자본금은 1,000억 원으로 공공부문이 51%, 민간부문이 49%를 각각 투자

했다. 1998년 4월 공공부문이 투자한 510억 원(51%)을 설립자본 총액으로 우선 설립된 (주)강원랜드의 기관별 출자금액을 보면, 카지노가 위치한 정선군은 현물출자 24억 원을 포함해 49억 원, 강원도 66억 원, 태백시 12억 5,000만 원, 삼척시 12억 5,000만 원, 영월군 10억 원, 석탄합리화사업단 360억 원 등이다.[18] 민간부문 투자의 경우 1999년 7월 삼성증권 주관하에 주식을 공모하여 유치한 적이 있다.

〈표 8-3〉 (주)강원랜드 기관별 출자 지분 및 금액

(단위: 백만 원)

기관별	계	강원도	태백시	삼척시	영월군	정선군	한국광해관리공단	민간부분
출자금액	100,000	6,600	1,250	1,250	1,000	4,900	36,000	49,000
출자지분	100%	6.6%	1.25%	1.25%	1%	4.9%	36%	49%

자료: 이충기·권경상·김기엽(2010), 『카지노산업의 이해』, 서울: 대왕사.

5. 강원랜드 시설

강원랜드는 카지노시설만을 중심으로 운영할 경우 도박장 이미지가 고착화될 우려가 있을 뿐만 아니라, 다양한 여가시설의 부족으로 향후 폐특법 만료 시 경쟁력이 약화될 가능성이 있다고 판단해, 강원랜드의 궁극적 목표인 가족형 종합관광단지를 완성할 목적으로 2005년 18홀 규모의 골프장과 2006년 12월 국제수준의 스키장을 개장하여 가족단위의 관광객을 유치하고 있다.[19]

▲ 강원랜드 카지노 전경

▲ 강원랜드 하이원 스키장

▲ 스키장 리조트 전경

메인카지노는 크게 카지노장과 호텔로 구성되며, 카지노에는 테이블게임 132대와 머신게임 960대가 설치되어 있다. 카지노 룸에는 일반영업장과 VIP룸(고액베팅룸)으로 구성되어 있으며, 호텔은 477실 규모로 양실 450실, 한실 27실을 갖추고 있다. 또한 골프장, 스키장, 콘도, 컨벤션센터 등을 건설하여 리조트형태로의 발전을 도모하고 있다.

제4절 최근 카지노업체의 현황

1. 카지노업체의 현황

현재 카지노영업장은 전국적으로 17개소가 있는데, 이 중에서 외국인전용 카지노는 16개소, 내국인출입 카지노는 1개소이다.

서울에는 3개의 카지노가 운영되고 있는데, 여기에는 파라다이스워커힐카지노, 세븐럭카지노 강남점 및 힐튼점을 포함되며 세븐럭카지노는 한국관광공사 자회사로 공공부문(투자기관)이다. 파라다이스워커힐카지노는 가장 오래된 카지노로 2010년 입장객수는 약 37만 명에 매출액은 약 2,959억 원, 세븐럭카지노 강남점은 입장객수 약 34만 명에 매출액은 약 2,508억 원, 세븐럭카지노 힐튼점은 입장객수 약 77만 명에 매출액은 1,664억 원으로 나타났다.[20] 특히 세븐럭카지노 중 강남점은 VIP 고객이 많은 반면, 힐튼점은 Walk-in Guest들이 많다.

강원도에는 외국인전용 카지노 1개소, 내국인 출입 카지노(강원랜드) 1개소가 운영 중에 있으며, 인천과 대구에는 각각 1개소가 운영 중에 있다. 특히 인천에는 우리나라 최초로 개장된 오림포스호텔카지노가 하얏트호텔로 이전하면서 골든게이트카지노로 상호를 변경했으며, 대구에는 인터불고대구카지노가 경북 경주시 힐튼카지노에서 대구 인터불고호텔로 이전하면서 상호명을 변경했다. 현재 제주도에는 8개의 카지노가 허가되어 있어 수요에 비하여 공급이 과잉된 상태이며 대부분 경영난에 허덕이고 있다.

우리나라 카지노는 대부분(13개소) 임대형태로 운영되고 있어서 성수기에는 객실을 확보하는 데 어려움을 겪고 있다. 반면에 강원랜드카지노를 비롯한 4개소만이 직영체제로 운영되고 있다.

〈표 8-4〉 우리나라 카지노업체 현황(2011년 4월 기준)

시도	업소명(법인명)	허가일	운영형태(등급)	종사원수(명)	'10매출액(백만 원)	'10입장객(명)	전용영업장 면적(㎡)
서울	파라다이스워커힐카지노 [(주)파라다이스]	1968. 03.05	임대(특1)	855	295,881	368,419	3,178.4
	세븐럭카지노 서울강남점 [그랜드코리아레저(주)]	2005. 01.28	임대(컨벤션)	703 (본사 포함)	250,842	343,537	6,059.85
	세븐럭카지노 힐튼호텔점 [그랜드코리아레저(주)]	2005. 01.28	임대(특1)	448	166,437	774,734	2,811.9
부산	세븐럭카지노부산롯데호텔점 [그랜드코리아레저(주)]	2005. 01.28	임대(특1)	265	56,159	180,020	2,234.3
	파라다이스카지노 부산 [(주)파라다이스글로벌]	1978. 10.29	직영(특1)	249	70,452	83,947	2,283.5
인천	골든게이트카지노 [(주)파라다이스인천]	1967. 08.10	임대(특1)	272	63,678	29,186	1,060.6
강원	에스엠카지노 [(주)코자나]	1980. 12.09	직영(특2)	30	294	4,334	547.9
대구	인터불고대구카지노 [(주)골든크라운]	1979. 04.11	임대(특1)	103	60	569	3,458
제주	라마다프라자카지노 [(주)에이스통상]	1975. 10.15	임대(특1)	158	12,673	19,903	2,359.1
	파라다이스그랜드카지노 [(주)파라다이스제주]	1990. 09.01	임대(특1)	153	20,972	30,522	2,756.76
	신라호텔카지노 [벨루가(주)]	1991. 07.31	임대(특1)	140	4,376	13,848	1,953.69
	로얄팔래스카지노 [(주)풍화]	1990. 11.06	임대(특1)	106	10,620	9,174	1,353.18
	롯데호텔제주카지노 [(주)두성]	1985. 04.11	임대(특1)	133	20,744	33,322	1,205.41
	엘베가스카지노 [티엘시레저(주)]	1990. 09.01	직영(특1)	109	13,404	23,091	2,124.52
	하얏트호텔카지노 [(주)유니콘]	1990. 09.01	임대(특1)	71	5,424	5,640	803.3
	골든비치카지노 [(주)골든비치]	1995. 12.28	임대(특1)	131	13,558	25,573	1,528.58
16개 업체(외국인대상)			직영: 3 임대: 13	3,926	1,005,574	1,945,819	35,718.99
강원	강원랜드카지노 [(주)강원랜드](내외국인)	'00.10.12	직영(특1)	1,697	1,256,850	3,091,209	7,322.12
17개 업체(내외국인 대상)			직영: 4 임대: 13	5,623	2,262,424	5,037,028	43,041.11

주: 기금부과 대상 매출액.
자료: 한국카지노업관광협회(2011), 카지노업체별 현황.

2. 외국인전용 카지노의 이용객 현황

우리나라 카지노를 이용한 외국인관광객은 2000년 약 63만 명에서 2002년에는 한・일 월드컵의 영향으로 3.3%가 증가한 약 65만 명으로 나타났다.[21] 2006년에는 세븐럭카지노가 서울 2곳, 부산 1곳에 개장함에 따라 전년대비 72.3%라는 큰 폭의 증가세를 나타냈다. 이러한 세븐럭카지노의 개장으로 2007년에는 카지노 이용객수가 처음으로 100만 명을 돌파했고, 2010년에는 전년대비 16.1%가 증가한 약 195만 명을 기록했는데, 이는 전체 외래관광객수[22]의 22.1%를 차지한다.

한편 국적별 카지노이용객(2010년 기준)을 살펴보면, 일본관광객이 전체의 41.2%, 중국관광객이 30.1%로 두 국가가 주요 표적시장으로 나타났다(한국카지노업관광협회, 2011b). 특히 워커힐카지노의 경우 중국관광객 비율이 전체의 55.8%로 나타나 중국시장의 성장이 두드러지고 있다.[23]

〈표 8-5〉 카지노이용객 현황

연도	외래관광객(명)	카지노이용객(명)	카지노점유율(%)	카지노성장률(%)
2000	5,321,792	636,005	12.0	-8.5
2001	5,147,204	626,851	12.2	-1.4
2002	5,347,468	647,722	12.1	3.3
2003	4,752,762	630,474	13.3	-2.7
2004	5,818,138	677,145	11.6	7.4
2005	6,022,752	574,094	9.5	-15.2
2006	6,155,047	988,894	16.1	72.3
2007	6,448,240	1,176,338	18.2	19.0
2008	6,890,841	1,276,772	18.5	8.5
2009	7,817,533	1,676,207	21.4	31.3
2010	8,797,658	1,945,819	22.1	16.1

주: 강원랜드 카지노이용객 제외.
자료: http://visitkorea.or.kr; 한국카지노업관광협회(2011), 카지노 입장객 및 매출액 현황.

또한 2010년 지역별 외국인전용 카지노이용객 비율을 살펴보면, 서울지역(파라다이스 워커힐카지노, 세븐럭카지노 강남점 및 힐튼점)이 전체의 76.4%로 대부분을 차지했으며, 다음으로는 부산(13.6%), 제주(8.3%), 인천(1.5%)의 순으로 나타났다.[24] 제주지역의 경우

16개 외국인전용 카지노업체 중 절반인 8개 업체가 운영되고 있지만 이용객수는 전체의 10% 미만을 차지한다.

3. 외국인전용 카지노의 매출액 현황

우리나라 외국인전용 카지노의 2000년 카지노 외화수입은 약 3억 달러로 나타났으며, 2002년에는 한·일 월드컵의 영향으로 인하여 15.1%가 증가한 3억 4천만 달러로 나타났다.[25] 2006년에는 세븐럭카지노가 서울 2곳, 부산 1곳에 개장함에 따라 전년대비 18.9%, 2007년에는 33.5%가 증가했다. 2008년 카지노 외화수입은 엔화 강세 등 환율의 영향으로 감소(-10.9%)하다가 2010년에는 전년대비 12.0%가 증가한 8억 8,286만 달러를 기록했다.

〈표 8-6〉 카지노 매출액 현황

연도	관광외화수입 (천 달러)[A]	카지노외화수입 (천 달러)[B]	점유율(%) [B/A]	연평균 성장률(%)
2000	6,811,300	298,778	4.4	18.7
2001	6,373,200	296,355	4.7	-0.8
2002	5,918,800	341,226	5.8	15.1
2003	5,343,400	332,142	6.2	-2.7
2004	6,053,100	378,576	6.3	14.0
2005	5,793,000	423,413	7.3	11.8
2006	5,759,800	503,325	8.7	18.9
2007	5,750,100	671,941	11.7	33.5
2008	9,719,100	598,940	6.2	-10.9
2009	9,387,100	788,020	8.4	31.6
2010	9,727,500	882,858	9.1	12.0

주: 강원랜드 카지노 매출액 제외.
자료: http://visitkorea.or.kr; 한국카지노업관광협회(2011), 카지노 입장객 및 매출액 현황.

2010년 카지노 외화수입은 우리나라 외래관광객 외화수입의 9.1%를 차지했으며, 카지노 이용객 1인당 평균소비액은 454달러로 일반 외래관광객 1인당 소비액(1,106달러)의 41%를 차지하는 것으로 나타났다.[26]

2010년 지역별 외국인전용 카지노 매출액 비율을 살펴보면, 3개의 카지노가 운영 중인 서울지역이 전체의 70.9%로 대부분을 차지했으며, 다음으로는 부산(12.6%), 제주(10.1%), 인천(6.3%)의 순으로 나타났다.[27] 카지노이용객과 마찬가지로 제주지역의 경우 우리나라 전체 외국인전용 카지노 16개 업체 중 절반인 8개 업체가 운영되고 있지만, 매출액은 전체의 10% 정도만을 차지한다.

4. 내국인출입 카지노(강원랜드) 이용객 및 매출액 현황

내국인출입 카지노인 강원랜드의 발전단계는 크게 스몰카지노, 메인카지노, 리조트카지노 등 3단계로 구분해 볼 수 있다. 발전단계별 카지노 입장객 및 매출액은 꾸준히 증가해 온 것으로 나타났다.

〈표 8-7〉 강원랜드 카지노 입장객 및 매출액 현황

연도	입장객(명)	매출액(백만 원)
2000	209,349	88,436
2001	899,590	453,897
2002	918,698	469,389
2003	1,547,847	664,218
2004	1,784,730	749,960
2005	1,881,559	829,964
2006	1,793,746	847,783
2007	2,451,921	1,026,472
2008	2,914,684	1,097,773
2009	3,044,972	1,151,618
2010	3,091,209	1,256,850

자료: 강원랜드(2011), 카지노 입장객 및 매출액 현황.

강원랜드 카지노가 처음 개장된 2000년에는 2개월(10월 28일 개장) 동안 약 21만 명, 2001년에는 약 90만 명, 2002년에는 약 92만 명이 각각 강원랜드를 방문했다.[28] 한편 매출액을 살펴보면, 2000년에는 2개월 동안 약 884억 원, 2002년에는 약 4,694억 원의 매출액을 각각 기록했다.

2003년 3월 강원랜드는 스몰카지노에서 메인카지노로 확장되었고, 이에 따라 테이블게임과 머신게임도 증가했다. 그 결과 2003년 입장객수는 150만 명 이상, 2005년에는 188만 명 이상이 각각 증가했다.[29] 한편 매출액을 살펴보면, 2003년에는 약 6,642억 원, 2005년에는 약 8,300억 원을 기록했다.

2005년 7월에는 골프장, 2006년 8월에는 스키장이 각각 개장되어 강원랜드는 본격적으로 리조트 형태로 발전하기 시작했다. 카지노 입장객수는 2006년 약 179만 명이었고, 2009년에는 300만 명을 넘어섰으며, 2010년에는 약 309만 명을 기록했다. 2006년 입장객이 감소한 이유는 바다이야기로 대표되는 불법오락실이 전국적으로 성행했기 때문인 것으로 판단되며, 2006년 9월 정부가 불법영업시설에 대한 집중단속을 실시한다고 발표한 이후 강원랜드 입장객은 소폭으로 증가한 것으로 나타났다. 한편 매출액을 살펴보면, 2006년에는 약 8,478억 원, 2007년에는 1조 원을 넘어섰으며, 2010년에는 1조 2,569억 원을 기록했다.

한편 강원랜드는 매출액(2009년 기준으로 카지노뿐만 아니라 스키장, 골프장, 호텔/콘도 포함) 중 2,980억 원을 세금과 기금으로 납부했으며, 이 중에서 국세는 35.7%, 폐광기금은 31.3%, 관광기금은 28.8%, 지방세는 4.3%로 나타났다.[30] 또한 강원랜드 카지노를 방문한 외래관광객은 25,000여 명으로 이 중에서 중국(32.7%)이 가장 많았으며, 다음으로는 미국(25.2%), 동남아시아(10.9%), 대만(9.1%), 그리고 일본(7.5%)의 순으로 나타났다.[31]

제5절 카지노산업의 미래와 대응

1. 국제적인 카지노 추세

21C에 들어와 카지노산업은 크게 변하고 있으며, 국제적으로 볼 때 복합리조트(IR: Integrated Resort) 형태의 카지노가 두드러지고 있는데, 이러한 추세는 라스베이거스에서 시작하여 아시아지역으로 확대되고 있다.[32] 이는 카지노산업이 제한된 갬블링시장에서 일반 대중 관광객으로 표적시장을 확대하고 있다는 것을 의미한다.

또한 관광수입(觀光收入)이 세계 10위권에 속하는 미국, 스페인, 프랑스, 영국, 독일, 캐나다 등은 카지노산업에 있어서도 세계 10대 카지노 보유국인 것으로 나타났는데, 이는 카지노가 과거의 도박개념에서 대중관광객의 욕구를 충족시켜 주는 합법화된 여가활동으로 간주되고 있다는 것을 의미한다.[33] 따라서 이러한 대중관광객을 유치하기 위해서는 테마, 쇼, 엔터테인먼트, 쇼핑, 컨벤션 기능이 통합된 복합리조트 카지노로 발전하는 것이 바람직하다.

2. 싱가포르의 복합리조트 카지노

도덕국가를 자부하는 싱가포르는 최근 2개의 카지노를 허가했는데, 이는 단순한 카지노장이 아닌 테마파크와 컨벤션센터를 포함한 복합리조트를 건설했다. 싱가포르는 이를 통하여 2015년까지 현재의 2배 이상인 1,700만 명의 관광객을 유치할 목표를 세우고 있다.[34]

싱가포르에서 관광은 주요 핵심산업 중 하나이다. 그러나 싱가포르는 새로운 매력거리가 없어 외래관광객을 유치하는 데 한계가 있었다. 더구나 마카오에는 라스베이거스의 대형카지노들이 카지노를 운영하고 있어 중국 및 아시아 관광객들이 대거 몰리는 바람에 싱가포르 관광산업의 경쟁력은 갈수록 약화되고 있었다. 이러한 상황에서 싱가포르 정부에서는 카지노가 싱가포르의 이미지를 변화시키고, 새로운 관광 매력물을 창출하여 외래관광객을 유치하는 데 촉매역할을 할 수 있다고 판단했다. 싱가포르 정부에서는 단순한 카지노시설을 넘어서 테마파크, 컨벤션센터, 쇼핑센터, 엔터테인먼트, 이벤트 등을 통합한 이른바 복합리조트(IR) 카지노를 건설하는 것이 부유한 아시아 관광객들을 유치하고, 침체된 경제를 활성화하며, 새로운 고용을 창출하는 데 기여할 수 있다고 판단한 것이다.

싱가포르에서 허가한 첫 번째 복합리조트 카지노는 마리나베이 샌즈(Marina Bay Sands[35])로 싱가포르의 스카이라인과 관광지형을 바꾸어 놓을 만한 새로운 관광명소로 부상하고 있다. 마리나베이 샌즈의 호텔타워는 세계에서 처음 시도된 건축양식으로 일자형의 건물과 26도의 가파른 경사도를 가진 건물이 23층에서 서로 만나는 가장 복잡한 시공으로 우리나라 쌍용건설이 완공했다. 따라서 이러한 독특한 건물 자체만으로도 하나의 랜드마크로서 관광자원적 가치가 충분이 있어 보인다. 55층으로 이루어진 3개동의 호텔은 2,560개의 객실과 스위트룸으로 구성되어 있다. 더욱 흥미로운 것은 57층 위에 스카이파크(Sky Park)가 우주선 모양으로 떠 있으며, 전체가 개방되어 있으므로 360도에서 싱가포르의 스카이라인을 감상할 수 있다. 또한 여기에는 길이 150m나 되는 수영장을 갖추고 있어 마치 지상으로 떨어질 것 같은 스릴을 만끽할 수 있으며, 650그루의 화초와 나무들이 자라고 있다. 카지노 규모는 600여 대의 테이블게임과 1,500개가 넘는 슬롯머신이 갖추어져 있으며, 흡연층과 금연층으로 나누어져 있다.

▲ 마리나베이 샌즈 전경

▲ 스카이 파크 수영장

▲ 카지노장 전경

또한 관광객들은 리조트 안에 설치된 베니스 운하를 오가는 배(곤돌라)를 타고, 350개나 되는 쇼핑매장에서 쇼핑을 하고, 50개가 넘는 레스토랑에서 다양한 음식을 즐길 수 있다. 엔터테인먼트시설로는 다음과 같은 것이 있다: 연꽃무늬의 박물관에는 전 세계에서 수집한 유물이 전시되어 있고, 4천 석 규모의 최첨단 샌즈 시어터(Sands Theater)가 완공되면 브로드웨이 히트 작품인 라이온 킹(Lion King)이 상영될 예정이며, 최대 1만 명까지 수용할 수 있는 야외 이벤트광장이 조성되어 있다. 마리나베이 샌즈의 또 다른 특징은 별도의 컨벤션센터가 건립되어 있다는 것인데, 연인원 45,000명, 강의식 스타일로 최대 1만 명, 연회 스타일로 6,600명을 동시에 수용할 수 있고, 250개의 회의실과 2천 개의 전시부스를 자랑한다. 마리나베이 샌즈의 총지배인인 조지 타나시제비치(George Tanasijevich)에 따르면 마리나베이 샌즈가 추구하는 콘셉트는 비즈니스, 여가, 엔터테인먼트를 위한 체류형 관광지이다. 마리나베이 샌즈는 다양한 엔터테인먼트와 여가시설들이 대부분을 차지하고, 카지노(16만 평방피트)는 전체 면적(900만 평방피트)의 약 2% 정도밖에 차지하지 않으므로 카지노라고 부르기보다는 복합리조트라고 부르는 것이 적합하다고 타나시제비치 총지배인은 말한다.[36)]

싱가포르가 허가한 또 다른 카지노는 리조트월드 센토사(Resort Worlds Sentosa[37)])로 과거 싱가포르의 주요 관광지 중 하나였으나, 새로운 매력물의 부족으로 어려움을 겪고 있는 곳이었다. 그러나 2010년 2월 14일 이곳에 리조트월드 센토사가 개장되면서 가족관광객을 위한 새로운 명소로 자리 잡고 있다. 여기에 아시아에서 오사카의 뒤를 이어 두 번째로 싱가포르 유니버설 스튜디오가 개장되어 동남아시아(말레이시아, 중국, 인도네시아,

인도 등)의 가족단위 관광객들을 유치하고 있다.

▲ 리조트월드 센토사 전경

▲ 유니버설 스튜디오

▲ 카지노장 전경

또한 가족단위 관광객을 위한 페스티브호텔, 세계적인 미국인 디자이너이자 건축가인 마이클 그레이브즈(Michael Graves)의 작품들로 이루어진 마이클호텔, 젊은 층을 위한 하드락호텔, 전 객실이 스위트로 이루어진 최고급 크록포드타워 등 관광객의 라이프스타일에 맞는 호텔들이 건설되었으며, 이런 호텔들로 에워싸인 수영장이 가족관광객들의 피로를 풀어주고 있다. 또한 24시간 식사와 쇼핑을 즐길 수 있는 페스티브 워크의 거리, 45여 개의 명품 아울렛, 서커스공연을 즐길 수 있는 보야지 드 라 비(Voyage de La Vie) 공연장 등이 있다. 컨벤션센터도 이곳에서 빼놓을 수 없는 비즈니스형 시설이다. 여기에는 7,300여 석의 대연회장과 26개의 소연회장, 1,600여 석의 극장식 스타일이 있으며, 최대 35,000명 이상을 동시에 수용할 수 있다. 그 밖에 세계 최대 해양생물 생태공원과 해양사박물관이 건설되고 있다. 리조트월드 센토사 측에 따르면 2010년 2분기 수익은 3억 싱가포르 달러(한화 약 2,620억 원)로 나타났다. 한편 테이블 게임 대수는 약 390여 개로 마리나베이 샌즈보다 적은 수이며, 같은 층에 흡연실과 금연실로 나뉘어 있다.

싱가포르의 복합리조트 개발모델은 과거의 단순한 카지노시설 위주의 운영보다는 복합리조트로 개발하는 것이 장점이 있다는 것을 설명해 주며, 카지노를 합법화하려는 아시아 국가들에게 하나의 대안이 될 수 있음을 시사해 주고 있다.

3. 우리나라 카지노의 장단점 및 경쟁력 강화방안

전문가조사에 따르면, 우리나라 카지노의 강점은 직원의 친절과 딜러의 숙련도와 같은 인적 서비스인 반면, 약점은 카지노장의 규모가 작고 다양한 즐길 거리가 부족하다는 것이다.[38)]

SWOT분석

● 전문가 조사(N=33) 기준(한국카지노업관광협회, 2010).

Strength	Weakness
S1. 직원과 딜러의 숙련도와 친절성 S2. 중국 및 일본고객의 접근성 우수 S3. 우수한 서비스 수준 S4. 보안 및 안전 S5. 관광 및 쇼핑	W1. 소형 카지노와 객실 부족 W2. 다양한 즐길 거리 부족 W3. 국민들의 부정적 인식 W4. 정부의 소극적 정책 W5. VIP 중심(고비용) W6. 업체 간 과당경쟁 W7. 단일시장(중국, 일본) 의존
O1. 카지노에 대한 인식 개선 O2. 중국시장의 확대 및 비자완화 O3. 동북아 허브로써의 교통요지 O4. 한국의 위상 O5. 정부의 카지노정책의 변화 O6. MICE 산업의 활성화 O7. 우수한 관광인력자원 보유	T1. 주변국가의 카지노 도입 T2. 규제위주의 카지노 정책 T3. NGO 등 카지노 반대여론 T4. 복합리조트(IR) 부재로 경쟁력 약화 T5. 고객의 게임스킬 향상 T6. 불안정한 국내외 경제환경
Opportunity	Threat

시사점
✓ 다양한 즐길 거리 부족 ✓ 중국고객 증가에 따른 객실 부족 ✓ 복합리조트 부재로 경쟁력 약화

자료: 이충기(2010), 『일본, 대만 등 주변국 카지노 개방이 우리나라에 미치는 영향 연구』, 한국카지노업관광협회.

〈그림 8-1〉 카지노산업의 SWOT분석 결과

또한 기회요소로는 중국시장의 확대와 비자완화 조치, 한국의 국제적인 위상 강화 등이 있다. 반면에 위협요소로는 특히 일본과 같은 주변국가의 카지노 확대와 복합리조트 카지노의 부재를 들었다.

한편 우리나라 주요 인바운드 관광시장이자 카지노시장인 일본은 카지노 합법화를 위해 적극 노력하고 있다. 일본은 카지노를 형법상 금지하고 있기 때문에 특별법 제정을 통한 카지노 합법화를 목표로 2010년 4월 14일 각 당 의원 100여 명이 초당적 국회의원연구단체인 '국제관광산업진흥의원연맹'을 발족시켜, 지방자치단체가 시행주체가 되고 공모를 통해 카지노를 건설·운영할 민간사업자를 선정하는 내용의 법안을 마련했다. 만일 일본에서 카지노가 합법화될 경우 거론되고 있는 지역은 도쿄와 오사카 등으로, 일본에 카지노가 합법화될 경우 우리나라 외국인전용 카지노 이용객이 감소할 뿐만 아니라, 내국인들의 일본카지노 이용으로 인하여 국부유출이 클 것으로 예상된다.[39)]

일본 카지노 개방에 대한 준비뿐만 아니라 주변국가와의 경쟁력을 확보하기 위해서는 테마파크, MICE, 엔터테인먼트, 쇼핑, 이벤트 등이 통합된 복합리조트 카지노의 개발이 바람직할 것으로 판단된다. 복합리조트 카지노의 개발은 대규모 투자유치, 호텔, 컨벤션,

테마파크와 같은 사회간접시설의 투자로 국가경제에 대한 직간접 파급효과뿐만 아니라 관광인프라를 구축하는 데 기여할 것이다.

복합리조트(IR)의 장점

경쟁력 강화	세부 내용
복합리조트(IR) 건설	▪ 복합리조트(IR: 카지노+호텔+컨벤션+테마파크+엔터테인먼트) 여건조성 ▪ 현재 부족한 객실을 확충하는 데 기여 ▪ 특정지역보다 휴양지에 복합리조트 카지노 필요 ▪ 다양한 엔터테인먼트 제공 필요
IR로 인한 국가경쟁력	▪ 대규모 투자유치 ▪ 사회간접시설 확충을 통한 관광인프라 구축 ▪ 연계산업에 대한 파급효과 ▪ 직간접 고용창출효과
IR로 인한 카지노산업 경쟁력	▪ 관광인프라 구축을 통한 외래관광객 유치 ▪ 내국인관광객을 위한 관광인프라 구축 ▪ 국가발전과 연계한 중장기계획 수립 ▪ 국제추세에 부응하는 국제경쟁력 강화 ▪ 주변국 카지노 개방에 대한 대응책
IR로 인한 국민인식 제고	▪ 카지노산업에 대한 국민인식 제고 ▪ 리조트 개발을 통한 카지노 이미지 개선 ▪ 관광인프라 구축을 통한 순기능 역할 ▪ 다양한 레크리에이션시설 제공과 Responsible Gambling Strategy를 통한 사회부작용 최소화 노력

자료: 이충기(2010). 『일본, 대만 등 주변국 카지노 개방이 우리나라에 미치는 영향 연구』. 한국카지노업관광협회.

〈그림 8-2〉 복합리조트 카지노의 장점

또한 복합리조트 건설은 외래관광객 유치뿐만 아니라 내국인관광객을 위한 다양한 관광인프라를 구축하는 데도 기여하며, 이를 통하여 카지노에 대한 부정적인 이미지를 개선할 수 있을 것이다. 이러한 복합리조트는 국제추세에 부응할 수 있도록 국제경쟁력을 확보하게 해줄 뿐만 아니라, 주변 국가의 카지노 개방에도 대응할 수 있게 해줄 것이다.

최근 들어 윤리성을 강조하기 시작한 전 세계 카지노업체들은 도박중독 등 사회적 부작용을 최소화하기 위하여 책임도박(Responsible Gambling)전략을 실행하고 있다. 가령, 싱가포르 정부는 저소득층에 대한 카지노 출입을 제한할 목적으로 내국인에 대해 1일 입장료 100싱가포르달러(한화 약 9만 원)를 부과하고 있으며, 이러한 징수액은 자선단체(도박중독 예방 및 치유단체) 등의 사회복지기금으로 사용된다. 도박을 스스로 끊기 힘든 사람들을 위해 제공되는 프로그램들도 있다.[40] 이러한 프로그램으로는 자기출입금지(Self-exclusion) 요청 프로그램이 있는데, 이는 도박으로부터 자신을 통제할 수 없는 사람이 카지노업체에게 자신에 대한 출입을 금지시켜 달라고 요청하는 프로그램이며, 일단 설정되면 해당 기간 동안 카지노에 출입할 수 없다. 또 다른 프로그램으로는 가족출입금지 프로그램인데, 이는 도박중독에 빠질 위험이 있는 특정인에 대해 가족구성원이 출입금지를 요청할 수 있는 프로그램이다. 또한 3자 출입금지 프로그램도 있는데, 이는 채무불이행 중인 파산자나 정부의 재정보조금을 받는 자는 카지노에 출입할 수 없도록 하는 프로그램이다. 최근에는 효과적인 예방프로그램으로 자기한도(Self-limit) 프로그램도 실시되고 있는데, 이는 자신을 도박으로부터 통제할 가능성이 없는 사람이 사전에 게임 한도액을 설정해 놓으면 그 한도 이상을 게임할 수 없도록 하는 프로그램이다. 사실 도박중독에 걸리는 이유 중 하나는 자신이 계획한 것보다 더 많은 시간과 더 많은 돈을 베팅하는 경우이며, 이러한 현상은 대박을 기대하거나 잃은 돈을 만회하려고 할 때 나타나기 때문에 이 프로그램은 매우 효과적일 것으로 판단된다. 싱가포르 마리나베이 샌즈 카지노업체도 도박중독에 대해 심각하게 고민하고, 직원과 고객의 도박중독을 예방하기 위하여 하버드대학교 의과대학과 함께 건전게임 프로그램을 개발하여 이를 종업원에게 교육시키고 있다.

카지노산업은 양면성이 있어서 긍정적인 측면과 부정적인 측면을 모두 갖고 있다. 도박중독과 같은 부정적 측면을 최소화하기 위해서는 무엇보다도 교육이 필요하다고 생각한다. 다시 말하면 게임을 통하여 일확천금을 벌 수 있다는 환상(Illusion of Control)을 깨우쳐주는 것이 필요하며, 소액으로 건전한 여가활동의 일환으로 즐기는 방법을 교육시켜야 한다. 또한 사행산업통합감독위원회(사감위)에서는 도박중독을 예방 및 치유할 수 있는 제도 및 정책들을 개발하고, 업체에서는 책임도박 프로그램들을 직접 실행할 수 있도록 하며, 사감위와 업체 간 상호 유기적인 관계를 가지고 사회적 부작용을 최소화하여 건전한 게임문화를 선도해 나가야 할 것이다.

참고문헌

1) 이충기 · 권경상 · 김기엽(2010). 『카지노산업의 이해』. 서울: 대왕사.
2) 이충기 · 권경상 · 김기엽(2010). 『카지노산업의 이해』. 서울: 대왕사.
3) 이충기 · 권경상 · 김기엽(2010). 『카지노산업의 이해』. 서울: 대왕사.
4) 이충기 · 이강욱(2010). 강원랜드 카지노리조트 개발로 인한 강원지역과 타 지역에 미친 경제적 파급효과 분석. 『관광학연구』. 34(4): 109-126.
5) 이충기(1996). 『카지노 제도발전 및 활성화방안』. 한국카지노업관광협회.
6) 사행산업통합감독위원회(http://ngcc.go.kr/NGCC.do).
7) 사행산업통합감독위원회(2010). 『사행산업 통합관리시스템 강화』.
8) 이충기 · 권경상 · 김기엽(2010). 『카지노산업의 이해』. 서울: 대왕사.
9) 이충기 · 권경상 · 김기엽(2010). 『카지노산업의 이해』. 서울: 대왕사.
10) (주)파라다이스(2002). 『파라다이스그룹 30년사』.
11) 본 절에서는 (주)파라다이스(2002)의 『파라다이스그룹 30년사』를 참고하여 정리함.
12) 이충기 · 권경상 · 김기엽(2010). 『카지노산업의 이해』. 서울: 대왕사.
13) 이충기 · 권경상 · 김기엽(2010). 『카지노산업의 이해』. 서울: 대왕사.
14) 이충기 · 권경상 · 김기엽(2010). 『카지노산업의 이해』. 서울: 대왕사.
15) 이충기 · 권경상 · 김기엽(2010). 『카지노산업의 이해』. 서울: 대왕사.
16) 이충기 · 권경상 · 김기엽(2010). 『카지노산업의 이해』. 서울: 대왕사.
17) 이충기 · 권경상 · 김기엽(2010). 『카지노산업의 이해』. 서울: 대왕사.
18) 이충기 · 권경상 · 김기엽(2010). 『카지노산업의 이해』. 서울: 대왕사.
19) 이충기 · 권경상 · 김기엽(2010). 『카지노산업의 이해』. 서울: 대왕사.
20) 한국카지노업관광협회(2011). 카지노업체별 현황.
21) 한국카지노업관광협회(2011). 카지노입장객 및 매출액 현황.
22) 한국관광통계(http://visitkorea.or.kr).
23) 한국카지노업관광협회(2011). 국적별 이용객 현황.
24) 한국카지노업관광협회(2011). 카지노입장객 및 매출액 현황.
25) 한국카지노업관광협회(2011). 카지노입장객 및 매출액 현황.
26) 한국관광통계(http://visitkorea.or.kr).
27) 한국카지노업관광협회(2011). 카지노입장객 및 매출액 현황.
28) 강원랜드(2011). 카지노입장객 및 매출액 현황.
29) 강원랜드(2011). 카지노입장객 및 매출액 현황.

30) 강원랜드(2010). 카지노입장객 및 매출액 현황.
31) 강원랜드(2010). 카지노입장객 및 매출액 현황.
32) 이충기(2010). 『일본, 대만 등 주변국 카지노 개방이 우리나라에 미치는 영향 연구』. 한국카지노업관광협회.
33) 이충기 · 권경상 · 김기엽(2010). 『카지노산업의 이해』. 서울: 대왕사.
34) 이충기 · 황일도(2010). 세계의 카지노리조트산업. 『신동아』. 10월호.
35) 이충기 · 황일도(2010). 세계의 카지노리조트산업. 『신동아』. 10월호.
36) 이충기 · 황일도(2010). 세계의 카지노리조트산업. 『신동아』. 10월호.
37) 이충기 · 황일도(2010). 세계의 카지노리조트산업. 『신동아』. 10월호.
38) 이충기(2010). 『일본, 대만 등 주변국 카지노 개방이 우리나라에 미치는 영향 연구』. 한국카지노업관광협회.
39) 이충기(2010). 『일본, 대만 등 주변국 카지노 개방이 우리나라에 미치는 영향 연구』. 한국카지노업관광협회.
40) 이충기 · 황일도(2010). 세계의 카지노리조트산업. 『신동아』. 10월호.

〈본문의 내용은 다음 논문에 기초하여 서술되었음: 『관광학연구』 제35권 제10호(통권 96호), 이충기(2011)/ 우리나라 카지노 산업의 역사, pp. 451-464〉

■ 저자약력

이충기(李忠基) 경희대학교 관광학과 교수

Texas A&M University에서 박사학위를 취득했다. 저자는 해외저널(*Tourism Management, Journal of Travel & Tourism Marketing*)의 편집위원(Editorial Board Member)을 맡고 있다. 저서로 『카지노산업의 이해』, 『관광응용경제학』, 『관광조사통계분석』이 있으며, 해외저널(SSCI)에 40편 이상, 국내학술지에 100편 이상을 게재해 왔다.

제9장 관광교통업의 역사

김 경 숙*

제1절 관광교통업의 발전사

1. 자동차교통

1) 해방 이전

1903년 최초로 우리나라에 자동차가 등장하였다. 대한제국 고종황제가 즉위 40주년을 맞아 미국공사 알렌을 통하여 칭경식(稱慶式) 의전용 어차로 들어온 것이다. 최초의 자동차 운송사업을 한 사람은 일본인 에가와(江川)로 그는 일본 상인들이 마산-진주-삼천포 간을 많이 내왕한다는 사실에서 자동차 영업에 대한 아이디어를 얻었다. 당시 8인승 포드 승합차 한 대로 자동차 영업허가를 받고 1912년 9월 첫 영업을 시작하였다. 같은 해 일본 청년 오리이가 포드차를 한 대 들여와 대절 택시업을 하였고, 사업이 잘되자 오리이자동차상회를 차렸는데 이것이 국내의 첫 자동차 운수회사였다. 1928년 4월 시내버스의 출현은 시내버스사업 허가를 받은 '경성부영버스'로서 경성부(현 서울시청)는 버스 10대를 투입함으로써 영업을 시작하였다.[1)]

초기의 시내버스는 이용수요가 많아 증차 및 노선 확장을 계속하였으나 점차 전차와의 경쟁이 치열해지면서 극도의 경영난에 봉착하게 되었다. 그럼에도 불구하고 1929년

* 국립강릉원주대학교 관광경영학과 교수(현 한국관광학회 수석부회장)
e-mail: kks2220@gwnu.ac.kr

대구부영버스가 운행되는 등 버스교통은 운행지역의 확대, 증차 및 노선확충으로 발전하였으나 일본의 중일전쟁, 태평양전쟁으로 인하여 시내버스 운행은 거의 중단되었다.[2)]

우리나라 최초의 택시회사는 1919년 12월에 설립된 '경성택시'이다. 당시의 택시는 주로 시간제 임대형식으로 운행되었다. 1926년 아사히택시회사가 미터기를 달고 영업을 시작하면서 운임체계가 크게 바뀌었다.

2) 해방 이후

1946년 미군정에 의해 용도 폐기된 미군차량이 불하(拂下)되고 신차도 도입되면서 버스교통도 점차 확대되었으나, 1950년 6.25전쟁의 발발로 버스교통은 다시 중단되었다. 1960년대 시내버스는 경제성장과 도시화에 힘입어 급격히 성장하였다. 1969년 서울시는 전차운행을 중단하고 시내버스에 시민교통을 일임함으로써 도시 내 교통의 2/3 이상을 담당하게 되었다.

1950년대 초반까지 영세규모의 택시업계는 6.25전쟁, 산업화시기를 거치면서 끊임없는 변화를 거듭하였다.

1955년 국내 최초의 제작차량인 '시발'택시가 등장하면서 자동차운송업은 비약적으로 발전할 수 있는 계기를 마련하였다. 1961년 12월 「자동차운수사업법」이 제정・공포되면서 택시운수업의 기업화 및 면허제도의 도입이 추진되었고, 1962년 일제 '새나라'자동차의 도입과 동시에 미터기 장착이 의무화되면서 택시운송사업은 활기를 띠게 되었다.[3)]

그 후 1982년 올림픽 등 국제행사에 대비하기 위하여 우수업체 지정제도를 시행하였다. 1985년 택시 선진화 대책으로 모범업체 제도를 도입・시행하였으나, 1988년 6.29선언 이후 과격한 노사분규의 확산, 업계의 경영압박 등의 이유로 시행한 지 3년 만에 제도를 폐지하는 시행착오 과정을 겪어야 했다. 또한 정부는 88 올림픽에 대비하여 외국인 수용 확립을 위한 기존의 택시유형을 세분화하고 중형택시제도를 도입함으로써 택시의 고급화정책을 시행하였다.

1990년대부터 주로 서비스 및 노사관계에 관한 제도개선이 중점적으로 추진되었다. 예를 들면, 1990년 택시운전 자격시험제도를 도입・시행하였고, 1992년 차별화된 서비스를 제공하기 위하여 모범택시제도를 도입하였다. 1997년 '운송수입금전액관리제'가 「여객자동차운수사업법」에 도입되었다.

3) 2000년대

최근 서울 시내버스는 자가용 승용차이용의 증가와 도시철도망의 확충 등으로 인하여 이용수요가 격감됨으로써 제3의 교통수단 기능을 담당하고 있다. 이로 인해 버스업체의 독립채산 운영이 어렵게 되어 2004년 서울 시내버스의 준공영제가 시행되었고 이는 다시 대전, 대구시 등 전국적으로 확산되는 추세이다.

2002년 기존의 승차 정원보다 많은 승객을 태울 수 있는 대형택시를 시도하였으나 벤화물차의 불법 택시영업제로 인하여 활성화되지 못하였다.

특히 고속국도의 신규 및 확장사업은 국토의 균형발전은 물론, 지역의 관광여건이 더욱 개선됨에 따라 관광산업발전에 크게 기여하고 있다. 2001년 12월 제55호선 중앙고속도로의 개통, 제15호선 서해안고속도로의 개통으로 충북 북부권의 관광개발이 크게 촉진되었다. 우리나라는 2020년까지 6,000킬로미터의 고속국도망을 건설할 계획이며, 2009년 현재 총 3,775킬로미터의 고속국도를 건설하였다.[4)]

2. 철도교통

1) 해방 이전

우리나라 철도의 발판은 일제의 대륙침탈로부터 시작되었다. 1899년 9월 최초의 철도인 경인선(제물포-노량진)이 개통된 이래, 어언 110여 년의 역사를 맞이하고 있다. 동북아시아에서 세력 확장의 기회를 노리던 선진열강들은 한반도 철도부설권을 위하여 치열한 다툼을 벌였다. 1885년 일본은 청일전쟁에서 승리함으로써 경인선과 경부선의 철도부설권을 획득하고, 부산-신의주 간 한반도 종단철도의 건설에 주력하였다.[5)] 1905년 1월에는 영등포-초량 간 경부선 철도를 개통하였다. 1898년 6월 박기종은 부산항과 하단포를 연결하는 약 6㎞의 경편철도를 건설하기 위하여 조선 최초의 민간철도회사인 '부하철도회사(釜下鐵道會社)'를 설립하였으나, 자금부족, 노선의 부적합성, 경부선 부설계획확정 등의 이유로 중단하였다.

1905년 4월에는 용산-신의주 간 군용철도운행을 개시하였다. 1906년 4월에 용산-신의주 간 경의선이 개통된 후, 1908년 1월 한반도를 종단하는 부산-신의주 간의 직통열차 융희호가 운행을 개시하였다. 1911년 11월 압록강 가교가 준공되면서 만주의 안동역까지 연장 운행하였다. 그 후 일본은 호남선, 경원선, 함경선 등 한반도의 간선 및 지선 철도를 건설하는 과정에서 한국인의 탄압과 희생을 강요하였으나, 일제의 패망, 해방과 남북 분단으로 철도는 쇠락하였다. 일제침략기의 한국철도는 한국인들에게는 문명의 이기(利器)였다기보다는 침략과 지배, 수탈과 분열, 탄압과 차별의 기구로서 기능하였다.[6)]

2) 해방 이후

일제의 패망은 한국인들이 한국철도를 주체적으로 경영관리할 수 있는 절호의 기회였으나, 해방과 함께 찾아온 국토의 분단은 철도에도 심각한 타격을 주었다. 그러한 와중에서도 1950년대 육상교통으로서의 철도의 역할은 막중하였다. 해방 직후부터 1960년대까지의 철도는 사회간접자본이자 모든 수송의 근원으로서 여객수송의 53% 정도를 분담할 정도로 중요한 교통수단이었다. 한편, 1925년 9월에 준공된 서울역은 일제강점기에 건립된 철도역사 중 가장 큰 규모로서, 한반도의 심장부인 서울의 관문 역할을 수행해 왔다. 그러나 현재는 1987년에 건립된 민자역사와 2004년에 건립된 고속철도 통합민자역사 등으로 크게 변형되었다.

1960년대 이후 급속한 경제성장의 주역이 된 고속도로의 등장은 철도를 사양길로 접어들게 한 주요인이 되었다. 그로 인해 1970년대 중반 철도의 수송분담률은 여객의 25%로 감소하였다.

1980년대 정부는 주로 대도시권의 전철망 건설에 주력하였다. 자동차에 대한 경쟁력 확보 차원에서 철도의 속도 향상은 필수적이었다. 한국철도의 속도는 경부선의 경우 개통 당시 서울-부산 간 약 30시간이 소요되었으나, 1985년 새마을호 열차가 운행됨으로써 4시간 10분으로 단축되었다.

1900년대 계절별, 테마별, 목적지별로 운행된 정동진 해돋이열차, 환상선 눈꽃열차, 등산열차, 무창포 모세기적열차 등 다양한 철도상품을 개발 · 운행하게 되면서 더욱 고객에게 다가서는 철도가 되었던 시기였다.[7)]

3) 2000년대

2004년 4월 1일 개통된 KTX는 경부고속철도이다. 경부고속철도건설 1단계사업이 완공됨으로써 고속철도시대가 열렸다. 2009년 12월 개통 5년 8개월 만에 2억 명을 돌파하는 교통혁명을 이루었다. 호남선 복선전철사업도 동시에 병행하여 서울-부산뿐만 아니라 목포까지도 KTX를 운행함으로써 반나절 생활권이 가능해졌다. 2010년 11월 대구에서 경주, 울산을 거쳐 부산에 이르는 2단계 구간이 개통됨에 따라 대구-부산 간의 노선에서도 더

빠른 속도로 달릴 수 있게 되었다.[8] 그로 인해 국민들의 일상생활과 더불어 경제・사회・문화 분야에서도 큰 변화가 나타났다. 교통수단별 이용자의 변화는 항공에서 KTX로 전환한 승객이 49%로 가장 많았고, 그 다음이 승용차, 고속버스 순이었다. 당일여행의 비율은 약 37%이며, 체류시간도 4~6시간이 50%를 차지하고 있다.[9]

2004년 12월 16일 G7(한국형 고속전철: Korea High Speed Train)열차는 352.4㎞/h의 최고속도를 달성함으로써 세계에서 4번째로 300㎞/h의 고속전철기술 보유국이 되었다. 이제 고속철도시대의 도래와 함께 국산화의 길로 접어든 G7열차는 우리나라 철도차량 역사에 새로운 지평을 열어갈 것이다.

3. 해상교통

1) 삼국시대 및 통일신라시대

신라는 당, 일본, 아라비아 등과의 무역을 통해 고구려, 백제에 비해 활발한 해양활동을 전개하였다. 신라 진평왕 때 선부서(船府署)라는 해사관계관청을 설치하였고, 이를 문무왕 때 병부에 속했던 선부서를 독립시켜 선박에 관한 사무를 보는 선부령(船府令)으로 격상시켰다. 백제는 해양활동의 안전을 위하여 제사를 지내는 것이 당시의 주요 관심사였다. 고구려의 해양활동은 백제, 신라, 가야에 비해 활발하지는 않았다.

통일신라시대 장보고는 완도의 청해진을 중심으로 당나라와 일본에 무역기지를 구축하고 해운업에 종사하였다. 장보고선단은 당나라에서 유통되는 세계 각지의 상품들을 신라와 일본에 대량으로 공급하였고, 동아시아의 인적 교류를 촉진시키는 데 크게 이바지하였다.[10]

2) 고려시대

고려시대는 건국 초부터 조세곡물운송을 위해 선박으로 개경까지 조운(漕運)제도를 활용하여 해양활동을 활발히 하였다. 고려 현종(1009~1031) 때부터 충렬왕 4년(1278)까지 269년간 송나라 상인들은 120여 회에 걸쳐 최소한 5,000여 명이 왕래할 정도로 해상무역은 성행하였다.

3) 조선시대

조선시대는 경상, 전라, 충청지역과 한양을 왕래하는 조운(漕運)과 조선통신사 파견을 제외한 해양활동은 극히 제한적이었다. 이는 중국과의 교류가 육로로 연결되었고, 명나라 영락제가 당시 창궐하던 왜구로 인해 해상활동을 금지시키고 이를 조선에도 요구하였기 때문이다. 그리고 극단적인 중농정책 등으로 인하여 한반도의 해상활동은 위축될 수밖에 없었고, 조선시대를 통틀어 외국과의 선박교류는 고작 20회의 조선통신사(朝鮮通信使)에 국한되었다.

그러나 대원군의 쇄국정책에도 불구하고 서구와 일본은 경쟁적으로 조선연안에 진출을 시도하였다. 1875년 일본은 조・일수호조약(병자수호조약)을 체결하였고, 부산 외에 2개 항만을 개항토록 요구하였다. 1882~1901년 동안 미국을 비롯한 8개국과의 수호조약이 속속 체결되었다. 조선이 개항된 후, 민간으로 하여금 기선의 소유를 처음 인정한 것은 1882년이었다. 1884년 대흥회사, 전찰회사(電察會社)와 같은 기선회사가 설립되었다.

조선정부는 1886년 해룡호(海龍號), 1887년 광제호(廣濟號)와 조양호(朝陽號)를 도입하였다. 1893년 8월경 이운사(利運社)는 일정한 임전표(賃錢表)를 만들어 화물 및 여객 운송을 취급함으로써 근대적 의미의 해운기업이 되었다.[11)]

그러나 경영의 미숙으로 어려운 상황에 봉착하게 되자, 이운사의 경영정상화를 위한 노력으로 인천항 상인을 통한 민영화를 시도하였다. 최초의 기선회사였던 이운사가 파산하자 1900년 7월 상업자본에 의해 대한협동우선회사(大韓協同郵船會社)가 창설되었다. 운행항로는 인천-진남포-만경대, 인천-부산-목포-제주도 등으로 이용화객도 점차 증가하였으나, 1903년 일본상인들의 각종 압력으로 경영이 악화되었다.

4) 해방 이전

위와 같은 일본해운업자들의 고의적인 행동은 한말 해운업자들의 태동을 방해 또는 말살하려는 의도 때문이었다. 조선과 일본을 잇는 항로가 개설된 계기는 1877년 일본의 재계에서 한반도와 일본을 연결하는 정기항로의 취항을 건의한 것에서 시작되었다. 이에 1893년 인천과 오카 모지를 잇는 기소카와마루(木會川丸), 1902년 원산-오사카, 원산-모지를 잇는 스미타가와마루(隅田川丸)가 취항하였다. 1905년 9월, 11월 최초의 부관 연락선인 이키마루(壹岐丸), 쓰시마마루(對馬丸)가 각각 부산에 취항하였는데 항해시간은 약 11시간 30분 정도 소요되었다. 그 후 1943년 4월 곤고마루(崑崙丸)까지 5척의 연락선이 취항하였다.

부관연락선은 1945년 운행 종료 시까지 총 3,053만 1,298명을 수송하였으며, 조선-일본을 잇는 가장 중요한 교통수단이었다.

5) 해방 이후

우리나라 근대항만의 시작은 1876년 외세의 강압에 의해 쇄국정책을 버리고 맺은 일본과의 강화도조약(江華島條約), 1876년 부산항, 1880년 원산항, 1883년 인천항 개항으로 이어지는 삼포개항부터이다. 비록 외세로부터 개항된 항구이지만 우리나라가 세계로 뻗는 출발점이자 전환점이 되었다.

1876년 부산포란 이름으로 개항한 부산항은 1906년 일본제국의 통감부가 설치된 후 근대적 항만으로 변화되었다. 통감부가 주도한 항만계획은 1기(1911~1918)와 2기(1919~1927) 공사를 거치면서 제대로 된 항구의 모습을 갖추기 시작하였다.[12] 이후 항세(港稅)의 발전에 따라 부산부(지금의 부산시) 및 민간에 의해서도 항만시설이 축조되어 지금과 같은 항만모습을 갖추게 되었다. 제3, 4기와 중앙부두는 1941~1944년에 걸쳐 완공되었다.

개항 전의 인천항은 우리나라 유일의 군항으로서 제물포라 불리었다. 1884년 말 인천항에 왔던 일본인 상인단체의 주선으로 시행된 항만축조사업은 인천항만축조사업의 효시라 할 수 있다. 1906년 인천항은 러일전쟁을 전후하여 당시 총공사비 88만여 원을 들여 1911년 3월 항만시설을 확충하였다. 그러나 전천후 하역작업이 가능한 항만시설이 요구됨에 따라 1974년 월미도와 소월도 사이에 제1독 갑거(閘渠)를 축조하고 기존 제1독을 포함한 인천 내항 전체를 선거화(船渠化)한 공사가 완공되었다.

우리나라의 항만개발 정책은 투포트시스템(Two Port System)이라 불리는 양항체제에 근간을 두고 있다. 이에 경부축을 중심으로 집중된 부산항의 체선·체화 현상을 해결하고 국토의 균형발전을 위하여 광양항을 부산항과 동시에 육성하고자 하였으며,[13] 1985년 정부가 부산항과 광양항의 양항체제 구축계획을 발표하면서 본격화되었다.

6) 2000년대

정부는 2011년까지 15조 7,865억 원을 투자하여 부산항은 30개 선석 규모의 신항을 건설함으로써 모두 51개 선석으로 확장하고, 광양항은 33개 선석의 컨테이너 부두로 건설한다는 계획이다. 그럼으로써 부산항과 광양항을 동북아의 중심항만(Hub Port)으로 육성하겠다는 원대한 포부를 설정하고 있다.

국제여객선 정기운항은 1970년 6월 부산-시모노세키 간 페리호 취항이 시초였다. 정부는 앞으로 일본, 중국, 러시아 등 인접국가 간을 연결하는 신규항로 개설, 여객선의 고속화 및 대형화, 연안여객선의 현대화를 지속적으로 추진하여 관광객의 해상교통수단 이용을 적극 유도해 나갈 방침이다.

국내 크루즈시장은 1998년 11월 현대 금강산 크루즈가 금강, 풍악, 설봉, 풍악호 등 4척의 선박으로부터 출발하였으나 2004년 1월 운항을 중단하였다. 진정한 의미의 크루즈 운항은 2000년 스타크루즈가 효시이다. 그러나 스타크루즈사는 한・중・일 연계 크루즈상품을 판매하였으나, 수익성 부족으로 인하여 2003년 운항을 중단하였다.[14)]

4. 항공교통

1) 해방 이전

1900년 미국 라이트 형제가 글라이더 시험비행에 성공한 이래, 1913년 9월 일본인 나라하라가 자작기를 타고 용산 비행장에서 첫 공개 비행을 하였다. 1916년 3월 여의도에 한국 최초의 간이비행장이 건설된 이래, 일본은 대륙 진출의 교두보를 확보하고자 평양을 비롯한 대구, 신의주, 함흥, 청진, 울산 등 곳곳에 비행장을 건설하였다. 1922년 12월 한국인 최초로 안창남이 한국 상공에서 비행을 하였다.

2) 해방 이후

1946년 9월 노스웨스트 오리엔트가 국내에 최초로 취항하였다. 1946년 미군 군정청이 C-87기 8대로 김포를 기점으로 하여 대구, 부산, 광주, 제주 등에 주 2회 국내선을 운항하였다. 1948년 10월 우리나라 민간항공의 창시자 신용욱은 최초의 대한국민항공사(KNA)를 창립하여 서울-부산 간 운항을 시작하였다. 이어 9.28 서울수복을 계기로 미국 더글러스사로부터 DC-36인승 항공기 2대를 차관 도입하여 부산-제주, 부산-대구 노선을 취항하였다. 1951년 9월 서울-부산, 서울-광주, 서울-군산 노선을 증설하여 운항하였다. 그리고 처음으로 서울-도쿄 간 국제선을 취항하였다. 1962년 2월 KNA는 항공기 손실, 자금부족, 환율변동, 유류세 등의 이유로 도산하였다.

우리나라는 국제민간항공기구 제6차 총회기간 중인 1952년 11월 11일에 국제민간항공협약에 가입한 후 국제민간항공기구의 회원국이 되었다. 1961년 우리나라 민간항공은 관련 법규가 정비되고 노선 증설과 더불어 국제선 운항에도 박차를 가했다.[15)]

1960년 11월 한진상사의 조중훈은 한국항공(Air Korea)을 설립하여 1961년 초 서울-부산 노선을 취항하였으나, 5.16군사정변을 고비로 수요가 격감하여 운영에 실패하였다. 그러나 민간항공의 필요성을 인식한 5.16군사정변 후의 정부는 1962년 3월 100% 정부출자로 대한항공공사(KAL: Korean Airlines Co. Ltd.)를 설립하여 일본, 동남아까지 취항하였으나, 심각한 적자에 허덕이게 되면서 경영실패로 인해 1968년 10월 민영화하기에 이르렀고, 1969년 2월 정부의 강권으로 현재의 대한항공이 인수하였다.[16] 대한항공은 우리나라 민간항공의 대표로서 1988년 초까지 활발한 노선개척과 효율적인 경영으로 눈부신 발전을 이룩하였다.

우리나라는 1960년부터 잇따른 경제개발계획의 성공으로 국민소득이 급속히 향상됨으로써 국내선 및 국제선에 대한 항공수요가 크게 증가하였다. 이에 1987년 정부는 증가하는 항공수요에 적극 대응하기 위하여 공급증대의 필요성, 세계적인 규제완화의 추세 등에 부응할 뿐만 아니라, 독점을 지양하고 경쟁체제에 의한 효율성을 추구하고자 제2민항사업자를 선정하였다. 이런 배경으로 금호그룹은 1988년 2월 서울항공을 설립함으로써 우리나라는 본격적인 복수민항시대의 막을 올리게 되었다. 이후 서울항공은 아시아나항공(AAR: Asiana Airlines)으로 개명하였다. 아시아나항공은 1988년 12월 서울-부산, 서울-광주 등 국내선 취항을 시작으로 1990년 1월 서울-도쿄를 취항하게 되었다. 이렇듯 대한민국 정부수립 이후 우여곡절을 겪던 우리나라의 민간항공은 국가경제가 안정되기 시작하던 1960년대와 해외항공수요가 폭발적으로 증가한 1980년대를 거치면서 복수항공사 경쟁구도를 갖추게 되었다. 국제선은 정부의 국제항공운송정책의 변화에 의해 항공교통심의위원회의 심의결과로 노선 배분이 결정되기 때문에 대형항공사 또는 저비용항공사 간의 사업경쟁이 치열한 실정이다.

1980년대 후반 저유가, 저달러, 저금리의 3저 호황, 1986년 서울 아시안게임, 1988년 서울올림픽 개최, 1989년 해외여행 자유화를 계기로 항공수요는 급격히 팽창하였다. 이로써 사회·경제 분야뿐만 아니라 국민의식과 생활전반에 걸쳐 엄청난 변화를 유발시켰다.[17]

1988년까지 100만 명에도 미치지 못하던 내국인 출국자수는 해외여행 자유화 원년인 1989년 121만 311명으로 167% 증가하였다. 2010년 현재 내국인 여행자수가 1,200만 명을 넘어서면서 한국의 민간항공은 순조롭게 성장하고 있다. 또한 국적항공사는 외국의 대형항공사들과 전략적 제휴(Strategic Alliance)를 맺어 운항편명공유(Code Sharing)로 거미줄 같은 노선망을 구축하게 되었다.

1958년 1월 27일 김포국제공항은 여의도국제공항의 기능이 이전되면서 개항하였다. 개항 당시의 국제선 여객은 2만 2,000명, 국내선 여객은 5만 6,000명에 불과하였다. 그러나 국제선 기능이 인천국제공항으로 이전되기 전인 2000년에 국제선 여객은 1,789만 8,000명, 국내선 여객은 1,872만 9,000명, 국제선화물은 189만 1,000톤을 처리하여 여객수송에서 세계 14위 공항으로 성장하였다. 김포공항은 항공수송의 전진기지로서 70년대 중반 이후, 중동지역 건설인력의 해외송출에 이바지하였다. 특히 86 아시안게임과 88 서울올림픽 등의 국제대회가 성공적으로 개최될 수 있도록 국제항공수송의 중추적 기능을 충실히 하였다.[18]

인천국제공항은 김포국제공항의 시설 포화상태에 따른 대체공항의 확보와 미래 동북아 허브공항의 실현이라는 목표로 1992년 착공 이후 8년 4개월의 대역사를 거쳐 2001년 3월 29일에 개항하였다.[19] 더욱이 인천국제공항은 북태평양 및 시베리아 항공노선의 최전방에 있어 유럽과 북미대륙 간을 연결하는 논스톱 운항이 가능하다는 측면에서 거점공항으로서 경쟁력을 갖추고 있다.

제2절 관광교통업의 현황

1. 자동차교통

자동차운송사업은 자가용 자동차의 증가, 대리운전의 등장, KTX 고속열차의 전국 확대로 인하여 이용객이 상대적으로 감소하고 있다. 그러나 최근의 고유가에 따른 자가용 이용 감소, 정부의 재정지원 등 대중교통 활성화 정책에 힘입어 자동차의 급격한 수요 감소의 변화는 없을 것으로 예상된다.

고속버스 및 일반 시외버스는 KTX와 같은 고속열차가 전국적으로 확산됨에 따라 이용객이 감소하였다. 그러나 2009년부터 고속버스 환승 시범시행, 2010년부터 전면확대 등의 서비스 개선책이 이루어지고 있어 급격한 감소현상은 보이지 않고 있다. 시내버스는 준공영제 도입('04.7.1), 환승할인 확대시행으로 꾸준한 증가세를 유지하고 있다. 전세버스의 경우, 1993년 정부의 규제완화정책에 의거하여 등록제가 실시됨에 따라 업체수 및 보유대수는 증가하는 추세이다.

2010년 자동차교통업의 현황을 보면, 시외버스 업체수는 84개사, 고속버스 업체수는 8개사로서 전국 면허대수는 각각 8,074대, 고속버스는 1,947대에 이르고 있다. 전세버스 업체는 1,481개이며 35,717대가 등록되어 있다. 그리고 자동차 대여사업 업체수는 총 757개이며 승용차 243,012대, 승합차 14,739대로서 총 257,751대가 등록되어 있다. 여객자동차

터미널은 고속 25개, 고속시외 88개, 시외 209개가 설치되어 있다.[20] 2009년 국내 교통수단별 분담률은 공로 74.8%(9,588백만 명), 지하철 17.0%(2,181백만 명), 철도 8.0%(1,020백만 명), 항공 0.1%(18백만 명), 해운 0.1%(15백만 명) 순으로 그 기능을 담당하고 있다.[21]

2. 철도교통

2005년 1월 1일 철도청이 한국철도공사로 전환되면서 경영개선 및 서비스를 제공하는 등 다양한 이벤트를 통해 관광활성화를 도모하고 있다. 특히 외국인 관광객의 수요창출을 위해 개발된 코레일패스는 외국인 전용으로 외국인 관광객의 국내관광편의를 도모해왔다. 2008년 11월 최고급 호텔 숙박시설을 갖춘 관광전용열차 '레일크루즈 해랑'을 운행함으로써 철도관광의 새로운 장을 열었다. 최근에는 계절별·지역별로 문화축제, 이벤트열차 등의 다양한 열차 관광상품을 출시하여 이용객으로부터 큰 호응을 받고 있다.

2009년 현재 철도 관광상품은 시티투어, 레저문화와 같은 정기열차, 와인 인삼트레인, 바다열차, 스키열차, 해돋이 열차와 같은 임시열차로 운행됨으로써 연인원 총 1,403,617명이 이용하였고, 217억 원의 판매실적을 달성하였다. 특히 KR PASS, KR & Beetle Pass, 한일공동승차권, Foreigner KTX Tour 등의 외국인전용 철도상품을 총 27,832명이 이용하였고, 12억 4,300만 원의 수입을 올렸다. 2005년 4월 홈-티켓 서비스, 2009년 1월 휴대폰을 이용한 승차권 one-stop서비스를 시행하고 있으며, 향후 스마트폰 전용 어플리케이션 개발을 추진하는 등 티켓리스를 선도할 것으로 예상된다.[22] 더욱이 코레일 멤버십 라운지, KTX시네마, 트레인샵 등으로 고객서비스 증진을 위해 다양한 노력을 기울이고 있다.

3. 해상교통

1) 국제 여객선

2009년 12월 말 현재 국제 여객선 정기운항은 한·일 4개 항로(부산/시모노세키, 부산/하카다, 부산/대마도, 부산/오사카), 한·중 17개 항로(인천/위해, 인천/청도, 인천/천진, 인천/대련, 인천/진황도, 인천/연태, 인천/단동, 인천/석도, 인천/영구, 인천/인천/연운, 평택/영성, 평택/일조, 평택/청도, 군산/청도, 군산/석도, 평택/연운항, 평택/위해), 한·러 3개 항로(속초/훈춘, 속초/니가타/자루비노, 동해/블라디/사카이미나토) 등 3개 노선을 운항 중에 있다.[23]

그러나 최근 러시아, 중국의 적극적인 진출 움직임, 속초 거점 국제항로의 기능정지, 남북관계 경색, 일본 환동해권 지역의 경기침체 등으로 영향력 약화가 우려되고 있다. 우리나라 민간기업의 러시아 자루비노, 나호트카항 개발, 속초-자루비노-훈춘 항로가 정상적인 기능을 하지 못하고 있고, 2009년 7월 속초항-니가타항-자루비노-훈춘을 잇는 동북아 4개국 국제항로가 취항하였으나, 1년 3개월 만에 여객운송사업면허를 반납한 상태이다. 또한 2004년 4월 속초항-자루비노-훈춘 간에 개설된 백두산 항로는 2010년 10월 뉴동춘호 선박의 파손으로 인하여 현재까지 운항이 중단되고 있다.[24)]

이에 정부는 한국, 일본, 중국 및 러시아를 잇는 신규 항로 개설, 크루즈 해상관광항로 개발을 지속적으로 추진함으로써 국내외 관광객을 적극 유치할 예정이다. 2009년 국제여객선의 노선별 운송현황은 〈표 9-1〉과 같다.

〈표 9-1〉 국제 여객선의 노선별 운송현황

(단위: 천 명, %)

구 분	2003	2004	2005	2006	2007	2008	2009	연평균 성장률
한-일(4개 항로)	826	1,005	1,028	1,151	1,395	1,405	901	1.8
한-중(17개 항로)	551	816	1,085	1,241	1,154	1,097	1,187	16.6
한-러(3개 항로)	47	55	57	64	49	34	46	-0.4
계	1,424	1,876	2,170	2,456	2,598	2,536	2,134	8.4

자료: 국토해양부(2011), 국토해양통계누리.

2) 크루즈

(1) 크루즈시장의 환경

크루즈산업은 크루즈 승객 및 승무원의 육상지출, 선용품 구입 등 높은 부가가치를 창출하는 산업이다. 현재 우리나라 내국인 국제크루즈시장은 외국선사의 기항 및 Fly & Cruise 상품판매위주로 이루어지고 있으며, 국내 모항 크루즈사업은 아직도 정착되지 않았다. 그러나 국민소득의 향상, 주 5일 근무제 도입 이후 해양관광 및 레저 수요가 증가하고 있다. 더욱이 국토해양부의 '09 하계 특별교통대책설문조사에 의하면 하계 휴가지역으로 해안권에 대한 선호도가 51.6%로 상대적으로 높게 형성되고 있는 것으로 나타났다.[25)]

(2) 크루즈 관련 인프라 현황

홍콩, 싱가포르, 일본 등 주변 국가들은 크루즈 접안능력이 우수하고 크루즈 전용부두 및 터미널을 확보하고 있다. 더구나 경쟁국가들은 해양관광 및 해상운송이 우리나라보다 활성화되어 있고 국민들의 해상관광에 대한 인식수준 및 해외인지도 측면에서도 우리나라보다 앞서고 있다.[26] 반면, 우리나라 크루즈 관광교통의 장애요인으로는 크루즈에 대한 낮은 인지도, 여가활동 형태의 차이, 정책적 관심의 부족, 기반시설 및 수용태세의 미비 등을 들 수 있다.[27]

2011년 현재 무역항은 31개소, 연안항은 26개소가 있다. 그중에서 부산항은 크루즈부두 1선석('06.9) 및 국제크루즈터미널('07.1)을 완공하였고, 제주항은 1개 선석을 개발 중에 있다. 한편, 인천항도 2011년까지 총 3,566억 원을 투입하여 총 10선석 규모의 국제여객부두를 인천 남항에 건설할 예정이다.[28] 정부는 2020년까지 6개 무역항(부산항, 인천항, 평택 당진항, 목포항, 여수항, 제주항)에 크루즈 부두(8개 선석)를 개발하는 등 항만별 크루즈 전용터미널 개발을 계획하고 있다.

(3) 내국인 국제크루즈 이용 현황

우리나라는 조선업과 해운업의 해양선진국임에도 불구하고 크루즈 관광교통은 아직 초기단계이다. 2004년 12월부터 부산-오사카를 운항하는 팬스타호가 국내 연안 및 국제크루즈 노선을 운항 중에 있다. 크루즈상품 판매는 대부분이 해외 유명 크루즈선사의 한국 대리점을 통해 이루어진다. 그리고 국내 여행사 등에서도 해외여행패키지 상품의 형태로 판매하고 있는데 상품은 총 16개로서 총 이용객수는 연간 2,500~3,000명으로 추정되고 있다.[29]

(4) 국내항만별 국제크루즈 기항 현황

우리나라는 세계 선박 건조능력의 약 40%를 차지할 정도로 1위의 조선국가이나 여객선을 제외한 크루즈선 건조 실적 및 전용도크는 전무한 실정이다. 또한 국제 정기크루즈 노선에서 제외됨으로써 부정기 국제크루즈 선박이 입항하고 있다.

국내 항만별 국제크루즈 기항의 횟수 및 여객수 현황을 볼 때, 2009년의 경우 부산항 34회(26,744명), 제주항 37회(38,147명), 울산항 7회(1,039명), 동해항 2회(710명), 마산항 1회(530명), 포항항 1회(586명) 기항하였다.[30] 특히 제주항의 국제크루즈 관광은 동북아 크루즈 관광시장의 활성화에 힘입어 2010년 49회 55,423명, 2011년에는 100회 100,000명을 목표로 크루즈선 유치에 최선을 다하고 있다. 그리고 Costa Classica, Costa Romantica, Seabourn Pride, Legend, Amsterdam, Pacific Venus, Nippon Maru, Asuka2, Silver Shadow 등 총 9척의 크루즈선이 2011년 현재 제주항에 입항하고 있다.

3) 연안여객선

국내 연안여객선은 2010년 현재 일반 항로 74개, 보조항로 26개로 총 100개의 항로가 있으며, 총 75개의 업체가 166척으로 운항하고 있다.[31)]

4) 국내 유람선

2011년 현재 국내 유람선은 제주(성산포유람선, 서귀포 앞바다 유람선, 로맨틱 크루즈, 서귀포 대국 해저유람), 남해안(해상관광러브크루즈), 삼천포(유람선관광), 남해(해금강유람선), 섬진강 유람선, 속초(엑스포유람), 한강유람선, 충주호유람선 등 총 11개가 운항하고 있다.

4. 항공교통

1) 항공여객의 추이

우리나라 국내선의 경우, 서해안고속도로, 중앙고속도로 등 고속도로의 확충 및 고속철도 개통('04.4)의 영향으로 제주 연계노선을 제외한 국내선 항공수요는 크게 위축되고 있다. 그렇지만 2010년 저비용항공사의 공급확대, 공항접근 교통 개선, 제주노선의 증가로 인해 KTX가 개통된 이래 최고의 실적을 기록하였다.[32)] 국제선의 경우 2001년 미국항공테러사건, 2003년 이라크전쟁, SARS(중증급성 호흡기증후군), 2008년 국제유가 상승, 원화가치 하락의 영향을 받았으나, 2010년 미국, 중국 등 주변국의 경기회복, G20 국제행사 개최에 힘입어 실제 큰 폭으로 증가하였다. 2009년 국제선 교통수단별 분담률은 항공 94.1%(33,514천 명), 해운 5.9%(2,089천 명)로서 항공의 비중이 거의 압도적이다.[33)] 연도별 항공여객수송 추이는 〈표 9-2〉와 같다.

〈표 9-2〉 연도별 항공여객수송 추이

(단위: 천 명, %)

구분	2001	2002	2003	2004	2005	2006	2007	2008	2009	2010	연평균 성장률
국내	21,811	21,248	21,379	18,892	17,158	17,181	16,848	16,990	18,061	20,216	-1.1
국제	20,350	22,717	21,459	26,931	29,684	32,707	36,867	35,237	33,476	40,061	7.5

자료: 국토해양부(2011). 국토해양통계누리

2) 수송실적

2010년 국제선의 경우 대한항공은 약 14,638천 명으로 여객 순위 세계 11위 이며, 아시아나항공은 약 9,031천 명을 수송함으로써 25위를 달성하였다.[34] 제주항공 약 494천 명, 진에어 약 215천 명, 에어부산 약 133천 명, 이스타항공 약 84천 명 등 저비용항공사의 국제선 진입 및 운항확대의 영향으로 국적항공사의 국제선 수송 실적은 전년대비 21.1% 증가하였다.

국내선의 여객수송실적은 대한항공 8,700천 명(43.0%), 아시아나항공 4,505천 명(22.3%), 에어부산 1,977천 명(9.8%), 이스타항공 1,796천 명(8.9%), 제주항공 1,707천 명(8.4%), 진에어 1,379천 명(6.8%), 티웨이항공 153천 명(0.8%) 순으로 여객수 및 점유율을 달성하였다.[35]

3) 운항 현황

2011년 5월 현재, 우리나라는 구주 24개국을 비롯하여 중동 12개국, 동남아 10개국, 아프리카 12개국, 미주 8개국, 러시아 8개국, 아시아 22개국, 대양주 5개국 등 총 91개국과 항공협정을 체결하였다.[36] 또한 2010년 12월 현재 73개 항공사(국적사 6개, 외항사, 67개)가 취항하고 있으며, 대한한공, 아시아나항공, 제주항공 및 진에어가 41개국, 128개 도시, 185개 노선을 주 1,517회 운항하고 있다. 반면에 외국항공사는 32개국 93개 도시, 145개 노선을 주 916회 운항하고 있다.[37] 특히 중국과는 2006년 6월에 개최된 항공회담을 통해 중국 산동성 및 해남성 간의 노선에 대하여 시범적 자유화 등을 실시하였다. 일본은 2007년 7월, 2008년 8월의 회담을 통해 한·일 간의 항공운항을 확대하게 되었다. 국내선은 김포, 제주, 김해, 인천, 대구, 광주, 사천, 울산, 여수, 포항, 무안, 군산, 청주, 원주 등 14개 도시 20개 노선을 운항하고 있다.

2010년 국내선의 경우 김포-제주 45.8%(약 926만 명), 김포-김해 12.1%(약 245만 명), 김해-제주 11.3%(230만 명) 순으로 점유율 및 여객수를 기록하였다. 반면, 국제선의 경우 인천-동경(236만 명), 인천-홍콩(189만 명), 김포-하네다(188만 명) 노선 순으로 수송을 담당하였다.[38] 한편, 2011년 현재 대한항공은 120대, 아시아나항공 70대, 에어부산 7대, 제주항공 7대, 진에어 5대, 이스타항공 6대, 티웨이항공 3대의 항공기를 각각 보유하고 있다.[39]

4) 공항처리 실적

인천국제공항의 처리실적은 운항횟수 21.5만 회, 여객 3,348만 명, 환승률 15.8%를 보이고 있으며, 67개 항공사가 49개국 172개 도시를 취항하고 있다. 국제선 여객수송실적은 32,949,518명으로서 세계 상위 공항 8위를 차지하고 있으며,[40] 국제공항협의회(ACI: Airports Council International)가 실시하고 있는 세계 최고 권위의 공항서비스평가(ASQ: Airport Service Quality)에서 2005년부터 6년 연속 세계 최우수 공항상 1위를 수상하였다. 김포공항은 운항횟수 11.9만 회, 여객 1,757만 명의 실적을 달성하였고, 국내 8개 노선, 국제 4개 노선이 취항하고 있다.[41]

제3절 관광교통업의 미래와 대응

1. 자동차교통

1) 자동차교통의 미래

2020년대의 자동차교통은 고속간선교통망의 구축으로 전국이 반나절 생활권으로 통합될 것이다. 장기적으로는 남북 7개축, 동서 9개축의 격자형 간선 도로망이 형성됨으로써 전국 어디서나 30분 안에 접근이 가능하게 될 것이다. 그리고 미래의 교통수단은 사용동력, 운행방식에서 3D Express Coach, Flying Car, MIT CITY CAR, SUPERBUS, 1인용 자동차 등이 출현함으로써 현재의 교통수단과 많은 차별성을 보일 것으로 전망되고 있다.[42] 또한 정보통신기술을 접목시킨 지능형 교통체계의 개발과 유비쿼터스 교통환경이 조성되고, 육·해·공을 막론하고 각종 교통수단 간의 상호 보완성을 극대화하여 효율적인 연결수송체계가 구축될 것이다.[43]

2) 환경변화에 따른 법체계 조정

향후 「여객자동차운수사업법」은 첫째, 운수업 시장의 환경변화에 따라 전체적으로 법체계를 재조정해야 하며 운수업의 효율성 증대를 위해 시장자율기능을 최대한 활용함으로써 규제완화를 추진해야 할 것이다. 둘째, 연계환승체계 개선 등 대중교통체계를 구축하고, 대중교통 서비스의 고도화 및 활성화를 위해 광역급행버스 노선 및 간선급행버스 체계도 확대해야 할 것이다.

3) 지속가능한 교통체계 구축

지금까지 정부는 교통수요 급증에 따른 교통혼잡 해소를 위하여 시설확충 등 양 위주의 교통정책을 추진하여 왔다. 21세기 대내외 교통여건의 변화에 대비하기 위해 교통정책은 지속가능성을 확보하는 방향으로 개선되어야 한다. 특히 에너지 위기와 기후변화협약 등에 대비한 '저탄소 녹색성장'을 도모하기 위해 친환경에너지 절약형 교통체계를 구축할 필요성이 절실하다.[44)]

또한 교통혼잡, 공해에 따른 문제해결을 위해 승용차 교통수요관리를 강화함으로써 지속가능한 교통체계를 구축하는 등 효율적인 교통계획을 확립해야 한다.

4) 지능형 교통체계로의 전환

교통체계사업은 자동차뿐만 아니라 다양한 도로이용 계층의 욕구를 반영하고, 도로교통의 환경이 선진국 수준에 도달할 수 있는 지능형 교통 개선사업으로의 전환이 필요하다. ITS 도입 및 운영을 위한 선결과제는 기술적인 문제뿐만 아니라 법 제도적인 사항과 관련 기관과의 이해관계를 해결해야 한다.[45)] 중앙정부 재정지원의 미비, 공공기관과 민간과의 역할분담 재정립, 산재한 시스템들의 연계 등을 해결할 수 있는 제도적인 지원이 요구된다.

5) 친환경도로 건설

'친환경도로 건설'이 도로정책의 핵심전략으로 발전해야 한다. 이를 위해서는 도로건설사업 전 과정에서 환경성이 고려되고 반영되어야 한다. 경제성 · 기술성과 함께 환경성이 확보되어 국토보전에 기여할 수 있어야 한다. 미래의 도로는 환경과 조화를 이루며 지속가능한 개발체계를 구축하는 것이 무엇보다 중요하다.

2. 철도교통

1) '철도르네상스'시대의 개막

철도는 자동차, 선박, 항공기 등의 타 교통수단과 이용시간이나 편의성 측면에서 치열한 경쟁을 벌이고는 있으나 철도의 미래는 낙관적이다. 그 이유는 첫째, 철도는 고품질의 환경에너지 복지를 실현시켜 주는 경쟁력을 갖춘 교통수단으로 부각되고 있다. 둘째, 고속철도망이 구축되고 주요 간선철도가 전철화·복선화됨으로써 전국 주요도시가 1~2시간대로 연결될 것이다. 더욱이 고속철도망이 남북의 철도망에 연결될 경우 중국횡단철도(TCR)와 시베리아횡단철도(TSR)를 통해 한반도에서 유럽지역까지 연결하는 철의 실크로드가 운행될 것이다.[46] 철도기술의 지속적인 발달로 안정성과 고속성도 더불어 향상됨으로써 21세기 철도르네상스는 현실이 될 것이다. 그러나 무한경쟁시대에서 한국이 선진국으로 도약하기 위해서는 선진철도의 건설이 첩경이나, 한국철도가 풀어야 할 과제는 너무나 험난하다.

2) 장기적 차원에서의 철도계획 수립

선진국들은 국가경쟁력의 원천을 철도산업에 두고 국가역량을 총동원하여 장기간 투자에 주력하였다. 반면, 우리나라는 교통정책적 비전을 갖고 장기적 차원에서 철도계획을 수립하지 못하였다. 이에 국토해양부는 '제2차 국가철도망 구축계획'을 2011년 4월 4일 확정·고시하면서 2020년에는 전국 주요거점을 KTX 고속철도망을 통해 통근시간을 1시간 30분대로 연결하여 하나의 도시권으로 통합한다는 목표를 제시하였다.[47] 이렇듯 한국철도가 선진한국을 견인하는 원동력으로서 대륙철도의 근간으로 뻗어나가기를 기대한다.

3) 광역철도의 경쟁력 강화

대도시권의 교통문제를 개선하기 위해 대중교통을 광역철도 등으로 전환 확대하는 것도 중요하다. 하지만 긴 통행시간과 환승 등의 불편사항 때문에 광역철도의 이용률은 저조한 편이다. 이에 대도시권 광역철도의 경쟁력 강화를 위하여 경쟁체제 도입, 철도역 중심의 연계교통체계 구축, 기후변화에 따른 효율화 방안 등을 마련해야 할 것이다.[48]

4) 인프라 통합 구축

TKR-TSR과의 연결은 철도의 물리적인 연결로 완성되는 것이 아니다. 향후 남북 대륙철도의 정상적인 운영을 위해서는 중기적으로 관련 국가들 간의 법적·제도적·기술적인 측면의 인프라 통합과제를 해결할 때,[49] 비로소 '철의 실크로드'는 한반도를 넘어 대륙을 향하는 21세기 한국철도의 미래를 열어나갈 것이다.

3. 해상교통

1) 크루즈시장의 미래

크루즈 관광교통은 21세기 가장 유망한 성장산업 중 하나이다. 해운 전문 컨설팅회사인 OSC(Ocean Shipping Consultants)에 의하면 세계 크루즈시장은 2015년 2,260만 명, 2020년 2,700만 명이 될 것으로 추정하였다.[50] 아시아 크루즈시장은 세계 관광시장에서 가장 성장률이 높은 지역으로 향후 전망도 매우 낙관적이다.

우리나라의 크루즈 수요 전망은 2015년에 약 42만 명으로 추정되고 있다.[51] 현재 우리나라 국민들의 해양관광에 대한 친숙도가 다소 낮고 기후적·자연적 조건을 감안해 볼 때, 크루즈 관광교통에 아주 적합한 조건을 갖추었다고 보기 어렵다.[52]

그러나 싱가포르, 홍콩을 중심으로 운항되고 있는 외국 크루즈선들은 우리나라의 크루즈기반시설이 확충되는 경우 점차적으로 기항 및 모항을 확대할 가능성이 있다. 더욱이 중국시장에 관심이 있는 세계 3대 크루즈선사그룹 들이 극동아시아 지역의 단기 크루즈 상품의 확대가 예상됨에 따라 이에 대한 적극적인 대응이 필요하다.

정부는 크루즈 관광교통산업 육성을 위한 계획을 구체화하고, 항만당국 및 지자체에서도 크루즈 기항 유치를 위해 포트세일즈를 전개하고 있다.

그럼에도 불구하고 발전 기반은 아직 미비한 실정이라 할 수 있다. 향후의 국내 크루즈 관광교통의 성패는 현안 과제를 성공적으로 추진한다면, 우리나라는 21세기 동북아의 크루즈 허브로 우뚝 설 것이다.

2) 크루즈사업 기반 조성

크루즈페리, 연안크루즈부터 활성화시킴으로써 본격적인 동북아 크루즈를 위한 사업환경을 조성해야 한다. 이를 위해 우선, 우리 기업이 적극 진출할 수 있도록 국적 크루즈선사 육성을 위한 종합적이고 체계적인 전략이 마련되어야 한다. 그리고 국내 해운선사, 여행사 등 크루즈 관련 사업체의 육성을 통하여 크루즈교통의 성장기반을 조성한다. 특히 전문인력의 교육 프로그램 지원, 카지노 허가의 긍정적 심사, 고부가가치의 크루즈 선박건조를 유도하고 이를 적극 지원해야 할 것이다.

3) 크루즈 입항을 위한 수용태세 개선

크루즈 이용승객을 위한 단기관광상품을 준비하고, 크루즈 사업 관련 편의를 제공하기 위하여 관련 법 제도 정비, 입국심사 간소화를 지속적으로 추진해야 할 것이다. 다목적 복합기능의 크루즈 전용터미널 확보, 크루즈 터미널 배후권역의 관광수용태세 개선, 항내·연안크루즈·기항지 연계 관광프로그램의 개발 구축 등 활성화 방안이 필요하다.[53]

4) 크루즈 관련 정보교류 활성화

크루즈교통에 대한 진출 분위기를 조성하고 관련 정보의 교류를 확대함으로써 국민들의 크루즈상품에 대한 관심을 제고시킬 필요가 있다. 그리고 국가 간, 지역 내에서의 크루즈관광 관련 협의회 등을 구성하고, 국제 정보수집 및 정보시스템 구축을 추진해야 한다.

4. 항공교통

1) 항공의 무한경쟁시대

세계항공시장은 글로벌시대의 인적 및 물적 교류 확대, 항공자유화 정책의 확산으로 인하여 '항공의 무한경쟁시대'가 도래함에 따라 자국의 항공운송시장의 지배력 확대와 경쟁력 제고를 추구할 것으로 보인다.[54] 국제공항협회(ACI: Airports Council International)의 'Global Traffic Forecast 2010-2029'에 의하면 향후 20년간 세계 항공여객은 연평균 4.1% 성장할 것으로 전망하였다.[55]

국제민간항공기구(ICAO)도 2025년 세계 항공승객수는 45억 명이 될 것으로 예상하고 있다.[56] 이와 같은 예측치로 유추해 보면, 세계의 항공운송은 지속적인 성장세에 힘입어 21세기 역시 '항공의 시대'는 변함없이 지속될 것이다.

이에 우리나라의 국제선 여객수도 2029년까지 연평균 4.2% 성장을 전망하고 있다. 그리고 국제선 공항처리실적도 약 7천6백만 명으로 2009년의 약 2배가 될 것으로 예측하고 있다.[57] 인천국제공항은 2030년까지 세계 메가 허브공항이 되기 위하여 Action Plan의 전략적인 실행, Air Star, Culture Port와 같은 중장기 마스터플랜을 수립·추진함으로써 우리나라 경제성장의 새로운 성장동력으로서 선진 일류 국가의 견인차 역할을 하게 될 것이다.[58] 향후 국제 유가가 변수가 될 수 있지만, 전반적으로는 저비용항공사의 성장과 항공자유화가 항공실적을 개선하는 데 크게 기여할 것으로 예상되고 있다. 더욱이 우리나라 항공교통은 운항규모의 확장과 더불어 서비스 혁신을 이루어 세계 수준으로 평가받고 있다. 그렇지만 21세기에는 국내외적으로 항공의 경쟁격화는 피할 수 없게 되었기에 이에 대한 대응책 마련이 시급하다.

2) 경영혁신을 통한 경쟁력 향상

우리나라는 동북아시아 인접 주요 국가의 항공사 및 공항 간의 치열한 경쟁 속에 있기 때문에 꾸준한 투자, 경영개선 및 인재양성을 통하여 경쟁력 향상을 기해야 한다. 동남아 취항허용, 취항지역 제한폐지로 규제완화가 확대・실시됨에 따라 항공운송업의 독점체제가 무너지고 실제로 지방 곳곳에서 항공사 설립이 추진되고 있다. 그러나 아직도 우리나라의 국민소득에 부응하고 항공여객의 다양한 욕구를 충족시키는 데는 적잖은 제약요인들이 있다.[59] 항공사가 다양한 서비스를 제공함으로써 승객들이 원하는 서비스를 적정 가격에 구매할 수 있고 시장규모에 걸맞은 제도가 조속한 시일 내에 정착되어야 할 것이다.

3) 저비용항공사의 활성화

2011년 7월 현재 티웨이항공까지 취항하여 국내 저비용항공사는 '빅5체제'가 구축되었다.[60] 저비용항공사는 지방공항 활성화의 유일한 대안으로서 항공운송산업의 구조적 성장과 저변 확대, 동북아시장의 항공자유화에 대비한 산업경쟁체제 강화, 항공 관련 산업 등 고부가가치의 기반 조성을 위한 견인차 역할을 위해 반드시 필요하다. 이를 위한 정책적 방안으로 저비용항공사 전용의 인프라 구축, 노선 및 슬롯의 우선적 배분, 항공종사자 종합교육훈련센터의 운영 등을 들 수 있다.[61]

4) 국내 공항의 활성화

항공수요가 부족하다고 다른 시설로 대체하여 활성화한다는 것은 매우 어려운 일이다. 지방공항이 살아남기 위해서는 항공수요를 진작시켜 그 역할과 기능을 높이는 것이 최우선이라 할 수 있다. 지방 국제선의 경우 지방의 특성에 맞는 관광산업과 산업적 특성을 고려하여 노선을 차별화 또는 특화시키고, 항공과 철도의 연계 운송에 의한 상생관계를 모색해야 한다. 그 대안으로는 첫째, 근거리 국제선 노선의 개발과 저가항공사의 취항을 장려하고 둘째, 일반항공, 레저스포츠항공 및 교육훈련용으로도 개방함으로써 활용도를 증대해야 할 것이다.[62] 국내선은 KTX와 경쟁이 불가피한 김포, 김해, 광주노선은 자체적 경쟁력을 갖도록 전용창구, 요금체계 등의 서비스 개선을 통하여 대중성과 편의성을 확보할 수 있도록 변화시켜야 한다.

그리고 인천국제공항은 무차별적인 허브경쟁에 따른 하드웨어 중심의 공항인프라의 경쟁적 확장을 지양하고 인천공항이 갖는 소프트웨어적 비교우위를 적극 발휘해야 한다. 예를 들면, 승객운송 및 정보이동을 통해 보다 효율적인 비즈니스 환경을 조성한다는 측면에서 경쟁력의 질적 제고가 이루어져야 할 것이다.[63]

5) 정부의 적극적인 지원

정부는 항공대국으로서의 위상을 제고할 수 있도록 경쟁력 강화노력을 지속해야 한다. 이를 위해 첫째, '환태평양을 주도하는 항공강국의 실현'이라는 원대한 목표 아래 공항시설 투자, 국제항공네트워크 확대, 항공산업 육성 등 분야별 정책을 추진해 나가야 할 것이다. 둘째, 항공운송의 경쟁력 강화, 효율적인 공항체계 구현 및 운용, 예방적 안전관리와 항공보안의 선진화, 국제적 위상을 강화해야 한다.[64] 지금까지 우리나라의 관광교통은 격동의 역사 속에서도 경이로운 발전과 성장을 이룩하였다. 장차 산・학・관・민 등이 긴밀한 협조체계를 구축하여 지속적으로 노력한다면 미래는 아시아를 넘어 세계 5위권의 중심국가가 될 것이다.

참고문헌

1) 최주식(2006). 자동차 영업시작. 『교통 · 발전의 발자취 100選』. pp. 16-17.
2) 이재림(2006). 시내버스의 출현. 『교통 · 발전의 발자취 100選』. pp. 18-21.
3) 김수용(2006). 택시정책의 변천. 『교통 · 발전의 발자취 100選』. pp. 26-27.
4) 문화체육관광부(2010). 『2009년 기준 관광동향에 관한 연차보고서』.
5) 이창운(2006). 근대역사와 함께한 한국철도. 『교통 · 발전의 발자취 100選』. pp. 70-73.
6) 정재정(1999). 『일제침략과 한국철도』. 서울: 서울대학교출판부.
7) 김봉(2010). 『관광사』. 서울: 대왕사.
8) 문화체육관광부(2010). 『2009년 기준 관광동향에 관한 연차보고서』.
9) 서광석(2006). 『교통 · 발전의 발자취 100選』. pp. 96-99.
10) 김봉(2010). 『관광사』. 서울: 대왕사.
11) 김봉(2010). 『관광사』. 서울: 대왕사.
12) 정구만(2006). 우리나라 근대항만의 건설. 『교통 · 발전의 발자취 100選』. pp. 234-235.
13) 한철환(2006). 양항 시스템과 해양수산부 발족. 『교통 · 발전의 발자취 100選』. pp. 244-247.
14) 최도석(2011). 우리나라 크루즈 관광산업의 진단과 처방. 제1차 한국관광포럼 선상세미나, 부산.
15) 김두환(2006). 국제민간항공기구가입. 『교통 · 발전의 발자취 100選』. pp. 191-193.
16) 양승신(2006). 항공교통의 태동. 『교통 · 발전의 발자취 100選』. pp. 184-187.
17) 이영혁(2006). 복수항공사를 통한 경쟁체제도입. 『교통 · 발전의 발자취 100選』. pp. 188-190.
18) 유문기(2006). 김포국제공항 개항. 『교통 · 발전의 발자취 100選』. pp. 194-195.
19) 홍순길(2007). 한국항공교통 60년: 현황과 과제. 『항공진흥』. 43: 23-36.
20) 국토해양부(2011). 대중교통과 통계자료.
21) 국토해양부(2011). 국토해양통계누리.
22) 문화체육관광부(2010). 『2009년 기준 관광동향에 관한 연차보고서』.
23) 국토해양부(2011). 국토해양통계누리.
24) 안병민(2011). 환동해권 교통 물류환경의 변화와 향후 전망. 『월간교통』. 160: 25-31.
25) 최도석(2011). 우리나라 크루즈 관광산업의 진단과 처방. 제1차 한국관광포럼 선상세미나, 부산.

26) 문화관광부(2006). 『크루즈산업 육성을 위한 관광진흥계획』(최종보고서).
27) 한국해양수산개발원(2006). 『크루즈 관광산업 발전기반 조성방안』(기본연구 2006-01).
28) 한국해양수산개발원(2006). 『크루즈 관광산업 발전기반 조성방안』(기본연구 2006-01).
29) 최도석(2011). 우리나라 크루즈 관광산업의 진단과 처방. 제1차 한국관광포럼 선상세미나, 부산.
30) 국토해양부(2011). 국토해양통계누리.
31) 문화체육관광부(2010). 『2009년 기준 관광동향에 관한 연차보고서』.
32) 한국해운조합(2011). 『2011년도 연안해운통계연보』.
33) 국토해양부(2011). 국토해양통계누리.
34) IATA(2011). World Air Transport Statistics.
35) 한국항공진흥협회(2011). 『포켓 항공현황』.
36) 국토해양부(2011). 국제항공과 자료.
37) 한국항공진흥협회(2011). 『포켓 항공현황』.
38) 한국항공진흥협회(2011). 『포켓 항공현황』.
39) 국토해양부(2011). 국토해양통계누리.
40) ACI(2011). Worldwide Airport Traffic Statistics.
41) 한국항공진흥협회(2011). 『포켓 항공현황』.
42) 유정복(2011). 미래 교통수단 개발 전망. 『월간교통』. 158: 4.
43) 김수철(2006). 국가기간교통망계획의 수립과 추진. 『교통・발전의 발자취 100選』. pp. 140-143.
44) 김상도(2011). 고유가 대비 교통부문 정책방향. 『월간교통』. 158: 6-11.
45) 최대순(2006). 첨단교통모델도시구축사업. 『교통・발전의 발자취 100選』. pp. 148-149.
46) 이혁규(2004). 민족과 함께 달려온 1세기. 『한국철도』. 41(11): 46-49.
47) 한국교통연구원(2011). 국토해양부, 함께하는 성장, 세계를 선도하는 일류국가 실현. 『월간교통』. 155: 44-47.
48) 이재훈(2011). 철도교통분야의 여건 전망과 추진과제. 『월간교통』. 155: 21-23.
49) 성원용(2006). 반도를 넘어 대륙으로. 『교통・발전의 발자취 100選』. pp. 106-107.
50) 한국해양수산개발원(2006). 『크루즈 관광산업 발전기반 조성방안』(기본연구 2006-01).
51) 한국해양수산개발원(2006). 『크루즈 관광산업 발전기반 조성방안』(기본연구 2006-01).

52) 문화관광부(2006). 『크루즈산업 육성을 위한 관광진흥계획』(최종보고서).
53) 문화관광부(2006). 『크루즈산업 육성을 위한 관광진흥계획』(최종보고서).
54) 정일영(2010). 2010년 항공정책의 비전과 방향. 『항공진흥』. 53: 9-26.
55) 한국항공진흥협회 기술정보실(2011). 국제공항협회 수요예측(2010-2029년).
56) ICAO(2007). ICAO Journal.
57) 한국항공진흥협회 기술정보실(2011). 국제공항협회 수요예측(2010-2029년).
58) 최훈(2008). 인천공항 세계공항서비스평가(ASQ) 3년 연속 1위 달성 의의와 향후 발전방향. 『항공진흥』. 48: 37-50.
59) 허종(2006). 제3민항 및 저비용 항공사 출범. 『교통. 발전의 발자취 100選』. pp. 227-229.
60) 조선일보(2011.7.7). 저비용 항공사 국내선 점유율 40% 이젠 국제선이다.
61) 김제철・예충열・박진서・김진후(2009). 우리나라 저비용항공사 시장참여 효과 분석과 향후 발전을 위한 정책적 제언. 『교통연구』. 16(4): 63-76.
62) 김제철(2011). 고속철도망구축이후 국내공항이 살아남으려면. 『월간교통』. 156: 40-41.
63) 원동욱(2008). 중국 항공운송업의 발전추세와 인천공항의 과제: 전용 민용공항 배치계획을 중심으로. 『교통정책연구』. 15(1): 77-127.
64) 정일영(2010). 2010년 항공정책의 비전과 방향. 『항공진흥』. 53: 9-26.

〈본문의 내용은 다음 논문에 기초하여 서술되었음: 『관광학연구』 제35권 제10호(통권 96호), 김경숙(2011)/ 우리나라 관광교통업의 회고, 전망 및 정책적 대응, pp. 501-516〉

■ 저자약력

김경숙(金敬淑) 국립강릉원주대학교 관광경영학과 교수

세종대학교에서 박사학위를 취득했다. 저자는 (사)한국관광학회에서 수석부회장을 맡고 있으며 저서 『최신 항공서비스론』, 『국립강릉대학교 에티켓가이드』 등과 논문 「항공사선택행동과 경영성과의 결정요인에 관한 연구」, 「항공사서비스 평가순위의 시장성과 영향력 분석」, 「항공승객수요의 결정요인: 방한중국인을 중심으로」 등을 통하여 활발한 학술적 성과를 발표하고 있으며 후진양성과 학회의 발전을 위해 힘쓰고 있다.

제10장 관광(단)지의 역사

고 동 완*

제1절 관광(단)지의 정의와 목적

1. 관광(단)지의 정의

1) 일반적 정의

일반적으로 '관광지'라 지칭할 때, 이는 관광행위가 일어나는 모든 공간을 포괄하는 개념으로서 관광진흥법상의 관광(단)지를 포함하여 비지정관광지, 국립·도립·군립공원, 농어촌휴양지역, 자연휴양림, 관광휴양지역, 온천지구, 유원지 등을 통틀어 일컫는다. 또한 학술적인 개념으로서의 '관광지'는 관광객이 그의 일상 생활공간을 떠나서 자신의 관광욕구를 충족시키면서 일정시간 동안 체재하는 지역으로서, 자연·인문·시설관광자원을 갖춘 곳이다.

이러한 관광지는 전통적으로 국가, 도시, 도서 등의 지리적 영역으로 간주되어 왔으나(Hall, 2000) 최근에는 관광객이라고 하는 소비자에게 주관적으로 해석될 수 있는 지각적인 개념으로 이해되고 있다(Buhalis, 2000). 해외학자들은 '관광지(tourist site)'를 관광객이 일종의 인지된 매력을 경험하기 위해 찾아가 일정기간 머무는 장소(Leiper, 1995) 또는 관광객의 욕구를 충족시키기 위해 설계된 서비스 시설과 서비스의 중심지(Cooper, Fletcher,

* 경기대학교 관광개발학과 교수(현 한국관광학회 관광직제추진위원장)
e-mail: dwko@kyonggi.ac.kr

Gilbert, Shepherd and Wanhill, 1998)로 정의하고 있다(한국문화관광연구원, 2010, p. 11 재인용). 국내에서의 정의로 박석희(1997)는 관광객이 일정 생활공간을 떠나 자신의 관광욕구를 충족시키면서 일정 시간 동안 체재하는 지역으로서 자연관광자원, 인문관광자원의 이용가치를 제고시키기 위한 숙박시설, 식음료시설, 편의시설이 설치되어 있고, 정보제공 서비스가 이루어지는 일정한 지역공간을 의미한다고 정의하고 있다. 또한, 관광지는 관광객들의 관광욕구 충족을 위해 관광자원 · 시설들이 결합되어 있는 일정한 구역을 말한다는 점에서, 이를 종합적으로 볼 때 '관광지'란 관광객이 일상 생활공간을 벗어나 관광욕구를 충족시키며, 일정시간 동안 체재하는 지역으로 관광 매력물을 보유하고 관광활동이 원활히 이루어지도록 시설을 갖추고 있는 장소로 정의할 수 있다.

관광공간의 위계와 관련하여 Gunn과 Var(2002)는 관광지(tourism site), 관광목적지(tourism destination), 관광지역(tourism region)으로 계층화하여 설명하고 있다. Site라는 영어는 건물, 도시 등 특정 용도의 장소라는 의미로 부지 내지는 단지로 번역되고, 관광목적지(tourism destination)는 여러 관광 매력물의 복합과 하나 이상의 지역사회(community)를 포함하는 개념이라는 점에서 많은 경우 우리나라의 법정 관광지를 설명하는 영어로 관광목적지를 의미하는 tourism destination을 사용하지만 엄밀한 의미에서는 tourism site로 사용하는 것이 바람직하다고 판단된다. 관광지(tourism site)가 지역사회 및 인접한 주변 매력물과 통합되어 관광활동의 중심지역이 될 때 비로소 관광목적지(tourism destination)라 할 수 있다.

2) 법률적 정의

관광기본법(제12조)에서는 관광지에 대해 "정부는 관광에 적합한 지역을 관광지로 지정하여 필요한 개발을 하여야 한다"라고 규정하고 있다. 관광지에 대한 법적 정의는 1986년에 제정된 관광진흥법에 의해 처음 규정되었으며. 1994년 관광진흥법이 개정된 후 그 개념이 확정되어 현재에 이르고 있다. 관광진흥법 개정 초기인1986~1994년에는 자연적 또는 문화적 관광자원을 갖추고 있어 관광 및 휴양에 적합한 지역으로 규정(관광진흥법 제2조제3항)하였고, 1994년 8월부터 현재까지는 자연적 또는 문화적 관광자원을 갖추고 관광객을 위한 기본적인 편의시설을 설치하는 지역으로 규정(관광진흥법 제2조제6항)하고 있다.

그러나 '관광지'의 지정 · 관리를 규정하고 있는 관광진흥법 제2조제6항의 규정에 의하면, 관광지란 "자연적 또는 문화적 관광자원을 갖추고 관광객을 위한 기본적인 편의시설을 설치하는 지역으로서 이 법에 의하여 지정된 곳을 말한다"고 제시되어 있고, '관광단지'는 "관광객의 다양한 관광 및 휴양을 위하여 각종 관광시설을 종합적으로 개발하는 관광 거점 지역으로서 이 법에 따라 지정된 곳을 말한다"고 규정되어 있다.

이처럼 법률적 개념의 '관광지'는 일반적・학술적으로 사용되는 '관광지'보다는 협의의 개념으로 법률에 의해 문화체육관광부가 관리하고 있는 범위의 관광지만을 대상으로 한다. 본 연구는 법률에 의한 관광지 지정 제도 및 관광지만을 대상으로 논의한다.

2. 관광(단)지의 개발 배경 및 목적

1) 관광(단)지의 개발 배경

프랑스에서는 이미 1930년대에 유급휴가가 이루어지고 공공 여가관광공간의 공급이 이루어졌지만 우리나라의 경우 1960년대 후반에 들어서야 여가관광공간에 대한 관심과 제도적 접근이 나타나서 1967년 12월 지리산국립공원이 지정되었고, 1969년 1월 부산 태종대공원 등 12개소가 관광지로 지정되었다. 이 시기까지만 해도 관광에 대한 국민들의 일반적인 관념은 사치나 단순한 소비행위로서 부유층이나 외국인들이 즐기는 것으로 생각하였다.

1970년대 말부터 국가의 경제가 발전하고 국민의 소득이 향상됨에 따라 생활환경과 관광에 대한 가치관이 변하기 시작했으며, 특히 여가시간과 소득의 증대로 자연경승지 및 문화유적지 탐방, 스트레스 해소와 건강관리를 위한 각종 레크리에이션 활동이 증가하면서 관광욕구가 심화되고 다양화되었다. 즉 경제성장에 따른 국민소득의 증가와 산업의 고도화 등으로 노동시간이 단축되어 여가시간이 늘어났고 도시화 현상으로 여가공간이 감소되는 등 복잡한 사회생활과 인간관계의 다원화로 여가활동에 대한 국민의 인식이 차츰 높아졌다. 이에 따라 관광활동이 크게 증가하였고, 관광이 일상생활의 한 부분으로서 인간성 회복과 보다 나은 사회, 문화 창조를 위한 기본조건으로서의 의의를 가지게 되었다.

이와 같은 공업화와 도시화 및 인구의 과밀화 현상 등에 의해 인간의 생활이 자연으로부터 멀어지면서 자연을 찾아 휴양과 휴식을 즐김으로써 정서를 함양하려는 국민의식이 팽배해졌다. 또한 1970년대 말부터 자연을 찾는 관광객이 급격히 늘어났으나 이들이 편하게 관광을 즐길 수 있는 관광시설은 충분히 갖추어지지 못하였다. 이와 같은 국민의 관광수요에 원활히 대처하기 위해서 일반국민이 부담 없이 즐길 수 있는 공공 여가공간의 확보가 절대적으로 필요하게 되었다.

2) 관광단지의 목적

관광진흥법은 관광지의 지정 목적 및 역할에 대해 명확히 규정하고 있지 않다. 다만, 관광진흥법 제2조제6항의 정의에 의해 “관광지라 함은 자연적 또는 문화적 관광자원을 갖추고 관광객을 위한 기본적인 편의시설을 설치하는 지역”으로 규정하고 있을 뿐이다. 구체적인 관광지 지정 목적은 각 지방자치단체에서 수립하는 조성계획에서 개별적으로 제시되고 있는바, 국민의 관광 휴양공간 개발, 지역경제 활성화, 자원의 효율적 이용, 경관 개선 등 각 지역의 여건에 맞추어 목적을 제시하고 있다. 또한, 관광을 통하여 국민의 복지를 증진한다는 사회복지적 측면에서 파악할 수 있으며, 또한 여가선용의 기회를 제공하고 국민의 관광욕구를 충족시키기 위한 사회개발의 수단으로 볼 수 있다.

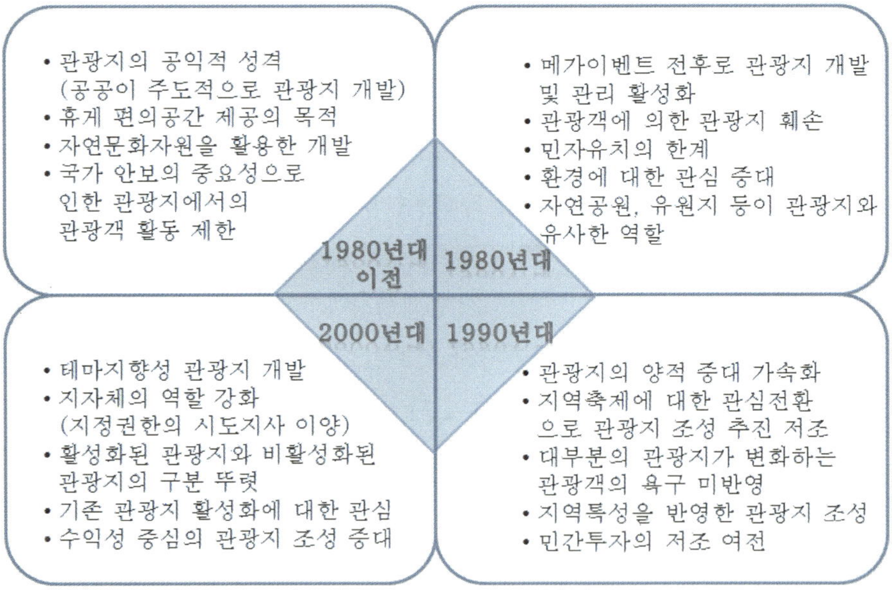

자료: 문화관광부(2005), 『관광지 리모델링 활성화 전략』에서 재구성.

〈그림 10-1〉 관광지 조성의 시대적 변화

이러한 측면에서 공공의 역할이 중요시되어 왔으며, 현재도 지속적으로 정부보조금의 지원을 통하여 기반시설의 확충 및 개발에 지원하고 있는 것이라 할 수 있다. 국토공간의 효율적 이용이라는 차원에서 관광지의 지정은 미개발단계에서 관광객의 새로운 차원의 다양한 욕구를 충족시킬 수 있는 단계로 이끌어낼 수 있게 하는 기능을 하기도 하며, 유휴지의 효율적 개발을 통한 경제적 가치의 제고라는 차원에서도 중요한 기능을 하기도 한다. 또한 다른 한편으로 이미 개발이 시작된 관광자원의 특성을 살리면서 관광객의 편의를 도모하고 관광수요에 부응하여 관광객의 다양한 관광욕구를 충족시키기 위한 각종 서비스시설과 기반시설을 제공하게 하는 기능을 하기도 한다.

당초 여가선용의 장으로서 일종의 관광지 역할을 하였던 국립공원은 이제 이용보다는 생태와 보전의 가치를 기반으로 관리하고 있고, 관광공간은 1969년 1월 부산 태종대공원 등 12개소가 관광지로 지정된 이후 시대의 흐름 및 그 목적에 따라 기능 및 개발 유형이 변화하고 있다.

제2절 관광(단)지 제도 및 개발의 변천

1. 관광지 지정 제도의 변천

1) 관광지 지정 제도 및 도입시설 규정의 변천

'관광지'는 1963년 관광사업진흥법에 교통부장관이 관광지를 지정할 수 있게 함으로써 처음 도입되었으며, 1969년 1월 부산 태종대공원 등 12개소가 관광지로 지정되었다. 1976년 1월 기존의 지정 관광지 외에 국민관광지를 선정할 수 있는 법적 근거가 마련되면서 관광지와 국민관광지 제도로 이원화되었으나 1982년 4월 관광지와 국민관광지를 관광지로 일원화하였다. 이후 관광지 지정제도는 법령의 변화를 거듭하면서, 정부는 지역 특성을 살린 관광지 개발을 촉진하기 위해 1994년 6월 30일 관광지 지정 및 조성계획의 승인권한을 시·도지사에게 위임하였고, 2009년 9월 관광지 등 지정 시 권역계획 변경절차를 생략하였다. 2004년 10월 문화관광부령에 의하여 관광지 지정권한을 시·도지사에게 이양하여 지방분권을 도모하였으나 2011년 4월 관광지 등 지정 시 문화체육관광부장관과의 사전협의 제도를 도입하여 사실상 다시 중앙관리체제를 부활하였다. 2011년 10월 현재 주거시설 도입 관련 법률 개정안이 국회에 계류 중이다.

〈표 10-1〉 관광지 지정제도의 변천과정

<table>
<tr><th>연 도</th><th>규 정</th><th>관련 조항</th><th>주요내용</th><th>신청/지정</th><th>조성계획</th></tr>
<tr><td>1961.08</td><td colspan="2">관광사업진흥법 제정</td><td>관광분야 최초 법령</td><td rowspan="13">신청: 도지사
지정: 교통부 장관</td><td rowspan="15">신청: 도지사
지정: 교통부 장관</td></tr>
<tr><td>1963.03</td><td>관광사업진흥법 개정</td><td>제47조의2</td><td>관광지 지정제도 도입</td></tr>
<tr><td>1964.08</td><td>관광사업진흥법시행령 개정</td><td>제23조</td><td>관광지 개발조성계획 수립 규정 신설</td></tr>
<tr><td>1975.04</td><td colspan="2">관광단지개발촉진법 제정</td><td></td></tr>
<tr><td rowspan="2">1975.12</td><td colspan="3">법률 통폐합: 관광기본법과 관광사업법으로 분리 제정</td></tr>
<tr><td>관광사업법 신설</td><td>제49조</td><td>국민관광지 선정(관광지·국민관광지 공존)</td></tr>
<tr><td>1980.12</td><td rowspan="2">관광사업법 개정</td><td>제52조</td><td>관광지 개발사업을 시행하는 지자체에 대한 국고보조 근거 마련</td></tr>
<tr><td>1982.04</td><td>제46조</td><td>관광지 제도 일원화(국민관광지 제도 폐지)
관광지 조성계획 승인 시 인·허가 의제 처리</td></tr>
<tr><td>1985.02</td><td>관광사업법 시행령 개정</td><td>제14조</td><td>관광지 조성계획 변경 승인 권한 일부 시·도 위임</td></tr>
<tr><td rowspan="2">1986.12</td><td rowspan="2">관광진흥법으로 명칭 변경</td><td>제27조</td><td>관광지 등의 처분 신설</td></tr>
<tr><td>제37조</td><td>관광지의 관리 신설</td></tr>
<tr><td rowspan="2">1993.12</td><td rowspan="2">관광진흥법 개정</td><td>제23조</td><td>관광지 지정 시 권역계획, 기본계획에 근거하여 신청</td></tr>
<tr><td>제24조</td><td>관광단지 개발을 위하여 법인이나 민간개발자는 조성계획을 작성하여 교통부장관의 승인을 얻을 수 있음</td></tr>
<tr><td>1994.06</td><td>관광진흥법 시행령 개정</td><td>제41조</td><td>관광지 지정 및 조성계획 승인 시·도지사 위임</td><td rowspan="2">지정: 교통부장관(시·도지사)</td></tr>
<tr><td>1994.08</td><td>관광진흥법 개정</td><td>제55조</td><td>시·도지사가 시장·군수·구청장에게 권한의 일부를 재위임할 수 있는 근거 마련</td></tr>
</table>

<table>
<tr><td>1999.03</td><td rowspan="9">관광진흥법 개정</td><td>제46조</td><td>문화, 체육, 레저 및 산업시설 등관광자원화사업 신설</td><td rowspan="4">지정: 문화관광부장관
(시·도지사)</td><td rowspan="4">지정: 문화관광부장관
(시·도지사)</td></tr>
<tr><td>1999.05</td><td>제50조</td><td>관광지 지정 시 기본계획과 권역계획에 기준</td></tr>
<tr><td rowspan="2">2002.01</td><td rowspan="2">제53조의2</td><td>조성계획 승인 취소, 이의 개선 명령 규정 신설</td></tr>
<tr><td>조성계획 승인 취소, 이의 개선 명령 규정 신설</td></tr>
<tr><td>2004.10</td><td>제50조</td><td>관광지 신청/지정 권한 이양</td><td rowspan="5">신청:
시장·군수
지정:
시·도지사</td><td rowspan="5">신청:
시장·군수
지정:
시·도지사</td></tr>
<tr><td>2005.03</td><td>제53조의2</td><td>관광지로 지정·고시일 2년 이내 승인신청이 없는 경우 효력 상실</td></tr>
<tr><td>2007.07</td><td rowspan="2">제52조</td><td>관광지 지정 요청을 받은 행정기관장은 30일 이내에 의견 제시 신설</td></tr>
<tr><td>2008.06</td><td>특별자치도지사 지정 신설</td></tr>
<tr><td>2011.04</td><td>제56조</td><td>조성계획 승인일 2년 이내 사업 미착수 시 효력 상실</td></tr>
</table>

주: ( )는 권한을 위임받은 자임.

관광지 지정 이후 조성 추진이 지연되는 등의 문제점을 해결하기 위하여 2005년 3월 관광지로 지정·고시일 2년 이내에 승인신청이 없는 경우 관광지 지정 효력을 상실하는 규정을 신설하였고, 2011년 4월 관광지 조성계획 승인 후 2년 내 사업 미착수 시 조성계획 실효 규정을 추가하였다.

한편, 관광지 등의 시설지구 안에 설치할 수 있는 시설과 관련하여 1994년 7월 관광지 및 관광단지 내 설치할 수 있는 시설에 대하여 시설지구별로 시설을 열거하는 법규를 신설하였다. 당시의 관광진흥법에는 현재 법률에서 포함하지 아니한 선착장관리소, 파출소, 진료소(약국), 소방서, 농·수협지소 등 시설지구 안의 기반이 되는 시설도 포함하고 있다. 1999년 6월 시설지구(6개 유형)는 유지하고 설치할 수 있는 시설에 대한 일부 내용에 대하여 개정하였다(관광진흥법시행규칙 제60조제2항). 개정 시 '공공편익시설지구' 내 시설지구안의 기반이 되는 시설을 관광지 등의 기반이 되는 시설로, '숙박시설지구' 내

시설의 경우 숙박시설 종류의 나열에서 공중위생법과 관광진흥법에 의한 숙박시설과 기타 관광객의 숙박과 체재에 적합한 시설로 변경하였다. 이외, '상가시설지구' 내 다양한 상가시설의 종류가 적합한 시설로 규정되었던 것을 상가시설에 부합하는 경우로 세분화하여 명시하고, '운동 · 오락시설지구' 내 시설도 관광 · 휴양목적에 부합하는 시설로 한정하였다.

〈표 10-2〉 관광지 등의 시설지구 안에 설치할 수 있는 시설

시설지구	설치할 수 있는 시설
공공편익시설지구	도로, 주차장, 관리사무소, 안내시설, 광장, 정류장, 공중화장실, 금융기관, 관공서, 폐기물처리시설, 오수처리시설, 상하수도시설, 그 밖에 공공의 편익시설과 관련되는 시설로서 관광지 등의 기반이 되는 시설
숙박시설지구	「공중위생관리법」 및 이 법에 따른 숙박시설, 그 밖에 관광객의 숙박과 체재에 적합한 시설
상가시설지구	판매시설, 「식품위생법」에 따른 업소, 「공중위생관리법」에 따른 업소(숙박업은 제외한다), 사진관, 그 밖의 물품이나 음식 등을 판매하기에 적합한 시설
운동 · 오락시설지구	「체육시설의 설치 · 이용에 관한 법률」에 따른 체육시설, 이 법에 따른 유원시설, 컴퓨터게임장, 케이블카(리프트카), 수렵장, 어린이놀이터, 무도장, 그 밖의 운동과 놀이에 직접 참여하거나 관람하기에 적합한 시설
휴양 · 문화시설지구	공원, 정자, 전망대, 조경휴게소, 의료시설, 노인시설, 삼림욕장, 자연휴양림, 연수원, 야영장, 온천장, 보트장, 유람선터미널, 낚시터, 청소년수련시설, 공연장, 식물원, 동물원, 박물관, 미술관, 수족관, 문화원, 교양관, 도서관, 자연학습장, 과학관, 국제회의장, 농 · 어촌휴양시설, 그 밖에 휴양과 교육 · 문화와 관련된 시설
기타시설지구	위의 지구에 포함되지 아니하는 시설

주: 개별시설에 각종 부대시설이 복합적으로 있는 경우에는 그 시설의 주된 기능을 중심으로 시설지구를 구분한다.

2) 관광지와 관광단지의 구분기준

1994년 7월 관광지와 관광단지의 구분기준을 신규로 제정하고, 각종 시설의 종류와 구비기준을 산정하였다. 관광단지의 경우 관광지와 차별적으로 면적에 대한 기준을 신설하였으며, 시설 종류와 구비기준을 모두 갖춘 경우에 한하여 지정되었다. 1996년 4월에는 시설 구분을 공공편익시설, 숙박시설, 휴양 · 놀이 · 운동시설, 접객시설 중 휴양 · 놀이 ·

운동시설 중 법률에 의해 등록된 체육시설업 및 마사회 · 경륜 · 경정법 등 다양한 시설에 대한 설비기준에 따른 시설을 구비토록 규정을 강화하였다. 세부적으로는 사격장, 궁도장 등은 삭제되고, 자동차경주장과 종합체육시설, 경정장이 신설 추가되었으며, 2종류 이상에서 1종류 이상으로 완화되었다. 1999년 6월 관광지 및 관광단지에 대한 조성계획 승인권자가 지자체장으로 이양됨에 따라 총면적 지역 규정을 시도지사로 변경하고, 일부 시설에 대한 명칭을 변경하였다. 공공편익시설 내 관광안내시설을 관광안내소로, 해상관광호텔을 수상관광호텔로, 국민호텔을 가족호텔로 변경하고, 휴양 · 놀이운동시설 중 스키장, 유기장, 요트장은 체육시설의설치및이용에관한법률에 의거 '체육시설'로 운동휴양시설에 포함되었고, 산림휴양시설, 박물관, 미술관, 종합유원시설업이 신설 추가되었다. 또한 구체적으로는 관광단지 내 시설종류에 대한 기준을 강화하여 기존의 공공편익시설을 갖추고, 숙박, 운동 · 오락, 휴양 · 문화시설 중 각각 1종 시설을 포함한 100만㎡ 이상의 지역에서 숙박시설을 1종 이상 포함시키고, 운동 · 오락, 휴양 · 문화시설 중 필요시설을 1종 이상 갖추도록 하였다.

2003년 11월 숙박시설지구 내 시설 종류를 세분화하여 특1등급과 특2등급만으로 한정하였으며, 전통호텔을 한국전통호텔로 명칭을 변경, 일반관광호텔은 삭제하였고, 2005년 5월 숙박시설 내 시설종류를 특1등급과 특2등급에서 다시 관광호텔로 변경하였다. 2006년 4월 기존의 모든 시설을 갖춘 관광단지 기준에서 완화하여 공공편익시설을 갖추고 숙박, 운동 · 오락, 휴양 · 문화, 접객시설 중 1종 이상의 필요시설의 설치로 개정하였고, 기존의 휴양 · 놀이 · 운동시설을 시설특성에 따라 운동 · 오락시설과 휴양 · 문화시설로 세분화하였다.

2007년 12월 관광지 및 관광단지 내 시설구분 중 지원시설을 신설하여 조성되어 있는 관광단지의 관리 · 운영 측면에서 법적 근거를 마련하였다. 여기서 지원시설이라 함은 관광단지의 관리 · 운영 및 기능 활성화를 위해서 필요한 시설로 관광종사자 전용숙소, 관광종사자 연수시설, 물류 · 유통 관련시설의 종류를 말한다.

이후 2009년 12월 관광단지 면적기준이 100만 제곱미터에서 50만 제곱미터로 변경되는 등 관광지와 관광단지의 구분기준에 포함되어 있는 시설구분과 시설 종류, 구비기준은 총 8차례 제 · 개정이 있었으나, 일부 시설의 삭제, 도입시설의 세분화 등 도입시설 자체에 대한 적극적인 제 · 개정보다는 법리해석의 명확성을 부여하기 위한 소극적 수준이었다. 다만, 2007년에 신설된 지원시설의 경우 기존의 관광공간이 관광객을 위한 특정 시기에 한정된 공간적 성격에서 확대되어 일부 종사원들에게는 생활과 일상의 공간으로도 확대되었다. 관광종사원들을 위한 목적으로 조성되는 전용숙소의 경우 종사원들이 일상의 생활을 관광공간 내에서 이루어지도록 하기 위해 부분적으로 각종 생활편의시설의 설치가 수반될 필요가 있다.

〈표 10-3〉 관광지 · 관광단지의 구분기준(제58조제2항 관련)

시설구분	시설종류	구비기준
가. 공공편익시설	화장실, 주차장, 전기시설, 통신시설, 상하수도시설 또는 관광안내소	각 시설은 관광객이 이용하기에 충분할 것
나. 숙박시설	관광호텔, 수상관광호텔, 한국전통호텔, 가족호텔 또는 휴양콘도미니엄	관광숙박업의 등록기준에 부합할 것
다. 운동 · 오락시설	골프장, 스키장, 요트장, 조정장, 카누장, 빙상장, 자동차경주장, 승마장, 종합체육시설, 경마장, 경륜장 또는 경정장	「체육시설의 설치 · 이용에 관한 법률」 제10조에 따른 등록체육시설업의 등록기준, 「한국마사회법시행령」 제5조에 따른 시설 · 설비기준 또는 「경륜 · 경정법시행령」 제5조에 따른 시설 · 설비기준에 부합할 것
라. 휴양 · 문화시설	민속촌, 해수욕장, 수렵장, 동물원, 식물원, 수족관, 온천장, 동굴자원, 수영장, 농어촌휴양시설, 산림휴양시설, 박물관, 미술관, 활공장, 자동차야영장, 관광유람선 또는 종합유원시설	관광객이용시설업의 등록기준 또는 유원시설업의 설비기준에 부합할 것
마. 접객시설	관광공연장, 외국인전용관광기념품판매점, 관광유흥음식점, 관광극장유흥업점, 외국인전용유흥음식점, 관광식당 등	관광객이용시설업의 등록기준 또는 관광편의시설업의 지정기준에 적합할 것
바. 지원시설	관광종사자 전용숙소, 관광종사자 연수시설, 물류 · 유통 관련시설	관광단지의 관리 · 운영 및 기능 활성화를 위해서 필요한 시설일 것

(비고) 관광단지의 총면적 기준은 시 · 도지사가 그 지역의 개발목적 · 개발 · 계획 · 설치시설 및 발전전망 등을 고려하여 일부 완화하여 적용할 수 있다.

1. 관광단지: 가목의 시설을 갖추고, 나목의 시설 중 1종 이상의 필요한 시설과 다목 또는 라목의 시설 중 1종 이상의 필요한 시설을 갖춘 지역으로서 총면적이 50만 제곱미터 이상인 지역(다만, 마목 및 바목의 시설은 임의로 갖출 수 있다.)
2. 관광지: 제1호 가목의 시설을 갖춘 지역(다만, 나목부터 바목까지의 시설은 임의로 갖출 수 있다.)

관광지와 관광단지의 구분을 목적으로 제정되었던 구분기준은 시대적 변화를 거치면서 도입시설과 면적 등에서 큰 차이를 보이지 못하고 관광지가 관광단지화되는 현상이 나타나고 있는데, 이는 일반적인 관광지 발전과정이라고 할 수 있다. 〈표 10-3〉은 현재 관광진흥법시행규칙 제58조제2항에서 규정하고 있는 관광지와 관광단지의 구분기준이다.

2. 관광(단)지의 조성 및 개발

1) 관광지 개발정책의 변화

문화관광부 자료에 의하면 우리나라 관광지 개발정책은 시대별로 관광개발 기반 마련(1960~1970년대), 본격적 개발 가속화(1980년대), 지방분권에 따른 경쟁적 개발(1990년대), 환경 및 균형발전에 대한 관심 증대(2000년대) 순으로 변화하여 왔다고 보고하고 있으며, 다음은 그 내용을 요약한 것이다.

1980년 이전까지 관광지 개발정책은 관광개발에 대한 추진기반을 마련한 시기이다. 교통체계의 발달, 관광산업 기반 마련, 관광제도적 기반 조성 등이 이루어지면서 「관광진흥법」이 제정되었다. 관광지 지정제도가 도입되면서 본격적으로 관광종합개발계획이 수립(1973)되었으며, 관광산업을 국가전략산업으로 육성하게 되었다. 관광산업이 국가전략산업으로 육성됨에 따라 「관광단지개발촉진법」의 제정과 관광자원의 합리적 개발 및 자원보전을 위한 국토계획 기본구상이 마련되었다. 국가 주도하의 경제성장이 성공적으로 이루어짐에 따라 국민들의 여가선용에 대한 욕구가 증대되었고 이를 충족시키기 위해 정부차원에서 관광지 조성을 추진하게 되었다. 그러나 정부주도의 관광지 조성 추진은 국민 여가욕구 충족보다는 관광산업을 통한 외화획득 및 국제 관광홍보 등에 더 많은 중점을 두고 추진되었다.

1980년대 들어서면서 관광지 개발은 경제성장, 해외여행 자유화, '86 아시안게임 및 '88 서울올림픽 등 국제대회의 성공적 개최 등으로 활발하게 추진되었다. 특히, 두 번에 걸쳐 이루어진 국제대회 개최는 관광 인프라에 대한 적극적인 지원과 개발을 촉진시켰으며, 국내외 상호교류 활성화 등이 이루어지면서 국내 관광산업 진흥 및 국가 이미지 개선에 주력하게 되었다. 반면, 관광지 이용객 증가에 따른 환경오염 및 자연 훼손, 쓰레기 발생 등의 부정적인 문제가 발생하기 시작하여 관광지 관리를 위한 관광객의 적극적인 협조가 필요하다는 인식이 확산되었다.

1990년대는 관광지 시설환경 및 프로그램 개선이 본격적으로 시도된 시기이다. 관광수요의 급격한 증가로 관광지의 양적 성장은 이루었으나 관광지에 대한 체계적인 개발 및 관리는 미흡하여 관광지로서 역할 수행이 부족하였고, 관광객의 요구를 충족시키지 못하는 문제점이 발생하였다. 특히, 양적 성장에 중점을 둔 공급 위주의 관광개발은 사회·문화 환경의 변화와 기술의 발전 등에 따른 다양화되고 다변화하는 관광객의 요구에 탄력적으로 대응하지 못하였다. 이는 정부 주도의 관광개발로 인하여 개별 관광지마다 차별화된 특성과 개성이 부족하게 되었고, 투자환경이 열악하여 관광지의 지속적인 개발 및 개선이 이루어지지 못하였기 때문이다.

〈표 10-4〉 시대별 관광개발 정책의 변화

구분	관광개발 기반 마련 (1960~1970년대)	본격적 개발 가속화 (1980년대)	지방분권에 따른 경쟁적 개발(1990년대)	환경 및 균형발전에 대한 관심 증대 (2000년대)
관광 개발 정책	관광사업법 제정 관광기반시설 확충 국토계획기본구상 마련 관광종합개발계획 수립 관광단지개발촉진법 제정	관광인프라시설 개발 제2차 국토종합개발 계획 관광지 지정 확대	도시와 지역 간 균형 개발 지자체의 관광특성화 개발 환경정책 강화 소프트웨어적 관광개발	환경보존, 지속가능한 관광개발 자연친화적 관광개발 지역 간 네트워크 강화
개발 정책 목표	관광산업 기반 마련 제도적 기반 조성 수도권 과밀집중 억제 외화획득에 주력	국내외 상호교류 활성화 국가관광이미지 개선 전국적 개발 확대 국민복지 수준 제고와 외화획득 동시 고려	관광개발 정책의 분권화 국토균형발전 지역 특성화 환경중시의식 강화 삶의 질 향상 중시	국민환경의식 제고 개발과 보전 조화 지역 간 조화 및 협력
관광 관련 계획	관광진흥을 위한 종합대책 공표('68) 한국관광종합계획('73) 한국관광진흥장기계획('78)	국민관광장기종합계획('83) 전국관광장기종합계획('89)	24개소 개발소권별로 권역계획수립('92, '97) 관광비전 21('99) 7대문화관광권진흥방안('99)	남해안관광벨트개발계획('00) 경북북부유교문화권 관광개발계획('00)
관광 관련 부문	국립공원지정 개시 36개 관광지 지정 개발 중문관광단지('71) 지정 도립공원 지정 개시 중문관광단지('71) 지정 경주보문단지 개발('74) 제주도 종합개발('78)	64개 관광지 지정 국민관광지 개발 지원 시범야영장개발 추진('84) 도남관광지('83), 남원관광단지('84) 등 지정	68개 관광지 지정 해남화원관광단지('92) 감포감천온천관광단지('93) 평창봉평관광단지('94) 원주월송관광단지('95) 김천온천관광단지('97) 지정	65개 관광지 지정 동부산, 안동문화관광단지 지정('00) 용의무의관광단지 지정('00) 화양관광단지 지정('04) 알펜시아관광단지('05) 등 22개 관광단지 지정
관광 개발 주체	정부차원의 개발	정부의 주도하에 민간개발 참여증가	지방분권 가속화 민간주도 단계적 확대	개발주체의 다원화 (정부, 투자기관, 민간기업, 지역주민 등)

자료: 문화관광부(2007), 관광지 개발사업 평가.

이로 인하여 1990년대 이전 하드웨어 중심의 관광개발은 더 이상 해결책이 아님을 인식하여 지역사회의 편익과 복지를 고려한 프로그램과 타 지역의 차별화된 체험 프로그램 개발 등 소프트웨어 중심의 개발이 확대되었다. 또한 국민들의 관광욕구를 만족시키기 위해 관광지를 개선하고 다양한 관광상품을 개발하기 위한 노력을 시도하였다.

2000년대는 지방자치제도가 정착하여 지역별 자치단체의 역할이 강조되고 있으며, 지역의 경제를 활성화할 수 있는 체류형 관광지, 활동형 관광지, 타 지역과 차별화된 테마형 관광지가 증가하는 추세를 보이고 있다. 지방자치제도의 정착과 함께 지역 균형개발의 성공적 집행을 위해서는 지역 간 협력체계 구성과 지역사회의 자발적 협력이 중요시되고 있다. 이로 인하여 중앙과 지역 간의 네트워크가 중시되고 있으며, 규제 완화와 철폐를 통하여 지역의 균형 있는 개발을 중시하고 있다. 또한 지역 균형개발의 성공적인 집행을 위하여 지역사회의 거버넌스(governance) 활용의 필요성이 강조되며, 지역 경쟁력 강화를 위한 노력이 중시되고 있다. 한편 전 세계적으로 자연과 환경, 생태계 보존 중심의 자연친화적이며 지속가능한 개발에 대한 관심이 증가함에 따라 국민 의식수준이 증대함으로써 국내 관광개발에서도 자연친화적 관광개발이 대두되고 있다.

그러나 이러한 구분과 특징은 다소 논란이 있을 수 있다. 첫 번째로 1980년대를 '본격적 개발 가속화'로 구분하였는데 당시 노태우 대통령 재임기간(1988~1993)은 대선공약사업인 주택 200만 호 건설을 위하여 신규 관광호텔 사업계획 승인은 물론 관광호텔 건축허가도 불허한 시기라는 점을 유의할 필요가 있다. 두 번째는 1990년대 들어 관광지 개발을 하드웨어와 소프트웨어라는 이분법적 구분에 의해 설명하려 함으로써 관광지 본연의 정체성 추구나 어메니티(amenity)로서 관광공간의 물리적 측면을 과소평가하게 되었다.

2) 관광(단)지 지정 및 조성 현황

1967년에 관광사업진흥법을 개정하여 관광지 조성사업의 집행근거를 마련하고, 이를 토대로 1969년 1월 21일에 부산광역시의 태종대 관광지 등 12개소가 최초로 지정된 이래 현재(2010년 3월)까지 총 230개소가 지정되어 있다. 연대별로는 1960년대 7개소(3.0%), 1970년대 26개소(11.3%), 1980년대 64개소(27.8%), 1990년대 68개소(29.6%), 2000년대 65개소(28.3%)가 지정되었다. 이러한 관광지 지정 현황은 관광진흥법이 제정된 1986년 이후에 급증하였음을 알 수 있다. 지역별로는 강원지역이 42개소로 전체의 18.3%, 경상북도 29개소(12.6%), 전라남도 27개소(11.7%) 순으로 지정되어 있다.

〈표 10-5〉 연대별 관광지 지정 현황

구 분	1960년대	1970년대	1980년대	1990년대	2000년대	합 계	비율(%)
부산광역시	1		2		1	4	1.7
인천광역시		2				2	0.9
경 기 도	1	7	3	1	2	14	6.1
강 원 도	1	7	11	15	8	42	18.3
충청북도	2	1	6	7	7	23	10.0
충청남도	2	1	7	10	5	25	10.9
전라북도			4	12	9	25	10.9
전라남도		3	9	5	10	27	11.7
경상북도		1	10	6	12	29	12.6
경상남도		1	9	7	5	22	9.6
제 주 도		3	3	5	6	17	7.4
합 계	7	26	64	68	65	230	100.0
비율(%)	3.0	11.3	27.8	29.6	28.3	100.0	-

자료: 문화체육관광부 홈페이지(2011).

한편, 관광단지는 관광산업의 진흥을 촉진하고 국내외 관광객의 다양한 관광 및 휴양을 위하여 각종 관광시설을 종합적으로 개발하는 관광거점 지역을 말한다. 「관광사업진흥법」에 의하여 1971년 5월 최초로 제주중문관광단지가 지정(교통부 공고 제98호, 1971.5.20) 된 이후 2008년까지 19개소가 지정되었으며, 2009년 제주 서귀포시의 팜파스종합휴양관광단지(1월), 제주 중문색달온천관광단지(2월), 춘천 무릉도원 관광단지(9월), 평택호 관광단지(10월), 울산 강동 관광단지(11월), 용인 에버랜드 관광단지, 경주 마우나오션 관광단지, 여수 경도 해양 관광단지(12월), 2010년 제주 헬스케어타운(1월), 춘천 신앤박(2월)이 추가로 지정되어 2010년 3월 기준 현재 29개의 관광단지가 지정되어 있다.

〈표 10-6〉 관광지 지정 현황

시·도	지정개소	관 광 지 명
부 산	5	태종대, 황령산, 해운대, 용호씨사이드, 기장도예촌
인 천	2	서포리, 마니산
경 기	14(1)	대성, 용문산, 소요산, 신륵사, 산장, 한탄강, 산정호수, 공릉, 수동, 장흥, 백운계곡, 임진각, 내리, **덕포진**
강 원	42	춘천호반, 고씨동굴, 무릉계곡, 망상해수욕장, 화암약수, 고석정, 송지호, 장호해수욕장, 팔봉산, 삼포·문암, 옥계, 맹방해수욕장, 구곡폭포, 속초해수욕장, 주문진해수욕장, 삼척해수욕장, 간현, 연곡해수욕장, 청평사, 초당, 화진포, 오색, 광덕계곡, 홍천온천, 후곡약수, 석현, 등명, 화천온천, 방동약수, 용대, 영월온천, 강릉온천, 어답산, 구문소, 직탕, 아우라지, 유현문화, 석교온천, 동해 추암, 영월 마차탄광촌, 평창 미탄마하 생태, 속초 척산온천
충 북	23(1)	천동, 다리안, 송호, 무극, 장계, 칠금, 충온온천, 능암온천, 교리, 온달, 돈산온천, 수옥정, 능강, 금월봉, 속리산레저, 계산, 괴강, 제천온천, KBS제천촬영장, 만남의광장, 충주호체험, 구병산, **늘머니과일랜드**
충 남	25	대천해수욕장, 구드래, 신정호, 삽교호, 태조산, 예당, 무창포, 덕산온천, 곰나루, 용연저수지, 죽도, 안면도, 아산온천, 마곡온천, 금강하구둑, 마곡사, 칠갑산도림온천, 천안종합휴양, 공주문화, 춘장대해수욕장, 간월도, 난지도, 왜목마을, 남당, 서동요역사
전 북	24(5)	남원, 은파, 사선대, 방화동, 금마, 운일암·반일암, 석정온천, 금강호, 위도, 마이산회봉, 모악산, 내장산리조트, 김제온천, **상송온천**, **지리산남원약수온천**, 웅포, 모항, 보석테마, **용담송풍**, **백제가요정읍사**, 미륵사지, 오수의견, **변산해수욕장**, 벽골제
전 남	27(2)	나주호, 담양호, 장성호, 영산호, 화순온천, 우수영, 땅끝, 성기동, 회동, 녹진, 지리산온천, 도곡온천, 도림사, 대광해수욕장, 율포해수욕장, 대구도요지, 불갑사, 한국차소리문화공원, 마한문화공원, 회산연꽃방죽, 홍길동테마파크, 아리랑마을, **정남진 우산도-장재도**, 신지명사십리, 해신장보고, 운주사, **영암 바둑테마파크**
경 북	29(1)	백암온천, 성류굴, 경산온천, 오전약수, 가산산성, 경천대, 문장대온천, 울릉도, 장사해수욕장, 고래불, 청도온천, 치산, 도산온천, 용암온천, 탑산온천, 문경온천, 순흥, 호미곶, 풍기온천, 예천온천, **용유계곡**, 선바위, 상리, 하회, 다덕약수, 다산, 포리, 풍기 창락, 청송 주왕산
경 남	22(3)	부곡온천, 도남, 당항포, 표충사, 미숭산, 마금산온천, 수승대, 오목내, 합천호, 합천보조댐, 중산, 금서, 가조, 농월정, 송정, 벽계, 장목, 실안, 산청전통한방휴양, **사등**, **하동 묵계(청학동)**, **사천 비토**
제 주	17	돈내코, 용머리, 김녕해수욕장, 함덕해안, 협재해안, 제주남원, 봉개휴양림, 토산, 묘산봉, 미천굴, 오라, 수망, 표선, 세화·송당온천, 금악, 제주돌문화공원, 곽지
합 계	230(13)	

주: 진한 글씨는 조성계획 미수립 관광지.
자료: 문화체육관광부 홈페이지(2011).

〈표 10-7〉 연대별 관광단지 조성 현황

구 분	1970년대	1980년대	1990년대	2000년대	2010년대	합계	비율(%)
부산광역시				1		1	3.4
인천광역시				2		2	6.9
광주광역시				1		1	3.4
울산광역시				1		1	3.4
경 기 도				2		2	6.9
강 원 도			2	5	1	8	27.6
경상북도	1		2	2		5	17.2
전라남도			1	2		3	10.3
제 주 도	1			4	1	6	20.7
합 계	2	0	5	20	2	29	100.0
비율(%)	6.9	0.0	17.2	69.0	6.9	100.0	-

자료: 문화체육관광부 홈페이지(2011).

지역별로는 강원지역에 관광단지가 8개소(27.6%)로 가장 많이 지정되어 있고, 제주도 6개소(20.7%), 경상북도 5개소(17.2%) 순으로 지정되었다. 연대별로는 2000년대 들어서 전체 관광단지 중 69.0%에 해당하는 20개소가 집중적으로 지정되었고, 1990년대 5개소(17.2%), 1970년대와 2010년대에 각 2개소(6.9%) 순이었으며, 1980년대에 지정된 관광단지는 없다. 민간개발자가 관광단지 개발 참여가 가능하도록 관광진흥법이 개정(2002년 1월)된 이후 관광단지 지정이 크게 증가하였음을 알 수 있다.

한편, 2002년 1월 26일에 개정된 관광진흥법은 관광단지 조성·개발 활성화를 위해 관광단지를 「사회간접자본시설에대한민간투자법」상 사회간접자본시설로 규정하여 민간자본을 적극 유치케 하고 있으며, 취·등록세 및 농지보전부담금, 대체산림조성비(준보전산지) 및 대체초지조성비 등에 대한 각종 세제 및 부담금의 감면 혜택을 주고 있는데, 세제지원이 점차 축소되는 경향이 있다.

또한 관광단지 지정을 위한 면적기준을 100만 제곱미터에서 50만 제곱미터로, 관광단지 설치시설 기준을 4종에서 3종으로 완화(공공편의시설, 숙박시설, 운동·오락시설, 휴양·문화시설에서 공공편의시설, 숙박시설, 운동·오락시설 또는 휴양·문화시설)하였고, 민간개발자가 관광단지를 개발할 경우 또는 사업시행자로부터 허가를 받아 관광지 조성사업을 추진할 시 지방자치단체장과의 협약을 통해 지원이 필요하다고 인정하는 공공시설에 대해 보조금을 지원할 수 있도록 하였으며, 관광단지 내 전기시설을 설치하는 경우 설치비용은 전기를 공급하는 자가 부담하는 등(지중 매설의 경우 전기 공급자와 지중 요청자가 50 : 50의 비율로 부담) 관광단지 활성화를 위한 제도개선을 추진했다(문화체육관광부, 2010).

관광단지 조성 현황과 관련하여 일반적으로 경주보문관광단지를 우리나라 최초의 관광단지로 알고 있다는 점에서 이의 지정(1979년 7월) 및 조성계획 승인일(2008년 3월)에 대하여는 추가적인 설명이 필요하다. 경북관광개발공사 및 기타 자료에 의하면 경주보문관광단지의 조성은 1971년 8월에 정부의 경주종합개발계획사업의 일환으로 종합휴양지 조성을 목적으로 계획을 수립하여 1972년 2월 2일에 유원지로 결정(건설부고시 제31호)하고, 1973년 5월 24일에 도시계획법에 의한 도시계획사업 실시계획이 인가되고(경상북도지사), 1974년 1월에 정부와 세계은행(IBRD) 간 차관협정을 체결(1,282만 불)한 후 1975년 4월 4일에 관광단지 지정(관광단지개발촉진법) 및 공사에 착수하였으며, 1979년 4월에 아시아태평양관광협회(PATA) 총회에 맞추어 1단계 부분을 개장한 것으로 알려지고 있다. 또한 1979년 7월 2일에 관광단지 지정 변경(면적 10.3㎢) 및 다음 날인 7월 3일에는 국민관광지로 지정(경상북도 공고 제98호)되었고, 1987년 9월 9일에 관광진흥법에 의해 관광단지 조성계획이 승인(교통부 국관33410-8987호)된 것으로 알려지고 있다. 따라서 문화체육관광부 자료의 경주보문관광단지의 지정 및 조성계획 승인일이 위의 설명과 다른 것은 당초에는 법률적으로 도시계획사업에 의해 시작하였고 관광단지개발촉진법이 관광진흥법으로 통폐합되면서 혼란이 있기 때문으로 판단된다.

한편, 제주 중문관광단지는 1971년 5월 20일에 관광단지로 지정(교통부 공고 제98호)되고, 1973년 2월에 청와대 개발기획단에 의해 제주도 관광종합개발계획이 수립되었으며, 1974년 12월 한국관광공사에 의해 중문지구 관광종합개발 기본계획이 수립되고, 1978년 6월 교통부에 의해 중문관광단지 종합개발계획이 승인되고, 1978년 7월부터 토지매입 및 단지조성공사에 착수하여 현재에 이르고 있다.

따라서 우리나라 실제적인 관광단지 개발(법률적으로는 도시계획법의 유원지) 및 이용은 경주보문관광단지가 최초이지만 관련 법률에 의한 공식적인 관광단지 지정은 제주중문관광단지가 최초로 보는 것이 타당할 것이다.

〈표 10-8〉 관광단지 조성 현황

관광단지명 (지정/조성계획)	위 치	사업 기간	규 모 (㎢)	사업비 (억 원)	개발주체	주요 도입시설
중 문 ('71.05/'78.06)	제주도 서귀포시 중문동, 색달동 일원	1978~2010	3.562	18,137	한국관광공사	관광호텔, 콘도, 골프장, 해양수족관, 식물원, 상가, 야외공연장, 놀이시설 등
보 문 ('79.07/'08.03)	경북 경주시 신평동, 천군동 일원	1973~2010	8.006	9,709	경북관광개발공사	관광호텔, 콘도, 골프장, 신라촌, 상가, 놀이시설, 청소년수련시설 등
해남 화원 ('92.10/'94.06)	전남 해남군 화원면 주광리, 화봉리 일원	1991~2011	5.084	10,631	한국관광공사	관광호텔, 콘도, 골프장, 마리나, 해수욕장, 해양문화센타, 휴양병원 등
감 포 ('93.12/'05.12)	경북 경주시 감포읍 대본리, 나정리 일원	1997~2015	3.975	8,500	경북관광개발공사	관광호텔, 콘도, 골프장, 오션랜드, 레포츠랜드, 노인휴양촌, 청소년수련시설, 수목원 등
원주 오크밸리 ('95.03/'96.01)	강원도 원주시 지정면 월송리 일원	1995~2013	11.300	11,525	한솔개발주식회사	관광호텔, 콘도, 골프장, 스키장, 미술관, 청소년수련시설, 생태관광지 등
김천 온천 ('96.03/'97.12)	경북 김천시 부항면 파천리 일원	1997~2011	1.424	5,357	주식회사 우촌개발	관광호텔, 콘도, 온천장, 스포츠센타, 승마장, 노인휴양촌, 연수원 등
휘닉스파크 ('98.10/'99.3)	강원도 평창군 봉평면 면온리, 무이리 일원	1994~2016	3.995	9,514	(주)보광	관광호텔, 콘도, 골프장, 스키장, 체육관, 빙상장, 상가 등
용유・무의 ('00.02/수립 중)	인천시 중구 을왕동, 덕교동, 무의동 일원	2003~2020	21.650	800,000	인천경제자유구역청	관광호텔, 콘도, 골프장, 마리나, 카지노, 상가 등
평창 용평 ('01.02/'04.03)	강원도 평창군 도암면 용산리, 수하리 일원	1986~2015	16.367	14,385	(주)용평리조트	관광호텔, 콘도, 골프장, 스키장, 빙상장, 워터파크, 테마파크 등
화양 ('03.10/'06.05)	전남 여수시 화양면 장수리, 화동리 일원	2004~2015	9.989	15,031	주식회사 일상	호텔, 스포츠타운, 골프장, 테마파크, 화훼원, 오션파크
안동문화 ('03.12/'05.04)	경북 안동시 성곡・석동동 일원	2000~2015	1.662	3,989	경북관광개발공사	호텔, 콘도, 공예촌, 골프장, 놀이공원 등
동부산 ('05.03/'06.03)	부산광역시 기장군 기장읍 시랑리 일원	2000~2011	3.638	8,812	부산도시공사	호텔, 콘도, 복합상가, 골프장, 테마파크, 녹지시설 등
횡성 두원 ('05.06/수립 중)	강원도 횡성군 둔내면 두원리, 우용리 일원	1992~2011	4.251	5,008	현대시멘트(주)	콘도, 호텔, 골프장, 스키장, 식물원, 공연시설 등
알펜시아 ('05.09/'06.04)	강원도 평창군 도암면 수하리, 용산리 일원	2004~2008	4.930	13,538	강원도 개발공사	호텔, 콘도, 엔터테인파크, 골프장, 스포츠파브, 워터파크, 컨퍼런스센터, 동계스포츠지구 등
광주 어등산 ('06.01/'07.04)	광주광역시 광산구 운수동 어등산 일원	2005~2015	2.732	3,400	광주광역시 도시공사	빛과예술센터, 테마파크, 골프장, 관광호텔, 콘도미니엄 등

관광단지명 (지정/조성계획)	위 치	사업 기간	규 모 (㎢)	사업비 (억 원)	개발주체	주요 도입시설
성산포 해양관광단지 ('06.01/'06.01)	제주도 서귀포시 성산읍 고성리 일원	2006~2011	0.653	3,870	(주)보광제주	호텔, 콘도미니엄, 전시관, 웰컴센터, 해중전망대, 해양구제공원, 해수스파랜드, 엔터테인먼트센터 등
신화역사공원 ('06.12/'06.12)	제주도 서귀포시 안덕면 서광리 일원	2006~2014	4.043	15,945	제주국제자유도시개발센터	테마호텔, 비즈니스호텔, 타임스퀘어, 원형극장, 테마파크, 승마장 등
송 도 ('08.03/수립 예정)	인천시 연수구 동춘동, 옥련동, 학익동 일원	2008~	2.113	미정	인천관광공사+지주SPC	미정
홍천비발디파크 ('08.11/수립 예정)	강원도 홍천군 서면 팔봉리, 대곡리 일원	1990~2011	5.468	11,300	(주)대명레저산업	콘도미니엄, 관광호텔, 스키장, 골프장, 정구장, 다목적운동장, 양궁장, 호수공원, 유원시설
팜파스종합휴양 ('09.01/'09.01)	제주도 서귀포시 표선면 3196-2번지 일원	2008~2018	3.000	8,775	(주)남영산업	관광호텔, 가족호텔, 휴양콘도미니엄, 테마스트리트몰, 웰빙테마랜드, 승마클럽, 스파랜드 등
중문색달온천 ('09.02/'09.02)	제주도 서귀포시 색달동 320번지 일원	2009~2012	1.093	2,324	(주)21세기컨설팅	관광호텔, 가족호텔, 세계온천문화휴양촌, 노인휴양촌, 한방병원 등
무릉도원 ('09.09/'09.09)	강원도 춘천시 동산면 조양리, 홍천군 북방면 전치곡리 일원	2009~2014	4.985	5,985	(주)에이엠엘앤디	한옥호텔, 세계풍물거리, 힐링&클리닉센터, 명품아울렛, 생태공원 등
평택호 ('09.10/수립 예정)	경기도 평택시 현덕면 권관리, 기산리, 대안리, 신왕리 일원	1982~2015	2.743	6,663	미정	수족관, 워터월드, 농악마을, 평택호예술관, 수상레포츠센터, 가족호텔, 승마장, 골프장, 선착장 등
강동 ('09.11/수립 예정)	울산 북구 산하동, 무룡동, 정자동 일원	2007~2012	1.358	26,000	미정	워터파크, 타워콘도, 스키돔, 테마파크 등
에버랜드 ('09.12/수립 예정)	경기도 용인시 처인구 포곡읍 전대리, 유운리 일원	2009~2014	6.461	11,344	삼성에버랜드(주)	테마파크, 워터파크, 모터파크, 박물관, 미술관, 동물원, 숙박시설, 골프연습장, 스키장 등
마우나오션 ('09.12/'09.12)	경북 경주시 양남면 신대리 산140-1번지 일원	1994~2011	3.919	6,379	마우나오션개발	골프장, 수영장, 썰매장, 화훼공원, 노인휴양소 등
여수경도 해양 ('09.12/'09.12)	전남 여수시 경호동 대경도 1번지	2009~2016	2.143	3,913	전남개발공사	마리나, 골프장, 골프빌라, 씨푸드센터, 호텔 등
제주헬스케어타운 ('10.01/'10.01)	제주도 서귀포시 동홍동 2032번지 일원	2010~2015	1.539	7,845	제주국제자유도시개발센터	헬스케어센터, 전문병원, 명상원, 힐링가든 등
신앤박 ('10.2/수립 예정)	강원도 춘천시 동산면 군자리 산224번지 일원	2010~2013	1.645	3,400	신앤박종합개발(주)	골프장, 스키장, 콘도, 커뮤니티센터 등
합 계						29개소

자료: 문화체육관광부 홈페이지(2011).

제3절 관광(단)지의 문제점과 미래 대응

1. 관광(단)지의 조성 및 운영

1) 관광지 지정 목적 및 조성기준 제시

현재 「관광진흥법」에 의거한 관광지 지정 및 조성계획은 명확한 목적과 지정 기준이 제시되지 못하고 있다. 대표적으로 관광지의 지역범위 설정 및 지정요인에 관한 명확한 규정이 없어 지방자치단체의 정책적 판단에 의해 관광지가 지정되는 실정이다. 관광지 지정은 지역의 특성을 살린 관광지 개발을 위해 1994년 6월 30일자로 관광지 지정 및 조성계획에 관한 승인 권한을 시·도지사에게 위임하였다. 그러나 대다수 관광지들이 지역의 특성을 살리는 독창적 개발이 아니라 정책적 판단에 따른 전시적·모방적 개발이 이루어지고 있다. 특히, 관광지의 주요 시설인 숙박시설, 상가, 공공 및 기타 시설 등은 타 관광지와 차별화를 시도하지 못하고 유사한 형태의 개발로 인해 사업성·수익성이 떨어지고 있다. 이러한 문제점은 관광지 조성계획에서도 동일하게 나타나고 있다. 기존의 관광지 조성계획은 공공에서 주도적으로 계획을 수립하고 사업에 대한 투자 및 추진은 민간의 참여를 유도하는 구조를 가지고 있다. 그러나 공공에서 주도적으로 수립된 조성계획은 비현실적인 측면이 많아 실제 계획 추진 시 계획이 변경되거나 축소되는 경향이 있으며, 민간사업자들은 사업성과 수익성의 문제로 투자를 기피하는 경향이 있다.

이러한 문제점은 관광지 지정 목적을 명확히 인식할 수 있도록 관광지의 법적 개념을 명확히 해야 할 필요가 있다. 관광지 지정 및 조성에 대한 구체적인 편람을 제정하고 관광지 지정 목적을 구체화하여 명시할 필요가 있다. 관광지 지정 신청 시 관광지 개발성격 규정, 예비타당성 조사, 명확한 관광지 지역 범위 등을 명시하도록 함으로써 관광지가 토지개발의 수단으로 이용되는 것을 방지하고 무분별한 관광지 지정 추진 제한, 기 지정된 관광지 일정 요건 심사 강화를 통한 개발사업에 대하여 제한할 필요가 있다.

2) 효율적인 관광지 관리체계 구축

「관광진흥법」 제2조제6항에 따르면 '관광지'란 자연적 또는 문화적 관광자원을 갖추고 관광객을 위한 기본적인 편의시설을 설치하는 지역으로 정의하고 있다. 이는 관광지 지정을 통하여 대규모 시설개발을 추진하는 것이 아닌 최소한의 편의시설 구축을 통하여 지속적인 관리에 중점을 둔 것으로 볼 수 있다. 그러나 최근 각 지방자치단체에서는 관광지 개발을 적극적으로 추진하면서 본래의 목적과 취지를 변질시키고 있다. 전국을 대표하는 관광지, 국제적 수준의 관광지, 거점형 관광지 등 개발의 규모를 지나치게 크게 설정하여 대부분의 관광지들이 조성기간의 장기화 및 지연을 야기하고 있다.

이러한 문제점은 새로운 관광지 개발 시 대규모 시설 개발을 추진하기보다는 기존 관광지의 재개발 및 활성화, 독특한 매력이나 프로그램 개발에 주안점을 두어 해결해야 할 필요가 있다. 관광지 지정 및 조성계획 초기단계에서 다양한 전문가로부터 자문 및 컨설팅을 받도록 하고, 지역특성을 반영한 관광지 조성이 이루어지도록 관광지 계획가, 담당 행정관, 투자자 등을 위한 매뉴얼 및 가이드라인 등을 보급하며, 교육을 추진하는 것이 필요하다.

그리고 관광지 지정 및 조성계획의 수립 시 효율적인 운영 및 관리가 이루어지지 않는 문제점을 보완하기 위해서는 관광지 업무 전담자 지정제도를 도입할 필요가 있다. 관광지 개발업무는 일반행정, 건축, 토목, 조경, 관광투자, 마케팅 등 다양한 전문적 지식이 요구되는 분야임에도 불구하고 한 연구에 의하면 지방자치단체의 관광행정 담당자의 경우 관광 관련 전공자는 4.6%에 불과하고, 2년 미만의 관광분야 근무경력이 56.4%에 이르고 있다(안상근·여정태·고동완, 2010, p. 19). 이로 인해 관광지 지정에서 기반시설 조성까지 최소 3년에서 5년 이상이 소요되는 업무에 전문성 및 연계성을 확보하지 못하고 있다. 따라서 관광지 업무 전담자를 지정하여 최소한 3년 이상 업무를 담당하도록 하며, 지속적인 교육이수를 통하여 관광지 개발에 대한 전문적 지식을 가지고 수행하도록 해야 한다. 근원적으로는 지방공무원 직제에 관광직렬을 신설하여 관광행정의 전문성을 확보하는 것이 바람직하다.

3) 관광(단)지 개발 재원 조달

우리나라는 매년 평균 15개의 새로운 관광지가 지정되고 있으나 현재 관광지로 지정된 후 개발이 부진하거나 중지된 상태에서 방치된 관광지가 많아 해당지역과의 여러 가지 문제 외에 자원의 효율적 이용차원에서 문제가 되고 있다. 특히, 관광지 지정 및 승인 권한이 지자체로 이양된 1994년 이후의 관광지 지정의 전체 지정 관광지의 40%에 이르고 있다. 또한, 공공투자 시설의 경우 노후화되고 있으나 이에 대한 재정비가 미흡한 실정이며, 민간투자계획 시설의 개발 또한 지연되고 있어 관광지의 활성화가 이루어지지 않고 있는 실정이다. 관광지 개발과정을 분석한 논문에 의하면 2006년 말을 기준으로 지정된 234개의 관광지 중 완공된 것은 16개(6.8%)에 불과하고, 추진 중인 것은 172개(73.5%)로 나머지 46개(19.7%)는 미승인 또는 착공 전이고, 관광지 지정에서 완공까지는 16.8년이 걸리는 것으로 나타났다(김현정 · 고동완, 2008, p. 89).

이러한 상황에서 지방자치단체의 적극적인 관광지 조성사업 추진을 위해서는 실질적인 재원 조달이 될 수 있는 지역개발기금 등을 활용하여 자체적인 재원을 확충해 나가야 하므로 이에 대한 검토가 필요하다. 그리고 국고 지원의 효과성을 극대화하고 보조금에 대한 효율적인 운영을 위하여 기존 하드웨어 위주의 지원에서 프로그램 개발 및 운영, 인력 교육 등과 같은 소프트웨어 사업에도 사용할 필요가 있다. 보조금 지원 효과를 극대화하기 위해서는 관광지 평가를 통하여 매년 보조금의 증액 또는 삭감과 같은 차별적 지원을 추진할 필요가 있다.

2. 주민참여와 관광지 재생

1) 지속적인 지역주민의 참여 확대

각 지방자치단체에서 관광지 조성을 추진하고자 할 때, 가장 중요시되는 부분 중 하나는 개발 투자비의 재원 조달이다. 중 · 소규모의 지방자치단체에서는 독자적인 관광지 개발 · 운영이 불가능하기 때문에 관광지 조성 시 외부 자본의 유치를 시도하는 경우가 많다. 그러나 일반적으로 외부 자본을 유치하여 관광지를 조성할 경우 관광지로 인하여 발생하는 수익이 지역 내에서 순환하는 긍정적인 구조보다는 지역 외로 유출되는 부정적인 구조가 더 많다는 것은 널리 알려져 있다. 즉 관광지 조성을 통해 발생하는 수익이 지역주민에게 돌아가지 않고 거대 자본에 종속되는 실정이다. 이로 인하여 관광지 개발에 대한 지역주민의 태도는 부정적이고 개발 자체를 반대하는 경향을 보이고 있다. 또한, 관광지 운영 및 관리에 있어서도 해당 지자체 또는 개발업체가 자체적으로 관리운영 인력을 구성하고 있어 지역주민들의 실질적인 참여는 이루어지지 않고 있다.

이와 같은 문제는 관광지 개발을 추진하는 해당 지방자치단체의 적극적인 개입이 필요하다. 해당 지방자치단체의 예산 부족으로 인하여 외부 자본을 유입하여 관광지를 개발할 경우 외부 자본의 독자적인 투자를 지양하고 지역 자본과 결합한 투자를 유도하거나 의무화할 필요가 있다. 관광지 개발 시 발생하는 다양한 인력풀은 시행사인 해당 개발업체에 일임하지 않고 일정 비율 이상은 지역의 인력을 이용하도록 하는 조건을 제시할 필요가 있다. 또한 관광지 조성 후 운영 및 관리에 있어서도 전체 고용인력 중 일정 비율 이상은 지역 출신의 인력을 이용하도록 조건을 제시하고 사업자 선정 시 중요 사항으로 검토할 필요가 있다. 관광지 개발에 대한 지역주민의 태도는 지속적인 홍보와 교육을 통하여 개선할 필요가 있다. 관광지 개발의 이익이 지역사회로 환원된다는 인식을 가질 수 있도록 지속적인 홍보가 필요하며, 관광지 개발로 인하여 창출되는 고용과 관련한 직업교육을 실시하여 지역인력이 고용될 수 있도록 지원할 필요가 있다. 특히 관광지 조성 후 발생하는 직종에 고용할 수 있는 지역 인력 부족은 해당 지자체에서 가장 먼저 검토해야 할 사항이다. 지역 출신의 우수한 인력을 육성하여 공급하는 동시에 직업교육을 통하여 지역주민의 개발에 대한 인식변화를 시도할 필요가 있다.

2) 노후화된 관광지의 재생

1963년 3월 관광사업진흥법 제47조에서 관광지 지정 제도를 도입한 이래로 1980년대까지 지정된 관광지와 관광단지는 총 99개로 현재까지 지정된 259개의 38.2%에 이른다. 물론 조성 시기의 편차는 있을 수 있지만 이들 관광(단)지는 관광지 지정 후 30년이 경과한 것으로 일부 관광지는 낡은 시설과 시대에 뒤떨어지는 매력 및 공간적 구성을 가지고 있다.

관광지는 관광활동을 담아내는 공간이면서 관광객에 의해 소비되는 상품이라는 점에서 30년 이상의 시간 간격은 관광객을 소구하는 데 근본적인 한계가 될 수 있으며, 구조적으로 위험한 시설은 이용 안전의 문제까지도 내포할 수 있다. 따라서 관광지의 신규 지정 및 조성도 중요하지만 이러한 쇠퇴 및 노후화된 관광지의 재생 또는 재개발 또한 중요한 과제 중의 하나이며, 이는 리노베이션(renovation)과 리포지셔닝(repositioning)을 포함한다. 근본적으로 관광지 재생과 재개발은 물리적 이유와 시장의 이유에 기인하므로 관광지 재생과 재개발은 선택이 아니라 당위의 문제이다. 또한 도시 재생이나 재개발에서 보듯이 재산권 내지는 영업권이 얽혀 있다는 점에서 관광지의 재생 또는 재개발이 신규 관광지의 개발보다 더 복잡하고 어려울 수 있다. 어쨌든 시설의 물리적 이유와 관광객이라는 시장의 이유로 관광지의 재생과 재개발은 당면한 과제이다.

참고문헌

김현정 · 고동완(2008). 비시장실패 이론에 의한 공공주도형 관광지 개발의 실패 과정 분석. 『국토연구』. 59: 79-101.

문화관광부(2003). 『관광지 개발사업에 대한 평가연구』.

문화관광부(2005). 『관광지 리모델링 활성화 전략』.

문화관광부(2007). 『관광지 개발사업 평가』.

문화체육관광부(2010). 『2009년 기준 관광동향에 관한 연차보고서』.

박석희(1995). 『신관광자원론』. 일신사, p. 72.

안상근 · 여정태 · 고동완(2010). 지방 관광담당 공무원의 전문성 강화를 위한 관광직제 개발. 『관광학연구』. 34(5): 11-32.

한국관광연구원(2001). 『관광지 평가체계 개발 및 운영방안』.

한국문화관광연구원(2009). 『관광(단) 조성사업 활성화를 위한 주거시설 도입 방안』.

한국문화관광연구원(2010). 『관광(단)지 도입시설 개선 방안』.

한국문화관광연구원(2010). 『관광지 제도 개선 방향 연구』.

Buhalis, D.(2000). Marketing the competitive destination of future. *Tourism Management*. 21(1): 97-116.

Cooper, C., Fletcher, J., Gilbert, D., Shrphard, R., & Wanhill, S.(1998). *Tourism: Principles and Practice*(2nd eds.). Harlow: Longman.

Gunn, C.A., & Var, T.(2002). *Tourism Planning: Basics, Concepts, Cases*. New York and London: Routledge.

Hall, T.(2000). *Urban Geography*. Routledge, pp. 110-111.

Leiper, N.(1995). *Tourism Management*. Collingwood: RMIT Press.

〈본문의 내용은 다음 논문에 기초하여 서술되었음: 『관광학연구』 제35권 제10호(통권 96호), 고동완 · 권인택(2011)/ 관광(단)지 제도 및 개발의 역사와 미래 대응, pp. 435-450〉

■ 저자약력

고동완(高東完) 경기대학교 관광개발학과 교수

저자는 성균관대학교 조경학과에서 지역관광개발, 관광지계획설계 분야를 수학하고 박사학위를 취득했으며, 조경기술사로 현업에서 활동하였다. 한국관광학회에서 관광직제추진위원장(부회장)을 맡고 있으며, 역서 『포스트모던 관광의 이해와 연구』(2008), 『관광개발론』(2006) 등과 논문 "Community Behavior and Sustainable Rural Tourism Development"(2011), 「사회적 자본 구축을 위한 지속가능한 농촌관광개발 모형」(2010) 등 다수의 학술적 성과를 발표하고 있고 후진양성과 학회의 발전을 위해 힘쓰고 있다.

제11장 관광교육기관의 역사

최 규 환*

제1절 관광교육기관의 개요

1. 관광교육기관의 정의와 의의

1) 관광교육기관의 정의

관광교육기관에 대한 정의를 내리기 위해서는 먼저 관광교육기관의 목적이나 역할 등에 대하여 알아볼 필요가 있다.[1] 우리나라 교육기본법 제2조 교육이념을 보면 "교육은 홍익인간(弘益人間)의 이념 아래 모든 국민으로 하여금 인격을 도야하고 자주적 생활능력과 민주시민으로서 필요한 자질을 갖추게 함으로써 인간다운 삶을 영위하게 하고 민주국가의 발전과 인류공영의 이상을 실현하는 데에 이바지하게 함을 목적으로 한다"라고 명시하고 있다.[2] 우리나라 최초의 건국이념인 홍익인간에서 출발하여 국민들로 하여금 인간다운 삶을 영위하기 위한 기본 자질을 갖추게 하고 결국 이러한 교육의 결과가 인류공생 및 발전에 환류되게 하는 개인, 국가, 인류의 삼원일체사상이 기본적인 이념임을 알 수 있다. 교육기본법에서는 이러한 교육이념을 실천하기 위한 수행기관으로서 교육기관을 별도로 규정하고 있는데 여기에는 유아교육·초등교육·중등교육 및 고등교육 등이 포함된다.[3] 이들 교육기관 중 대학교육의 목적을 살펴보면, "대학은 인격을 도야하

* 동아대학교 관광경영학과 교수(현 한국관광학회 이사)
e-mail: kwchoi@dau.ac.kr

고 국가와 인류사회의 발전에 필요한 학술의 심오한 이론과 그 응용방법을 교수・연구하며 국가와 인류사회에 공헌함을 목적으로 한다"라고 되어 있다.[4)]

고등교육법에 명시되어 있는 대학교육기관의 목적을 관광과 연계하여 생각해 보면 관광교육기관의 목적에 대하여 다음과 같이 몇 가지를 유추해 낼 수 있다. 첫째, 관광학의 개념적인 틀과 연구방법론을 개발하고 이론체계의 정립 및 지식의 심화를 통하여 관광학이라는 학문의 정체성을 확립한다. 둘째, 관광에 대한 전문지식과 이론, 실무 능력 등을 갖추고 또한 하나의 완성된 인격체를 형성함으로써 향후 관광분야 및 국가 발전에 이바지할 수 있는 전문인력을 양성한다. 셋째, 관광교류 및 저변확대를 위해 노력하여 인간의 삶의 질을 제고하고 사회복지를 실현함으로써 궁극적으로는 인류 공영 및 평화 유지에 공헌하도록 한다.

따라서 위에서 제시한 관광교육기관의 목적이나 역할 등을 고려해 볼 때, 관광교육기관을 "관광학에 대한 이론 및 연구방법론을 정립하고 궁극적으로는 관광산업 및 국가발전에 이바지할 수 있는 전문인력을 양성하는 주체"로 정의할 수 있을 것이다.

2) 관광교육기관의 역할 및 의의

최근 들어 관광산업이 대표적인 유망산업으로 성장함에 따라 많은 대학에서 앞 다투어 관광 관련 학과를 개설하고 있는 실정이다. 대중관광의 보급과 관광교육의 중요성에 영향을 받아 관광교육기관의 수가 양적으로 증가하고 있는 이때, 관광교육기관의 역할 및 의의에 대하여 알아보면 다음과 같다.[5)]

먼저 사회적 측면에서 관광은 국민생활 및 복지향상에 크게 기여한다고 할 수 있다. 관광에 의한 여가의 건전한 이용은 국민의 복리후생과 밀접한 관계를 가지고 있다. 또한 앞으로 찾아올 초고령화 사회에 있어서 고령자들이 삶의 보람, 정신적인 풍족감 등을 느끼며 살 수 있도록 여건조성에 관한 관광사업의 역할이 요구되고 있다. 따라서 이러한 관광의 사회적 측면에서의 중요성으로 볼 때, 관광교육기관의 사회적 역할 역시 중요시되는 것이다. 경제적인 측면에서는 관광의 경제활성화에 주목할 필요가 있다. 관광사업을 적극적으로 추진함으로써 투자, 고용, 생산, 소비 등에 의한 지역경제에 미치는 효과는 실로 크다고 하겠다. 개발도상국은 물론 선진국까지 관광산업을 국가 전략산업으로 지정하고 적극적인 지원 및 육성에 나서고 있어 관광교육기관의 경제적 역할이 중시되는 대목이다.

문화적 측면에서는 국가 및 국민의 정체성 확립의 역할을 들 수 있다. 많은 관광객들은 다른 국가나 지역의 문화탐구 및 교류증진을 중요한 관광동기로 꼽고 있다. 역으로 말하자면 해당 국가나 지역에서는 자기 고유 및 전통문화에 대한 자긍심과 애정을 갖게 하고 그것을 보존해 나가야 한다는 의식 함양의 기회로 작용하게 되어 관광교육기관의 문화적 측면에서의 역할이 중요한 것이다. 또한 국제적인 측면에서 관광은 국제친선 즉 지역을 초월한 상호이해 증진의 역할을 한다. 국경을 초월한 지속적인 관광왕래는 상호이해 및 국제평화 유지에 매우 중요하며 특히 관광객들의 의견을 조사・수렴하여 지역의 관광정책에 적극적으로 반영한다는 측면에서 볼 때, 이러한 관광교육기관의 역할은 국가 및 지역 상호이해 증진에 크게 이바지하게 되는 것이다.

마지막으로 생태적 측면에서 관광교육기관의 역할 역시 중요한데 이는 특히 최근 들어 중요한 역할로 인식되기 시작했다. 그 배경에는 관광의 경제적 측면을 너무 중시한 나머지, 대규모 개발과 관광객의 대량유입에 따른 자연환경의 파괴, 역사・문화적 유산의 파괴 및 변용 등 여러 가지 악영향이 발생하자 이러한 병폐 및 폐해를 막기 위한 '관광의 새로운 모습'으로서의 지속가능한 관광이 대두되기 시작하였던 것이다. 생태관광, 농촌관광, 그린투어리즘 등이 지속가능한 관광을 실현하는 대표적인 관광형태라 할 수 있다. 따라서 교육현장에서 자연환경이나 역사문화적 유산의 보전 및 관리의 중요성을 각인시키는 생태적 측면에서의 관광교육기관의 역할이 중차대하다고 하겠다.

2. 관광교육기관의 종류와 현황

일반적으로 관광교육은 우리나라 교육기본법과 고등교육법에 의해 설립된 정규 교육기관에서 담당하고 있다. 고등교육법 제2조(학교의 종류)에 의하면 고등교육을 실시하기 위한 교육기관으로서 모두 7가지의 학교 유형을 두는 것으로 되어 있다. 7개의 학교 유형은 대학, 산업대학, 교육대학, 전문대학, 방송통신대학 및 사이버대학, 기술대학, 각종 학교 등을 말한다. 관광분야에서는 7개의 학교 유형 중 대학, 산업대학, 전문대학, 방송통신대학 및 사이버대학 등에 관광 관련 정규 학위과정을 개설하고 있다.

주요 관광교육기관의 현황을 제시하면 〈표 11-1〉과 같다. 문화체육관광부(2010)의 보고서[6]에 따르면 현재 4년제 대학에서 관광과 관련한 학과를 개설한 대학은 모두 100여 개에 달하고 이들 관광교육기관에서 매년 배출하는 졸업생수는 8천여 명을 넘어서고 있다고 한다. 상기 통계 결과에는 4년제 대학만을 대상으로 하고 있어 전문대학까지 포함하면

〈표 11-1〉 관광교육기관 현황(4년제 대학)

(단위: 개, 명)

구 분	대 학 수	정 원	졸 업 생 수
대학교	89	9,718	6,436
방송통신대학	1	2,000	340
산업대학	12	770	1,459
원격대학	2	130	43
사이버대학	4	940	526
계	108	13,558	8,804

주: 문화체육관광부(2010), 2009 관광동향에 관한 연차보고서, p. 43.

230여 개에 졸업생수는 3만 명에 달하게 된다. 관광교육기관의 수치만으로도 관광에 대한 관심이나 기대를 가히 짐작하고도 남음이 있다.

특히 최근에는 관광이라는 것이 하나의 사회현상으로 인식되어 다른 학문과 상호 결합되어 접근하고자 하는 현상이 두드러지고 있다. 이러한 추세는 외국어를 비롯하여 경영, 사회, 경제, 심리, 문화, 환경, 에너지 등 다학제적인 접근방법의 연구방법상의 특징을 도출하였고 현실적으로는 이들 다양한 학문영역에 관광과 결합한 학과명칭 등이 등장하면서 관광교육기관의 양적인 증가 역시 당분간 지속될 것으로 기대되고 있다.

제2절 관광교육기관의 등장배경 및 현황

1. 관광교육기관의 등장배경

먼저 관광교육기관의 등장배경으로 대중관광의 출현을 들 수 있다. 제2차 세계대전 이후 등장하기 시작한 대중관광은 대형항공기의 출현, 국민소득의 증가, 각종 매스컴의 발달 등에 힘입어 전 세계적으로 확산되었고 자연히 일반인들이 관광에 참여하는 기회가 늘어나게 되었다. 다음으로 관광객 수요에 대한 대응이다. 대중관광의 확산 및 보급은 자연히 관광객의 증가를 가져오게 하였다. 이에 따라 급증하는 관광객 수요에 효율적으로 대응하기 위한 인재육성이 강조되면서 관광교육기관이 설립되기 시작하였다. 초창기

관광교육은 현장에서 관광객을 직접 환대하고 대응하기 위한 실무교육을 중심으로 이루어졌으나 관광에 대한 전반적인 지식을 습득하기 위한 이론교육이 점차 중시되면서 궁극적으로는 이론과 실무를 겸비한 전문인으로서의 인재를 육성하는 것이 관광교육기관의 교육목표로 자리매김하게 되었다.[7)]

우리나라의 경우, 1964년 경기대학교에 4년제 대학으로는 처음으로 관광 관련 학과가 개설된 이래 현재 100여 개에 달하는 관광교육기관에서 정규 학위과정으로서의 관광교육을 실시하고 있다. 당시 우리나라는 정책적으로 관광개발에 많은 노력을 기울이고 있었다. 이는 5.16군사정변을 계기로 정권을 잡은 군사정부의 대외적 이미지 제고와 정통성 부여의 차원에서 경제개발계획에 관광정책을 도입하였기 때문이다. 자립기반 구축을 위해 외화획득을 최우선으로 한다는 명분으로 국민관광의 기반 없이 국제수지 개선과 외래관광객 유치를 위한 국제관광 활성화 일변도의 정책을 펼쳤다는 비판이 있기도 하지만, 1961년 최초의 관광법규인 관광사업진흥법을 제정, 공포함으로써 한국관광의 획기적인 발전의 계기를 마련한 것도 사실이다.

이러한 정책적 차원에서 정부의 강력한 관광입국의 의지에 힘입어 관광분야를 이끌어갈 전문인력을 양성하기 위하여 1960년대부터 관광교육기관이 설립되기 시작했던 것이다.

2. 관광교육기관의 지역별 분포 현황

2008년판 (사)한국관광학회 회원명부 자료를 토대로 4년제 대학 관광교육기관을 집계해 보면 67개 대학으로 나와 있다.[8)] 〈표 11-2〉에 전국을 수도권, 부산경남권, 대구경북권, 강원권, 대전충청권, 광주호남권, 제주권 등 7개 지역으로 나누어 관광교육기관의 지역별 분포 현황이 나타나 있다. 수도권이 15개 대학(22.4%)으로 가장 많은 대학을 보유하고 있으며 다음으로 부산경남권(13개 대학, 19.4%)과 대전충청권(11개 대학, 16.4%)이 그 뒤를 잇고 있다. 광주호남권이 10개 대학(14.9%), 대구경북권이 9개 대학(13.4%), 강원권이 6개 대학(8.9%), 마지막으로 제주권이 3개 대학(4.6%)을 차지하는 것으로 나타났다.

전반적으로 지역별 관광교육기관의 소재 및 분포 규모 등을 살펴보면 현재 우리나라 행정구역 편제상, 관할 규모에 따라 분류하고 있는 광역자치단체 순과 유사한 양상을 보이고 있음을 알 수 있다.

〈표 11-2〉 관광교육기관의 지역별 분포 현황

지역	대학명	빈도	비율(%)
수도권	경기대, 세종대, 한양대, 숙명여대, 경희대, 용인대, 수원대, 안양대, 남서울대, 경원대, 한세대, 한북대, 한림국제대학원대학교, 을지대, 방송통신대	15	22.4
부산경남권	동아대, 신라대, 영산대, 부경대, 경성대, 동의대, 동서대, 동명대, 부산외대, 가야대, 한국국제대, 경남대, 부산대	13	19.4
대구경북권	대구대, 동국대, 계명대, 경주대, 대구가톨릭대, 경일대, 경운대, 위덕대, 동양대	9	13.4
강원권	강릉원주대, 관동대, 경동대, 상지대, 강원대, 한중대	6	8.9
대전충청권	배재대, 우송대, 건양대, 공주대, 청주대, 극동대, 세명대, 청운대, 순천향대, 한서대, 중부대	11	16.4
광주호남권	목포대, 광주대, 광주여대, 호남대, 호원대, 전주대, 대불대, 우석대, 남부대, 동신대	10	14.9
제주권	제주대, 탐라대, 한라대	3	4.6
계	-	67	100

주: (사)한국관광학회(2008), 2008 한국관광학회 회원명부를 근거로 필자가 분류 및 작성.

제3절 관광교육기관의 전개 및 변천 과정

1. 관광교육기관의 시대별 설립과정

1) 1960~1970년대

관광교육기관의 시대별 설립과정을 알아보기 위하여 우리나라에서 처음으로 관광 관련 학과가 개설된 1960년대부터 현재까지를 1960~1970년대, 1980~1990년대, 2000년대 이후 등 모두 3개의 시대로 구분하여 살펴보기로 한다. 먼저 1960~1970년대에는 전체 관광교육기관 중 10%에 달하는 대학이 관광 관련 학과를 개설하고 있다. 전체적인 비율은 그리 크지 않지만 경기대를 시작으로 동아대, 제주대, 강원대, 관동대, 세종대 등이 이 시기에 관광 관련 학과를 개설하였다.

관광정책 측면과 연계하여 고찰해 보면, 이 시기는 관광 행정조직을 정비하고 관련 법규를 제정한 시기이다. 관광사업진흥법을 처음으로 제정, 공포하였고 관광사업을 국가정책사업으로 진흥시키기 위하여 현재의 한국관광공사를 설립하기도 하였다. 기본적으로 외화획득을 목적으로 재원확보 차원과 국제수지 개선을 위하여 관광사업을 도입하였으나 당시 관광정책 담당자를 비롯하여 대학 그리고 일반 국민들의 이해 부족으로 관광교육기관의 학과 개설은 그다지 활성화되지 못하였다.

2) 1980~1990년대

1980년대는 관광정책의 측면에서 도약기를 맞이하면서 관광교육기관의 설립이 조금씩 활성화되기 시작하였다. 이 시기는 아시안게임과 올림픽게임 같은 국제적인 스포츠 이벤트를 유치함으로써 국내관광과 국제관광을 동시에 발전시키는 계기를 마련하는 등 관광산업의 성장기를 맞이한 시기이다. 이러한 시대적 배경에 힘입어 관광교육기관의 설립도 가속화되어 전체 중 55%에 달하는 대학이 관광 관련 학과를 개설하고 있다.

1980년대에 한양대, 대구대, 청주대, 신라대, 동국대, 계명대, 경주대 등이 관광 관련 학과를 개설하였고 1990년대에는 배재대, 호남대, 목포대, 강릉원주대, 청운대, 건양대, 경동대, 탐라대, 경희대, 수원대, 남서울대, 동의대, 동명대 등의 대학이 관광교육기관으로 등록하고 있음을 알 수 있다.

3) 2000년대 이후

이 시기는 국제화와 글로벌화를 주제로 하여 국제 및 국민관광의 균형 발전, 동북아 관광중심의 도약과 국민 삶의 질적 향상 등 관광정책의 대도약기를 맞이하였다. 특히 고속철도 개통은 전국을 명실공히 1일 생활권으로 묶어 국내관광뿐만 아니라 우리나라를 찾는 외국관광객에게도 접근성을 제고시키는 등 또 하나의 관광매력성을 제공하기도 하였다.

이러한 인프라 구축 등 사회환경적 요인에 힘입어 1980~1990년대에 가속화된 관광교육기관의 설립은 2000년대에 들어서도 지속된다. 숙명여대, 방송통신대, 부경대, 경성대, 경남대, 경일대, 경운대, 위덕대, 동양대, 공주대 등 전체의 35%에 달하는 관광교육기관이 관광 관련 학과를 개설하였다.

2. 사회적 요구와 관광교육기관의 역할 변화

학과 명칭을 중심으로 시대적 변천에 따른 관광교육기관의 역할을 알아보았다. 이는 관광교육기관이 학과 명칭을 결정할 때, 그 시대의 사회적 특성이나 상황 등을 고려하여 결정하기 때문이다(〈표 11-3〉 참조). 먼저 전반적인 학과 명칭 현황을 살펴보면 '관광경영'이라는 용어가 모든 시대에 있어 골고루 사용되고 있음을 알 수 있다.이는 관광학이라는 학문의 연구 및 접근방법과 관련성이 높은데 관광이라는 하나의 사회현상을 경영학이라는 학문적 틀에서 접근하고 있음을 의미하고 있다. 또한 이러한 용어사용의 배후에는 졸업 후 진로문제와 관련하여 인문학이나 사회학보다는 경영학 쪽이 취업에 유리하기 때문인 것으로도 풀이할 수 있겠다.

〈표 11-3〉 시대별 관광 관련 학과 개설 현황

시대별	관광 관련 학과 명칭
1960~1970년대	관광경영, 관광개발
1980~1990년대	관광경영, 관광개발, 관광, 호텔경영, 호텔관광, 호텔조리, 컨벤션이벤트, 관광통역, 국제관광
2000년대 이후	관광경영, 호텔경영, 외식경영, 문화관광, 역사관광, 관광컨벤션, 항공관광, 항공서비스, 관광통역

주: 각 관광교육기관 홈페이지 기재 내용을 중심으로 필자가 분류 및 작성.

먼저, 1960~1970년대 학과 명칭을 보면 '관광경영'과 '관광개발'이 주를 이루고 있음을 알 수 있다. 물론 이 시기에 관광 관련 학과를 개설한 대학수가 적은 것도 관련이 있겠지만, 우선은 앞에서 언급한 바와 같이 관광학에 대한 연구 및 접근방법과 관련이 있으며 또한 우리나라 초반기 관광정책이 관광활성화를 위하여 인프라 구축 등 하드측면을 중심으로 관광사업이 추진되었던바, 이러한 사회적 환경에 대응하기 위한 것으로 해석할 수 있을 것이다.

다음으로 1980~1990년대에 들어오면서 학과 명칭에 조금씩 변화가 감지된다. 우선은 '관광경영'과 '관광개발'이라는 용어가 지속적으로 사용되면서 새로운 특징이 보이는데 바로 학과 명칭에 관광 관련 산업 이름을 붙이기 시작하였다는 점이다. 그중에서도 '호텔'이라는 용어의 사용이 뚜렷하다. 이는 경영이라는 측면에서 봤을 때, 관광 관련 기업

중에서 호텔이 가장 대표적인 기업으로 인지하고 있었고, 지금과는 달리 고급호텔이라는 곳이 당시에는 손쉽게 접근할 수 없는 선망의 대상이어서 학생유치 등에 유리하게 작용할 것이라는 기대 때문인 것으로 풀이할 수 있다. 또한 이 시기에 '국제관광'이나 '관광통역'이라는 용어가 등장하기 시작하였는데 1980년대 아시안게임과 올림픽게임의 성공적인 개최를 계기로 향후 본격적으로 외국관광객의 대량 유치를 위한 인재 양성 차원과 관련성이 깊은 것으로 판단된다.

2000년대 이후에 들어와 다양한 관광 관련 학과 명칭이 등장하기 시작한다. '외식', '컨벤션', '이벤트', '항공' 등 대부분의 관광산업 용어들이 모두 등장한다. 이는 아마도 관광교육기관들이 2000년대 이후 경쟁이 심화되면서 학생유치 측면에서 특색 있고 차별화된 학과 명칭을 사용함으로써 경쟁상의 우위를 점하기 위한 노력의 일환으로 생각할 수 있겠다. 또한 재미있는 현상은 기존의 관광산업과는 달리 관광의 특성 자체를 살린 명칭이 등장하고 있다. 예를 들면, '문화관광', '역사관광' 등이 그러한데 이는 타국이나 타 지역의 역사, 문화, 문물 등을 보고 배우는 관광의 본질이나 특성에 소구하는 학과 명칭의 형태로 볼 수 있겠다.

3. 관광교육기관의 교과과정 내용 분석

우리나라에 관광 관련 학과가 처음 개설된 이래, 반세기 가까운 시간이 흐르고 있다. 결코 적지 않은 시간 속에서 관광교육의 내용 측면에서 많은 발전을 이루어 온 것도 사실이지만, 대부분의 학자들은 이론과 실무를 겸비한 인재 양성 차원에서는 제 역할을 다하지 못한 것으로 평가하고 있다. 여기에는 여러 가지 원인을 생각할 수 있겠지만, 학과 명칭과 교육과정 내용의 불일치, 교육 프로그램의 전문성 부족, 4년제 대학 간의 비차별적 교육내용, 사회 및 관련 기업의 욕구에 대한 이해력 부족 등을 주요 원인으로 들 수 있다.[9]

관광 관련 학과들의 교과과정을 분석해 보면, 이러한 문제점을 쉽게 눈으로 확인할 수 있다. 관광학원론, 관광개발, 관광자원, 호텔경영, 관광정책, 관광법규 등 특정 과목들이 교과목 편성상에 편중되고 획일화된 내용으로 구성되어 있음을 지적하지 않을 수 없다. 호텔을 비롯하여 여행사, 항공사, 컨벤션, 외식 등 관광산업의 근간을 이루고 있는 과목이나 환대산업, 서비스, 여가학, 지역특성화 등과 관련된 과목들은 학과 명칭 등과 상관없이 관광을 전공하는 학생들이라면 누구라도 습득할 수 있도록 교과목 편성상의 편중을 없애는 것이 중요하다 하겠다.

또한 인접학문과의 연계 역시 대부분의 대학에서 경영학, 마케팅, 여가학 등 일부 학문 분야에 편중되어 있다는 문제점이 제기되고 있다.[10] 관광이라는 하나의 사회현상을 규명하기 위해서는 각 학문의 특성을 살린 다학제적 접근방법이 매우 중요하다. 실제 관광은 어느 산업보다 관광객 자신과 관련한 개인적 요인부터 관광을 둘러싼 환경적 요인까지 쉽게 영향을 받기 때문에 이러한 개인적·환경적 요인에 대한 다각적인 접근방법이 그만큼 중요한 것이다. 따라서 경영학 일변도에서 벗어나 심리학, 사회학, 교육학, 지리학, 환경학 등 보다 다양한 인접학문과의 연계학습을 통하여 학생들이 관광현상에 대한 이해도를 제고할 수 있도록 하는 제도적 장치가 매우 절실하다 하겠다.

제4절 관광교육기관의 과제와 전망

1. 다양한 관광교육 내용의 변화 추구

대부분의 학문처럼, 관광학이 교육 및 학문적 발전을 이루기 위해서는 관광산업 및 사회의 발전과정과 그 맥락을 같이해야 한다.[11] 이러한 측면에서 볼 때, 많은 연구자들이 현재의 관광교육기관에서는 그동안 사회 및 관광산업의 수요에 적극적으로 대응하지 못하였다고 인식하고 있다. 또한 사회 및 관광산업뿐만 아니라 학생들의 의견 역시 적극적으로 수렴하여 기존의 관광교육 내용의 획일성에서 탈피하는 노력이 필요하다.

앞에서 지적하고 있듯이 교과과정에 있어 특정과목이나 특정학문 영역의 편중현상을 과감히 버리고 관광현상을 보다 다각적인 측면에서 분석할 수 있도록 하는 선택의 폭을 넓힐 필요가 있다. 동시에 교과과정의 전공필수과목은 가능한 줄이고 선택과목이나 자유과목에 대한 수강 기회를 많이 부여함으로써 학생 스스로 관광을 바라보는 시각의 유연성을 확보하게 하는 것도 좋은 방편이 될 것으로 판단된다.

2. 산학연계 프로그램에 대한 인식 변화

관광교육기관, 특히 4년제 대학에서 그동안 산학연계에 대한 관심이나 노력이 많이 부족했던 것도 사실이다. 하지만 이제는 학생들이 현장실습이나 인턴십 등 산학연계에 대한 필요성을 강하게 소구하는 시대가 되었다. 관광교육기관에서는 먼저 관광교육 목표의 재정립이 요구된다. 기존의 관광에 대한 이론적 체계 습득에다가 실무능력을 겸비한 관광 전문인력 양성이라는 목표가 확고히 재정립되어야 한다. 10년 전 우리나라를 강타한 IMF 금융위기는 취업난이라는 사회적 문제를 낳게 되었고 이는 대학생들로 하여금 더욱더 자신의 장래에 대한 불안감에 휩싸이게 하고 있다. 이러한 대학생의 취업문제는 비단 학생 본인뿐만 아니라 대학 그리고 우리 사회 전체가 풀어나가야 할 사회적 이슈이기도 하다.

따라서 관광교육기관에서는 보다 적극적으로 산학연계에 임해야 하는데 무엇보다도 업계 측의 적극적인 참여와 관여를 이끌어내는 것이 중요하다. 다시 말하면 관리 및 운영 측면에서의 과감한 변화가 필요하다는 것이다. 기존의 산학연계 프로그램의 관리 및 운영은 업계보다는 대학 측이 주도해 왔다. 이런 식으로는 산학연계 프로그램의 실효성을 최대한 높이기가 어렵다. 왜냐하면 대학 측은 제한된 인원으로 학생들의 수요에 대한 모든 산학연계 교육프로그램에 책임을 지고 있고 업계에 비해 상대적으로 전문성도 떨어지기 때문이다.

최근 산학연계 프로그램이 대학과 업계 간에 일반화되어 있다. 업계 측에서도 자사만의 고도로 전문화된 교육프로그램을 갖추고 있고 또 이를 개방하는 데도 전혀 부정적이지 않아 오히려 업계 주도의 산학연계 프로그램을 운영하는 것이 더욱 효과적일 수밖에 없다. 따라서 기존의 대학보다는 업계주도의 산학연계 프로그램을 수행해 가는 것이 필요하다 하겠다.

3. 관광교육인증제의 도입

최근 관광학계를 중심으로 관광교육인증제 도입에 대한 관심이 뜨겁다. 이미 경영학과 공학에서는 각각 경영교육인증제와 공학교육인증제를 도입하여 실시하고 있다. 이러한 교육인증제의 도입은 학생과 기업 양쪽 모두 중요한 의미를 지니고 있다고 하겠다. 학생 입장에서 교육인증제는 권위 있는 인증기관으로부터 인증받은 교육기관을 선별할 수 있고 기업 입장에서는 우수한 인재를 공급해 주는 교육기관을 선별할 수 있는 것이다.[12)] 무엇보다도 교육인증제는 우수한 전문인력을 양성하고 확보하는 교육의 중요성을 강조하고 있다.

이미 미국이나 호주에서는 관광교육인증제를 도입하여 실시하고 있지만 이에 대한 찬반 의견이 엇갈리고 있다.[13] 특히 반대의견의 요지는 관광교육인증제의 초점은 결국 기업이라는 고객에게 맞추어져 있어 자칫 직업훈련 성격이 강한 교육으로 변질될 우려가 있다는 것이다. 더구나 아직 관광학이라는 학문의 지식체계가 정립되어 있지 않은 상태에서 전문화에 대한 평가작업은 전반적인 관광교육의 질적 수준 저하를 초래할 수 있다는 문제의식이 제기되고 있다.[14]

하지만 관광교육에 대한 전문성을 인정받고 있지 못하다 보니 타 학문에서 손쉽게 관광 관련 학과로의 탈바꿈 현상이 심화되고 있으며 관광업계 측에서는 업무수행 능력이나 태도 면에서 관광 전공 학생들과 타 전공 학생들 간에 차별화가 없다는 인식이 팽배해 있어 무엇보다도 관광교육인증제 도입이 시급하다는 의견도 적지 않은 실정이다.[15]

이러한 관광교육인증제에 대한 찬반 의견이 팽팽히 맞서고 있는 가운데 현재 우리나라에서는 (사)한국관광학회에서 관광교육인증제 도입과 관련하여 특별위원회를 설치하여 이 문제에 대한 심도 있는 접근을 시도하고 있어 향후 그 결과에 귀추가 주목되고 있다.

참고문헌

1) 교육기관의 종류에는 대학, 산업대학, 교육대학, 전문대학, 방송통신대학, 사이버대학, 기술대학, 각종학교 등 다수가 존재하지만, 본고에서 말하는 관광교육기관은 정규학위과정을 개설하고 있는 4년제 대학에 한정하기로 한다.
2) 「교육기본법」 제2조(교육이념).
3) 「교육기본법」 제9조(학교교육).
4) 「고등교육법」 제28조(목적).
5) 이종문(1989). 대학관광교육의 교과과정과 교수개발에 관한 연구. 『관광학연구』. 13: 179-205.
6) 문화체육관광부(2010). 2009 관광동향에 관한 연차보고서.
7) 최규환(2003). 『관광학입문』. 서울: 백산출판사.
8) (사)한국관광학회(2008). 2008 한국관광학회 회원명부.
9) 손해식 · 안영면 · 조명환(2005). 우리나라 관광 관련 대학 교육과정 모형에 관한 연구. 『관광연구』. 20(1): 193-205.
10) 손해식 · 안영면 · 조명환(2005). 상게서.
11) 변우희 · 조광익 · 김기태 · 한상현(2008). 관광학 연구동향 및 교육과정 분석과 관광학총론의 구성체계. 『관광학연구』. 32(4): 35-53.
12) 조명환 · 김사헌 · 이진형(2010). 관광 고등교육 인증제 국제 동향과 국내 도입 방안. 『관광학연구』. 34(1): 11-34.
13) Botterill, D., & Tribe, J.(2000). Benchmarking and the higher education curriculum (http://www.athe.org.uk/publications).
14) 김사헌(2007). 『관광연구방법론: 사회과학적 논의와 연구논문 작성방법론』. 서울: 백산출판사.
15) 조명환 · 김사헌 · 이진형(2010). 전게서.

〈본문의 내용은 다음 논문에 기초하여 서술되었음: 『관광학연구』 제35권 제10호(통권 96호), 최규환(2011)/ 한국관광교육기관에 관한 소고-관광교육기관의 등장 및 발전 과정을 중심으로-, pp. 371-383〉

■ 저자약력

최규환(崔圭皖) 동아대학교 관광경영학과 교수

저자는 2000년에 일본 릿쿄대학에서 관광학 박사학위를 취득하였다. 현재 한국관광학회 이사로 있으며 『관광학 입문』(2003), 『관광학의 이해』(공저, 2006), 『관광학총론』(공저, 2009) 등을 비롯하여 논문 「관광학술지 연구논문에 관한 내용분석」(2003), 「관광분야 대학교육서비스 평가에 관한 구조적 관계연구」(2008), 「Post Mass Tourism으로서의 책임관광 구성타당성 검증」(2010) 등을 통해 활발한 학술적 성과를 발표하고 있으며 후진양성과 학회 발전을 위해 힘쓰고 있다.

제12장 관광정보의 역사

변 우 희*

일반적으로 관광정보라는 용어가 보편화된 시점은 관광객들이 수시로 변화하는 관광정보를 실시간에 공유할 수 있게 되면서부터이다. 따라서 현시대의 관광정보도 디지털혁명의 총아인 디지털 컴퓨터와 통신기술, 이른바 정보의사소통기법(information communication technology) 안에서 논의되는 것이 바람직할 것으로 사료된다. 한국에서 관광정보의 개념은 관광의 대중화현상이 가속화되면서 실시간 관광정보교류의 필요성이 증대된 역사와 궤를 같이한다고 할 수 있다. 이러한 관점에서 한국관광정보의 역사적 전개과정은 기본적으로 정보공유가 생활화된 온라인 정보시대부터 그 서막의 장으로 보아야 할 것이다. 특히 관광정보가 한국에서 본격적으로 논의된 시점은 호텔이나 여행항공분야에서 관광정보시스템이 구축되고 실무에 본격적으로 활용되면서부터이다.[1] 이때부터 학계차원에서도 학문적인 정립의 필요성이 제기되었다. 그러나 관광정보연구의 본질적인 문제는 컴퓨터상의 온라인뿐 아니라 오프라인을 중심으로 한 구전, 인쇄관광정보 및 직접경험에 의한 분야와의 연계성을 포괄한 접근이 전제되어야 한다는 점도 간과해서는 안 될 것이다. 또한 한국의 컴퓨터 역사와 더불어 관광정보를 개괄적으로 파악하기 위해서는 세계컴퓨터 발전역사와 유관적합성을 가지고 논의되는 것이 비교학문적 관점에서 의미가 있다고 본다.[2]

따라서 본고에서는 한국보다는 일찍이 컴퓨터가 보급된 서구의 역사적인 사실들을 전개함과 동시에 동 시대 한국의 관광정보에 관한 현상들을 오프라인과 온라인 관점에서

* 경주대학교 관광경영학과 교수(현)
e-mail: byunwh2000@paran.com

살펴보았다. 특히 서구에서는 1940년대부터 최초의 컴퓨터가 발명되었고 점진적으로 발전하여 오늘의 인터넷시대가 열리게 되었다. 그러나 한국은 당시 단순한 오프라인상의 관광정보가 생성되었던 시기였다. 이에 외국의 사례와 시대적으로 개괄적인 구분을 하고, 한국의 관광정보시대를 해방 후 1950년대를 기준으로 하여 비교분석의 관점에서 본 고를 전개하였다. 우선 독자들의 이해를 돕기 위해 관광정보와 관광정보시스템의 기본적인 개념을 제시하였고, 말미에 한국관광정보의 학문적 흐름과 대응방안도 부가적으로 논의하였다. 특히 한국의 관광정보는 서구와 마찬가지로 컴퓨터가 출현한 시점부터 인터넷 발명이라는 두 가지의 역사적인 사건을 계기로 발전하였다. 그리고 1990년대가 획기적인 발전시대로서 한국관광정보의 중요한 전환점이 되었다는 의미에서 중요한 이슈를 중심으로 집중적인 조명을 시도하였다.

제1절 관광정보의 이해

관광정보는 관광자라는 주체가 관광목적지 선택이라는 의사결정에 있어 최적의 효율적인 자료를 제공하는 것으로 함축될 수 있다. 그러나 전술한 바와 같이 정보는 항상 변화하고 있고 속도가 빠른 관계로 사용자가 실제로 유용한 정보를 실시간에 제공하여야 한다는 조건이 필요한 것이다.[3] 일반적으로 관광상품이 무형성이 강하고 시대에 따른 가변성이 많은 관계로 관광정보도 이에 따른 과학적인 대응전략이 필요한 시점에 놓여 있다. 특히 최근 들어 여행사, 호텔, 항공사 등 관광기업 경영의사결정과정에 있어 관광정보의 활용도가 점차적으로 높아지고 있는 실정에서 그 중요성은 더욱 강조되고 있다.[4] 또한 관광객에게도 일반정보와 마찬가지로 일정한 규칙에 따라 재배열, 요약, 삭제하는 행위를 거쳐 실제 활용 가능한 유용한 관광정보를 가지게 하는 작업들도 필요하다. 이러한 관광정보가 교통수단과 더불어 관광대상인 관광자원, 관광시설 및 관광서비스를 관광객과 연결시켜 주는 매체로서의 역할을 수행함으로써 관광마케팅 측면에서도 매우 중요한 요소로 작용하기 때문이다. 이에 관광정보는 수요와 공급의 양 측면에서 접근되어야 하며 관광목적 즉 관광욕구나 필요를 충족시킬 수 있는 여행상품 관련정보제공이 일차적인 목적이 되어야 하는 것이다. 그러나 관광은 경험제품(experiential product)으로서 직접경험이 소비자들의 의사결정에 중요한 판단기준으로 작용하게 된다. 그럼에도 불구하고 대부분의 지방자치단체나 관광공적기관에서는 소책자, 구전, 대중매체 등 일방적인 의사소통으로서 간접경험만을 제공하는 것이 대부분의 관광정보현실이다. 이러한 측면에서 관광정보는 우선적으로 관광지 이미지, 관광객 반응, 관광 상품서비스 기준지표 설정 등 관광객의 의견과 태도를 파악해야 한다. 그리고 관광의 주요동기, 여행형태, 관광목적지의 가격, 예상되는 미래의 관광 변화 등 관광행동과 동기들에 관하여 직접경험한 요소들을 구체적으로 분석하여 이해관계자들에게 제공해야 한다. 또한 관광시장의 특성과 경향, 관광기업의 유통 및 경쟁기업의 동향 등 다양한 의사결정지표도 동시에 제공해야 하고 거시적 측면에서는 관광환경이나 관광자원 및 관광마케팅요소들도 다각적으로 검토하는 작업들이 이루어져야 한다. 따라서 이러한 관광객을 위한 정보자료들이 관광공급차원에서는 관광기업 경영의사결정 자료로 활용될 수 있다. 즉 관광정보는 양시론적인 관점에서 고찰되어야 할 이유인 것이다.[5] 한편 역사적 관점에서 볼 때 관광정보는 인터넷이 보편화되기 전과 후로 구분하여 그 의미를 재조명해 볼 필요가 있다. 또한 해외학자(O'Connor, 2002)는 관광정보를 기업별로 구분하여 연구유형에 따라 네 종류(순수 GDS 기술 기반의 Travelocity, GDS와 외부 아웃소싱 기술 기반의 Expedia, Switch Company 기술 기반의 Travelweb, 순수 웹기술기반의 Worldres)의 기술 기반을 토대로 분리하고 있다.[6]

인터넷이 없던 시기에는 당연히 오프라인 중심의 관광정보만 존재하였으나 인터넷이 확산되면서 온라인과 결합한 새로운 관광정보시대로 접어들고 있다. 더욱이 세계적으로도 인터넷이 확산되면서 종전의 여행사를 이용하여 여행정보를 획득하던 시대에서 대부분 온라인을 통하여 여행정보를 얻고 있는 상황으로 급격히 변화하고 있어 온라인 관광정보의 중요성이 증가하고 있다. 또한 온라인을 통하여 제공되고 있는 관광정보는 상호작용성(interactivity)이라는 특성을 보유하고 있어 관광객들에게 가상현실(virtual reality)을 통하여 직접방문과 유사한 가상경험(virtual experience)을 할 수 있는 기회를 갖게 할 수도 있다. 이것은 온라인을 활용하여 오프라인 관광지를 활성화시킬 수 있는 시대로 접어들고 있다는 것을 의미하며 관광콘텐츠 개발을 통하여 온라인과 오프라인이 상호 조화된 새로운 관광정보시대의 활성화를 예고하는 것이다. 즉 온라인을 통한 가상경험이 직접경험보다 인지적 태도, 감정적 반응, 의사결정에 더 많은 영향을 줄 수 있기 때문이다. 이제 관광정보는 무형적 특성과 함께 관광목적지 의사결정이 필요한 사람에게 유용한 정보를 제공함과 동시에 사회·경제적인 민감한 변화와 급변하는 관광수요 변화에 능동적으로 대처해야 하는 과제를 안고 있다. 특히 관광목적지를 활성화하기 위해서는 관광정보의 기능과 역할이 가장 중요하며 관광목적지에 잠재되어 있는 매력적인 관광정보를 수월하게 관광객에게 전달할 수 있는 온-오프라인의 관광정보시스템정비가 필수적인 요소이다.[7] 따라서 기존의 단순한 평면적인 관광정보안내체계를 지향하고 관광객이 사전에 경험할 수 있는 가상체험, 웹사이트 이용, 문화관광콘텐츠 개발 등 보다 다양하고 실질적인 온-오프라인정보를 수요, 공급차원에서 공유해야 할 것이다.[8]

제2절 관광정보시스템의 활용

일반적으로 정보시스템이란 여러 가지 부분들의 상호의존으로 이루어진 전체적인 관점에서의 유기체를 의미한다. 그리고 모든 정보시스템의 기본적이며 궁극적인 목적은 역동성과 생존이다. 이러한 관점에서 정보시스템이 생존하기 위해서는 정보처리과정을 거쳐 정보를 생산하는 일련의 역동적인 과정을 거쳐야 하는 것이다. 이러한 정보의 생산은 모든 다른 생산과정과 마찬가지로 투입, 처리, 산출과정을 거쳐 이루어지게 된다. 이때 정보처리과정에서 투입되는 자료란 어떤 목적을 위해 가공되지 않은 원래의 상태 또는 값 자체를 의미하며, 정보란 정보처리과정의 산출물로서 정확한 목적을 위해 자료를 가공·처리하여 유용한 의미가 부여된 것 혹은 그 상태를 의미한다. 즉 자료란 정보생산을 위해 투입되는 원재료를 의미하며 정보란 자료를 기초로 생산된 가공물을 의미하는 것이다. 또한 컴퓨터의 정보처리과정은 시스템을 통해 입력(input), 처리(process), 출력(output), 저장(storage)의 4과정을 거치게 되며 이를 IPOS라 표현하기도 한다.[9] 통상 정보시스템은 조직에서 경영활동 및 의사결정을 지원하며, 조직을 통제하기 위한 정보를 수집, 처리, 저장, 정렬, 배분하는 일련의 활동들을 수행하기 위한 구성요소들의 집합체로서 정의될 수 있다. 이러한 정보시스템은 기업시스템의 일부로서 인력, 자금, 물자 등이 투입된 자료로부터 처리를 거쳐 재화, 서비스 혹은 정보 등을 산출하게 되는 것이다. 특히 관광정보의 측면에서 정보지식이나 기술정보의 관점에서 볼 때 아직은 정형화되어 있지 않은 구조적인 문제를 내포하고 있다. 정보기술의 경우 과거에는 전자공학기술에서만 논의되어 왔으나, 까다롭고 다양한 고객욕구를 충족시키기 위해서는 사회과학분야에도 새로운 시각으로 이 분야의 연구가 주목받고 있으며 그 필요성이 제기되고 있다. 이것은 관광기업연구 분야에도 학제적인 연구로 보편화될 가능성이 있다는 지표를 제시해 주고 있는 것이다. 최근 관광기업이 성장하면서 정보기술의 활용이 절대 필요한 시점에서 관광정보

의 전략적인 시스템접근이 시대적으로 요구되고 있다.[10)]

이러한 정보시스템의 기본이론에 의해 여행, 호텔, 항공, 관련기업 및 관광수요자를 위한 관광정보시스템(TIS: tourism information systems)의 개념은 관광객에게 유용한 관광정보를 제공하고 관광기업의 경영의사결정을 지원하고 해당조직을 관리하고 통제하는 데 필요한 관광정보를 수집, 처리, 저장, 배포와 관련된 모든 구성요소의 집합으로 정의할 수 있다. 따라서 관광정보시스템은 관광정보제공뿐 아니라 관광 관련조직을 조정하며 통제하기 위하여 관광조직구성원들을 지원하며 제반문제를 분석하고 해결할 수 있는 의사결정지원 접근법을 제시해 주는 역할을 수행한다. 관광분야에서는 새로운 관광서비스와 관광제품을 개발하기 위해서 기업환경과 관련된 조직구성원, 경쟁자, 장소, 제품과 서비스에 대한 정보를 가지게 되는데 관광정보시스템은 이러한 환경으로부터 자료를 입력받아 정보로 변환시켜 정보처리과정을 실행하는 것이다. 이것은 관광기업의 경영관리차원에서 관광공급자나 수요자의 의사결정에 필요한 데이터를 조직내부나 외부로부터 획득 저장하고 가공하여 그 결과를 제시하거나 검색할 수 있도록 지원하게 되는 것이다.[11)] 이러한 관광정보시스템이 관광분야에서 우선적으로 본격적으로 활용되어야 하는 이유는 호텔, 항공사 및 관광 관련기업에 종사하는 종사원의 노동생산성을 획기적으로 향상시켜 주기 때문이다. 즉 중앙의 집중화된 데이터베이스를 구축하고 사용자가 이에 접속하여 필요한 정보를 추출하는 과정을 통해 이루어지는 작업과정은 반복적인 입력을 회피하는 것은 물론 서류를 찾으러 다니는 시간의 절약 등을 통하여 노동생산성이 향상되며 조직의 업무효율성을 제고할 수 있다. 이것은 단순한 정보전달차원을 벗어나 관광기업의사결정 시 양질의 정보를 손쉽고 빠르게 추출할 수 있게 해준다. 그리고 관광경영정보시스템(TMIS)과 관광의사결정지원시스템(TDSS) 등의 의사결정지원시스템은 기업 내에 구축된 관광정보를 효과적으로 활용하는 것에 초점을 맞추고 있어 관광의사결정을 더욱 용이하게 해주는 역할을 한다.

이러한 관광기업에 혁신을 가져온 관광정보시스템은 각각 관광 관련기업의 특성에 맞도록 효율적인 설계 및 운용을 통해 그 능력을 극대화할 수 있다. 통상적으로 일반제조기업과 달리 성수기와 비수기의 격차, 재고불능, 외부환경의 취약성 등 구조적인 문제로 상당한 가변성을 가지고 있는 관광기업의 경우 정보시스템을 통해 조직구조를 근본적으로 개편할 수 있다. 즉 관광정보시스템을 통해 하위계층의 상위계층으로의 보고와 상위계층의 하위계층에 대한 명령하달이 보다 빠른 시간 내에 이루어질 수 있으며, 필요시 조직구조를 수평적으로 운영하여 급변하는 관광정보를 신속하게 처리하고 운영할 수 있다. 따라서 관광객을 위한 관광정보의 공유가 수월하게 이루어질 수 있고 관광기업 경영 의사결정 시에도 조직구성원 전체의 참여를 유도할 수 있다는 것을 의미한다. 그리고 서비스특성을 가진 관광산업의 경우 품질의 표준화가 상당히 난해하며 외식산업의 경우 대표적으로 품질표준화 작업의 어려움을 겪을 수 있다. 이러한 경우도 관광정보시스템을 통해 표준화된 관광자원지표설정과 업무절차 설계를 거쳐 관광기업의 생산성 및 관련조직의 효율성을 극대화시킬 수 있는 것이다.[12] 특히 관광정보시스템은 미시적으로는 국내의 여행항공관련분야, 호텔숙박관련분야, 리조트여가관련분야 등을 상호 연계한 통합적인 개방형 시스템을 운영하여 상호 시너지효과를 창출할 수 있다.[13] 더욱이 거시적인 측면에서는 다양한 해외관광정보시스템들과 상호작용을 하는 개방형 시스템을 통해 국제적인 관광정보시스템을 구축하고 활용함으로써 국제경쟁력을 확보할 수 있다. 따라서 관광정보시스템을 구축하고 활용하는 문제는 단기적인 차원에서 접근해서는 안 될 것이며 충분한 시간과 자료를 갖고 장기적인 차원에서 개방형 시스템을 구축하는 것이 바람직하다고 할 수 있다. 이러한 측면에서 국내의 관광정보시스템과 해외의 관광정보시스템과의 네트워크 구축은 관광분야의 세계화전략에 유용한 도구로 활용될 것이다.

제3절 한국관광정보의 역사적 전개과정[14]

1. 관광정보의 태동(컴퓨터 출현과 1950년대)

1) 컴퓨터의 출현과 관광정보

세계관광정보의 역사적 기원을 추적해 보면 인류의 탄생부터 이웃과의 행사방문, 생활정보 전달 등이 시발점이 된다. 그러나 현재의 시점에서 과거를 재조명해 보면 아마 컴퓨터가 출현하면서 인류는 하나의 네트워크로 연계되었고 모든 조직들이 시스템화되면서 관광정보의 역사가 시작되었다고 해도 과언이 아닐 것이다. 따라서 컴퓨터 생성배경을 살펴보고 그에 따른 관광정보의 발전과정과 연계시켜 시대적인 의미를 부여하는 것이 필요할 것으로 사료된다. 컴퓨터가 발명된 이후 60여 년을 되돌아보면 인류 역사 이래로 이처럼 눈부신 발전을 거듭한 기계는 일찍이 없었다. 컴퓨터는 크기, 성능, 가격, 효율성 측면에서 엄청난 발전을 이루어 왔다. 이는 컴퓨터의 핵심인 전자소자(반도체)의 발전과 그 궤를 같이한다.

우선 본격적인 디지털 컴퓨터가 도입되기 이전의 정보처리기술(IT)의 발전과 배경에 대해 알아보자. 12세기 중국에서는 벌써 현대식 주판을 사용하였고, 1642년 프랑스의 수학자이자 철학자인 파스칼(Blaise Pascal)은 덧셈기를 사용하여 부친의 세금 계산을 도왔다. 이 덧셈기가 나온 지 180년 후에 영국의 수학자 배비지(Charles Babbage)는 파스칼의 덧셈기보다 더 진보된 계산기, 입력장치, 처리기, 제어기능, 기억장소 및 출력장치 등의 기능을 가진 진보된 계산기를 만들었다.

〈그림 12-1〉 파스칼(Blaise Pascal)의 덧셈기

영국의 수학자 튜링(Alan Turing)은 1936년 'Turing machine'을 이론적으로 제안하여 컴퓨터의 논리적 근거를 제시하였다. 이것은 제2차 세계대전에서 독일의 암호문을 성공적으로 해독하는 기반을 제공하였다. 또한 1944년 하버드대학의 에이큰(Howard Aiken) 교수는 'Mark I'이라는 전자기계식 컴퓨터를 개발하였고 펜실베이니아대학의 모클리(John Mauchly)와 에커트(Presper Eckert)는 세계 최초의 전자식 범용컴퓨터 'ENIAC'(1943~1946)을 제작하였다. 그 후 'ENIAC'은 'UNIVAC I'으로 발전하였다. 한편, 폰 노이만(John von Neumann)은 '폰 노이만 구조(von Neumann Architecture)'를 1945년에 제안하였으며, 이 방식에 따라 'EDVAC'이라는 컴퓨터를 1949년에 완성하였다. 'EDVAC'은 수행할 프로그램과 데이터를 메모리장치에 저장함으로써 내장형 프로그램 컴퓨터(stored-program computer)라고 불렀고, 지금까지 역사적으로 컴퓨터 발전의 중요한 계기가 되고 있다. 또한 이것은 모든 컴퓨터설계의 근간이 되었으며 국가와 대기업 등 기관 위주로 하는 소위 공적 컴퓨팅시대의 서막을 열었다. 당시 컴퓨터(대형 컴퓨터)는 대기업, 정부기관, 대학 등 동

시에 많은 사람들이 이용하였으나 50년대 중반 이후부터 개발된 메인프레임 컴퓨터는 극히 제한된 이용자 그룹이 사용하였다.

〈그림 12-2〉 ENIAC 컴퓨터

그러나 메인프레임 컴퓨터가 생기면서 복잡한 계산을 필요로 하는 공학 및 과학 분야뿐 아니라 관광정보 분야와 같은 기업비즈니스에도 응용하게 되었다. 그리고 경영정보시스템(MIS), 대규모 CAD/CAM 응용, 공장 자동화, 교통관리시스템, 군사적 응용 및 컴퓨터를 이용한 지휘 및 통제 시스템(C3I) 등의 모든 분야에서 그 응용 폭이 증대되었다.

〈그림 12-3〉 제1세대 컴퓨터와 진공관

특히 1951년 세계 최초로 개발된 상업용 디지털 전자계산기 'UNIVAC I'은 인구조사 자료를 처리하기 위하여 미국 인구조사국에 처음 설치되어 이용되었다. 그리고 AT&T 벨 연구소(Bell Laboratories)의 세 과학자 바딘, 브라텐, 쇼브는 1948년 트랜지스터를 발명하여 컴퓨터의 핵심소자를 진공관에서 트랜지스터로 바꾸게 하였다. 이러한 트랜지스터는 컴퓨터 크기와 가격에서 혁명을 일으켰을 뿐만 아니라 다른 전기 기기의 대중화에 크게 기여하였다. 그리고 1956년에 IBM, Burroughs, Control Data, Honeywell 등의 컴퓨터 전문회사가 등장하였으며, 컴퓨터의 크기는 대폭 축소되었고 전력소모량도 상당히 줄어들었다. 또한 계산속도도 훨씬 빠르고 신뢰성이 높은 기계로서 컴퓨터의 활용분야가 비즈니스, 산업계, 항공사, 대학교 등으로 확산되었다. 이어서 FORTRAN, COBOL 등 고급언어를 이용한 프로그램들이 개발되기 시작하였다.

2) 한국관광정보의 태동

한국에서의 관광정보는 해방 후 1950년대를 그 출발점으로 볼 수 있다. 이 시기는 세계적으로 컴퓨터가 출현하고 새로운 정보혁명시대를 맞았으나, 한국의 경우에는 단순한 정보교환이 이루어지고 있었다. 또한 트랜지스터가 본격적으로 활용되면서 정보가 복사되는 시대였으며, 정보소통이 주로 라디오 광고나 저널리즘을 통해 활용되던 시기였다. 당연히 이 시기에는 오프라인 중심의 단편적인 정보가 주류를 이루었고, 구전이나 신문, 잡지, 라디오 등의 대중매체에 전적으로 의존하였다. 관광활동도 특수한 부유계층과 지식관료층이 향유하던 시대로서 관광정보도 일부계층에만 필요한 시기였다. 관광정보수집의 경우 관광객 자신이 직접 수배를 하거나 유관기관을 통해 사전 예약을 하는 실정이어서 관광정보 역시 걸음마수준의 단계라고 할 수 있다. 특히 '50년대는 8・15광복과 정부수립 전후의 사회혼란과 6.25전쟁 등 그에 따른 사회적 불안으로 관광산업은 암흑기를 맞이하였고, 관광정보 분야도 별다른 진전을 보지 못했다. 광복 후 일본인들이 운영하던 숙박, 운수, 철도 등 관광 관련 시설은 미군정청에서 접수 관리했고, 1948년 우리 정부가 수립되면서 교통부에서 관광행정을 맡는 등 관광정보나 정책분야 차원에서 어느 정도 태동의 시기를 맞게 되었다. 이어서 1953년에는 관광계가 신설되었고 1954년에는 관광과로 승격했다. 특히 1958년에 관광위원회가 발족되고 최초의 해외선전간행물인 『웰컴 투 코리아』가 만들어져 외국에 배포됨으로써 국제관광정보사 측면에서는 역사적인 전기를 맞게 되었다. 이 무렵 주한외국인들은 스스로 라스(RAS)란 클럽을 조직해서 매주 전국을 대상으로 명소관광, 진해벚꽃놀이, 단풍놀이 등을 관람하면서 한국관광을 즐기던 시대였다.

2. 관광정보의 도입기(1960~1970년대)

1) 국제관광정보환경과 컴퓨터 활용시대

컴퓨터의 출현으로 관광정보의 전기를 맞게 되었으며, 정보의 공유라는 관점에서 새로운 패러다임이 형성되는 시기였다. 1960년대 초기에는 여전히 여행안내서나 관광지소개서 등 주로 안내위주의 관광정보전달 형태가 대부분이었다. 영국의 경우 『브래드 쇼』라는 철도시각표를 1839년부터 1961년까지 간행하여 철도시각표의 대명사로 불리며 일종의 관광정보지 역할을 하였다. 시간이 경과하면서 전보, 텔렉스, 팩스 또는 전화와 같이 보다 편리한 의사전달 도구가 개발됨으로써 1950년대와는 달리 여행활동이나 예약에 있어 보다 빨리 진행할 수 있는 시기가 되었다. 관광정보 분야도 비교적 원만한 커뮤니케이션이 이루어지기 시작하였다. 따라서 1960년대 초는 관광정보의 역할이 관광수요자들에게 단편적이지만 사전예약을 통한 의사결정이 가능하도록 하였다. 그러나 당시 여행사, 항공사, 호텔 등 관광기업경영활동에 있어 '예약'이라는 상호 협력시스템은 있었지만 여전히 일관성 있게 연계한 획기적인 기술적 발전은 기대할 수 없는 관광정보환경이었다. 이러한 의사전달도구의 발전과 함께 컴퓨터의 발전도 Texas Instrument사의 킬비와 Fairchild Semiconductor사의 노이스가 1959~1961년 사이에 IC(Integrated Circuit)칩을 개발하여 새로운 전기를 맞이하였다. 또한 1964년경부터는 컴퓨터의 기존 트랜지스터 소자가 IC칩으로 대체됨으로써, IC칩은 대량생산이 가능해졌다. 또한 컴퓨터가격도 훨씬 저렴해졌고, 컴퓨터성능도 비교할 수 없을 만큼 향상되었다. 1960~1970년대에 걸쳐 많은 종류의 메인프레임(mainframe) 컴퓨터가 등장해서 각 국가기관 기업체에서 컴퓨터를 구매하고 소프

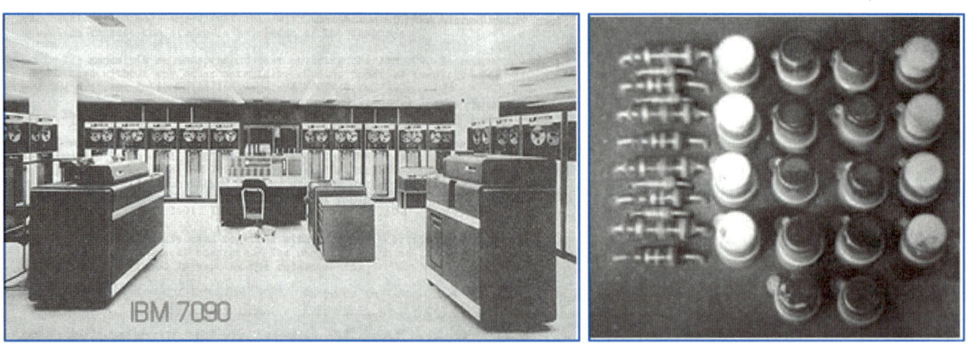

〈그림 12-4〉 제2세대 컴퓨터와 트랜지스터

트웨어를 개발하여 대량의 정보를 처리할 수 있게 되었다. 당시 가장 대표적인 메인프레임이 IBM System/360이었고, 3세대 후반기에 가장 괄목할 만한 사실은 미니컴퓨터(minicomputer)의 성장이었다. DEC사는 1968년 세계 최초의 미니컴퓨터인 'PDP-8'을 개발하여 성공을 거둔 후 'VAX-11시리즈' 등 미니컴퓨터 시장을 주도하였다. 이러한 컴퓨터의 발전으로 비록 초기이지만 텔렉스 등에 의존하던 관광커뮤니케이션 전달수단이 1960년대 초 미국 아메리카항공에서 세이버(SABER)를 필두로 개발되기 시작한 예약시스템(CRS: computer reservation system)이 관광정보 분야에서도 활용되기 시작했다. CRS의 출현은 항공업무의 능률극대화나 예약뿐 아니라 여행전반의 서비스를 통합 운영할 수 있는 고부가가치 통신시스템이 등장했다는 데에서 관광정보의 발전을 위한 새로운 전기를 맞게 되었다. 이러한 관광정보예약시스템은 일종의 소프트웨어로서 이것이 확산되고 보편화되기 위한 전제조건인 컴퓨터 하드웨어의 뒷받침 없이는 불가능한 일이 되는 것이다. 따라서 〈그림 12-5〉의 제3세대 메인 컴퓨터인 IBM 360의 개발과 미니컴퓨터의 개발은 GRS를 비롯한 전자상거래상의 소프트웨어 프로그램을 실행시키는 가장 중요한 계기를 갖게 되었다.

〈그림 12-5〉 제3세대 컴퓨터 IBM 360

이런 상황에서 전술한 미니컴퓨터인 PDP-8이나 VAX-11시리즈 등이 출현하여 컴퓨터 시장을 주도하면서 1970년대는 본격적인 예약시스템의 가동이 가능하게 된 것이다. 관광정보시스템 차원에서 볼 때 1970년대 중반에는 여행사의 예약시스템과 항공사 내부 시스템이 상호 연계됨으로써 항공사와 여행사 간의 정보 공유와 업무 효율성이 급격히 증가하였다. 특히 새로운 기획 상품의 개발이 가능해지면서 항공사와 연계한 각종 패키지 관광상품이 활성화되었다. 특히 같은 항공사 정보공유가 수월해지면서 대형 여행사, 호텔, 렌터카 등 여행서비스에 관한 통합적 네트워크가 형성됨으로써 고객의 관광활동 전반에 걸쳐 신속한 대응체제를 갖추게 되었다. 이러한 관점에서 1970년대에는 관광정보 분야가 CRS 활용을 계기로 타 산업분야에 비해 선도적인 위치를 점령하게 되었다. 1970년대의 호텔예약시스템 분야는 항공분야와의 연계하에 서서히 관광정보분야의 입지를 굳힌 시기였다. 더욱이 1970년대 중반에 접어들어 호텔정보시스템의 소프트웨어를 상호 인가하여 사용함으로써 다국적 체인호텔을 중심으로 한 호텔관광정보시스템의 기술 확산 기반을 조성하였다. 단, 관광정보시스템의 정보력과 기술력을 갖추지 못한 소규모 독립, 체인호텔들은 자사상품 판매를 대행해 줄 글로벌기업과의 전략적 네트워크를 형성하였다. 특히 1970년대는 항공분야에서 많은 변화를 가져왔다. 이러한 변화의 축은 무엇보다 CRS를 대형항공사에 도입하면서 상당한 경쟁력을 확보하게 되었으며 관광정보의 중요성을 인식하는 계기가 되었다는 것이다. 그리고 세계적인 항공로를 전담하는 예약부서를 설치하여 고객의 발권 수요에 적극대응하기 시작하였다. 이러한 측면에서 이미 언급한 컴퓨터의 발전과 함께 1970년대는 관광정보 분야에 있어 매우 중요한 시대였다. 1960년대의 경우와 마찬가지로 1970년대 초기에도 호텔이나 기타 여행 관련 예약 등 관광정보의 이용이 주로 전화나 팩스, 텔렉스로 이루어지는 상황이었다. 그러나 CRS가 항공분야에 일찍이 적용한 덕분에 항공권의 예약이나 항공사 내부의 업무효율성에는 상당한 기여를 하였다.

특히 CRS는 GDS(Global Distribution System)라는 시스템으로 발전하면서 관광산업에서 서로 관련된 기업군 즉 항공사, 호텔, 여행사, 렌터카 그리고 크루즈까지 광범위하게 확산되었다. 이 GDS에 대한 가장 이해하기 쉬운 정의를 다시 설명하면 "관광에 관련된 서비스를 제공하기 위해 컴퓨터 예약시스템을 운영하는 회사이며, 동시에 컴퓨터 시스템으로 연결된 여행사, 항공사, 호텔 및 기타 관광 관련 기업을 특별히 개발한 공유 네트워크를 통해서 연결시키는 사용자의 공동체"[15]라고 할 수 있다.

2) 한국관광정보의 환경

1960년 당시 한국의 관광산업은 주한 유엔군을 대상으로 한 숙박·유흥업의 범주를 벗어나지 못한 단계였다. 그러나 1962년 6월에 관광공사 설립으로 비로소 정부와 국민은 관광산업의 중요성에 대해 조금씩 눈을 떠가기 시작했다. 1960년대의 국민레저생활은 가족, 친지, 이웃의 모임이나 꽃놀이나 단풍구경 등 단조로운 관광활동이 주류를 이루었다.

1964년부터 부산 송도해수욕장에 여름 한철에 약 4백만 명의 피서객이 몰려들면서 '바캉스'란 말이 유행하기 시작했다. 이것이 대대적인 뉴스거리가 되면서 관광정보가 일반 국민들에게 전달되고 한국에서도 대중관광의 가능성을 연 계기가 된 것이다. 특히 1965년에 일본과 국교가 재개되면서 일본인 관광객들이 모여들기 시작하였고, 1965~69년에는 전체 방한객의 25% 수준이 일본 관광객이었다. 이때 '기생관광'이라는 용어가 파생되면서 커다란 사회문제로 대두되었으나, 당국도 외화벌이라는 명목으로 눈감아주었다. 따라서 국제관광정보 측면에서 당시 관광이 국민들에게 매우 부정적으로 각인된 시기였다. 이에 반해 국내관광은 호기를 맞이하게 되었다. 즉 1968년 12월 경인고속도로에 이어, 1970년 7월에는 경부고속도로가 개통되었고, 12월에는 서울~전주를 연결하는 호남고속도로가 개통됨으로써 국민들의 관광·레저생활은 일대 변혁을 맞게 된 것이다. 이에 따라 국내관광정보체계도 일대정비가 필요한 시기였으며, 관광안내책자나 지도를 발간하는 동기가 되었다. 그리고 전국을 1일 생활권역으로 묶으면서 고속도로형 레저 붐이 가열되고 새로운 여가풍조가 조성되면서 관광안내소 등 새로운 관광안내체제의 개선이 실행된 시기였다. 1970년대 후반에 들어 경제발전과 더불어 대학가에 탈춤, 농악 등 민속놀이 되살리기 운동이 활발하게 번져나가면서 민속놀이에 대한 새로운 관광정보가 필요하게 되었다. 외국의 경우 1970년대 후반에 이미 관광예약정보시스템 등 새로운 관광안내정보체계가 등장하였으나 한국은 컴퓨터가 거의 도입되지 않은 관계로 여전히 오프라인 관광정보안내체계에 주로 의존했던 시기였다.

3. 관광정보의 성장기(1980~1990년대 중반)

1) 관광정보시스템과 네트워크 구축

1980년대와 1990년대 중반에 접어들어 관광정보는 본격적인 정보시스템과 내부적인 네트워크를 구축하고 활용하는 시기에 접어들었다. 1990년대 중반을 관광정보의 성장기로 본 이유는 인터넷이 본격적으로 도입되기 전 기반을 조성한 시기이기 때문이다. 1970년대 관광정보 분야에서의 엄청난 사건은 CRS의 성공이며 관광 관련 전 분야에 상당한 파급효과를 가져왔다는 것이다. 이를 바탕으로 1980년대에 들어서는 관광정보 분야에서 관광기업내부네트워크가 더욱 강화되고 관광기업 전반에 걸쳐 관광정보시스템의 적용이 보편화되고 발전하였다는 점에 주목해야 할 것이다. 이 시기에 주목해야 할 부분은 관광지 내에서 사업을 운영하는 독자적인 정보시스템들이 종합적으로 연계되어 공동으로 통합적인 운영이 시작되었다는 점이다. 특히 1980년대의 관광정보시스템 분야에서 컴퓨터의 디지털 정보처리가 시작된 이래 가장 큰 획기적인 사건은 퍼스널 컴퓨터(PC: personal computer)의 출현이며 1990년대는 인터넷의 등장으로 볼 수 있다.[16] 이러한 퍼스널 컴퓨터가 출현한 초기에는 개인이 주로 문서처리, 데이터 저장, 간단한 계산을 목적으로 개인 컴퓨터를 사용하였으며, 인터넷이 일반화되기 이전에 개인 컴퓨터의 활용 영역은 관광정보 분야에는 항공예약정보, 호텔관리정보, 목적지관광 등 소프트웨어 시스템의 활용분야에 집중하여 활용되었다. 일반 업무에는 주로 사무자동화 분야로 워드프로세서, 스프레드시트, 프레젠테이션 소프트웨어, 통계 소프트웨어, 그래픽 소프트웨어 등 이미 개발된 응용 소프트웨어를 사용하였다. 퍼스널 컴퓨터는 전술한 바와 같이 1970년대 중반에 XEROX사의 'ALTO', MITS사의 'Altair 8800' 등의 마이크로컴퓨터가 개발되었다. 또한 스티브 잡스(Steve Jobs)와 스티브 워즈니악(Steve Wozniak)의 'APPLE' 컴퓨터, 1977년의 'Apple I' 및 1978년의 'Apple II'를 그 효시로 생각할 수 있다. 이러한 개인컴퓨터의 개발로 1980년대와 1990년대는 여러 응용 소프트웨어를 가장 많이 활용한 시기였다. 더욱이 이 시기에는 개인컴퓨터로는 독보적인 Intel칩을 기반으로 한 'IBM-PC16비트' 퍼스널 컴퓨터와 역시 IBM사의 'IBM-PC XT'와 'IBM-PC AT'가 등장한 중요한 시기로 평가되고 있다. 특히 APPLE사는 1984년 그래픽 사용자 인터페이스(GUI: Graphical User Interface)를 지원하는

〈그림 12-6〉 1981년 Intel 8088칩을 기반으로 한 IBM-PC와 초기의 애플 개인컴퓨터

'Lisa'와 'Macintosh', IBM사는 1983년에 'IBM-PC XT', 1984년 'Intel 80286칩을 이용한 IBM-PC AT'를 만들어 저렴하고 빠른 컴퓨터를 시장에 내놓았다. 이것은 기존의 기관중심 컴퓨터 시대에서 개인의 정보처리시대로 전환시킨 역사적 사건이었다. 또한 현시대를 정보화사회로 만드는 획기적인 전기가 되었고 관광정보의 대중화를 실현시킨 중대한 업적이 된 것이다. 이러한 1980년대 중반 APPLE사의 개인컴퓨터 대중화 전략은 본고에서 누차 강조한 바와 같이 공급자와 수요자를 위한 최적의 관광정보시스템이나 막강한 소프트웨어를 실제로 구현시키는 원동력이 되었다는 측면에서 관광정보의 역사적 관점에서 중시되어야 할 전개과정인 것이다. 특히 IBM사는 'IBM'이라는 브랜드와 마케팅 능력을 앞세워 1990년대 중반에는 'IBM-PC' 또는 'IBM-PC Compatible(IBM-PC 호환기종)'가 컴퓨터시장의 90% 이상을 장악하게 되었다. 그 후 개인컴퓨터에서 휴대성을 강조한 노트북 컴퓨터(notebook computer)로 발전하였다.

〈그림 12-7〉 PC와 노트북

2) 국내관광정보시스템 동향

1980년대의 가장 획기적인 사건이 제기한 바와 같이 바로 퍼스널 컴퓨터가 등장한 일이다. 그러나 국내관광정보의 경우 1980년대에도 여전히 퍼스널 컴퓨터의 활용이 보편화되지 않은 관계로 호텔이나 여행사 등 관광기업에서 관광정보시스템이 구현되지 않고 오프라인에 의존하였다. 당시의 특이한 사항은 1982년에 여행업이 허가제에서 등록제로 바뀌면서 1989년에 해외여행이 완전 자율화된 것이다. 이로 인해 여행사수가 급증하였고, 많은 사람들이 해외여행에 나서게 되었다. 문제는 등록제로 바뀌면서 규모가 작고 경쟁력을 갖추지 못한 소규모 여행사들이 속출하면서 해외지사망도 제대로 갖지 못한 신용도 낮은 부실경영 여행사들이 한국관광발전을 가로막는 단초를 제공하게 되었다. 한편 1989년의 '해외여행 완전자유화'정책은 관광산업에 관광정보시스템 도입을 촉진하는 계기가 되었고, 국내여행업의 대형화에 새로운 전기를 가져다준 역설적인 측면도 있었다.

1990년대 들어 한국에도 개인컴퓨터가 도입되면서 관광기업경영관리 측면에서 관광정보기술이 관광수익성 확보에 매우 중요한 수단이 되었다. 또한 한국에서 관광정보시스템이 본격적으로 논의되고 도입된 기간은 개괄적으로 1990~1994년으로 보아야 할 것이다. 따라서 이 시기를 연도별로 중요한 이슈중심으로 정리함으로써 한국관광정보의 근대사적 측면을 투영해 보는 것이 중요하다는 관점에서 그 내용들을 정리해 보았다.

우선, 1990년에는 한국전기통신공사가 공중정보검색시스템단말기(일명: 텔레피아)를 설치하여 '관광정보 자동응답안내시스템'을 제공하였다. 즉 통신공사, 은행 등 서울 9곳에 설치된 공중전화처럼 동전만 넣으면 날씨・전화번호・관광안내・입찰정보・부동산시세・토정비결・신체리듬 등 생활정보를 알려주는 공중용 퍼스널 컴퓨터 시스템인 것이다. 이것을 한국에서 온라인 관광정보시스템의 효시로 볼 수 있다. 1992년 들어 관광정보자동응답시스템(ARS) 이용자가 백만 명으로 늘어나면서 관광정보시스템의 발전가능성을 제시하였다. 또한 제주도에 대규모 관광센터가 국내 최초로 등장한 시기이다. 1993년에는 동화상전화 및 팩스정보시스템을 개발하고 시험서비스를 실시하였다. 그리고 공공행정서비스에 전자서비스 도입을 본격화하였다. 이어서 1994년에는 국내관광정보시스템의 일대 전환점이 된 중요한 발전적 대안이 제시되었다. 즉 국토개발연구원에서 '전산지리정보(GIS)구축 및 활용촉진을 위한 정책토론회'를 개최하고 GIS구축의 필요성을 제시하였다. 이것은 오늘날 한국을 IT강국으로 만든 초고속 정보통신시스템구축사업의 시발점이 되었으며, 정보통신의 고속도로로서 한국관광정보시스템의 새로운 역사를 알리는 서막이었다.

4. 관광정보의 성숙기(1990년대 말: 1995~1999년)

1) 인터넷과 관광정보

1990년대 중반 이후 인터넷의 보급과 함께 유럽의 CERN에서 인터넷 응용서비스인 WWW(world wide web)가 본격적으로 등장함에 따라 관광분야에 새로운 혁신을 가져오는 계기가 되었다. 이러한 인터넷 기술을 기반으로 하여 1990년대 후반에는 대부분의 관광기업들이 자신의 고유한 웹사이트(web site)를 구축하기 시작했다. 이에 관광객들은 웹사이트의 신기술에 놀라움을 금치 못하였고 실시간에 유용한 정보를 제공받고 각종 여정설계와 예약을 동시에 할 수 있어 기하급수적으로 이용 속도가 확산되었다. 이러한 인터넷 기반의 정보기술발달은 온라인에서 새로운 관광수요를 창조하게 되면서 오프라인의 관광자원요소와 결합하여 차별화된 관광시장을 개척하기 시작하였다(김천중, 2004).[17] 특히 최근에 국내외 관광객들은 관광목적지 의사결정에 있어 웹사이트를 이용한 관광정보를 활용하고 있어 효율적인 관광안내정보시스템의 구축과 웹사이트 이용 활성화가 관광분야에서 매우 중요한 과제로 부상하고 있다. 이러한 인터넷의 발달은 기관이 주도하던 정보처리를 컴퓨터시대에 사람 간의 컴퓨팅시대로 바꾸어 놓았다.[18] 정보화시대의 특징은 결

〈그림 12-8〉 인터넷의 대중화

국 많은 정보를 소유하고, 소유한 정보를 적재적소에 필요한 시간에 어떻게 그 정보를 사용하는가에 의해 강자가 결정되는 것이다. 이것은 유용한 많은 관광정보를 소유한 기업이 매력적인 관광상품을 필요한 관광객에게 적재적소에 제공함으로써 기업의 성패를 좌우할 수 있게 되는 것이다. 따라서 인터넷은 정보의 소유를 대중화시켰으며 정보의 공유화(data sharing)라는 개념을 만들게 되었다. 이에 개인은 정보를 만들고 저장하고 스스로 만든 정보가 아닌 남이 만든 정보도 이용하며 즐기는 시대가 되었다. 그동안 구전이나 대중매체 및 직접경험의 효과에 전적으로 의존하던 정보전달이 인터넷을 통해 새로운 관광커뮤니티가 형성됨으로써 개인정보전달의 새로운 방식이 적용되었고 그 효과성도 증가하게 되었다.[19] 이러한 인터넷이 협의적으로는 IP(internet protocol)를 전송규약으

로 사용하는 네트워크를 의미하지만 보다 광역적 차원에서는 Network of networks라는 개념체계로 쓰이고 있다. 현실적으로 각국의 주요 네트워크가 모두 연결되어 있기 때문에 인터넷은 전 세계를 포함하는 네트워크를 말한다. 이러한 광역적인 네트워크를 이용한 관광정보의 상호작용으로 시간과 공간을 초월한 정보공유로 국제관광의 발전과 확산에 상당한 기여를 하고 있다. 하드웨어의 측면에서 네트워크의 형성과정을 보면, 1980년 이전까지의 컴퓨터는 주로 독립적인 형태로 이용되어 여러 곳에 분산되어 있는 컴퓨터들을 WAN 네트워크를 통해 연결하고 Ethernet를 이용한 LAN(local area network)이 1980년 이후 활성화되었다. 특히 인터넷망이 탄생한 후 1989년에는 웹서비스가 개발되고 1994년에는 웹브라우저인 Netscape Navigator가 출현하였다. 드디어 1995년에 발표된 Microsoft사의 Internet Explorer가 인터넷 이용의 대중화에 큰 역할을 하면서 본격적인 인터넷시대가 열리게 되었다. 그러나 인터넷 초기 대부분의 사용자들은 가정에서 모뎀(modem)을 이용하여 상당히 느린 정보를 제공받았고 관광정보의 측면에서도 다소간의 불편을 감수해야 했다.

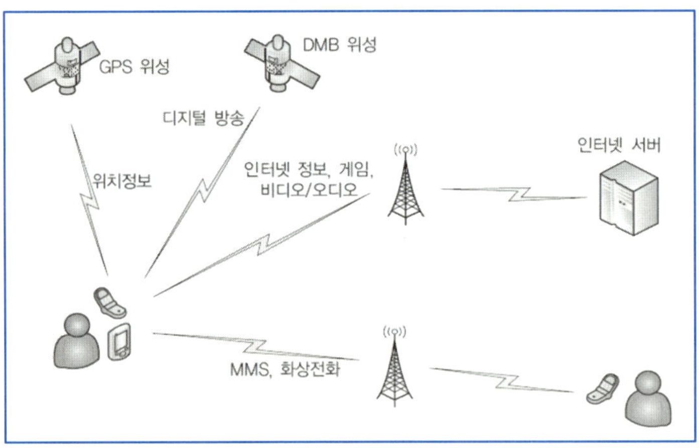

〈그림 12-9〉 무선 인터넷시대

최근에는 'ADSL/VDSL', 케이블 모뎀 또는 광케이블을 이용하여 정보의 슈퍼하이웨이(information super-highway)라 불리는 초고속 인터넷 시대를 맞이하였고 인터넷혁명의 시대를 예고하고 있다. 더욱이 인터넷은 혁명적인 정보기술로서 사람의 생각과 행동 양식의 모든 부분에 영향을 미치고 있으며 언급한 월드 와이드 웹(world wide web, www, w3, web)은 전 세계를 하나의 거미집이나 거미집 모양의 망(network)으로 묶어놓고 있다. 또한 하이퍼텍스트(hypertext)기술로 인터넷상에 분산되어 존재하는 온갖 종류의 정보를 통일된 방법으로 찾아볼 수 있게 하는 광역 정보서비스를 제공하고 있는 실정이다. 이러한 인터넷 혁명시대에 무한한 관광정보의 바다에서 관광객은 인터넷접속을 통해 정보를 향유하고 있다. 미국의 경우 인터넷에서의 여행관련 상품거래가 1997년 말까지 전체 인터넷 거래의 거의 절반가량을 차지하는 것으로 나타났다.[20)]

2) 한국관광정보의 인터넷 정착과 실태

1990년대 중반 한국에서도 퍼스널 컴퓨터가 폭발적으로 증가하고 초고속통신망과 인터넷이 확산되면서 관광기업차원에서 관광정보시스템의 새로운 운영체제의 도입을 시도한 시기였다. 지방자치단체차원에서도 국내관광객뿐 아니라 주요 외래관광객을 위하여 해당외국어로 된 웹사이트를 개설하고 있고 여행사・항공사・호텔 및 개인홈페이지를 통해 많은 정보를 제공할 필요성이 제기되었다. 1995년에는 공중단말기인 '키오스크'가 개발됨으로써 새로운 국내외 관광정보시스템의 발전모델이 되었다. 이 시기에 신세대 문화인 '삐삐'가 5백만 대를 돌파하고 이동전화가 백만 대를 돌파해 폭발적인 개인정보화시대를 예고하였다. 또한 민간기업이 운용하는 상용 웹서비스인 '코리아 웹'을 필두로 인터넷 웹서비스가 활성화된 시기이며, CD형태의 관광홍보물이 본격적으로 시장에 출현하여 본격적인 퍼스널 컴퓨터 만능시대를 열게 되었다.

특히 1996년에는 PC통신으로 지도를 보며 전국 유명관광지를 검색하고 여행경로, 숙박 등 일정을 계획할 수 있는 '전자지도정보서비스'가 국내에서 처음으로 제공되었다. 동시에 향후 지리정보와 관광정보가 연계될 교통정보 서비스가 시작되었다. 특히 주목할 만한 사항은 이 시기에 관광명소 도로변 등의 안내소를 증설하여 오프라인상의 관광안내시스템을 완비했다는 것이다. 이어서 1997년에는 '전자정부' 출범하에 정보화 전략차원에서 전자상거래시대를 열었다. 특별히 관광분야에 전자상거래를 도입하여 새로운 관광정보시스템의 세계를 전개하고자 하였다. 더욱이 인터넷을 통한 버추얼(virtual) 입장권 판매를 통한 가상여행시대와 관련패키지상품의 모델을 제시하였다. 1998년은 컴퓨터 지리정보시스템 이용이 활성화되면서 관광정보 분야에 새로운 혁명의 시대를 전개하였다. 그리고 본격적으로 인터넷을 통한 관광정보의 양적 팽창에서 질적 변화를 요구한 시기였다.

따라서 1990년대 후반의 한국관광정보시스템은 세계 각국을 표적시장으로 하여 주요 관광지, 관광청의 홍보사이트 및 관련 관광기업과 개인 홈페이지 등 수많은 관광 관련 사이트를 개설한 시기였다. 특히 현대드림투어, 대한여행사, 롯데관광 등 10여 개 대형 여행사들에게 표준화 전산프로그램을 설치한 관광소프트웨어 전문업체인 '프로씨스'는 최근 새로운 종합 여행정보 시스템인 '투어시스'를 구축하였다. 이것은 관광객관리, 예약, 회계 등을 동시에 처리하는 시스템으로서 비교적 수월하게 구축할 수 있는 시스템이다. 그러나 2000년에는 오히려 이러한 과다한 정보의 홍수가 유용한 관광정보를 획득하는 데 장애요인이 되는 상황에 이르고 있다. 즉 최적의 유용한 관광정보를 추출하기 위한 '관광데이터마이닝(tourism data mining)'의 개념이 등장하고 그 중요성이 날로 증가하고 있다. 결국, 인터넷은 관광홍보분야에 더욱 효율적으로 원용될 뿐 아니라, 가상인터넷 여행이나 사전 관광목적지의 문화콘텐츠경험 등을 동영상과 3D 등 각종 시청각자료를 활용하여 잠재관광객을 오프라인으로 유인할 수 있는 시대를 도래케 한 것이다. 따라서 한국의 1990년대 관광정보의 발전은 오프라인과 온라인의 조화를 통해 관광목적지를 활성화시키고 그 매력을 관광객에게 제대로 전달할 수 있는 2000년대의 새로운 관광정보시대를 예고하는 밑거름이 될 것으로 사료된다.

제4절 관광정보의 현실적 과제와 대응

본 절에서는 관광정보차원에서 2000년부터 2011년 현재까지 시행되고 있거나 향후 활성화가 예고되는 부분을 서술하였다. 컴퓨터와 함께 발달해 온 관광정보의 역사가 이론적 근거를 확보하는 데는 매우 유의미한 자료가 될 것이다. 그러나 앞으로 예상되는 관광정보의 미래에 대한 이론적・실무적 대응도 매우 중요한 사안으로 평가되어야 할 것이다. 따라서 제3의 정보혁명으로 불리는 유비쿼터스, 새로운 융복합 개념체계인 디지털 컨버전스, 급격한 성장이 예상되는 디지털 콘텐츠에 관한 내용의 중요성을 감안하여 본 절에 그 개요들을 제시하였다.

1. 관광정보의 유비쿼터스 컴퓨팅시대

원래 유비쿼터스(ubiquitous)의 사전적 의미는 '편재하다, 도처에 널려 있다, 언제 어디서나 동시에 존재한다'라는 라틴어에서 유래한 개념으로 미국 제록스사(Xerox) 팔로알토 연구소(PARC: Palo Alto Research Center)의 마크 와이저(Mark Weiser) 박사가 최초로 이 개념을 제시하였다.[21] 1991년 9월 *Scientific American*지에 발표된 그의 논문에서 '유비쿼터스 컴퓨팅'이 제3의 정보혁명의 물결을 이끌 것이라고 주장하여 '유비쿼터스 컴퓨팅'이란 용어가 비로소 정보기술 분야에서 새로운 개념으로 관심을 끌기 시작했다. 유비쿼터스 컴퓨팅의 속성은 패러다임의 변화와 관계가 있다. 이것은 정보화가 인류문명의 기반인 물리적 공간으로부터 이탈하려는 패러다임이라면 유비쿼터스화는 정보화와 지식화가 세상의 모든 문제를 해결해 줄 수 없다는 한계를 인식하고 물리적 공간으로 다시 회귀하려는 패러다임을 의미한다. 즉 현시대는 현실공간과 가상공간의 경계가 무의미해지고 있다는 것을 역설하고 있는 것이다. 지금까지 논의된 바와 같이 통상적으로 IT혁명은 전산화, 정보화, 지식화 및 유비쿼터스의 4단계로 설명된다. 이것은 업무처리 자동화가 이루어진 전산화에서 웹서비스 보편화로 실시간 업무의 융합시대인 정보화로 진행되었다. 그러나 정보화 시기에는 너무 많은 정보의 혼잡성이 존재하였다. 이런 가운데 조직의 가치와 경쟁력을 극대화하는 지식화로 접어들었다. 이러한 지식화는 사이버공간에서 인식된 문제들이 물리적 공간에서는 해결할 수 없다는 한계점으로 도출되었다. 이어서 4단계인 유비쿼터스 환경에서는 마이크로프로세서 칩들이 곳곳에 숨겨진 상태로 존재하여 센서들과 더불어 인간에게 유용한 환경을 제공하고 사이버공간과 물리적 공간의 한계를 극복하고자 하는 시도가 이루어졌다. 이러한 유비쿼터스가 실용화되기 위해 적용한 기술분야로는 RFID(radio frequency identification), 텔레매틱스, Home Networking, LBS(location based service), GPS(global positioning service) 및 U-Healthcare 등이 있다. 우선 RFID는 사물에 초소형 칩을 부착하여 사물 및 주변 환경 정보를 무선주파수로 전송하고 처리하는 일종의 비접촉식 식별기술로 바코드(bar code)를 대체할 차세대 기술이다. 넓게는 정보통신분야는 물론이고 물류/유통, 교통, 환경, 농업/축산업 등 매우 다양한 분야에 활용될 수 있다. 특히 통영 등 지방자치단체 차원에서 관광분야에 이 기술을 직접 적용한 사례가 있으며 이는 유비쿼터스의 핵심기술이다. 텔레매틱스는 특히 관광분야에 가장 많이 적용되는 기술로서 지리나 관광자원정보전달에 적극 활용되고 있다. 이것은 무선통신, 컴퓨터, 인터넷 그리고 멀티미디어 산업을 모두 포함하는 기술의 융합체로서 통신(telecommunication)과 정보과학(infomatics)이 결합된 개념이다. 유비쿼터스 컴퓨팅의 전단계로서 모든 가전기기들이 홈 네트워크(home network)로 연결되어 있어서 거실이나 안방에서도 집안의 여러 기기들을 제어할 수 있는 개념으로 Home Networking이 있다. 또한 LBS(location based service)는 휴대폰 속의 칩을 이용하여 가입자들의 위치를 반경 수십 센티에서 수십 미터 내에서 언제든지 확인할 수 있다. GPS(global positioning service)의 경우 사용자가 원하는 각종 정보를 개인화된 환경에서 서비스할 수 있고 서비스 방식에 따라 이동통신 기지국을 이용하는 방식과 위성을 활용하는 방식으로 구분하고 있다. 더욱이 U-Healthcare는 집안 곳곳에 심어진 각종 센서를 통해 거주자의 생체상태나 변화를 감지할 수 있는 계측장비와 센서가 장착되고, 이를 통해 수집되는 각종 생체정보는 의료연구센터 내 중앙서버에 실시간으로 전송되어 사람의 건강상태를 점검하는 데이터로 활용가능하다.[22] 따라서 관광정보의 미래는 유무선 통합을 중심으로 한 네트워크, 디바이스 및 관광서비스 분야의 디지털 컨버전스가 복합적으로 진행되는 시대가 더욱 가속화될 것이다. 이런 가운데 개념적으로만 접근되던 유비쿼터스란 용어가 관광분야에도 점차 구체화될 것이며 이 분야에 대한 연구의 활성화가 필요할 것으로 본다.

2. 관광과 디지털 컨버전스(Digital Convergence)

관광학은 관광객의 이동, 관광산업적인 경제행위 및 여가레크리에이션을 동반한 복합적인 인간활동으로 발생한 실행학문이다. 이런 현상적 특성으로 관광학의 학문적 접근은 보다 다면적이고 종합학문적인 측면에서 고찰되어야 한다. 여기에 관광자원의 개념과 관광학의 인간중심사고의 속성개념이 통합되어 인간과 기술이 융합한 학문적 적합성을 갖고 있다. 이러한 관점에서 볼 때 정보분야에서 융합이라는 의미로 사용되는 컨버전스가 관광분야에 매우 유용한 이론으로서 그 응용폭이 상당히 높을 것으로 추정된다. 그동안 지식정보사회에서 또 하나의 현상이 컴퓨터와 IT가 그 자체로 존재하기보다는 다른 첨단기술인 BT(biotechnology), NT(nanotechnology) 등과 기술융합(technological convergence)을 시도하고 있다는 점이 주목된다. 이것은 IT가 기존의 전통산업과도 융합하여 경쟁력을 제공하고 있으며 이러한 융합현상이 더욱 복합적으로 작용할 것으로 예견하고 있다. 원래 융합(convergence)이라는 것은 서로 다른 사물들을 녹여서 하나로 합한다는 뜻이다. 이것이 디지털융합으로 전환되어 이제는 IT융합, 관광서비스 융합, 산업융합 등으로 다양한 분야에서 사용되고 있다. 이러한 디지털 컨버전스는 미래 산업사회를 주도하는 핵심요소이며 기술만으로 시장을 지배할 수 없다는 것을 의미한다. 관광분야에서도 관광자료의 표현을 기술, 예술뿐 아니라 스토리텔링과 문화콘텐츠 등 다양한 소재를 하나로 담아서 상품화하고 이것이 관광마케팅과 조화를 이루어야 한다는 것을 의미한다. 따라서 디지털 컨버전스는 기술뿐만 아니라 인문학, 사회과학 그리고 창의성과의 결합이 필수적인 요소로 봐야 할 것이다. 이러한 디지털 컨버전스의 기반 학문으로는 철학, 심리학, 인공지능 등 인지과학을 기반으로 하고 있으며 융합기술이 실행되는 기반환경은 앞서 설명한 유비쿼터스의 기술과 환경을 필요로 한다. 또한 융합과 관련된 학문으로는 자동기계, 뇌과학마케팅 등이 있다. 이러한 융합기술을 개발하는 근본 목적은 디지털 정보기술을 적극 활용하여 다양한 분야에서 인간생활에 필요한 편리한 제품과 서비스를 제공하는 데 있으므로 관광분야에도 상당히 유관성이 있는 것이다.

관광정보 분야에서는 디지털 컨버전스의 추진요인으로서 관광소비자의 욕구와 관광시장의 상품생산력 및 융합 관련기술의 세 가지 요인으로 구성될 수 있다. 실제 관광자원개발 등 관광상품 관련적용업무로는 관광상품융합, 관광상품개발 프로세서의 융합 및 관광서비스융합으로 구분할 수 있다. 즉 디지털 컨버전스는 기존의 관광상품에 소프트웨어기술을 접목하여 새로운 관광상품을 창출함으로써 보다 더 부가가치가 높은 새로운 관광상품을 만드는 과정이다. 더욱이 문화산업콘텐츠기술을 응용하여 어떤 자동화기기에 맞추어 담아내는가도 중요 쟁점이다. 관광정보에서도 마찬가지로 우선 주어진 관광자원을 어떻게 디지털 정보로 만들 것이냐를 고민해야 한다. 이렇게 만든 디지털정보는 스토리텔링 등으로 관광상품수요자가 원하는 형태의 맞춤형 문화관광콘텐츠를 개발하여 적절한 정보를 제공해야 하는 것이다. 만약 관광목적지에 산재해 있는 관광 관련 데이터가 있다면, 이것을 관광정보시스템에 입력하기 위하여 디지털정보화가 되어야 한다. 또한 관광수요에 적극 대응할 수 있다면 관광마케팅의 새로운 전략적 요소가 된다는 것을 의미한다. 따라서 향후 관광정보 분야에서의 미래과제는 오프라인에 주어진 관광자료를 유비쿼터스 환경에 맞게 다양한 디지털문화관광콘텐츠로 전환, 분류 및 저장하는 구체적이고 세밀한 작업들이 보완되어야 할 것이다. 특히 디지털문화관광콘텐츠로 전환하는 과정에서 발전과 진화를 거듭하는 디지털 컨버전스 기술에 관광정보 분야가 빠르게 적응하고 응용할 수 있는 방법론적 해법 찾기에 소홀하지 말아야 할 것이다.

3. 관광산업과 디지털 콘텐츠산업

관광분야에 빼놓을 수 없는 신성장 동력부분으로 디지털 콘텐츠산업을 들 수 있다. 원래 콘텐츠는 컴퓨터 용어로서 관광분야에서도 문화콘텐츠나 관광콘텐츠로 그 용어의 응용범위가 확대되고 있다. 또한 앞서 제기한 유비쿼터스 컴퓨팅이나 디지털 컨버전스의 논의도 결국 디지털콘텐츠가 중심이 되어 그 가치가 사용자에게 제대로 전달하고 활용될 때 그 효용성이 입증될 수 있다. 디지털 콘텐츠는 흔히 CT(content technology)로 지칭되며 차세대 출현의 중심산업으로 각광받고 있다. 이에 관광분야에도 디지털 콘텐츠의 중요성이 인식되고 있으며, 전술한 디지털 컨버전스를 위한 전단계로서 디지털정보로 콘텐츠화되어야 디지털 컨버전스로 활용될 수 있다. 최근 디지털 콘텐츠 산업시장의 동향을 살펴보면, 세계경제는 자본과 노동집약적 산업에서 S/W・콘텐츠 중심의 지식기반산업으로 급속히 이동하고 있는 추세에 있다. 특히 세계의 메이저기업들은 콘텐츠산업 중심으로 M&A, 전략적 제휴 등을 통해 기업구조개편을 가속화하고 있는 실정이다. 국제적 그룹인 AOL-Time과 Warner의 인프라와 콘텐츠의 합병, 소니・MS의 게임시장 진출(소니의 콘텐츠부문이 가전부문 매출 추월) 등의 예를 보더라도 향후 세계적으로 진행될 국제경쟁력의 재편은 문화콘텐츠산업시장에 의해 크게 좌우된다고 할 수 있다. 이에 성장추이를 살펴보면 디지털 콘텐츠산업이 고부가가치를 창출하는 산업임을 여실히 증명하고 있다. 즉 세계 디지털콘텐츠시장이 2005년에 2,155억 달러에서 2010년에는 약 44,044억 달러 규모로 100% 이상의 성장세를 나타내고 있다. 국내 디지털 콘텐츠 시장은 2001년 이래 연평균 25.8%의 성장률을 보이고 있고, 2006년에는 약 9조 597억 원 시장을 형성하였다. 분야별로는 디지털방송・영상 시장이 전체 시장의 47% 이상을, 게임 및 웹정보 콘텐츠를 포함한 상위 4 개 분야가 81% 이상을 차지하는 등 엔터테인먼트 산업중심으로 성장하고 있다. 특히 2008년에 들어서는 IPTV가 이슈가 되고 있으며, IPTV의 시장규모는 5년 안에 약 1조 2천 억 원으로 예상될 정도로 성장가능성이 높은 분야이다.

그러나 세계시장 대비 국내 디지털 콘텐츠시장의 점유율이 3.6% 수준에 머물고 있는 것이 현실이다. 따라서 고부가가치 산업인 디지털 콘텐츠산업이 세계적인 경쟁력을 가지기 위해서는 국내 관광디지털 콘텐츠산업들이 글로벌시장을 향한 새로운 패러다임을 가져야 할 때가 되었다. 즉 국내 문화 콘텐츠산업의 현주소를 냉정히 되돌아보고 세계 최고의 IT 인프라와 DMB, WiBro 등 최신 정보서비스 기술을 도입하여 세계시장에 빠르게 진입해야 할 것이다. 그리고 MS, Apple 등 글로벌기업처럼 국내유수의 기업들도 문화관광콘텐츠, 네트워크, 솔루션, 단말기 등을 총체적으로 연계하는 가치사슬연계형 관광서비스비즈니스 모델발굴이 무엇보다도 필요하다. 특히 정부차원에서 콘텐츠-솔루션-기기 등 가치사슬연계고리 전반을 고려한 종합적인 관광콘텐츠 육성정책을 마련해야 할 것이다. 또한 세계시장에 초기에 진입하는 사업자의 위험부담을 최소화시킬 수 있는 획기적인 투자지원정책도 아울러 필요하다는 점을 인식해야 할 것이다. 그리고 관광콘텐츠 분야에 새로운 개념으로 등장하고 있는 UCC(user created contents) 관광정보의 중요성도 간과해서는 안 될 것이다.[23] UCC는 사용자 제작 콘텐츠로서 소비자가 직접 텍스트, 그림, 사진, 동영상 등을 활용하여 정보를 만들어내는 것을 뜻한다. 즉 관광객들이 관광목적지를 선택하거나 관광지에서의 숙박이나 교통, 그리고 관광활동과 같은 의사결정을 할 때 UCC에서 제공해 주는 정보가 오히려 양질의 관광정보로 활용되는 경우가 많다. 특히 온라인상에서는 특정관광지의 여행경험자들이 여러 가지 저작도구를 활용하여 여행 후 경험 등을 담은 많은 관광정보가 디지털 콘텐츠화되어 유용한 관광정보로 활용될 수 있기 때문이다. 따라서 관광분야 웹사이트상에서 이루어지고 있는 온라인 구전의 중요성이 증가하고 이에 대한 이용자의 선호가 높아질수록 디지털 콘텐츠 제작에 활용되고 정보기술 측면들도 중시되어야 할 것이다. 현 디지털시대에 있어 이러한 관점을 종합적으로 고찰해 볼 때 미래 관광정보의 결론은 디지털 콘텐츠가 될 것이며 온라인과 오프라인이 조화된 통합적인 운영이 가시화될 것이다. 결국 사이버공간과 물리적 공간의 벽이 없는 무한공간이 존재하게 될 것이다.

참고문헌

1) 오익근(1998). 우리나라 관광정보안내시스템과 韓日 등 주요국의 인터넷 관광정보 분석. 『經營經濟(BUSINESS MANAGEMENT REVIEW)』. 31(1): 109-127.
2) 변우희(2007). 문화관광조사의 방법론적 대안. 『관광학연구』. 31(1): 77-98.
3) 양성수 · 허향진 · 박시사 · 최병길(2007). UCC를 이용한 관광정보시스템 연구. 『한국 콘텐츠학회』. 7(2): 30-236.
4) 최화춘(2009). 웹2.0 환경에서 관광정보 생성 및 획득변화에 관한 탐색적 연구. 『관광학연구』. 33(2): 227-244.
5) 이용재 · 김희영(2010). 다문화사회의 관광정보 웹 콘텐츠 개선 방안. 『한국콘텐츠학회논문지』. 10(3): 413-422.
6) O'Connor, P.(2002). An analysis of the online pricing strategies of the international hotel chains. *ENTER'S 2002 Conference, Innsbruck*, Austria, January, pp. 23-25.
7) Simon, D.(2010). Inherent complexity: Disability, accessible tourism and accommodation information preferences. *Tourism Management*. 31: 816-826.
8) 양성수 · 허향진 · 박시사 · 최병길(2007). UCC를 이용한 관광정보시스템 연구. 『한국 콘텐츠학회』. 7(2): 30-236.
9) 단국대학교정보컴퓨터학부(2003). 『컴퓨터 과학개론』.
10) 변우희 · 변성희(2001). 三角 퍼지數를 적용한 관광자원 가치성 평가. 『관광학연구』. 25(3): 27-42.
11) Pan, B., & Fesenmaier, D.R.(2006). Online information search: Vacation planning process. *Annals of Tourism Research*. 33: 809-832.
12) 구태회 · 이윤철(2006). 호텔 전략적 네트워크의 구조적 공백이 호텔 경영성과에 미치는 영향. 『관광학연구』. 30(4): 67-86.
13) 김우곤 · 김동진 · 정승환(2004). 『관광정보의 이해』. 서울: 백산출판사.
14) 자료는 1990~2011년의 조선일보, 한국일보, 서울신문, 경향신문 등의 관광 관련 기사를 시대별로 분류하여 역사적 사실에 근거하여 인용 서술하였다. 외국의 경우 일찍이 1950년대부터 컴퓨터가 등장하여 온라인정보가 태동되었다. 그러나 1950~70년 시기에 한국관광정보분야는 주로 온라인이 아닌 오프라인 측면에서 단편적인 내용들이 주류를 이루고 있었다. 이에 한국관광정보역사를 외국의 컴퓨터발전시대와 비교하여 오프라인 중심으로 서술하였다. 다행히 1980년 이후의 한국관광정보흐름이 비교적 온라인 중심으로 발전되어 왔다. 따라서 본고에서는 중요한 이슈 중심으로 온라인 · 오프라인의 양시론적

관점에서 개괄적인 방향지표를 제시하였다.
15) 구태회 · 이윤철(2000). 기술적 발전이 산업의 네트워크 구조에 끼친 영향에 대한 연구. 『경영연구』. 7(2): 59-690.
16) 구태회(2009). 관광정보. 『관광학총론』. 서울: 백산출판사.
17) 김천중(2004). 『신관광정보론: 관광정보와 인터넷』. 서울: 대왕사.
18) 하동현 · 변우희(2006). 관광정보. 『관광학 원론』. 서울: 한올출판사.
19) 정철 · 이준남(2010). 인터넷 관광정보에 대한 사용자의 지각, 태도, 그리고 정보탐색노력. 『관광학연구』. 34(5): 265-286.
20) Shapiro, M.(1997). Net travel: How travelers use the Internet, Sebastopol, CA: Songline Studios, Inc. and O Reilly & Associates, Inc.
21) 한국전산원(2005). 유비쿼터스 IT와 한국의 미래. 『정보화백서 2004』.
22) Jose', F.M.A., Jorge, P.M., & Enrique, C.C.(2010). The importance of the firm and destination effects to explain firm performance. *Tourism Management*. 31(1): 22-28.
23) 박상곤 · 김상태 · 한숙영(2010). 방한 외래 관광객 체류기간의 결정요인-유한혼합모형 분석을 중심으로. 『관광학연구』. 34(3): 261-282.

〈본문의 내용은 다음 논문에 기초하여 서술되었음: 『관광학연구』 제35권 제10호(통권 96호), 변우희(2011)/ 한국관광정보의 역사와 과제, pp. 419-434〉

■ 저자약력

변우희(卞優熙) 경주대학교 관광경영학과 교수

경기대학교 관광경영학과에서 1992년에 '관광경영학 박사학위'를 취득하였다. 저자는 현재 한국관광학회 산하 '관광자원개발분과 회장'직을 수행하고 있다. 제19대 편집위원장을 역임하였고, 한국관광학회 55인의 전문가가 집필한 『관광학총론』의 책임출판위원장을 맡았었다. 저서 『실전관광사업론』을 비롯하여 「퍼지수에 의한 가치평가」 등 다수의 계량적인 관광정보관련 응용 · 실증분석논문을 통하여 활발한 학술적 성과를 발표하고 있으며, 후진양성과 한국관광학회의 발전을 위해 힘쓰고 있다.

찾아보기

❙ 나 ❙

❙ 다 ❙

❙ 라 ❙

❙ 마 ❙

바

사

| 아 |

| 자 |

| 차 |

| 카 |

〈집필위원/고증위원/학술출판위원〉

■ 집필위원 및 고증위원

서문 한국현대관광사의 의의 · 구성 · 과제(김남조) : 박종구(동국대학교), 이인재(가천대학교), 이충기(경희대학교)

1장 한반도 관광산업의 태동(개화기 및 일제강점기)(한경수) : 육재용(김포대학교), 성기만(국무총리실), 이돈재(용인대학교)

2장 호텔업의 역사(정규엽) : 이수범(경희대학교), 김이종(서울경인지역 특급호텔 노조위원장), 조민호(한양대학교), 전영호(군장대학교), 채규현((주)전주관광호텔)

3장 리조트의 역사(이태희) : 민동규(전라북도 도청), 김형진((주)컴포텔), 류광훈(한국문화관광연구원), 장성규(CI&D)

4장 외식산업의 역사(정유경) : 김현철(중앙대학교), 최웅(강릉대학교), 나정기(경기대학교), 고재윤(경희대학교)

5장 여행사의 역사(박시사) : 오상훈(제주대학교), 이영관(순천향대학교), 박창규(전남도립대학교)

6장 컨벤션산업의 역사(김철원) : 김성혁(세종대학교), 윤유식(경희대학교), 윤세목(경기대학교), 최병길(호원대학교), 허대중(호원대학교), 오정학(백석대학교)

7장 축제의 역사(이훈) : 오순환(용인대학교), 백선혜(서울시정개발연구원), 지진호(건양대학교)

8장 카지노의 역사(이충기) : 한동창(파라다이스 워커힐 카지노), 권경상(2014 인천아시아 경기대회조직위원회), 권영기(한국카지노업 관광협회)

9장 관광교통업의 역사(김경숙) : 김종원(세종대학교), 이강석(한서대학교), 김창수(경기대학교), 김진동(강원도립대학교)

10장 관광(단)지의 역사(고동완) : 안상근(문화체육관광부), 김재호(한국관광공사), 김성진(한국문화관광연구원)

11장 관광교육기관의 역사(최규환) : 오미숙(순천향대학교), 박희석(남서울대학교), 민창기(동서대학교), 장인식(우송대학교)

12장 관광정보의 역사(변우희) : 오익근(계명대학교), 박종구(동국대학교), 구태회(안산대학교), 박성수(호원대학교)

■ 학술출판위원

학술출판위원장 : 김남조(한양대학교)

학 술 출 판 위 원 : 박종구(동국대학교), 이인재(가천대학교), 이충기(경희대학교), 장호찬(한국방송통신대학교), 조광익(대구가톨릭대학교), 조용현(세종대학교)

간 사 : 민웅기(한양대학교)

한국현대관광사

2012년 5월 25일 초판 1쇄 인쇄
2012년 5월 30일 초판 1쇄 발행

편 자 한 국 관 광 학 회
발행인 寅製 진 욱 상

발행처 백산출판사
서울시 성북구 정릉3동 653-40
등 록 : 1974. 1. 9. 제 1-72호
전 화 : 914-1621, 917-6240
FAX : 912-4438
http://www.ibaeksan.kr
editbsp@naver.com

저자와의 합의하에 인지첩부 생략

값 25,000원
ISBN 978-89-6183-600-5